Zwischenwelt

Lebensspuren
Autobiografik von Exil, Widerstand,
Verfolgung und Lagererfahrung

THEODOR KRAMER GESELLSCHAFT
DRAVA Verlag

Zwischenwelt ist ein Jahrbuch für Kultur und Literatur des Exils und des Widerstands, herausgegeben im Auftrag der *Theodor Kramer Gesellschaft*, das seit 1990 erscheint.

Bisher erschienen:
Zwischenwelt 1 – Über Kramer hinaus und zu ihm zurück, 1990
Zwischenwelt 2 – Die Welt des Jura Soyfer, 1991
Zwischenwelt 3 – Literatur in der Peripherie, 1992
Zwischenwelt 4 – Literatur und Kultur des Exils in Großbritannien, 1995
Zwischenwelt 5 – Traum von der Realität. Berthold Viertel, 1998
Zwischenwelt 6 – Literatur der ‚Inneren Emigration' aus Österreich, 1998
Zwischenwelt 7 – Chronist seiner Zeit. Theodor Kramer, 2000
Zwischenwelt 8 – Jiddische Kultur und Literatur aus Österreich, 2003
Zwischenwelt 9 – Frauen im Exil, 2007
Zwischenwelt 10 – Diaspora – Exil als Krisenerfahrung:
    Jüdische Bilanzen und Perspektiven, 2006
Zwischenwelt 11 – Konstantin Kaiser: Ohnmacht und Empörung, 2008
Zwischenwelt 12 - Subjekt des Erinnerns?, 2011
Zwischenwelt 13 - Für und wider in dieser Zeit, 2014
Zwischenwelt 14 – Rote Tränen, 2017

Die *Theodor Kramer Gesellschaft*, ein gemeinnütziger Verein, versteht sich als kulturelle Vereinigung von Menschen, die die Ignoranz und das Unverständnis für die Literatur und Kultur des Exils durch geduldige Arbeit zu überwinden suchen. Sie veranstaltet daher Lesungen, Ausstellungen, Symposien. Im Auftrag der *Theodor Kramer Gesellschaft* erscheint seit 1984 die Zeitschrift *Zwischenwelt* (bis 2000 unter dem Namen *Mit der Ziehharmonika*). Seit 1995 ist die Gesellschaft auch als Buchverlag tätig.

Adresse: A-1020 Wien, Engerthstr. 204/40, Tel. (0043 1) 720 83 84, Fax 729 75 04. E-Mail: office@theodorkramer.at
www.theodorkramer.at

Zwischenwelt 15

LEBENSSPUREN
AUTOBIOGRAFIK VON EXIL,
WIDERSTAND, VERFOLGUNG
UND LAGERERFAHRUNG

Ergebnisse der internationalen Tagung,
23.-25. November 2017

Herausgegeben von
Konstantin Kaiser, Irene Nawrocka,
Corina Prochazka und Marianne Windsperger

Gedruckt mit Unterstützung der Stadt Wien – Kultur sowie des Bundesministeriums für Kunst, Kultur, öffentlichen Dienst und Sport.

Bundesministerium
Kunst, Kultur,
öffentlicher Dienst und Sport

ISBN 978-3-85435-922-7

© 2020 Theodor Kramer Gesellschaft und Drava Verlag
A-9020 Klagenfurt/Celovec, Gabelsbergerstraße 5/II

Copyright der einzelnen Beiträge bei den VerfasserInnen.

Gestaltung: Elisabeth Erler;
Umschlaggestaltung unter Verwendung einer Zeichnung von Olivia Kaiser, Kohle auf Papier, ohne Datum.

Inhalt

Vorbemerkung   9

Karl Müller
Worte des Geleits   13

Grundfragen autobiografischen Schreibens und der Forschung

Mark H. Gelber
Die Literatur des Holocaust als Weltliteratur.
Ontologische Aspekte – Elie Wiesel,
Ruth Klüger, Fanya Gottesfeld Heller   20

Konstantin Kaiser
Notizen zur Geschichte der Autobiographien
des Widerstands und der Verfolgung   34

Katharina Prager
„Erinnerung ist eine Dichterin" – Berthold Viertels
autobiographische Überlegungen
zu Erinnerung und Identität   47

Evelyn Adunka
Was ist eine gute jüdische Autobiographie?
Einige persönliche Anmerkungen   57

Soonim Shin
Die Autobiographien der Lager-Überlebenden
des 20. Jahrhunderts – eine neue Literaturgattung?
Eine kritische Untersuchung von Reemtsmas These   69

Marianne Windsperger
Gegenreden. Reflexionen über das Schreiben,
Erinnern und fragile Zugehörigkeiten
in öffentlichen Reden Ruth Klügers   90

Annelyse Forst
Autobiographien als historische Quellen
am Beispiel versteckter Kinder in Frankreich   107

Melissa Hacker
From Novosielitza to New York City.
Creating Films Using Survivor Diaries and Letters   134

Vergleichende Ansätze

Anne Betten
Mündlich versus schriftlich: Ari Raths Erzählungen
von seiner ersten Rückkehr nach Wien 1948   151

Alana Sobelman
Approaching the Unspeakable: Towards a
Conceptual Study of Unspeakability
in Holocaust Autobiography   165

Sanna Schulte
Verschiebungen auf die Metaebene.
Das autobiographische Schreiben und seine
Selbstverortung zwischen Erinnerungsliteratur
und politischer Stellungnahme bei Manès Sperber
und Ruth Klüger   174

Teresa Cañadas García
Die Kindheit in den Autobiographien des Exils   190

Karl Fallend
Marie Langer und Else Pappenheim.
Biographische Gedanken
zu einer Frauenfreundschaft   205

Regina Weber
Geschlossene Form oder fragmentarische
Spiegelung. Ein Vergleich von Egon Schwarz'
Autobiografie *Keine Zeit für Eichendorff. Chronik
unfreiwilliger Wanderjahre* und Heinz Politzers
Selbstportrait 218

Monografische Annäherungen

Kristina Mateescu
„Wien war gestorben" – Zum Exiltagebuch des
österreichischen Emigranten Oskar Jellinek 236

Klaus Bruckinger
Der „verfremdende Blick" des zurückgekehrten
Germanisten Paul Hoffmann (1917–1999) 252

Joseph W. Moser
Erinnerungen an die Vertreibung der Juden aus
dem Burgenland und Exil in Ungarn in
Jonny Mosers autobiographischen Aufzeichnungen 264

Ralf Georg Czapla
Exil und Innere Emigration aus der Perspektive
einer Daheimgebliebenen. Paul Schrecker in den
Tagebuchaufzeichnungen seiner Frau Claire Bauroff 275

Sarah Knoll
Franz Marek (1913–1979). Ein österreichischer
Kommunist im französischen Widerstand aus
dem Blickwinkel seiner Lebenserinnerungen 294

Françoise Kreissler
Als das kurze Leben des Henri Lebrun in der
Biographie von Felix Kreissler (1917–2004)
abhanden kam 309

Sonja Alfons Moseley
Bilder der Vergangenheit und die Wirklichkeit
des Alltags. Mein Vater Anton Alfons (1898–
1982) im norwegischen und schwedischen Exil   330

Irene Nawrocka
Der König des schwedischen Films,
Harry Schein aus Wien (1924–2006)   347

Marlen Eckl
„Ich schreibe um herauszufinden, was ich weiß."
Die Bedeutung des autobiographischen Schreibens
im Werk von Gerda Lerner   361

Helga Schreckenberger
Zeitzeugenschaft und Selbstdarstellung in Hertha
Paulis *Der Riß der Zeit geht durch mein Herz* (1970)   384

Sebastian Lübcke
„Weltgeschichte" und existenzielle „Eigenzeit".
Flucht vor totalitären Zeitregimes bei Stefan Zweig   400

Jürgen Doll
„Ich würde nicht im Konzentrationslager sterben,
weil ich gar nicht erst hingehen wollte." Strategien
des Überlebens in Jakov Linds autobiographischem
Bericht über seine Kindheit und Jugend im Exil   416

Iryna Mykhailova
"[…] it is incumbent on me to tell the facts as I
know them": On The Reminiscences of
Paul Oskar Kristeller   428

Die Autorinnen und Autoren   443

Personenregister   456

Vorbemerkung

Zur Thematik von Erfahrungen des Exils, des Widerstandes, der Verfolgung und der Lagererfahrung von ÖsterreicherInnen vor und während des Nationalsozialismus und deren Ausdruck in autobiografischen Texten fand vom 23. bis 25. November 2017 in Wien eine internationale interdisziplinäre Konferenz unter dem Ehrenschutz von Bundespräsident Alexander Van der Bellen statt, veranstaltet von der Theodor Kramer Gesellschaft und dem Institut für Neuzeit- und Zeitgeschichtsforschung der Österreichischen Akademie der Wissenschaften gemeinsam mit dem Haus der Geschichte Österreich. Der die inhaltliche Konzeption der Konferenz diskutierenden Vorbereitungsgruppe gehörten Irene Nawrocka, Marianne Windsperger, Konstantin Kaiser, Karl Müller und Peter Roessler an. Die praktische Vorbereitung der Konferenz lag vor allem in den Händen von Alexander Emanuely, Irene Nawrocka und Marianne Windsperger.

Eröffnet wurde die Konferenz von Arnold Suppan als Vertreter der Österreichischen Akademie der Wissenschaften, Arno Strohmeyer als wissenschaftlichem Direktor des Instituts für Neuzeit- und Zeitgeschichtsforschung, Heidemarie Uhl als Vertreterin des Hauses der Geschichte Österreich sowie Karl Müller als Vorsitzendem der Theodor Kramer Gesellschaft.

Zu danken ist den Fördergebern: dem Zukunftsfonds der Republik Österreich, dem Nationalfonds der Republik Österreich für Opfer des Nationalsozialismus, der Stadt Wien – Kultur, dem Haus der Geschichte Österreich, der Österreichischen Akademie der Wissenschaften, der Bezirksvertretung Wien-Leopoldstadt sowie der Kunst- und Kultursektion des Bundeskanzleramtes. Die Publikation des vorliegenden Sammelbandes, der als 15. Jahrbuch *Zwischenwelt* der Theodor Kramer Gesellschaft erscheint, wäre ohne die Unterstützung der Theodor Kramer Gesellschaft und ihrer 500 Mitglieder nicht möglich gewesen.

Mit einem international verbreiteten *Call for papers* wurde um Beiträge zu der bewusst weit gefassten Thematik gebeten. Hervorgehoben wurde unter anderem:

Für die Erforschung des österreichischen Exils, von Widerstand, Verfolgung und Lagererfahrung sowie für das Verständnis der Lage und des (Über-)Lebens von Verfolgten aus Österreich ist die in vielfältiger Form überlieferte autobiografische Erinnerungsliteratur von herausragender Bedeutung, nicht zuletzt auch im Hinblick auf das kollektive Gedächtnis einer Gesellschaft, eines Landes, ja Europas. Die Bedeutung der Autobiografik liegt nicht nur in der Möglichkeit, die Vorgeschichte unserer Gegenwart, sondern auch die Lebenssituationen und die Beweggründe von Menschen, die heute auf der Flucht sind, zu verstehen – in Analogie und Differenz zu den Erfahrungen jener, die den Terror des NS-Regimes durchleben mussten.

Schwerpunkte der Konferenz sollten sein:
– Theorie und Praxis der Edition autobiografischer Texte und Zeugnisse des Exils und des Widerstands,
– Fragestellungen und Desiderata mit Blick auf die Zukunft dieses Textkorpus als Quelle wissenschaftlicher Forschung, Medium politischer Aufklärung und prägendes Leseerlebnis zukünftiger Generationen,
– die Besonderheit der Autobiografik von NS-Verfolgten im Vergleich mit tradierten Konzeptionen herkömmlicher Memoiren- und Erinnerungsliteratur und die autobiografische Selbstreflexion von NS-Verfolgten mit Blick auf die lebensgeschichtlichen Brüche durch Vertreibung und Exil.

Autobiografische Erzählungen/Zeugnisse/Berichte von Exilierten, Vertriebenen und Verfolgten sind heute angesichts des absehbaren Endes der sogenannten lebendigen Zeitzeugenschaft neu zu sichten und zu erschließen. Ungezählte Versuche, die Narrative der Überlebenden mittels *Oral-History-* und Video-Interviews zu sichern (bis hin zum sprechenden Hologramm), sind gerade in den letzten Jahren unternommen worden. Diese im Rahmen unterschiedlicher sozialhistorischer, erinnerungspolitischer und gedenkpädagogischer Projekte entstandenen Ton- und Filmdokumente beruhen im Unterschied zu den autobiografischen Texten (in denen ja auch Fragen, so der Nachkommen und Interessierten beantwortet werden wollen) in einem höheren Grad auf dem Zusammenwirken von Interviewten und InterviewerInnen und belegen leider auch das mit zunehmendem Alter der Befragten voranschreitende Vergessen – und sie zeigen vielfach, wie sehr gewisse Erinnerungen zu nahezu standardisierten Topoi erstarrt sind. Ihre wichtige Rolle gerade in der Vermittlung des historischen Geschehens an künftige Generationen liegt jedoch in ihrem Potential, Gestik, Mimik und lebendiges Erzählen in seiner Emotionalität, in der Wärme zwischenmenschlicher Mitteilung zu bewahren.

Der vorliegende Band nimmt diese Debatten um das Ende der ZeitzeugInnenschaft ernst und lädt dazu ein, die vielfältigen Textspuren von Exilierten, Verfolgten und Vertriebenen des Nationalsozialismus wieder oder neu zu entdecken.

In ihren Beiträgen und den intensiven Diskussionen während der Tagung beschäftigten sich die ReferentInnen unter anderen mit den folgenden Fragen: Wie weit lassen sich aus den autobiografischen Texten anschauliche und lebendige Kenntnisse der Verhältnisse an einem bestimmten Ort, in einem bestimmten Zeitabschnitt, im Handlungsgefüge einer besonderen Menschengruppe gewinnen? Wie unterscheiden sich die Lesarten von autobiografischen Quellen je nach disziplinärem Zugang und wie kann der Austausch zwischen LiteraturwissenschaftlerInnen, HistorikerInnen, PhilosophInnen, SprachwissenschaftlerInnen etc. dem Feld der Exilforschung und der Forschung zur Autobiografik neue Impulse liefern?

Wie greifen nachgeborene Generationen auf Dokumente, Aufzeichnungen, autobiografische Fragmente aus dem Familienarchiv zu und in welchen Medien erfolgt heute eine Auseinandersetzung mit diesen Materialien? Wie unterscheiden sich politisch-öffentliche Autobiografien von familiären Narrativen? Und was geschieht schließlich in der Rezeption bzw. weltweiten Verbreitung dieser Texte in Übersetzungen?

Alle Diskussionen waren getragen von einem großen Respekt vor den autobiografischen Werken und vor der Würde ihrer VerfasserInnen, ein Respekt, der auch jenen Werken zu zollen ist, die kaum über den engeren Kreis der Angehörigen hinausgedrungen sind. Klar war auch, dass auf dem Gebiet der Vernetzung, der gegenseitigen Erhellung, Erschließung, Sammlung, Edition und Kommentierung autobiografischer Schriften NS-Verfolgter noch sehr viel zu tun ist.

Der vorliegende Band bietet eine Fülle von Anregungen dazu. Die Gliederung der Beiträge folgt mit geringen Abweichungen dem Verlauf der Tagung. Die Dreigliederung – Grundprobleme, vergleichende und monografische Studien – ergab sich wie von selbst.

Im Einverständnis mit der Verfasserin Jacqueline Vansant wurde ihr umfangreicher Beitrag[1], der schon in der elektronischen Zeitschrift des Wiener Wiesenthal Instituts für Holocaust-Studien (VWI) erschienen war, nicht nochmals im vorliegenden Band publiziert, aus dem simplen Grund, dass der Buchumfang ohnehin schon erheblich größer als geplant geworden ist.

Die HerausgeberInnen

Anmerkungen

[1] Jacqueline Vansant: „Bitte vergeßt nicht, alle Briefe gut aufzuheben." Shared Agency in einem Briefwechsel österreichisch-jüdischer Schüler in der Emigration. In: S:I.M.O.N. – Shoah: Intervention. Methods. Documentation 6 (2019) 1, S. 4-20.

Karl Müller
Worte des Geleits[1]

Dass es gelungen ist, gemeinsam mit dem Institut für Neuzeit- und Zeitgeschichtsforschung der Österreichischen Akademie der Wissenschaften und dem neu gegründeten Haus der Geschichte Österreich, diese Tagung über autobiografische Vergegenwärtigungen von Widerstand, Verfolgung, Lagererfahrung und Exil abzuhalten, ist eine sehr große Freude für die Theodor Kramer Gesellschaft!

Autobiografische und lebensgeschichtliche Zeugnisse und Darstellungen – in welchen sprachlichen Ausprägungen und medialen Formen auch immer, zusammengehalten durch ihre Widerspiegelungen beklemmender Wirklichkeiten des 20. Jahrhunderts – wollen wir in das Zentrum unserer Beschäftigung und Analyse rücken. Wer genau hinsieht und hinhorcht, wird darin blitzartig den eindrücklichsten Anschauungs- und Analogiewert für das Heute entdecken. Um nichts weniger als um das Aufspüren, um die Bewahrung und analytische Durchleuchtung dieses großen Reichtums, der „autobiografischen Zeugenschaft" der Verfolgung und des Exils, bemüht sich die Theodor Kramer Gesellschaft (TKG) nunmehr seit den frühen 1980er Jahren. Diese fundamentalen Dimensionen des individuellen und zugleich kollektiven Lebens stehen im Mittelpunkt unserer Arbeit und dieser Tagung.

Wir wollen das Archiv des Wissens um die Erfahrungen der Gedemütigten und Verfolgten erweitern, weil wir um die unabdingbare und immer dringlichere Notwendigkeit autobiografisch verankerter Vergegenwärtigung im Kontext der rasanten politischen und gesellschaftlichen Zeitläufte zu wissen meinen. Beglaubigt wird dieses Bemühen durch viele unserer Aktivitäten.

Von den bisher etwa 130 unserer Verlagspublikationen sind ca. 20 autobiografischen Gestaltungen eines gesamten Lebens gewidmet. Sie sind sowohl von exemplarischer Eindringlichkeit als auch unterschiedlicher geistiger und ästhetischer Konzeptionierung. Dazu gehören auch unsere Buchreihe *anders erinnern* (seit 2002) und unzählige authentische Zeitschriftenbeiträge in der Zeitschrift *Zwischenwelt. Literatur/Widerstand/Exil* seit den 1980er Jahren – meist Erinnerungsberichte oder Kurz-Erzählungen von lebensgeschichtlichen Episoden, die zugleich den geschichtlichen Horizont aufreißen und uns neu in die Tiefe menschlicher und gesellschaftlicher Wirklichkeiten sehen lernen.

Im Archiv der TKG schlummern noch eine Reihe weiterer selbsterkundender und selbstdeutender Bilanzen der Exil-, Widerstands-, Verfolgungs- und Lagererfahrungen, die der dringlichen Erschließung harren.[2] Erwähnt sei auch, dass die Theodor Kramer Gesellschaft seit 2001 den Theodor Kramer Preis für Schreiben im Widerstand und im Exil verleiht, der großen „Dichtern ihres Lebens"[3], wie sich Stefan Zweig in seiner gleichnamigen Trilogie ausgedrückt hat, zuteil wurde. Eine „moderne Ausgrabungsfabrik mit Gegenwart und Zukunft"[4] hat man unsere Bemühungen um die Wahrheit genannt (Viktor Matejka) und das „Zum-Sprechen-Bringen" „‚entmachteter', vertriebener, verschwundener Stimmen"[5] (Elfriede Jelinek) gewürdigt.

Interdisziplinär und international ausgerichtet ist dieses Zusammentreffen: Viele autobiografische Darstellungsmodi hat es im Blick – aber allesamt dem „autobiografischen Pakt" zwischen dem Autobiografen und den LeserInnen verpflichtet, also der unausgesprochenen, aber gültigen Vereinbarung, der „Wahrheit", besser der Wahrhaftigkeit, zu dienen – im Wissen darum, dass, wie Goethe für seine Selbstbiografie (in einem Brief an Johann Peter Eckermann vom 30. März 1831) notierte, die „erzählten einzelnen Fakta" „eine[r] allgemeine[n] Beobachtung, eine[r] höhere[n] Wahrheit" verpflichtet sind: „Ich dachte, es steckten darin einige Symbole des Menschenlebens."[6] Denn, so heißt es, das „eigentliche Grundwahre", man könnte auch sagen, „die ‚Wahrheit' der Erinnerung" einer Lebensdarstellung sei „ohne die Rückerinnerung und also die Einbildungskraft" nicht zu haben. Immer sei „das dichterische Vermögen" und in der Folge auch die sprachliche Darstellungsform relevant.[7] Es ist eben die deutende Erinnerung, die das „eigentliche Grundwahre" erfassen könne. Bei Fred Wander, dem Theodor Kramer-Preisträger des Jahres 2003, kann man in seinen Erinnerungen *Das gute Leben. Von der Fröhlichkeit im Schrecken* (2006) angesichts der Schrecken, die er durchleben musste, die folgenden großartigen Sätze lesen, gewissermaßen als das Fundament unserer Tagung – zugleich Sigmund Freud verpflichtet:

Erinnerung kann tödlich sein, wenn sie dich ungeschützt überwältigt und bis an die Grenzen des Wahnsinns treibt. Aber auch das Gegenteil ist wahr. Wo jene geheime, intuitive Strategie des Vergessens, die List des Unbewußten dir die Erinnerung verhüllt, wo dieser uns rätselhafte Mechanismus, jene Schleuse, die immer nur so viel Wasser durchläßt, als die Ufer halten können –, wenn diese Schleuse alles zurückhält und dein Gemüt austrocknet auch dort ist Vernichtung! Denn ohne Erinnerung und Vorstellungskraft ist der Mensch kein Mensch, sondern ein Zombie. [...]

Schreib also die Wahrheit! Aber was ist die Wahrheit, was heißt das, ein authentischer Lebensbericht? Eine fotografisch genaue Abbildung der Vergangenheit kann es nicht geben, weil ja auch die Fotografie zur Lüge missbraucht werden kann. [...] Es kommt nicht darauf an, mit Akribie die Dinge des Lebens zu beschreiben, sondern auf die Gestaltung und die magische Wirkung, die dem Künstler nicht bewußt ist! Auf intellektuelle und moralische Kraft kommt es an, auf verborgene Zusammenhänge und tiefere Wahrheit.[8]

Zum Schluss möchte ich noch zwei, wie ich meine, zentrale und eng miteinander verzahnte Aspekte unseres Themas ansprechen. Ich habe es schon angedeutet: Was ist die wahrhaftige Kraft und was sind die spezifischen Leistungen des autobiografischen Genres – und was sind deren Funktionen für unsere Gegenwart? Besser als es z.B. Jean Améry und Fred Wander sagen, kann es nicht formuliert werden.

Bei Améry heißt es in *Jenseits von Schuld und Sühne*:
Ich war dabei. Kein noch so geistvoller junger Politologe soll mir seine begrifflich verquerten Geschichten erzählen, die nehmen sich hochgradig albern aus für jeden, der Augenzeuge war. Die Geschichtsschreibung sieht allemal nur Einzelaspekte und vor lauter Bäumen den Wald nicht, den deutschen Wald des Dritten Reiches. Damit aber wird die Geschichte selber als Begriff untauglich, und mir fällt nur noch ein Satz von Claude Levi-Strauss aus seinem Buch „La pensée sauvage" ein, wo er sagt, es löse am Ende alles historische Geschehen sich auf in Ketten nur physikalischer Prozesse und es habe das Wort Geschichte kein eigentliches Objekt.[9]

Autobiografisches Schreiben wird bei Améry gegen jede Form „abklärenden", historiografischen Umgangs mit einer angeblich vergangenen Geschichte gesetzt: „Nichts ist ja aufgelöst, kein Konflikt ist beigelegt, kein Erinnern zur bloßen Erinnerung geworden. [...] Ich rebelliere: [...] gegen eine Gegenwart, die das Unbegreifliche geschichtlich einfrieren läßt und es damit auf empörende Weise verfälscht."[10]

Autobiografisches Schreiben ist der ausgezeichnete Ort einer Geschichtsschreibung, in der jenseits von herkömmlich vermittel- und überlieferbaren Fakten gewissermaßen der Geschmack und der Geruch eines Zeitalters kraft sprachlich-literarischer Imagination aufbewahrt sein kann. Welche herkömmliche historiografische Abhandlung könnte jene innerlichste Dimension des „Heimatverlustes" und jenes „unheimlichen Erlebnisses" fassen, von der Améry erzählt, als ihn ein in Brüssel einquartierter SS-Mann der Gestapo aus Vorarlberg im Dialekt seiner, Amerys „engerer Heimat" brüllend anfuhr, die Leut', von denen der Mann nicht wusste, um wen es sich handelte, sollten sich doch ruhiger verhalten – er und sein Kamerad seien hundemüde:

Ich hatte lange diesen Tonfall nicht mehr vernommen, und darum regte sich in mir der aberwitzige Wunsch, ihm in seiner eigenen Mundart zu antworten. Ich befand mich in einem paradoxen, beinahe perversen Gefühlszustand von schlotternder Angst und gleichzeitig aufwallender familiärer Herzlichkeit, denn der Kerl, der mir in diesem Augenblick zwar nicht gerade ans Leben wollte, dessen freudig erfüllte Aufgabe es aber war, meinesgleichen in möglichst großer Menge einem Todeslager zuzuführen, erschien mir plötzlich als ein potentieller Kamerad. Genügte es nicht, ihn in seiner, meiner Sprache anzureden, um dann beim Wein ein Heimat- und Versöhnungsfest zu feiern? Glücklicherweise waren Angst und Vernunftkontrolle stark genug, mich von dem absurden Vorhaben abzuhalten. Ich stammelte französische Entschuldigungsformeln, die ihn anscheinend beruhigten. Türen schlagend verließ der Mann den Ort der Subversion und mich, die vom Schicksal vorgesehene Beute seiner von Jägerleidenschaft beflügelten Soldatenpflicht. In diesem Augenblick begriff ich ganz und für immer, daß die Heimat Feindesland war und der gute Kamerad von der Feindheimat hergesandt, mich aus der Welt zu schaffen. Es war ein recht banales Erlebnis.[11]

In einer unpublizierten Gedankenskizze zu seinem Buch *Das gute Leben. Von der Fröhlichkeit im Schrecken* (2006) schreibt Fred Wander:

Es sind Erinnerungen – keine Autobiographie – weil es, wie ich glaube, auf den Prozeßcharakter des Bewusstseins ankommt und nicht auf den zeitlichen Ablauf der Ereignisse. Der Mensch erlangt ein waches Bewusstsein nur, wenn er die geistige Kraft aufbringt, sehen zu lernen, seine Sinne zu schärfen und der Manipulation der Medienindustrie („Die herrschende Meinung ist die Meinung der Herrschenden") zu widerstehen. Wer die Katastrophe des vorigen Jahrhunderts gelebt hat, wird diese Weltsicht nie wieder verlieren.[12]

Die Erinnerung an das eigene Leben und Werden ist der wahrhaftige und oft intime Widerpart gegen die neuerdings wieder opportune Walze von Geschichtsklitterung bis in den Missbrauch der Sprache hinein – die neuen „Heimatschützer" und deren bewusstseins- und geschichtsvergessene Adlaten sind die aktuellen Betreiber (es ist müßig, deren Namen aufzuzählen) – und das Autobiografische ist der Stachel gegen alle aktuellen Versuche neuerlicher Hegemonisierung der historischen Wahrnehmung – wie es halt einigen Mächtigen so passen würde – justament 79 Jahre nach den Novemberpogromen von 1938.

Jedoch sitzen wir nicht der Illusion auf, die meist beklemmenden Erzählungen von Widerstand, Verfolgung, Lagererfahrung und Exil würden Garanten sein, die Welt zu verändern. Dennoch: Auch Geduld ist eine starke Macht. Auto-bio-graphisches Schreiben und Erinnern, in welchen Formen auch immer, kann – so die Hoffnung – die Wahrnehmung der Menschen erweitern und verändern, ja sogar Haltungsänderungen bewirken. Österreichische Geschichte, Kultur und Literatur heute ohne die autobiografisch beglaubigte Geschichte von Widerstand, Verfolgung, Lagererfahrung und Exil zu denken ist unmöglich.

Ich danke dem Herrn Bundespräsidenten Alexander Van der Bellen sehr herzlich für die Übernahme des Ehrenschutzes für diese Tagung – dies ist eine sehr schöne und uns alle auszeichnende Geste – ich danke allen Kooperationspartnern, ich danke Dr. Konstantin Kaiser, Prof. Dr. Peter Roessler und ganz besonders Mag. Marianne Windsperger und Dr. Irene Nawrocka für alle Mühen, die sie in den Ebenen auf sich genommen haben.

Anmerkungen

1 Dieser Text ist die gekürzte Eröffnungsrede des Autors in seiner Funktion als Vorsitzender der Theodor Kramer Gesellschaft.
2 2018/19 wurde das Projekt „Zur Biographik und Autobiographik von Verfolgung, Widerstand und Exil: Sichtung und Bearbeitung eines Bestandes an unveröffentlichten Dokumenten österreichischer Exilierter" aus Mitteln der Magistratsabteilung 7 – Kultur, Wissenschafts- und Forschungsförderung der Stadt Wien finanziert und am Institut für Neuzeit- und Zeitgeschichtsforschung (Forschungsbereich Kulturelles Erbe: Biographik und Editionen) der Österreichischen Akademie der Wissenschaften durchgeführt (Projektnehmer: Mag. Katrin Sippel, MA; mit Unterstützung von Alexander Emanuely und Konstantin Kaiser; Projektleiterin: Mag. Dr. Irene Nawrocka). http://theodorkramer.at/projekte/autobiografik/ (21. Oktober 2019).
3 Stefan Zweig: Drei Dichter ihres Lebens. Casanova – Stendhal – Tolstoi. Leipzig: Insel Verlag, 1928.

4 Sammlung Viktor Matejka, Archiv der TKG.
5 Sammlung Elfriede Jelinek, Archiv der TKG.
6 Erich Trunz: Anmerkungen. Titel und Vorwort. In: Johann Wolfgang von Goethe: Aus meinem Leben. Dichtung und Wahrheit. Erster Teil. Goethes Werke, Band IX. Autobiographische Schriften I. Textkritisch durchgesehen von Lieselotte Blumenthal. Kommentiert von Erich Trunz (Hamburger Ausgabe. Sonderausgabe zum 250. Geburtstag Goethes am 28.8.1999). München: Beck, 1998, S. 9, 641.
7 Goethe, ebd., S. 640. Es handelt sich dabei um Zitate aus Goethes Brief an König Ludwig I. von Bayern vom 12. Januar 1830.
8 Fred Wander: Das gute Leben. Von der Fröhlichkeit im Schrecken. Göttingen: Wallstein Verlag, 2006, S. 341 f., 351.
9 Jean Améry: Jenseits von Schuld und Sühne. Vorwort zur Neuausgabe 1977. In: Ders.: Werke. Hg. von Irene Heidelberger-Leonard, Band 2. Hg. von Gerhart Scheit, Stuttgart: Klett-Cotta, 2002, S. 13.
10 Améry, ebd., S. 18.
11 Jean Améry: Wieviel Heimat braucht der Mensch? In: Ders.: Jenseits von Schuld und Sühne. Werke, Band 2. Stuttgart: Klett-Cotta, 2002, S. 99.
12 Dank an Susanne Wander, dass ich diese Stelle aus dem Nachlass (Archiv der Akademie der Künste, Berlin) zitieren darf.

Mark H. Gelber
Die Literatur des Holocaust als Weltliteratur
Ontologische Aspekte – Elie Wiesel,
Ruth Klüger, Fanya Gottesfeld Heller

Um Holocaust-Literatur allgemein und Überlebensmemoiren spezifisch als Weltliteratur zu verstehen sowie auf die Konsequenzen dieser Kategorisierung hinzudeuten, verweise ich auf die Überlegungen zur Weltliteratur, die der amerikanische Komparatist David Damrosch in zwei Studien vorlegt: *What is World Literature?* (2003) und *Teaching World Literature* (2009). Ich stütze mich nur teilweise auf seine Besprechung der Weltliteratur und beziehe mich kritisch auf seine Richtlinien und Ergänzungen. Ebenfalls möchte ich wie Damrosch an die späten Gespräche zwischen Goethe und Eckermann anknüpfen, in denen Goethe bereits 1829 behauptete, dass die Epoche der Nationalliteratur grundsätzlich vorbei sei.[1] Denn diese liege bereits in der Vergangenheit und befinde sich im Prozess des Aussterbens, während die Zukunft in der Weltliteratur liege. Goethe las den indischen Sanskrit-Dichter Kalidasa, der Dramen verfasste, in einer deutschen Übersetzung. Germanistinnen und Germanisten wissen, dass Kalidasas Drama *Sakuntala* literarisches Vorbild für das *Vorspiel auf dem Theater* in Goethes *Faust I* war. Goethe las auch serbische Gedichte und chinesische Prosa, ebenfalls in deutschen Übersetzungen. Goethes Begriff von Weltliteratur resultiert also aus dem Zugang zu Literaturen, die Mitteleuropa aus weit entfernten Ländern und aus weit entfernten Kulturräumen übersetzt ins Deutsche erreichten. Darüber hinaus interessiert sich Damrosch für den phänomenologischen Prozess, der die literarische Überschreitung der nationalen und linguistischen Grenzen erklärt. Er erfindet seinerseits den Terminus *glocalism* [2] (Glokalismus), um den Export von lokalspezifischen, kulturhistorisch gewachsenen Themen jenseits der hiesigen oder nationalen Grenzen darzustellen, also die literarische Bearbeitung von örtlich bedingten

Themen für ein verstreutes Publikum. Ein sogenannter *Glokalismus* könnte aber auch Aspekte einer relativ fremden Außenwelt an ein regional begrenztes und eher kleines Publikum vermitteln. Für Damrosch wirken sich diese Bewegungen in beide Richtungen aus. Er behauptet, dass alle literarischen Werke zur Weltliteratur gehören, wenn sie sich jenseits ihrer Kultur und ihrer Originalsprache, der Sprache des Entstehens, verbreiten. Um dies zu präzisieren, benutzt er das englische Wort *circulate*: „to circulate beyond their cultures of origin."[3] Er beschreibt Weltliteratur auch als einen Modus des Zirkulierens oder Kursierens genauso wie als einen Modus des Lesens, ohne dies im Detail zu analysieren. Das Wichtigste scheint für ihn zu sein, dass literarische Werke fern von ihrem Ursprungsland und ihrer Ausgangssprache gelesen werden, entweder in einer Übersetzung oder in der ursprünglichen Sprache. Für ihn sind Werke wesentlich anders, wenn sie im Ausland gelesen und rezipiert werden, sie stellen sich anders dar als zu Hause. Und vielleicht noch wichtiger, beteuert er, dass literarische Werke, die als Weltliteratur betrachtet werden, ein Nachleben entfalten, vom Prozess der Grenzüberschreitungen selbst in der Regel profitieren, d.h. von neuen Interpretationsmöglichkeiten profitieren, und an Bedeutung gewinnen würden.[4] Er weist allerdings darauf hin, dass die Art und Weise dieses Zugewinns in jedem Einzelfall analysiert werden müsse. Auf jeden Fall sei es, so Damrosch, kritisch zu hinterfragen, ob Übersetzungen unvermeidlich einen Verlust an Bedeutung des Originals signalisieren. Übersetzungen und Sprachgrenzen überschreitende Rezeptionen stellen für ihn vielmehr eine potenzielle Bereicherung des ursprünglichen Textes für Leserinnen und Leser dar.

Bevor Überlebensmemoiren im Zusammenhang mit der ausgedehnten Debatte über autobiografisches Schreiben oder *Life-Writing* in der Literaturwissenschaft betrachtet werden können, wäre es zunächst wichtig, die problematische Ontologie eines autobiografischen Textes über den Holocaust zu erörtern. Ontologische Aspekte spielen in

Damroschs Studien keine Rolle, doch mir scheinen sie unentbehrlicher Hintergrund oder Rahmen zu sein, um den Status der Schoah-verwandten Texte als Weltliteratur zu verstehen. Manchmal ist es in der Rezeption gar nicht klar, über welchen Text, über welche Fassung eines Textes diskutiert wird, dies trifft sowohl auf Originalfassungen als auch Übersetzungen zu. Die Entstehung dieser Texte an sich und die Entstehungsgeschichten dieser Literatur sind in der Regel komplex und oftmals viel komplizierter als die autobiografischer Texte aus anderen Epochen, vor allem wegen der schwierigen oder traumatischen Erfahrungen, die ihrer konkreten Entstehung zugrunde liegen. So trägt ein Großteil dieser Werke wesentliche Lücken und Brüche in sich, zeitliche, örtliche, linguistische, bewusstseins- und erinnerungsverwandte Brüche zwischen Erfahrung und schriftlicher Aufarbeitung. Auch die konkreten Umstände der Veröffentlichung sind diesbezüglich von besonderer Bedeutung, da sie häufig eine Reihe von Problemfeldern in der Rezeption beleuchten, z.B. den allgemeinen Mangel an Interesse an dieser grausamen Episode in der Geschichte der Jüdinnen und Juden bzw. der Menschheit unmittelbar nach Kriegsende, oder die Problematik der fehlenden Leserschaft oder des adressierten Publikums, oder Unklarheiten darüber, wer der empirische Leser oder die empirische Leserschaft dieser Texte sein könnte. Hinzu kommen noch die vielfachen Dislozierungen der Überlebenden, die in der Nachkriegszeit ihre autobiografischen Texte in neuen kulturellen und sprachlichen Umgebungen produzierten. Die Verworrenheit des Raumes und der Sprachen bzw. die Mehrsprachigkeit des Schoah-Erlebnisses verkomplizieren allgemeine Betrachtungen dieser Literatur im Sinne der Weltliteratur, wenn man dem Modell und den Überlegungen David Damroschs folgen will, denn manchmal ist es unmöglich festzustellen, aus welchem Entstehungskontext die Werke stammen und in welches kulturelle Umfeld diese Texte gehören. Damroschs kritische Annäherung basiert auf viel stabileren Positionierungen des Innen und Außen, des Bekannten und Unbekannten. Er fokussiert hauptsächlich auf die Meisterwerke der Weltliteratur, Werke von William Shakespeare, Gustave Flaubert, Thomas Mann, Franz Kafka, Marcel Proust, T.S. Eliot, James Joyce und anderen. Nicht, dass sie alle als Beispiele der Stabilität betrachtet werden können, aber trotzdem gibt es einen wesentlichen Unterschied zwischen der Mehrzahl dieser Autoren der Weltliteratur und den Verfasserinnen und Verfassern der Memoiren des Überlebens in der Schoah.

Ich werde einige von ihnen in meinem Artikel erwähnen. Die drei Autorinnen und Autoren, auf die ich im Folgenden genauer eingehen werde, sind: 1.) Elie Wiesel, ein aus Transsylvanien stammender, heute weltberühmter Auschwitz- und Buchenwald-Überlebender, Friedensnobelpreisträger, ein preisgekrönter Schriftsteller, der seine Überlebensmemoiren zunächst auf Jiddisch verfasste, bevor sie in Dutzende von Sprachen übersetzt wurden. Er verfasste noch weitere autobiografische Texte, die auch erörtert werden müssen, besonders mit Blick auf die Rezeption seiner ersten Memoiren.[5] 2.) Ruth Klüger, eine aus Wien stammende Theresienstadt- und Auschwitz-Überlebende, die zusammen mit ihrer Mutter mehrere Lager während der NS-Zeit überlebte und viele Jahre später als amerikanische Literaturwissenschaftlerin eine hochgelobte und preisgekrönte Autobiografie auf Deutsch verfasste und ein paar Jahre danach eine amerikanische Version veröffentlichte. Diese, ihre Übertragung ins Amerikanische, kann nur teilweise als Übersetzung bezeichnet werden, vielmehr handelt es sich um ein Neuschreiben. Auch Ruth Klügers Memoiren wurden in ein Dutzend Sprachen übersetzt.[6] 3.) Fanya Gottesfeld Heller, die in Literaturkreisen praktisch unbekannt ist, überlebte die Schoah meist im Versteck auf dem Lande in Ost-Galizien. Ihre Memoiren wurden wie die Ruth Klügers verspätet und erst viele Jahre nach dem Horror des Überlebens auf Englisch veröffentlicht. Es gibt kaum Rezensionen, keine nennenswerte schriftliche Rezeption, obschon sie ihre Überlebenserfahrungen oder ihr Buch gelegentlich in amerikanischen Schulen besprach. Ihr Buch wurde ins Deutsche übersetzt, doch hatte dies offensichtlich nichts mit einer enthusiastischen amerikanischen Rezeption zu tun oder mit einem möglichen Erfolg der Erstveröffentlichung.[7]

Zu den besonderen Problematiken der Ontologie dieser Memoiren einige Bemerkungen: Elie Wiesel hat seine Memoiren über die Schoah zunächst auf Jiddisch geschrieben und 1956 in einer Reihe über das polnische Judentum in Buenos Aires veröffentlicht. Der Titel lautet *Un di velt hot geschvign*. Wenn über Elie Wiesels Überlebensmemoiren diskutiert wird, meint man aber in der Regel nicht das jiddische Original – wenige wissen, dass es überhaupt existiert –, sondern die französische Übersetzung, *La Nuit*, die eine stark revidierte und gekürzte Version des jiddischen Originals ist und die erst zwei Jahre später in Paris erschien. Es war diese französische Version, die in den nächsten Jahren ins Englische und in viele anderen Sprachen übersetzt wurde, bis Wiesel selbst zum Inbegriff des Überlebenden der Schoah wurde. Diese französische Version wurde dann auch viel später ins Englische übertragen und leicht revidiert, da es Kritik an einigen Ungereimtheiten gab. Der Titel des jiddischen Originals lässt noch den Vorwurf anklingen, eine Art „j'accuse!", der die Welt für ihr Schweigen während der Schoah, ihre Versäumnisse, die Juden vor dem Genozid zu retten, anklagt. Diese Anklage ist aber auch etwas weitergehend zu verstehen, zum Beispiel als Kritik an der relativ geschlossenen jüdischen Lebensweise in Osteuropa, die aus einer innerjüdischen Perspektive heraus die Verletzlichkeit und Hilflosigkeit der Jüdinnen und Juden gegenüber den Nazis und ihren Mittäterinnen und Mittätern betont. Ebenso kann dieser Text als Anklage gegen Gott selbst gelesen werden, der – in religiöser Sichtweise – diese tragische Episode in der Geschichte der Menschheit und der Jüdinnen und Juden gewissermaßen zuließ. Aus existentialistischer Perspektive war vielleicht die radikale Einsamkeit des autobiografischen Ichs an mehreren Textstellen und das Fremdwerden einer traditionellen Gottes-Konzeption, bzw. sein Widerstand gegen ihn und die bittere Ablehnung des Schweigens Gottes, entscheidend. Aber dieser Ton und mehrere Teile des jiddischen Textes, die diesen Vorwurf oder diese Vorwürfe propagierten, sind in der französischen Fassung entweder ganz gestrichen worden oder sie wurden gelegentlich abgemildert oder relativiert. Die ersten Absätze des jiddischen Originals, die diese Aspekte gleich zu Beginn des Textes ansprechen, sind gänzlich aus der französischen Fassung verschwunden.

Ich möchte an dieser Stelle noch weiter auf Ontologie und Entstehung eingehen: Aus dem Briefwechsel der Jahre 1955 bis 1958 zwischen dem Überlebenden Elie Wiesel und dem berühmten katholischen französischen Schriftsteller François Mauriac wissen wir einiges über die Annahme des Textes für eine Veröffentlichung auf Französisch sowie über den Prozess des Revidierens und des Kürzens.[8] Es gibt im Elie Wiesel-Archiv in Boston ein unveröffentlichtes Kapitel auf Französisch, das sogenannte *Kapitel Zero*, das Wiesel offensichtlich für die französische Version verfasste, welches aber im Zuge der Herausgabe gestrichen wurde. Ich wage eine vorläufige These über diese Kürzungen und Revisionen dieses Textes, die einerseits mit der Reduzierung der verspäteten Zeit-Perspektive zu tun haben, sowie andererseits mit der Milderung oder Ausschaltung des zornigen Tons des jiddischen Originals, und auch mit der Reduzierung des spezifisch Jüdischen im Text, insofern dies überhaupt realisierbar war aufgrund der historischen Tatsachen. Alle diese Änderungen zielen auf ein breiteres Lesepublikum ab, und zwar indem eine allgemeine und tragische Erfahrung des Leidensweges, des menschlichen Verlusts und des menschlichen Überlebens dargestellt wird, und dadurch vielleicht der Bezug zu anderen unvertrauten Zusammenhängen nachvollziehbar wird. Mit anderen Worten die vielfältigen Leserschaften werden mit bereits Bekanntem konfrontiert. Laut jenem Zugang zur Weltliteratur, den David Damrosch vertritt, ist das Französische in diesem Fall kaum problemlos oder neutral als Fremdsprache oder als fremde Kultur den Ereignissen der Schoah gegenüber zu beschreiben, auch wenn ihm sicherlich das Jiddische fremd ist. Denn auch Frankreich war unter deutscher Besatzung und muss mit Blick auf die Kollaboration durch das Vichy-Regime zu den Schauplätzen des Genozidapparats gezählt werden, und auch diese Tatsache muss in diesem Kontext in Betracht gezogen werden.

Die ontologischen Komplexitäten der Autobiografie von Ruth Klüger spiegeln sich nur ansatzweise in den verschiedenen Titeln des veröffentlichten Buches wider, weil die von ihr teils ins Amerikanische übersetzte und teils von ihr neu geschriebene zweite Fassung neue Textstellen beinhaltet, die nur in der zweiten Fassung zu finden sind. Übrigens sollte der zunächst vorgesehene Titel dieses Erinnerungsbuches in diesem Zusammenhang nicht unerwähnt bleiben: *Stationen*. Also die Veränderungen von *Stationen* zu *weiter leben. Eine Jugend* (1992) und später zu *Still Alive. A Holocaust Girlhood Remembered* (2001) und dann zur britischen Fassung *Landscapes of Memory: A Holocaust Girlhood Remembered* (2003) müssen alle gesondert bewertet werden, weil sie keineswegs identische Texte darstellen.[9] Wenn eine neue Übersetzung irgendwo auf der Welt erscheint, wäre es wohl wichtig festzustellen, aus welcher Version die neue Fassung entstanden ist: handelt es sich um die deutsche, die amerikanische oder die britische Version, oder vielleicht um eine Verschmelzung aus mehr als einer einzigen Version? Zum Beispiel basiert die hebräische Fassung, die 2010 von Smadar Milo übersetzt wurde und bei Yad Vashem in Jerusalem erschien, auf der amerikanischen Fassung *Still Alive*, aber der Titel und der hebräische Buchumschlag beziehen sich auf die britische Fassung und den ursprünglich geplanten Titel *Stationen*. Der hebräische Titel lautet *Nofei Zikharon: Wien, Theresienstadt, Auschwitz, Christianstadt, Germania, New York*.

Die verschiedenen Titel evozieren und betonen verschiedene Aspekte der dargestellten Überlebenserfahrung Ruth

Klügers, sowie manche Erlebnisse nach der Schoah, entweder das Weiterleben selbst, die aus der Rückschau erzählten Erlebnisse einer Jugend in Wien, oder das Leben eines Mädchens zur Zeit des Grauens und des Genozids, bzw. die unterschiedlichen Stationen oder Landschaften des Überlebens und Loci der Erfahrungen der Überlebenden, aber auch die Herausforderungen des Erinnerns und die Grenzen der Erinnerung selbst.[10]

Aber ontologisch betrachtet sind diese Textvarianten alternative Versionen eines komplexen Erlebens, die viele Jahre nach dem Geschehen noch die sich wandelnden Auswirkungen in unterschiedlichen Kontexten bezeugen. Alle Textvarianten jedoch, die ihren Lebensweg darstellen, räumen dem Überleben der Verfasserin als Zeitzeugin Priorität über die verschiedenen wörtlichen oder linguistischen Formulierungen und Unterschiede zwischen den Versionen hinaus ein.

Man könnte sagen, dass die amerikanische Fassung von Ruth Klügers Überlebensmemoiren etwas jüdischer gestaltet wurde, wenn ich diese Formulierung benutzen darf, im Unterschied zu der ursprünglichen deutschen Version. Gegen Ende der amerikanischen Version stellt Ruth Klüger die deutsche Sprache als eine jüdische Sprache dar, während diese frappante oder vielleicht verblüffende Behauptung in der Originalausgabe auf Deutsch ganz und gar fehlt.[11] Ich habe an einer anderen Stelle dargelegt, dass dies mit den Adressierungen an jeweils unterschiedliche Öffentlichkeiten und mit den verschiedenen impliziten Leserinnen der zwei Fassungen zu tun hat: eine implizite deutsche Leserin einerseits und eine implizite amerikanische Leserin andererseits. Im Kontext einer Diskussion über Weltliteratur wäre es wichtig danach zu fragen, inwiefern diese verschiedenen Textvarianten verschiedene Leserschaften adressieren, in Übersetzungen oder in ihren ursprünglichen Sprachen, aber auch zu unterstreichen, dass Ruth Klüger gewissermaßen zu beiden Kulturen gehört, da sie beide Sprachen beherrscht und sich ihrer als ihrer literarischen Sprachen bedient. Diese spezifische Situation kann als Herausforderung für Damroschs Begriff der Weltliteratur verstanden werden, indem die Prozesse der Zirkulation von einer Kultur in eine andere als Bedingung der Weltliteratur in diesem Fall in Frage gestellt werden können. Die ausgesprochen enthusiastische Rezeption des deutschen Originals, die das Buch zum preisgekrönten Bestseller auf Deutsch machte, kann nicht mit der viel weniger enthusiastischen Aufnahme der amerikanischen Version *Still Alive* verglichen werden. Oder auch mit der respektvollen und positiven Rezeption auf Hebräisch und in vielen anderen Sprachen und Kulturen – denn diese Memoiren wurden in mehr als ein Dutzend verschiedene Sprachen übersetzt –, und doch ist der deutsche Text, seine Besprechung und seine Aufnahme in den deutschen Literaturkanon nicht mit der Rezeption in anderen Ländern vergleichbar.

Ich erinnere mich an dieser Stelle an eine Diskussion zwischen Ruth Klüger und ihrer (und meiner) Freundin Margarita Pazi (1920–1997), die als Holocaust-Überlebende aus Böhmen und nach einigen Jahren Inhaftierung auf Mauritius in den vierziger Jahren nach Tel Aviv gelangte und später viele Jahre an der Universität Tel Aviv tätig war, und die vor ihrem Tod als eine große Kennerin der Prager deutschen Literatur in akademischen Kreisen anerkannt war.[12] Margarita, die sich scharf und direkt auszudrücken vermochte, teilte Ruth Klüger ohne Umschweife mit, dass es selbstverständlich sei, dass ihre Memoiren in Deutschland so populär gewesen seien, da Ruth „es so leicht für die Deutschen gemacht habe", d.h., dass ihr Buch die Deutschen nicht genügend für ihr Verbrechen, für den Genozid, für die große Zerstörung angeprangert habe, ja sie erspare den Deutschen in ihren Memoiren die bittere Kritik, die sie angesichts des Genozids wohl verdient hätten. Aber ob diese Behauptung in der Tat die große Popularität dieser Memoiren erklärt, scheint mir zweifelhaft.

Auch die verschiedenen Titel von Fanya Gottesfeld Hellers Überlebensmemoiren sollten ontologisch analysiert werden. Sie veröffentlichte 1993 die amerikanische Originalausgabe *Strange and Unexpected Love. A Teenage Girl's Holocaust Memoirs* bei einem kleinen jüdischen Verlag in New Jersey, USA.[13] Das Buch war ihrem Vater gewidmet, der gegen Ende des Krieges nach einer komplizierten Geschichte des Überlebens, wie sie in den Memoiren dargestellt wird, offensichtlich ermordet wurde. Im Jahre 2005, also etwas mehr als zehn Jahre später, wurde eine revidierte Fassung dieser Memoiren unter einem neuen Titel veröffentlicht: *Love in a World of Sorrow. A Teenage Girl's Holocaust Memoirs.* Diese Fassung erschien in einem kleinen Jerusalemer Verlag mit einer Zweigstelle in New York.[14] Diese Version wurde beiden Elternteilen, also nicht nur dem Vater allein, gewidmet, vielleicht aus feministischen Gründen, die bei der ersten Veröffentlichung vernachlässigt wurden. Zwei Herausgeberinnen werden in den beiden Versionen genannt, also lässt sich vermuten, dass die Herausgeberinnen der beiden Fassungen entscheidende Rollen beim Revidieren oder Umschreiben der Fassungen gespielt haben. Man darf also zu Recht Fragen nach der wahren Verfasserin bzw. nach Formen der Co-Autorschaft stellen. Zunächst bei der ursprünglichen Version, die von Fanya Heller entweder geschrieben oder diktiert wurde, und dann später bei der Überarbeitung oder dem *Rewriting* der ersten veröffentlichten Fassung. Ohne dass die Originalausgabe irgendeine dokumentierte Rezeption erfuhr, erschien die zweite amerikanische Fassung. Dann 2001 erschien in Hamburg eine deutsche Übersetzung dieser Memoiren. Der Titel lautet: *Feindes Liebe. Eine wahre Geschichte.*[15] Dieser Untertitel ist ganz neu, als ob die erzählte Geschichte als Fiktion gelesen werden könnte oder um diese Lesart möglicherweise zu vermeiden.

Soweit ich weiß, gibt es keine weiteren Übersetzungen und aus literaturwissenschaftlicher Perspektive lässt sich fragen, inwiefern es berechtigt wäre, diese Memoiren nach der Begriffsbestimmung Damroschs als Weltliteratur zu verstehen, auch wenn sie übersetzt wurden. Nicht allein die

Tatsache, dass nur eine einzige Übersetzung in eine Fremdsprache existiert, aber darüber hinaus, dass diese Memoiren offensichtlich kaum gelesen wurden, weder in den zwei amerikanischen Versionen noch in der deutschen Übersetzung, stellen diese Kategorisierung in Frage. Zumindest lässt sich keine schriftliche Rezeption dieser Memoiren feststellen. Auch muss die Identifizierung der Autorin als Fanya Gottesfeld Heller und als alleinige Autorin in Frage gestellt werden, denn es scheint mir, dass die zwei Herausgeberinnen als vollberechtigte Mitverfasserinnen betrachtet werden müssen.[16] Sollte dies zutreffen, gilt der Text nach dem Konsensus in der literaturwissenschaftlichen Diskussion seit Lejeune nicht mehr als autobiografischer Text.[17] Auch ist das Umschreiben oder *Rewriting* sowie die Übersetzung in diesem ontologischen Zusammenhang sehr problematisch. Man braucht sich auf keine nuancierte Übersetzungstheorie wie die von Walter Benjamin, André Lefevre oder Susan Bassnett zu stützen, um diese Behauptung deutlich zu machen.[18] Ich möchte nicht missverstanden werden: Ich hege keine Zweifel daran, dass die Beschreibung der Lebenserfahrungen dieser Holocaust-Überlebenden im Großen und Ganzen einen Versuch darstellt, einen faktentreuen oder wahren Bericht zu vermitteln, insofern ihr Erinnerungsvermögen dies zulässt – so wird dies im Untertitel der deutschen Fassung ausdrücklich behauptet. Aber wegen des unklaren Entstehungsprozesses muss man nach dem möglicherweise Unauthentischen, wie Geoffrey Hartman diesen Begriff verwendet, fragen und dieses für die Analyse berücksichtigen. Für Hartman ist ein Text unauthentisch, wenn Leser nicht zwischen Geschichte bzw. dem Historischen und den frei erfundenen Fiktionen in autobiografischen und anderen Texten unterscheiden können, weil die Texte als Mischung von Geschichte und Fiktion dies verhindern.[19] Dieser Aspekt muss abgegrenzt werden von der Behauptung von Literaturwissenschaftlern wie Roy Pascal und auch von anderen, die postulieren, dass autobiografische Werke größtenteils aus Lügen bestehen, ja dass die

Lüge gar ein unentbehrlicher Teil der Gattung Autobiografie sei.[20]

Vor vielen Jahren bei einer internationalen Tagung über verspätete Schoah-Memoiren, die ich in Beer Sheva veranstaltete, hat Ruth Klüger anknüpfend an die Präsentation von Fanya Gottesfeld Heller beteuert, dass sie (Ruth) keinem einzigen Wort von Fanyas Überlebens- und Liebesgeschichte während der Schoah Glauben schenken könne. Diese Reaktion schien mir damals extrem, aber wenn ich heute auf diese Formulierung zurückkomme, möchte ich behaupten, dass Fanya Hellers Überlebensmemoiren weder als Autobiografie noch als Weltliteratur gelten können. Sie wurden keineswegs von ihr allein geschrieben. Sie zielen auf eine spezifische und sehr begrenzte Leserschaft von amerikanischen Jüdinnen ab, die besonderes Interesse an Prozessen der Assimilierung und interkonfessionellen Partnerschaften haben. Dies hat auch mit der Frage nach der impliziten Leserin des Textes zu tun. Aber da in diesem Fall nun keine neuen Interpretationen und keine nennenswerte internationale Rezeption auffindbar sind, hat es wohl keinen Sinn, diese Memoiren weiter als Weltliteratur zu besprechen, vielmehr kann dieser Text uns vielleicht behilflich sein, die Grenzen dieses literarischen Phänomens zu skizzieren.

Darf ich kurz zusammenfassen und einige Ergänzungen anbieten: Meine Betrachtung der Überlebensmemoiren ermöglicht eine kritische Evaluierung von und wissenschaftliche Auseinandersetzung mit David Damroschs Begriff der Weltliteratur. Obschon Damrosch weder die Ontologie von Texten noch ihre Entstehungsgeschichten in seine Diskussionen miteinbezieht, weise ich darauf hin, dass diese möglicherweise wichtige oder gar unentbehrliche Elemente für das Verständnis von Weltliteratur sind. Während Übersetzungen auf eine Erweiterung des Lesepublikums durch das Zirkulieren von Texten jenseits der Grenzen ihrer ursprünglichen Sprachen und ursprünglichen Kulturen hinarbeiten, und dadurch Teil eines Kampfes gegen das Vergessen sind, ist der Prozess des Zirkulierens viel komplizierter, besonders bei Analysen zur autobiografischen Literatur des Überlebens, als Damrosch es in seinen Studien konzipiert. Auch läuft man möglicherweise Gefahr, wie Geoffrey Hartman und andere warnen, die Ernsthaftigkeit der komplexen Fragen in Bezug auf die Schoah zu trivialisieren, indem Texte oder Autoren vereinfacht in verschiedenen Medien präsentiert werden.[21] Es ist nicht immer möglich, die relativ große Popularität einzelner Text der Weltliteratur in den verschiedenen Kulturen und Sprachen zu erklären. Letzten Endes sind viele der vermeintlichen Erklärungen meist Spekulationen, denen nicht immer ausreichend auf den Grund gegangen wird.

Anmerkungen

1 David Damrosch: What is World Literature? Princeton: Princeton University Press, 2003, S. 2.
2 Damrosch, ebd., S. 109.
3 Damrosch, ebd., S. 4-5.
4 Damrosch, ebd., S. 25, 202, 288 f.; David Damrosch: How to Read World Literature. Oxford: Wiley-Blackwell, 2009, S. 66.
5 Siehe Alan Rosen: Elie Wiesel (1928-). In: S. Lillian Kremer (Hg.): Holocaust Literature, Bd. II. New York, London: Routledge, 2003, S. 1315-1325; Simon P. Sibelman: Elie Wiesel (1928-). In: Efraim Sicher (Hg.): Holocaust Novelists: Dictionary of Literary Biography, Bd. 299. Detroit: Thomson-Gale, 2004, S. 359-374.
6 Siehe Michael Ossar: Ruth Klüger (1931-). In: S. Lillian Kremer (Hg.): Holocaust Literature, Bd. I. New York, London: Routledge, 2003, S. 674-679.
7 Insoweit ich feststellen konnte, gibt es keinen wissenschaftlichen Artikel über Fanya Gottesfeld Heller, weder in dem umfangreichen Lexikon der Holocaust Literatur von S. Lillian Kremer noch in anderen Nachschlagewerken zur Literatur des Holocausts.
8 Ich bedanke mich bei Ryan Hendrickson für seine Hilfe, während ich 2018 im Elie Wiesel Archiv an der Boston Universität arbeitete.
9 Vgl. Markus Malo: Behauptete Subjektivität. Eine Skizze zur deutschsprachigen jüdischen Autobiographie im 20. Jahrhundert. Tübingen: Max Niemeyer Verlag, 2009, S. 233-271; Karolin Machtans: Zwischen Wissenschaft und autobiographischem Projekt.

Saul Friedländer und Ruth Klüger. Tübingen: Niemeyer Verlag, 2009, S. 162-234.

10 רוח קלוגר: נופי זיכרון. וינה, טרזינשטט, אושוויץ, כריסטיאנשטט, גרמניה, ניו יורק, übersetzt von Smadar Milo, Jerusalem: Jad Vashem, 2010.

11 Ruth Kluger: Still Alive. A Holocaust Girlhood Remembered. New York: Feminist Press at the City University of New York, 2001, S. 205. Das Zitat lautet: „German, strange as this statement may sound, is a Jewish language."

12 Siehe Mark H. Gelber: Margarita Pazi (1920-1997). In: Modern Austrian Literature 31 (1998) Nr. 1, S. 170-174. Vgl. Margarita Pazi: Staub und Sterne. Aufsätze zur deutsch-jüdischen Literatur. Hg. von Sigrid Bauschinger und Paul Michael Lützeler. Göttingen: Wallstein Verlag, 2001.

13 Fanya Gottesfeld Heller: Strange and Unexpected Love. A Teenage Girl's Holocaust Memoirs. Hoboken, NJ: KTAV Publishing, 1993.

14 Fanya Gottesfeld Heller: Love in a World of Sorrow. A Teenage Girl's Holocaust Memoirs. Jerusalem und New York: Devora Publishing, 2005.

15 Fanya Gottesfeld Heller: Feindes Liebe. Eine wahre Geschichte. Aus dem Amerikanischen von Michael Haupt. Hamburg: Europäische Verlagsanstalt, 2001.

16 Vgl. Mark H. Gelber: Mehrsprachigkeit und Stationen des Exils in der Literatur des Überlebens. Stefan Zweig, Fanya Gottesfeld Heller und Ruth Klüger. In: Exilforschung 32 (2014), S. 231-242, hier besonders S. 232-233 und S. 236-238.

17 Philippe Lejeune: Le Pacte autobiographique. Paris: Seuil, 1975.

18 Siehe Walter Benjamin: Die Aufgabe des Übersetzers. In: Walter Benjamin: Gesammelte Schriften. Bd. IV/1. Frankfurt a. Main: Suhrkamp, 1972, S. 9-21; Andre Lefevre: Translation, Rewriting, and the Manipulation of Literary Fame. London, New York: Routledge, 1992; Susan Bassnett: Translation Studies. London, New York: Routledge, 1991.

19 Geoffrey Hartman: Scars of the Spirit. The Struggle Against Inauthenticity. London: Palgrave Macmillan, 2002, S. 85-99.

20 Roy Pascal: Design and Truth in Autobiography. Cambridge, Mass.: Harvard University Press, 1960, S. 69.

21 Geoffrey Hartman: Scars of the Spirit, S. 82.

Konstantin Kaiser
Notizen zur Geschichte der Autobiographien des Widerstands und der Verfolgung

> *Was geschrieben ist, können sie nicht ausstoßen.*
> *Wie aus einem Vulkan.*
> *[...]*
> *Einmal geschrieben das Wort*
> *wie kann es ausgetrieben werden ins Exil*
> *sogar im Geschrei verbannter Seelen?*
> Yaffa Zins, aus dem Hebräischen von Frederick Brainin[1]

Lässt man die Hagiographien auf Herrscher und die Genealogien für Herrscherhäuser, um die sich sogar noch ein Gottfried Wilhelm Leibniz[2] bemühte, beiseite, ist das Interesse an Biographie und Autobiographie ein neuzeitliches, beginnend in der Renaissance mit der „Vita" eines Leon Battista Alberti oder den Denkwürdigkeiten eines Enea Silvio Piccolomini.[3] Das Aufkommen des Autobiographischen geht einher mit einem grassierenden Biographismus, wie er sich in den Künstlerbiographien Giorgio Vasaris manifestiert[4], und wird gerne mit einem im Gleichschritt aufkommenden Individualismus assoziiert. Indes scheint es mir naheliegender, von einer biographischen Perspektive zu sprechen, die in der Zeit anordnet, was die Zentralperspektive im Raum tut.[5] Das wesentlich Neue, das sich darin Bahn bricht, ist das Bewusstsein, als Mensch auf geschichtlichem Boden zu stehen; eine Geschichtlichkeit, die ein Giambattista Vico Anfang des 18. Jahrhunderts als eine den Völkern trotz aller Verschiedenheit gemeinsame Entwicklung darzustellen unternimmt.[6] Vico steht damit an dem säkularisierten Endpunkt eines an die christliche Heilsbotschaft anknüpfenden Geschichtsdenkens, das im 12. Jahrhundert mit einem Joachim de Fiore in mystisch-religiös verbrämter Form angehoben hatte.

In der bürgerlichen Epoche dann nimmt Benjamin Franklins epochaler Bucherfolg, seine „Autobiography"[7], eine Zwischenstellung ein. Sie ist in Einem Entwicklungsroman, Memoirenliteratur und Testament, das den nachfolgenden Generationen aus eigener Lebenserfahrung Tugendlehren erteilt. Man könnte sagen, Franklins Autobiographie adressiert sich an eine in geistiger, wirtschaftlicher, technischer und sittlicher Hinsicht vorwärtsschreitende bürgerliche Gesellschaft, in concreto auf die sich im Unabhängigkeitskrieg herausbildende amerikanische Nation. Das spezifisch Autobiographische an ihr ist die Konstruktion eines gültigen persönlichen gelungenen Lebens in Differenz – doch nicht im Gegensatz – zur Abfolge der Tätigkeiten und der öffentlichen Angelegenheiten, der Werke und Erfindungen also, an denen Franklin großen Anteil hatte.

Etwas mehr als ein Jahrhundert später beginnt eine Literatur zu entstehen, die sich zwar formal vielfach an die bürgerliche Tradition der erklärenden und beschönigenden Selbstbeschreibung anlehnt, aber nicht mehr an die bürgerliche Gesellschaft adressiert: Die Arbeiterautobiographien wenden sich an die rasch anwachsende, sich organisierende Arbeiterbewegung, so z.B. die „Jugend einer Arbeiterin" von Adelheid Popp, „Das rauhe Leben" von Alfons Petzold oder die – im US-amerikanischen Exil entstandenen – „Memoiren" eines Johann Most.[8] So sehr in ihnen ganz konkrete Lebensumstände geschildert werden, so wenig wenden sie sich ausschließlich an ein regional beschränktes Publikum. So ernteten Maxim Gorkis „Meine Universitäten" internationalen Ruhm. Anzumerken ist dazu, dass ein internationaler Überblick und vergleichende Untersuchungen über die Arbeiterautobiographien der Zeit um 1900 meines Wissens weitestgehend fehlen.

Die Arbeiterautobiographien beschreiben nicht bloß beklagenswerte und unbegreifliche Zustände, sondern sinnen als Propagandaschriften auf deren Abhilfe durch Bildung und organisierten Kampf der Arbeiterschaft. Sie sind auffällig parteilich.[9]

Das seit der Renaissance neuzeitlich dramatisierte Geschichtsbewusstsein klingt einerseits selbst in den von den etablierten Parteiführern einer späteren Periode gewählten Titeln ihrer Lebenserinnerungen nach: „An der Wende zweier Zeiten" (1946) will Karl Renner gelebt haben, und „Zwischen den Zeiten" (1986) siedelt Bruno Kreisky 40 Jahre später seinen Lebensgang an. Andererseits werden hier auch Nöte der politischen Verfolgung und des Exils in eine vergangene Zeit gefasst und vom Blickpunkt der nun errungenen Daseinsgewissheit einer besseren Zeit betrachtet.

Die damit verbundene Schwierigkeit des Übergangs von einer Periode der Verfolgung und Selbstbehauptung zu einer Periode relativer Sicherheit zeigt sich in vielen Autobiographien von Verfolgten und WidestandskämpferInnen: Während der Lebensgang bis zur Befreiung 1945 wie aus einem Guss ist, persönliches Leben und Welterfahrung eine Einheit bilden, fällt diese Einheit in der Folge in eine Vielzahl disparater Tätigkeitsfelder auseinander. Es gibt keinen geschlossenen, von Daseinsnot und Entschlossenheit getriebenen Handlungsstrang mehr. Ich konnte das im persönlichen Bereich bei den Lebenserinnerungen meines Vaters Ferdinand Kaiser (1909 – 1997) feststellen, wo für die Zeit nach 1945 das Privatleben und die Tätigkeit als sozialdemokratischer Politiker völlig auseinanderfallen.[10] Derselbe Mensch, der anschaulich von seiner Kindheit, der Arbeitslosigkeit, dem Engagement im Republikanischen Schutzbund, seinen Gefängnisaufenthalten im Austrofaschismus und seinem Überleben als österreichischer „Beutesoldat" in der deutschen Wehrmacht erzählen konnte, versagt bei der Auflistung von Familienurlauben, Karriereschritten und Parteitagen vollkommen als Erzähler. Ein gutes Beispiel für das Phänomen sind auch Franz Mareks „Lebenserinnerungen", in denen die Jugendzeit und das Engagement im antifaschistischen Widerstand relativ zusammenhängend erzählt werden, dann aber der Text mehr und mehr in Episodisches und Anekdotisches (womit nicht Idyllisches gemeint ist) auseinanderläuft.[11] In seltenen Fällen wird dem auch in der Form der Darstellung Rechnung getragen, so von Willy Verkauf-Verlon, der seine Erinnerungen als eine „autobiographische Wortcollage" verfasste, bei der jedoch auffällt, dass die längeren zusammenhängenden erzählerischen Passagen sich auf die Zeit vor der Rückkehr aus dem Exil nach Österreich im Jahre 1946 beziehen.[12]

Mit den Arbeiterautobiographien hatte jedenfalls eine neue Periode autobiographischen Schreibens begonnen: Nicht mehr konnte hier das eigene Leben entlang der Kraftlinien des Bestehenden, in seiner Normalität entworfen werden. Das Bewusstsein, auf historischem Boden zu stehen, also in einer Welt zu leben, die vorher nicht so war und nachher nicht mehr so sein soll, ist naheliegender Weise noch schärfer ausgeprägt als in bürgerlichen Autobiographien des 19. Jahrhunderts. Diese werden auch noch im 20. Jahrhundert geschrieben – nimmt man jedoch die Erinnerungen eines Franz von Papen[13] oder eines Albert Speer[14] zur Hand, wird man sich schnell gewahr, dass der Appell an bürgerliche Normalität entsetzliche Verbrechen verleugnet und beschönigt, die den beiden Verfassern zur Last gelegt werden müssen. An die Stelle der Erkundung des eigenen Werdegangs tritt hier nahezu notwendig die Ausgestaltung der Lebenslüge.

Mit diesen Verbrechen, mit dem, was gemeinhin ungenau genug als Schoa oder Holocaust bezeichnet wird[15], wird die Bitterkeit verständlich, mit der die Exilierte Hertha Pauli 1970 ein Heinrich Heine-Zitat über ihr „Lebensbuch" stellt: „Der Riß der Welt geht durch mein Herz".[16] Nicht der Bericht einer Enttäuschten wird hier vorgelegt, sondern einer den Weltzustand Erkennenden. Die Fortschrittsgewissheit, die manches Erlittene in den Arbeiterautobiographien leichter ertragen ließ, ist verschwunden. An ihre Stelle, möchte man sagen, ist schwankend und flüchtig die Hoffnung getreten.

Meines Erachtens müssen die autobiographischen Zeugnisse von Überlebenden der Konzentrationslager, Exilierten und WiderstandskämpferInnen als ein großes, zusammenhängendes literarisches Korpus angesehen werden, das insofern eine neue Periode des Autobiographischen – wenn man so will: eine neue Gattung – darstellt, als dass die AutorInnen mit bislang unerhörten Problemen und Ereignissen konfrontiert sind bzw. waren.

Jan Philipp Reemtsma, das Unbefriedigende der Einordnung dieses Korpus in die Fächer traditionellen Literaturverständnisses spürend, vermutete jedenfalls in den „Memoiren Überlebender" eine neue „Literaturgattung", die weltweit in den verschiedensten Sprachen, also nicht nur in der deutschen, zur Geltung gelangt ist. Die Autobiographie werde in den „Überlebensmemoiren" erstmals wirklich zur literarischen Gattung, kraft der „Deutungsautorität", die „wir den Texten *und* ihren Verfassern einräumen". Diese „Überlebensmemoiren" seien Zeugnisse einer Zivilisation, deren historische Erwartungen durch die Barbarei des Nationalsozialismus zerstört wurden; sie bezeugen diese Zivilisation in der Vergegenwärtigung ihrer Zerstörung. Erst jetzt werde nach und nach bewusst, dass mit der NS-Zeit die im Begriff der „Neuzeit" liegende zuversichtliche Abgrenzung vom „finsteren Mittelalter" ihre Berechtigung verloren habe und die Einheit des Menschengeschlechts aufs Spiel gesetzt worden sei.[17]

Wie dem auch sei: Es ist erstaunlich, dass die Literaturwissenschaft den Autobiographismus nicht schon längst als wesentliches Merkmal oder Kennzeichen der Literatur unserer Gegenwart entdeckt hat. In der Literatur des Exils und der Verfolgten des NS-Regimes erfährt der Autobiographismus eine Klimax – weder davor noch danach haben so viele Schriftsteller und SchriftstellerInnen – der Anteil der Schriftstellerinnen ist bemerkenswert groß – Autobiographien verfasst, autobiographische Projekte betrieben oder entsprechende Schriften hinterlassen, von denen noch immer viele unveröffentlicht sind.[18]

Freilich steht mir für diese meine Behauptung vorläufig nur relativ wenig Material zur Verfügung – eine Auswertung des im Jahre 2000 erschienenen Lexikons der österreichischen Exilliteratur[19], derzufolge zumindest jeder Vierte der darin biobliographisch Vorgestellten Autobiographisches geschrieben hat, also etwa 175 AutorInnen und Autoren, von denen z.T. sogar mehrere autobiographische Bücher erschienen sind, so z.B. von Otto Horn und Hugo Huppert. Nicht berücksichtigt sind in dem Lexikon solche Autobiographen, die außer ihrer Selbstbiographie nichts Literarisches verfasst haben (oder von denen es nicht bekannt ist), so z.B. die vielfach diskutierten und kritisierten Erinnerungen der Widerstandskämpfer Sepp Plieseis und Albert Gaiswinkler[20]. (In beiden geht es auch um die Rettung der Kunstschätze im Salzkammergut.) Und es fehlen selbstredend all die Publikationen nach 2000. Ich nehme aber an, dass sich um das aus dem Lexikon destillierte Korpus die Grundlage für ein Gesamtverzeichnis der Selbstzeugnisse des österreichischer Exils und Widerstands aufbauen lässt.

International gesehen, stellt das österreichische Korpus nur einen kleinen Teil der Erinnerungsliteratur NS-Verfolgter in vielen Sprachen dar, einer neuen großen Literatur, die, wie bereits angedeutet, gegenüber früherer Literatur einige Besonderheiten aufweist. Ich möchte nur auf einige meines Erachtens zu wenig beachtete Charakteristika und Aspekte der spezifischen Parteilichkeit autobiographischer Exilliteratur eingehen, bevor ich versuche, ihre Entstehungs- bzw. Publikationsphasen zu skizzieren.

Erstens die doppelsinnige Einsamkeit der AutobiographInnen – sie befinden sich als Schreibende in einer isolierten Position, wissen nichts oder wenig über die gleichzeitigen Bemühungen anderer; erst in einer späteren Phase des Exils intensiviert sich die Verständigung über die im Exil geschaffene Literatur bis hin zu dem New Yorker Projekt eines Kompendiums der Exilliteratur, aus welchem dann Franz Carl Weißkopfs Sammlung „Unter fremden Himmeln"[21] entstanden ist. Zugleich aber ist ungewiss, an welche menschliche Gemeinschaft, an welche Instanzen sie sich adressieren können – die Wahrscheinlichkeit, auf sich selbst zurückgeworfen zu bleiben, ist größer als die irgendeiner Resonanz. Charakteristisch für das Dilemma sind die Versuche Maximilian Reichs[22] und Bruno Heiligs[23] in England, die Berichte über ihre Lagererfahrungen in romanhafter Form zu gestalten: So, glaubten sie, für ihren verzweifelten Hilferuf und Protest eher eine Leserschaft gewinnen zu können. Heilig wurde tatsächlich publiziert, Reichs Manuskript blieb bis 2007 liegen. Noch im Jahr 1981 betitelte Willy Verkauf-Verlon die erste Fassung seiner Erinnerungen diesem Grundgefühl gemäß mit „Flaschenpost mit Fragezeichen", Botschaft eines Schiffbrüchigen von einer menschenleeren Insel.

Zweitens: Die Autobiographie als Hort der Rettung untergegangener Orte und verlorener Menschen, Rettung in die Erinnerung eines Wien, eines Prag, eines Czernowitz, eines Berlin der Vorkriegszeit, Rettung in die Erinnerung der von den Nazis ermordeten oder zu Tode gequälten Eltern, Verwandten – nicht in ihrem Tod werden sie gewürdigt, sondern in ihrer Lebendigkeit, ihrer Güte, Fürsorge, Ungeduld, ihren Hoffnungen. Doch dieses Bedürfnis der Rettung ist nicht auf Familiarität beschränkt. Z.B. in Fred Wanders „Siebenten Brunnen"[24] ist die Vergegenwärtigung der Geistigkeit, der Lebensweisheit und des Philosophierens von Mitgefangenen zentral. Als ein Rettender sieht sich der Autobiograph jedoch in eine Umgebung eingekapselt, die aufgrund des Genozids kein Kontinuum zu dem von ihm Erinnerten aufweist; allerdings besteht in einer kurzen Periode nach 1945 zumindest die Illusion, ein solches Kontinuum wieder herstellen zu können.[25]

Drittens: AutobiographInnen kämpfen in ihren Aufzeichnungen gegen die Irrationalität des Weltzustandes und den Irrationalismus der Köpfe. Das klassische Beispiel dafür sind die als Folge von Essays konzipierten „Unmeisterlichen Wanderjahre" Jean Amérys[26], die das Streben des Autors nach einer Vernünftigkeit dramatisieren, die weder bloß selbstzufriedene Tugend angesichts des unabwendlichen Weltlaufs, noch ein Hegelsches Vertrauen in die Vernünftigkeit alles Wirklichen voraussetzt. Die Welt bleibt nach der „Endlösung" eine im Grunde unbegreifliche, doch darum nicht unveränderliche.

Viertens ist die spezifische Perspektive jüdischer Verfolgter zu beachten, die ein Berthold Viertel in seinen „Autobiographischen Fragmenten" zu gewinnen versucht. Er schreibt:

Die Herkunft eines Juden ist meistens von undurchdringlichem Dunkel erfüllt. Diese wahrhaft ägyptische Finsternis pflegt schon bei der dritten Generation nach rückwärts zu beginnen. Die ausmerzende Hand der Diaspora hat die Lebenslinien dieser Familien vernichtet. Der Fluch: „In der Zerstreuung sollst du leben!" – ist oft vom Schicksal schrecklich ernst und wörtlich genommen worden. Und welchen Grad von innerer und äußerer Zerstreutheit erreicht oft solche ein Mensch, der der Sohn ist, der Sohn von alledem, Sohn des Ghettos, Sohn der Vertreibung, der Wanderung, der immer neuen Ankunft in unerforschten und vielleicht ewig unerforschbaren Gegenden, wo der Sprachgeist fremder Völker wie jener Engel mit dem flammenden Schwerte abwehrend vor dem Paradiese einer Heimat steht.[27]

Betrachten wir nun die Erscheinungs- und Entstehungsfolge – alle Angaben aufgrund einer kursorischen Erfassung. Aus den 1920er und 1930er Jahren sind nur insgesamt 15 autobiographische Arbeiten der vom Lexikon der Exilliteratur Erfassten überliefert. Die vermehrte autobiographische Produktivität setzt in den 1940er Jahren mit 28 Einträgen ein, wobei autobiographische Erzählungen und Romane nicht mitgezählt sind. In den 1950er Jahren schrumpft die Anzahl der Einträge auf die Hälfte – das entspricht ganz der schon 2003 in meinem Aufsatz zur Rezeptionsgeschichte des Exils in Österreich konstatierten „Latenzperiode", die sich in die 1960er Jahre hinein erstreckt. Die 1960er Jahre, besonders in ihrer zweiten Hälfte, kommen an den Ausstoß der 1940er Jahre mit 26 Einträgen wieder heran; die

1970er und 1980er Jahre bleiben ungefähr auf dem gleichen Niveau; erst ist den 1990er Jahren macht sich ein leichter Rückgang der Editionen auf etwa 20 bemerkbar. Neuausgaben von bereits Erschienenem sind hier aber nicht berücksichtigt.

Hinter diesen, statistisch aufgrund des kleinen Samples nicht unbedingt relevanten Zahlen spielen sich andere Prozesse ab. Der Großteil der in den 1940er Jahren verfassten und publizierten Autobiographien wurde nicht in Exilverlagen, sondern bald nach Kriegsende in Österreich oder Deutschland publiziert. Es ist dies der kurze Sommer der Illusion (aber auch nicht zu unterschätzender Bemühungen vieler Kulturschaffender, als da sind VerlegerInnen, SchriftstellerkollegInnen, Zeitschriftengründer und sonstige Papierverbraucher), das Exil könne in den Herkunftsländern wieder heimisch werden.

Die langsam steigende Spannung, die dann zu den mit „Mai 1968" etikettierten Ereignissen führt, wirkt sich durch das neu erwachte antifaschistische Engagement der einstmals im Widerstand Tätigen und von Teilen einer nachnationalsozialistischen Generation auch auf die Publikation von Texten des Exils und des Widerstands günstig aus. Dieser Impetus bleibt in die 1970er Jahre hinein erhalten. Mit den 1980er Jahren beginnt dann die Zeit der von AktivistInnen in den Herkunftsländern veranstalteten Editionen und Neuausgaben von Werken der Exil- und Widerstandsliteratur, die in den 1980er Jahren ein bis dahin unerreichtes (und danach, wie es den Anschein hat, nicht mehr erreichtes) Ansehen auf den heimischen Buchmärkten erringen. Es beginnt auch die Zeit der – sagen wir einmal – „sekundären" Autobiographien, die auf der Redaktion von Interviewmaterial beruhen und sich in den Videoaufzeichnungen mit Zeitzeugen immer weiter vom originär Autobiographischen zum vorgeformt Didaktischen hin bewegen. Hier ist Gefahr im Verzug, die Gefahr der Einengung der Rezeption des Autobiographischen als Auskunftgeber für immer dieselben Schlüsselereignisse,

Grundsituationen und Fragestellungen, verbunden mit einer weiterhin bestehenden Missachtung bzw. Unterschätzung des autobiographischen Korpus seitens einer Literaturwissenschaft, die Autobiographisches vielfach weiterhin bloß als erläuternden Subtext zu den großen Werken liest.[28]

Seit etwa zehn Jahren gebe ich eine Buchreihe autobiographischer Texte, „anders erinnern" heraus, mit der es auch darum geht, den allzu fest gefügten Erinnerungsblock aufzusprengen durch Bücher, die wieder ganz andere Geschichten näher bringen wie z.B. durch Isaak Malachs Erinnerungen an eine jüdische Kindheit in der Sowjetunion des Großen Vaterländischen Krieges, durch Nahid Bagheri-Goldschmieds Schilderung einer Jugend in Persien zur Zeit des Übergangs vom Schah-Regime zur Islamischen Republik oder durch die Abrechnung, die die in der Slowakei geborene, in Brünn lebende Erika Bezdičková mit dem eigenen langen Schweigen vornimmt.

Auch finden sich in der von mir mitherausgegebenen Zeitschrift „Zwischenwelt" in den nunmehr 35 Jahrgängen sehr viele primär- und sekundärliterarische Beiträge zur Autobiographik Verfolgter.[29]

Es bedarf unbedingt neuer konkreter Forschungen, die weder im Monographischen noch bei der Diskussion ganz allgemeiner Probleme der Zeugenschaft stehen bleiben. Beides ist notwendig, doch das Korpus der Autobiographik von Exil, Verfolgung, Widerstand muss endlich im Zusammenhang erforscht werden. Dann werden wir z.B. darauf stoßen, dass Ruth Klügers „weiter leben. Eine Jugend" Parallelen hat, z.B. in „Che ti amo così" („Wer dich so liebt") der gleichaltrigen Edith Bruck, die aus Ungarn nach Auschwitz deportiert wurde und in Italien lebt, oder eben in Bezdičkovás Buch oder in den Gedichten von Greta Elbogen und Jaffa Zins, die gleichfalls als Autobiographien gelesen werden können.[30]

Anmerkungen

1 Zitiert nach: Jaffa Zins: Scheindele. Gedichte. Aachen, Wien 2007, S. 62.

2 Diese Bemühungen Leibniz' um den feudalen Abstammungsschwindel werden von seinem Biographen Egmont Colerus („Leibniz", 1934) andächtig ausgebreitet, wohl auch um dem zeitgenössischen Abstammungsfetischismus Vorschub zu leisten.

3 Auch in Gero von Wilperts Sachwörterbuch der Literatur, Stuttgart 1989, S. 66-68, wird in dem ansonsten recht dürftigen Eintrag über Autobiographie festgestellt, die moderne Autobiographie „mit der Hinwendung zur Lebenspraxis eines sich selbst reflektierenden Individuums" habe sich seit der Renaissance ausgebildet.

4 Erschienen 1550 und 1568 in Florenz.

5 Vgl. zur Frage des „Renaissance-Menschen", seines Triumphs und seiner Niederlage, Friedrich Kaiser: Zur Weltanschauung Heinrich Heines. Geschichtlichkeit und moderne Subjektivität. Phil. Diss. Wien 1981, 145f. – Individualismus erscheint hier als die Form, in der sich das Subjekt im Scheitern seiner höchsten Ansprüche auf sich zurückgeworfen findet.

6 Giambattista Vico: Die Neue Wissenschaft von der gemeinsamen Natur der Völker. Neapel 1725.

7 Entstanden von 1771 bis zu Franklins Tod, 1790; posthum erschienen 1850 in London.

8 Vgl. dazu Siglinde Bolbecher: Selbstdarstellung von Arbeitern im Hochkapitalismus als Ausdruck ihrer sozialen und politischen Situation. Wien 1977. Typoskript im NL S. Bolbecher/Archiv der Theodor Kramer Gesellschaft.

9 Ob diese leidenschaftliche Parteilichkeit, in der das eigene Schicksal ganz mit der gemeinsamen Sache verbunden ist, sich in den späteren Erinnerungen von Parteiführern wie z.B. denen Karl Renners, entstanden während der NS-Zeit im niederösterreichischen Gloggnitz, verliert, bedürfte einer gesonderten Diskussion.

10 Ferdinand Kaisers Lebenserinnerungen sind nur in einem von Siglinde Bolbecher bearbeiteten Auszug als Privatdruck bzw. in einer Broschüre der Tiroler Landesgruppe der Sozialistischen Freiheitskämpfer und Opfer des Faschismus vervielfältigt und liegen im Archiv der Theodor Kramer Gesellschaft vor.

11 Vgl. Franz Marek: Beruf und Berufung Kommunist. Lebenserinnerungen und Schlüsseltexte. Hg. und eingeleitet von Maximilian Graf und Sarah Knoll. Wien 2017.

12 Willy Verkauf-Verlon: Situationen. Eine autobiographische Wortcollage. Mit einem Nachwort von Konstantin Kaiser. Wien 1983.

13 Franz von Papen: Der Wahrheit eine Gasse. Innsbruck 1952.

14 Albert Speer: Erinnerungen. Berlin 1969.
15 Ich möchte vermeiden, die nicht abreißende Diskussion über diese Begriffe durch weitere terminologische Vorschläge zu ergänzen. Nur so viel: Es geht darum, ein Geschehen zu bezeichnen, das die Vernichtung politischer Gegner und die „Euthanasie" ebenso umfasst wie den Massenmord an Juden, „Zigeunern", russischen Kriegsgefangenen und die Dezimierung, Versklavung, Kolonialisierung ganzer Nationen in Europa. Und es geht um eine ideologische, moralische, psychische Entwicklung und Indoktrination, die dieses Geschehen ermöglichte, begleitete und die nach dessen Niederwerfung weiterhin wirksam blieb.
16 Paulis Buchtitel variiert Heinrich Heines Motiv vom „Riß der Welt", der durch das Herz des Dichters geht, so u.a. in „Die Bäder von Lucca" (1830).
17 Vgl. J.Ph. Reemtsmas Aufsatz „Die Memoiren Überlebender. Eine Literaturgattung des 20. Jahrhunderts". In: Mittelweg 36 (Hamburg), August/September 1997.
18 Eine nach den Jahrzehnten des jeweiligen Erscheinens geordnete Zusammenstellung von im Lexikon der österreichischen Exilliteratur bibliographierten Autobiographien findet sich auf der Homepage der Theodor Kramer Gesellschaft unter https://theodorkramer.at/projekte/autobiografik/unter dem Titel Autobiographisches im Lexikon der österreichischen Exilliteratur.
19 Siglinde Bolbecher, Konstantin Kaiser in Zusammenarbeit mit Evelyn Adunka und Nina Jakl: Lexikon der österreichischen Exilliteratur. Wien 2000.
20 Vgl. Albrecht Gaiswinkler: Sprung in die Freiheit. Salzburg 1947; Sepp Plieseis: Partisan der Berge. Lebenskampf eines österreichsichen Arbeiters. Wien: Globus 1971. (Erstausgabe Linz 1946 unter dem Titel: Vom Ebro zum Dachstein. Lebenskampf eines österreichischen Arbeiters).
21 F.C. Weiskopf: Unter fremden Himmeln. Ein Abriß der deutschen Literatur 1933–1947. (Mit einem Anhang von Textproben aus Werken exilierter Schriftsteller.) Berlin 1948. 191 S. – Weiskopf verarbeitete z.T. die Ergebnisse einer Umfrage bei verschiedenen ExilschriftstellerInnen, die 1944 im Umkreis des New Yorker Aurora-Verlages initiiert wurde.
22 Maximilian und Emilie Reich: Zweier Zeugen Mund. Verschollene Manuskripte aus 1938. Wien 2007. – Das Manuskript wurde sogar gleich nach seiner Entstehung ins Englische übersetzt. Der Beitrag von Emilie Reich wurde dem Buch von der Herausgeberin, Henriette Mandl, hinzugefügt.
23 Bruno Heilig: Menschen am Kreuz. Dachau – Buchenwald. (Neuausgabe mit einem Nachwort von Gerhard Heilig). Weitra 2002. (Zu-

erst englisch: Men Crucified. London 1941. Deutsche Erstausgabe Berlin 1948).
24 Fred Wander: Der siebente Brunnen. Berlin, Weimar 1971.
25 Vgl. dazu meine Darstellung: Phasen der Rezeption und Nicht-Rezeption des Exils in Österreich – skizziert am Skandal der Exilliteratur. In: Evelyn Adunka, Peter Roessler (Hg.): Die Rezeption des Exils. Geschichte und Perspektiven der österreichischen Exilforschung. Wien 2003, S. 21-34.
26 Jean Améry: Unmeisterliche Wanderjahre. Stuttgart 1971.
27 Zitiert nach: Berthold Viertel: Kindheit eines Cherub. Autobiographische Fragmente. Hg. von Siglinde Bolbecher und Konstantin Kaiser. Wien 1991, S. 16. – Vgl. dazu – und damit wäre eine neue Diskussion eröffnet – Fred Wanders Auseinandersetzung mit Paria und Parvenü in seinem Aufsatz „Hannah Arendt: ‚Die verborgene Tradition'. Eine Selbstbefragung" in: Mit der Ziehharmonika (Wien), Nr. 1/1997, S. 5-10.
28 Vgl. z.B. Klaus Amann u.a. (Hg.): Autobiographien in der österreichischen Literatur. Von Franz Grillparzer bis Thomas Bernhard. Innsbruck 1998.
29 Ein Register der 35 Jahrgänge ist auf der Website www.theodorkramer.at abrufbar.
30 Gegenüber der landläufigen Meinung, alle Literatur sei mehr oder weniger autobiographisch, sei festgehalten, dass es sich bei den von mir zitierten Schriften immer um Autobiographisches der Intention, nicht bloß dem Material nach handelt.

Katharina Prager
„Erinnerung ist eine Dichterin"
Berthold Viertels autobiographische
Überlegungen zu Erinnerung und Identität

„[I]ch habe Werke geplant und begonnen, sie alle brachen ab, bald früher, bald später. Ich musste in ein anderes Land und der Zusammenhang war zerrissen. [...] Zwei Weltkriege unterbrachen mich."[1] – Der heute weitgehend vergessene Schriftsteller und Regisseur Berthold Viertel (1885–1953) arbeitete etwa seit seinem zwanzigsten Lebensjahr an einem „autobiographischen Erinnerungsprojekt".[2] Diese immer wieder liegen gelassenen und – vor allem im Exil und nach der Rückkehr nach Wien 1948 – neu aufgegriffenen autobiographischen Fragmente dokumentieren eine intensive Auseinandersetzung Viertels mit den Schwierigkeiten der nicht erreichbaren Authentizität des Erinnerns, mit Strategien der Fiktionalisierung und mit daraus resultierenden „Problemen des modernen Ich".[3] Dieser Zusammenhang soll hier – abseits einer inhaltlichen Analyse[4] – nachvollzogen werden:

Erinnerung ist eine Dichterin. [...] Erinnert wird das Erinnerungswerte; es handelt sich da um bewußte und unbewußte Auslese. Die Erinnerung konstituiert die „Identität" der Person, gehorcht dabei jedoch den vitalen Notwendigkeiten des Individuums, wie die Psychoanalyse festgestellt hat.[5]

Erinnerung diente nach Viertel grundlegend der „Profilierung des Ichs" – „Wir streben ununterbrochen danach, unserer Person Einheit und Bedeutung zu verleihen."[6] Marcel Prousts detailreiches, „eigensinniges" Erinnerungsexperiment *À la recherche du temps perdu* faszinierte und irritierte Berthold Viertel im Zusammenhang mit Erinnerung und Identitätskonstruktion besonders: „Es liegt in jeder Erinnerung, welche die innere Kontinuität eines Individuums um ihrer selbst willen pflegt, die Proust-Gefahr", bemerkte er. Diese Gefahr bestand für ihn in allzu konzentrierter Selbstbezogenheit, die „Verzicht auf jede Zukunft" und „Absage an die Welt" beinhaltete. Ihrer wollte er sich bewusst sein, um ihr bei der erinnernden Aneignung seiner Geschichte und der geschichtlichen Zeit zu entgehen.[7] Doch verstand er auch, dass jede Autobiographin/jeder Autobiograph im Grunde etwas ähnliches wie Proust machte, wenn auch nicht „als ein so umfassendes Unternehmen". Zugleich überlegte er, wie Erinnerung anders zu fassen sein könnte: „Die Erinnerung begleitet jeden Menschen als eine mit ihm wandernde Dimension, deren Funktion vergleichbar wäre dem an der Front eines Automobils angebrachten Spiegel zur Beobachtung der hinter ihm schwindenden Strecke."[8] Dieser „Rückspiegel der Erinnerung" war jedoch kaum in autobiographische Erzählung zu übersetzen und daher ermahnte sich Viertel, pragmatisch mit der Unfassbarkeit und Konstruiertheit eigener und fremder Erinnerung umzugehen: „‚Streich aus und geh weiter', sagte zu sich selber ein autobiographischer Dichter, der sonst wahnsinnig geworden wäre."[9] Trotz aller Pragmatik wirkten jedoch die fortdauernden Zweifel an der Möglichkeit und Brauchbarkeit von Erinnerung weiter und wirkten sich (destruktiv) auf das „autobiographische Projekt" aus: Sie bedingten eben immer neu gesetzte Anfänge und liegengelassene Fragmente.

Zu den Schwierigkeiten des Erinnerns gehörte auch das Problem, „zwischen Vergangenheit und Gegenwart zu vermitteln". Im Laufe eines Lebens müssen, wie der Autobiographietheoretiker Volker Depkat schrieb, „immer wieder *neue*, nicht vorhergesehene und nicht vorhersehbare Erfahrungen in bestehende Sinnmuster integriert werden".[10] Viertel versuchte daher öfter in ergänzenden Exkursen zu erfassen, wie sich seine Perspektive auf ein Ereignis seitdem mehrfach verschoben hatte – eine „teleologische Tendenz"[11] wollte er nämlich unbedingt vermeiden:

Die deutsche Epoche zwischen den beiden Weltkriegen hat nun einmal zum Hitlerismus geführt: und es scheint nicht schwierig und nur allzu verlockend zu sein, nachträglich alle Phänomene dieser Zeit [...] dieser Linie entsprechend an- und einzuordnen. Deutsche Emigranten, die sich selbst und der Welt über die Entwicklung, die in Hitler gegipfelt hat – oder zu ihm abgestürzt ist – Rechenschaft ablegen, stehen geradezu unter psychologischen Zwang, sich als Propheten zurückzudatieren.[12]

Etwa mit dem „Schatten des Holocaust" als Erinnerungsfilter wollte Berthold Viertel bewusst umgehen. Dieser Filter war zwar nicht auszuschalten, sollte aber als Filter erkennbar sein.

Zugleich gab Viertel Unsicherheiten seines Gedächtnisses zu und betonte, dass es ihm nicht möglich war, auf eigene oder staatliche Archive zuzugreifen. Und er warnte LeserInnen vor möglichen Täuschungsmanövern: „Vielleicht ist aber alles, die ganze Geschichte [...] nur erdichtet und geträumt."[13] Denn nicht nur die Erinnerung war eine Dichterin, auch Berthold Viertel selbst verstand sich grundlegend als Dichter: „Erfindungen sind willkommen, sobald sie in den Stil passen; sie werden immer wieder überarbeitet, bis sie einverleibt und ein Teil der Erinnerung geworden sind."[14] Mit „in den Stil passen" meinte er, dass es letztlich nicht so wichtig war, ob er etwas selbst erfahren oder es sich durch Beobachtung und Zuhören angeeignet hatte, solange die Geschichte die Einstellungen, Gedanken und Gefühle der Zeit, die er illustrieren wollte, „authentisch" ausdrückte. Auch zu „Träumen" wollte er in dieser Hinsicht „die Grenze niemals so genau [...] ziehen [...]".[15]

Trotz all dieser Schwierigkeiten wollte Berthold Viertel „versuchen", sich zu erinnern: „Das kostet mich keine geringe Anstrengung."[16] Er klang in seinen Exkursen – die in der Art von Stoßseufzern oder temperamentvollen Kommentaren die Texte durchzogen[17] – manchmal launig, aber öfter ungeduldig oder verzweifelt: Würden seine LeserInnen verstehen, dass er immer wieder ihren Lesefluss unterbrach, um ihnen die Komplexität eines Problems im Wandel der Zeit deutlich zu machen? Dass er sie aus dem Wien der Jahrhundertwende sprunghaft ins amerikanische Exil und gleich darauf in die Gegenwart der österreichischen Nachkriegszeit holte? Würden sie seinem oft widersprüchlichen Text auf mehreren Zeitebenen folgen können und wollen, wenn sie sich doch geradlinige, sinnvolle Lebens- und Erfolgsgeschichten erwarteten?

Diese Problematik um Erinnerung war für Berthold Viertel eng verknüpft mit der Problematik der Identität und des Subjektbegriffs und daher ist auch die „unaufgelöste Problematik des Ich" Kern und zentrales Thema von Viertels autobiographischen Texten und Reflexionen.[18] „Jedenfalls haben wir, wie kaum je, die Krise des Ich"[19], bemerkte er wiederholt: „Nie zuvor hat das Ich eine solche Bedeutung gehabt. [...] Zugleich war das Ich vorher noch nie so [...] fortgeworfen worden."[20] An den zeithistorischen Brüchen des 20. Jahrhunderts könne man sich zwar biographisch gut orientieren, wie er meinte, aber was machten sie mit dem eigenen Selbstverständnis, der „Identität"? – „Wer aus dem neunzehnten Jahrhundert stammt, hat erfahren müssen, daß das zwanzigste nicht viel Federlesens macht mit der Kontinuität des Ichs, und ebenso wenig mit der des Staates, der Nationen, der Weltanschauungen, der Religionen."[21]

Die Frage nach der Identität ist, historisch gesehen, ein verhältnismäßig junges Thema. Ständische Gesellschaftsordnungen gingen in Europa über Jahrhunderte davon aus, dass eine Person identisch mit ihrer sozialen Rolle war und auch die Aufklärung postulierte ein festes, konsistentes Subjekt.[22] In ganz Europa – und für Viertel besonders in Wien erlebbar – ging um 1900 mit dem „Verlust der Stabilität der Dinge" aufgrund spektakulärer sozioökonomischer und kultureller Transformationsprozesse auch die „Stabilität des Ichs" verloren:[23] Das handelnde Subjekt konnte nicht mehr als „abgeschlossene Einheit" betrachtet werden, sondern wurde immer deutlicher zum „Verdichtungspunkt von Sprachen, Ordnungen, Diskursen oder Systemen".[24] Die Kunst und Philosophie der Modernen – besonders bekannt und einflussreich dabei etwa Sigmund Freud und Karl Marx oder die Schriftstellerinnen Gertrud Stein und Virginia Woolf – begann den Illusionscharakter konsistenter Identitätskonzepte zu durchschauen, den Zerfall der personellen Einheit durch den Verlust herkömmlicher Orientierungsmuster zu reflektieren und die Krise des (bürgerlichen) Subjekts grundlegend zu thematisieren: die Geschichte der Subjektivität erfuhr einen deutlichen Riß in ihrem Sinngefüge.[25] Berthold Viertel prägten diese Ideen grundlegend und so ist es nicht verwunderlich, wie sehr sie auf sein autobiographisches Schreiben nicht nur Einfluss nahmen, sondern darin auch Thema wurden.

Nach dem Ersten Weltkrieg verstärkte sich die Wahrnehmung dieses Auflösungsprozesses der geschlossenen Individualität und damit auch an einheitlichen (auto-)biographischen Narrativen weiter. „Allzu nachhaltig hat in der jüngsten Vergangenheit jeder Mensch seine Nichtigkeit und die der anderen erfahren müssen, um noch an die Vollzugsgewalt des beliebigen Einzelnen zu glauben"[26], schrieb etwa der Soziologe Siegfried Kracauer. Auch Viertels jüngerer Freund und Kollege Bertolt Brecht, der der bürgerlichen Tradition bereits viel weniger stark verhaftet war, erklärte: „Das kontinuierliche Ich ist eine Mythe. Urheber: belanglos."[27] Dieser „Sachverhalt" war aber für Viertel noch nicht ganz so eindeutig zu bejahen. Der Widerstand gegen den Verlust von Identität war bei ihm ebenso wahrnehmbar wie ihre Infragestellung. Viertel war noch auf der Suche nach einem Identitätskonzept zwischen den Polen des „Eins-Seins" und des „Viele-Seins".[28]

Zum einen musste es doch eine „Kontinuität des Ichs" geben, einen „identischen Kern" unter den zahllosen Brüchen, eine „biologische Einheit" und einen „organisierenden Eigennamen", auf den sich die autobiographischen Fragmente bezogen[29] – nahm Viertel an:

Solange ein Ich lebt, hängt es zusammen, mit allem und jedem, aber auch mit sich selber: darin und dadurch ist es eben ein Ich, auch wenn es nur die Skizze eines Ich bleibt. Oder ein Fragment. [...] Wir sind Explosionen, die wir durch die Zeitlupe unseres Bewusstseins wahrnehmen. In uns verknoten sich Zeit und Raum [...].[30]

Zum anderen zeigte der Schreibprozess immer wieder, wie schwer es war, aus den durch geschichtliche Brüche und soziale Transformationsprozesse sehr unterschiedlichen Lebensteilen rückblickend eine biographische Einheit zu konstruieren:³¹ „Die innere Kontinuität, der lebendige Zusammenhang der Erlebnisse [...] ist [das], was ich ‚Idealität' nennen würde, da ich deutsch und humanistisch geschult bin."³² Diese „Idealität" und der deutsche Humanismus selbst waren durch Faschismus und Nationalsozialismus heftig in Frage gestellt worden. Sie hinterließen Lücken und eine „Disparatheit" um das Selbst, die sich Viertel nur folgendermaßen zu erklären wusste:

*Es hat nicht ein Mensch meine Erfahrungen gemacht. Meine Erlebnisse verteilen sich auf mehrere Personen, die sich in mir abgelöst haben. [...] Deshalb war es mir auch immer wieder unmöglich mit meinem Bericht fortzufahren. Die Person Y. konnte den Faden nicht aufnehmen, wo die Person X. abgebrochen hatte. Jede dieser Personen versuchte sich durchzusetzen und zu etablieren: ihre Philosophie zu finden, ihre Religion, ihre Lebens- und Liebespartner.*³³

Was in Berthold Viertels autobiographischem Schreiben deutlich sichtbar wird, ist der Verlust der klassischen, „idealen" bürgerlichen Subjektvorstellungen. Der Prozess der „Entmachtung des autonomen Subjekts" war zwar im Gange und „Einheitlichkeit, Kontinuität und Substantialität, die einmal das Ich ausmachten" waren keine Selbstverständlichkeiten mehr, doch das erschien aus der Moderne kommenden Exilierten wie Viertel oft noch „als Katastrophe" oder Krise.³⁴ Wie sich Viertel immer mehr auf den wandelbaren Charakter von Identität als ständiger Konstruktionsprozess einlässt, aber auch Rückschläge erlebt, ist biographietheoretisch einer der spannendsten Aspekte von Viertels „autobiographischen Projekt".

In der Biographieforschung wurde wiederholt festgehalten, dass gerade Biographie und Autobiographie die „Aufstiegsgeschichte und Krisenhaftigkeit des bürgerlichen Subjekts mimetisch ab[bilden]".³⁵ Im 20. Jahrhundert durchlief (auto-)biographisches Erzählen einen grundlegenden Funktionswandel und festbegründete Erwartungen, wie die der biographischen Sinngebung,[36] wurden zunehmend enttäuscht oder hinterfragt. Viertel misstraute biographischer Sinnstiftung bereits vehement. Heldenmemoiren und Erfolgsgeschichten, die auf glatte Einheitlichkeit und Konkretheit der Persönlichkeit abzielten, waren ihm als „camouflierte Krankheitsgeschichten" oder als „Särge, in denen geschminkte Tote zu Schau stehen" suspekt.[37] Er wollte nicht zu „jenen" gehören, „die Autobiographien verfassen aus pietätvoller Sentimentalität, und um sich an ihrem Lebenslauf zu erbauen, bevor er abläuft, ja um sich, ehe sie sterben, selbst zu rühmen, weil sie befürchten, dass es sonst keiner sachverständig und ausführlich genug tun wird".[38] Zwar bewunderte Viertel die „außerordentliche Einheitlichkeit der Persönlichkeit und des Lebensstiles in mancher Biographie", aber für ihn war solch ein „Biegen oder Brechen" hin auf ein „Ideal, das man von sich selbst hat", schwer mit seinen kritischen Ansprüchen zu versöhnen.[39] Zugleich war ihm wiederum klar, dass eben Identitäts- und Sinnstiftung zu den Grundtendenzen „der durch ein Menschenleben fortgesetzten Handlung, die wir Erinnerung nennen" gehörten:

Das Individuum erinnert sich, um sich zu behaupten, zu verklären; um sich vor sich und der Welt zu entschuldigen und zu bewähren, jedenfalls zu identifizieren. Die Identität des Ichs soll erhalten, sie soll überhaupt erst geschaffen werden; sie muß, wo sie durch Handlungen und Leiden beschädigt wurde, repariert und ergänzt werden; wo sie abreißt, sei sie wieder hergestellt, sie muß durch eine besondere Auslese geklärt und gefertigt, in ihrem Bestande bestimmt und durch Abgrenzungen und Versteifungen gegen das Chaotische, gegen das Abgleiten und Abbröckeln im Vergessen, gesichert werden. Was die erstrebte, oft nur durch Opfer erreichbare Einheitlichkeit des Bildes, das ein Mensch von sich und seinem haben will, gefährdet, muß ausgeschlossen, ja ausgemerzt werden.[40]

Auch Berthold Viertel erinnerte sich schließlich, um sich zu identifizieren – ein einheitliches Bild kam dabei allerdings nicht heraus.

Anmerkungen

1 Vgl. Berthold Viertel: Fragment Nr. X. In: Berthold Viertel: Kindheit eines Cherub. Autobiographische Fragmente. Berthold Viertel – Studienausgabe in vier Bänden. Band 2. Hg. von Siglinde Bolbecher und Konstantin Kaiser. Wien: Verlag für Gesellschaftskritik, 1991, S. 252.
2 Definition nach Herbert Staud: Zu Berthold Viertels autobiographischen Fragmenten: Zwischenbericht (1990), B 210303, Wienbibliothek im Rathaus.
3 Nach Viertels Tod wurde Viertels „autobiographisches Projekt" nur teilweise veröffentlicht und außerhalb der Exilforschung kaum rezipiert. Erstmals erschienen einige dieser Fragmente in: Berthold Viertel: Dichtungen und Dokumente. Gedichte – Prosa – Autobiographische Fragmente. Hg. von Ernst Ginsberg. München: Kösel, 1956. 1990 füllte ein Anteil dieser Fragmente einen Band der Viertel'schen Studienausgabe: Kaiser, Roessler, Bolbecher (Hg.): Viertel: Cherub.
4 Die inhaltliche Analyse erfolgte im Rahmen meines Buches: Berthold Viertel. Eine Biografie der Wiener Moderne. Wien, Köln, Weimar: Böhlau, 2018.
5 Vgl. Berthold Viertel: Dichtung und Wahrheit. In: Viertel: Cherub, S. 267.
6 Vgl. Berthold Viertel: Gespaltenes Ich. In: Viertel: Cherub, S. 11–12.
7 Vgl. Berthold Viertel: Die Stadt der Kindheit. In: Viertel: Cherub, S. 88–89.
8 Vgl. Berthold Viertel: Memorabilien. In: Viertel: Cherub, S. 266. Vgl. dazu Walter Benjamins Angelus Novus bzw. Engel der Geschichte in dem Aufsatz Über den Begriff der Geschichte (1940) http://www.mxks.de/files/phil/Benjamin.GeschichtsThesen.html (zuletzt: 21.05.2014)
9 Vgl. Berthold Viertel: Die Stadt der Kindheit. In: Viertel: Cherub, S. 88.
10 Volker Depkat: Lebenswenden und Zeitenwenden. Deutsche Politiker und die Erfahrungen des 20. Jahrhunderts. München: Oldenbourg, 2007, S. 126–127.
11 Vgl. Ingrid Aichinger: Probleme der Autobiographie als Sprachkunstwerk (1970). In: Günther Niggl (Hg.): Die Autobiographie: zu Form und Geschichte einer literarischen Gattung. Darmstadt: Wiss. Buchges., 1998, S. 170–199, hier S. 181.
12 Berthold Viertel: An ihren Träumen sollt ihr sie erkennen! In: Berthold Viertel: Die Überwindung des Übermenschen. Exilschriften. Berthold Viertel – Studienausgabe in vier Bänden. Band 1. Hg. von Konstantin Kaiser und Peter Roessler in Zusammenarbeit mit Siglinde Bolbecher. Wien: Verlag für Gesellschaftskritik, 1989, S. 257.
13 Berthold Viertel: [Marie]. In: Viertel: Cherub, S. 32.

14 Vgl. Berthold Viertel: Wiederkehr des kleinen Lebens. In: Viertel: Cherub, S. 41.
15 Vgl. Berthold Viertel: [Marie]. In: Viertel: Cherub, S. 32.
16 Vgl. Berthold Viertel: [Reserl]. In: Viertel: Cherub, S. 241.
17 Vgl. Sven Hanuschek: Elias Canetti. Biographie. München, Wien: Hanser, 2005, S. 98–99.
18 Bolbecher, Kaiser: Nachwort. In: Viertel: Cherub, S. 357–368, hier S. 363–364.
19 Berthold Viertel: Die Krise des Ich, o.D., 68 a–c, K12, A: Viertel, Deutsches Literaturarchiv Marbach.
20 Berthold Viertel: [Reserl]. In: Viertel: Cherub, S. 241.
21 Berthold Viertel: Autobiographisch, o.D., 289, K19, A: Viertel, Deutsches Literaturarchiv Marbach.
22 Vgl. Bettina Rabelhofer, Werner Suppanz: Narration von Ganzheit und Fragmentierung. In: Moritz Csáky, Astrid Kury, Ulrich Tragatschnig (Hg.): Kultur – Idenität – Differenz. Wien und Zentraleuropa in der Moderne. Innsbruck, Wien: Studien-Verlag, 2004, S. 423–450, hier S. 431; Identitätskonzepte nach Stuart Hall, zitiert nach: Moritz Csáky: Das Gedächtnis der Städte. Kulturelle Verflechtungen – Wien und die urbanen Milieus in Zentraleuropa. Wien u.a.: Böhlau, 2010, S. 31.
23 Vgl. Hildegard Kernmayer: Die Wiener Modernität und Krisen der Identität. Einige Überlegungen. In: Csáky, Kury, Tragatschnig (Hg.): Kultur, S. 209–213.
24 Gregor Kokorz, Helga Mitterbauer: Im Netzwerk der Kulturen. Die Zentraleuropäische Moderne als Schnittpunkt kultureller Transferprozesse. In: Csáky, Kury, Tragatschnig (Hg.): Kultur, S. 397–422, hier S. 398.
25 Rabelhofer, Suppanz: Narration von Ganzheit und Fragmentierung. In: Csáky, Kury, Tragatschnig (Hg.): Kultur, S. 423–450, hier S. 424; vgl. auch Kernmayer: Die Wiener Modernität bzw. Moritz Csáky, Astrid Kury, Ulrich Tragatschnig: Pluralitäten, Heterogenitäten, Differenzen. Zentraleuropas Paradigmen für die Moderne. In: Csáky, Kury, Tragatschnig (Hg.): Kultur, S. 209–213 bzw. S. 13–44, hier S. 13–15; Csáky: Gedächtnis der Städte, S. 31–33.
26 Siegfried Kracauer: Die Biographie als neubürgerliche Kunstform [1930]. In: Theorie der Biographie: Grundlagentexte und Kommentar. Hg. von Bernhard Fetz und Wilhelm Hemecker unter Mitarbeit von Georg Huemer und Katharina J. Schneider. Berlin, New York: de Gruyter, 2011, S. 119–123; vgl. Berthold Viertel: An ihren Träumen sollt ihr sie erkennen! In: Kaiser, Roessler, Bolbecher (Hg.): Viertel: Überwindung, S. 257.
27 Jan Knopf: Bertolt Brecht. Lebenskunst in finsteren Zeiten, München: Hanser, 2012, S. 7.

28 Vgl. Rabelhofer, Suppanz: Narration von Ganzheit und Fragmentierung. In: Csáky, Kury, Tragatschnig (Hg.): Kultur, S. 423–450, hier S. 431; Identitätskonzepte nach Stuart Hall, zitiert nach: Moritz Csáky: Das Gedächtnis der Städte, S. 31.
29 Vgl. dazu Thomas Etzemüller: Das biographische Paradox – oder: wann hört eine Biographie auf, eine Biographie zu sein. In: Biographie. Hg. von Christian Klein (=Non Fiktion, Heft 1, 8. Jg), Hannover 2013, S. 89–104, hier S. 102 und Thomas Etzemüller: Biographien: lesen – erforschen – erzählen. Frankfurt am Main: Campus-Verlag, 2012, S. 164.
30 Berthold Viertel: Gespaltenes Ich. In: Kaiser, Roessler, Bolbecher (Hg.): Viertel: Cherub, S. 10.
31 Vgl. Hannes Schweiger: Identitäten mit Bindestrich. Biographien von MigrantInnen. In: Bernhard Fetz, Hannes Schweiger: Spiegel und Maske. Konstruktionen biographischer Wahrheit. Wien: Zsolnay, 2006 (Profile 13), S. 175–188.
32 Vgl. Berthold Viertel: Kindheits-Saga. In: Viertel: Cherub, S. 18.
33 Vgl. Berthold Viertel: Gespaltenes Ich. In: Viertel: Cherub, S. 10.
34 Esther Marian: Zum Zusammenhang von Biographie, Subjektivität und Geschlecht. In: Bernhard Fetz (Hg.): Die Biographie. Zur Grundlegung ihrer Theorie. Unter Mitarbeit von Hannes Schweiger. Berlin, New York: de Gruyter, 2009, S. 169–197, hier S. 169.
35 Vgl. Michaela Holdenried: Biographie vs. Autobiographie. In: Christian Klein (Hg.): Handbuch Biographie. Methoden, Traditionen, Theorien. Stuttgart: J.B. Metzler, 2009, S. 37–43, hier S. 38.
36 Pierre Bordieu: Die biographische Illusion. In: Fetz, Hemecker (Hg.): Theorie der Biographie, S. 303–310, hier S. 304; vgl. auch Wilhelm Dilthey: Das Erleben und die Selbstbiographie (1906–1911/1927). In: Niggl (Hg.): Die Autobiographie, S. 21–32.
37 Vgl. Berthold Viertel: Gespaltenes Ich bzw. Wiederkehr des kleinen Lebens. In: Viertel: Cherub, S. 13 bzw. 42.
38 Vgl. Berthold Viertel: Wiederkehr des kleinen Lebens. In: Viertel: Cherub, S. 39–40.
39 Vgl. Berthold Viertel: Gespaltenes Ich bzw. Kindheits-Saga. In: Viertel: Cherub, S. 11 bzw. 18.
40 Berthold Viertel: Erinnerungen an Karl Kraus [Fassung A], o.D., Sign. 227, K13, A: Viertel, Deutsches Literaturarchiv Marbach; vgl. auch Berthold Viertel: Kindheits-Saga. In: Ginsberg (Hg.): Viertel, Dichtungen und Dokumente, S. 285.

Evelyn Adunka
Was ist eine gute jüdische Autobiographie?
Einige persönliche Anmerkungen

Ohne das Lesen von Büchern könnte ich nicht leben. Für meine wissenschaftlichen Studien zur Geschichte und Literatur des mitteleuropäischen Judentums *musste* ich die einschlägige Literatur lesen.[1] Daneben schrieb und schreibe ich immer wieder zahlreiche Rezensionen, weil mich vieles interessiert, aber auch oft, weil ich mir Preise wissenschaftlicher Neuerscheinungen nicht leisten kann. Wenn ich mich für ein Buch entscheide, lese ich es von der ersten bis zur letzten Seite, also *musste* ich die von mir rezensierten Bücher lesen. Aber eine Kategorie von Büchern, die Autobiographien, las ich zu meinem Vergnügen. Intellektuelle Menschen haben mich immer besonders interessiert und ich lernte sie auch gerne, wenn sich Gelegenheiten ergaben, persönlich kennen. Das Lesen von Autobiographien ist in einer gewissen Weise ein anderes Mittel dazu und führt über die Grenze des Todes hinaus. Es kann bei diesen Lektüren für mich nur wenig interessantere, mitunter aber auch enttäuschendere Erfahrungen geben.

Eine gute jüdische Autobiographie sollte das Leben des Autors bzw. der Autorin von der Kindheit an bis zum Zeitpunkt der Niederschrift schildern. Sie sollte die Aspekte jüdischer Identität in der Familie, Jugend und nicht nur in der Zeit der Verfolgung beschreiben. Sie sollte detailreich, selbstkritisch, ironisch und faktentreu sein und die politischen und ökonomischen Rahmenbedingungen des beschriebenen Lebens *nicht* ausblenden.

Dies sind sehr hohe Ansprüche, und nur wenige Autobiographien werden ihnen voll gerecht. Arthur Koestler (1905–1983) scheint dies verstanden zu haben, denn er formuliert folgenden Vorsatz: „Der Memoirenschreiber darf sich weder schonen, noch sein Licht unter den Scheffel stellen; er muß, offensichtlich, seine Abneigung überwinden, peinliche und demütigende Erfahrungen zu erzählen;

er muß aber auch – was nicht so offensichtlich ist – den Mut aufbringen, Erlebnisse mit aufzunehmen, die ihn in günstigem Licht zeigen."[2]

Bei Autobiographien aus dem 19. und frühen 20. Jahrhundert wird das Judentum oft nicht explizit genannt, wohl weniger aus falscher Diskretion als dass es von den Autoren als etwas Selbstverständliches angenommen wurde. Der in Brünn geborene Altphilologe Theodor Gomperz (1832–1912) erwähnt in seinen *Lebenserinnerungen* (1905) seine jüdische Herkunft nur im allerersten Satz: „Meine Voreltern waren jahrhundertelang am Niederrhein seßhaft: ein jüdisches Kaufmanns- und Gelehrtengeschlecht, in dem makellose Rechtlichkeit und eifriger Bildungsdrang zur Familientradition gehörten."[3] Der Komponist Carl Goldmark (1830–1915), der Sohn des Kantors der jüdischen Gemeinde von Keszthely am Plattensee Rubin Goldmark, schreibt in *Erinnerungen aus meinem Leben* (1922): „Mein Vater war Kantor und Notär der Gemeinde"[4], in einer frappierenden Verknappung.

Eine besondere Kategorie von Autobiographien stammt von Historikern. Sie haben von Berufs wegen meist eine objektivere Sicht auf die Geschichte und beschreiben daher oft das historische Geschehen ihrer eigenen Lebenszeit genauer und kompetenter als andere Autoren. Die Erinnerungen des israelischen, aus Ungarn stammenden Sozialhistorikers Jacob Katz (1904–1998) sind ein gutes Beispiel. Ein weiteres ist das Buch *Erlebtes und Gedachtes. Erinnerungen eines unabhängigen Historikers* des israelischen Wirtschaftshistorikers Avraham Barkai (1921–2020), geboren als Abraham Becker in Berlin. Sein wichtigstes Werk ist die 2002 veröffentlichte umfangreiche Studie *„Wehr Dich!" Der Centralverein deutscher Staatsbürger jüdischen Glaubens (C.V.) 1893–1938*. Über sein Buch *Vom Boykott zur „Entjudung". Der wirtschaftliche Existenzkampf der Juden im Dritten Reich 1933–1943* (publiziert 1988 in der „Schwarzen Reihe" des Fischer Taschenbuch Verlags), das in einer Parkvilla am Nikolasee, dem Sitz der Historischen

Kommission zu Berlin, entstand, schreibt Barkai in seinen Erinnerungen:

Vielleicht war das Zwitschern der Vögel vor meinem Fenster, vielleicht der Zeitdruck oder schlichtweg meine Flüchtigkeit daran schuld, dass das zu schnell abgelieferte Manuskript viele peinliche Fehler enthielt: falsche Datierungen allbekannter wichtiger Ereignisse, in die falsche Gegend „versetzte" Gauleiter usw. Ich schäme mich bis heute, dass ich sie bei allen Korrekturen, sogar der englischen Übersetzung, übersehen habe.[5]

Der Historiker und preußische Konservative Hans-Joachim Schoeps (1909–1980) bekennt in seinem Buch *Rückblicke*:

Ich bin mit meinem kompromißlosen Eintreten für das Heimatrecht der deutschen Juden nur den Gesetzen treu geblieben, nach denen ich angetreten war; aber es liegt mir heute als Albdruck auf der Seele, daß ich den Hunderttausenden, die dann ermordet wurden, nicht rechtzeitig zur Flucht um jeden Preis geraten habe. Es ist schwer, damit fertig zu werden.[6]

Sein Sohn, der Historiker Julius H. Schoeps, geboren 1942 in Schweden, Gründungs- und gegenwärtig emeritierter Direktor des Moses-Mendelssohn-Zentrums für europäisch-jüdische Studien in Potsdam und nebenamtlich von 1993 bis 1997 Direktor des Jüdischen Museums der Stadt Wien, schreibt in *Mein Weg als deutscher Jude* über die Übernahme des in Jerusalem von Siegmund Kaznelson und Ilse Walter geleiteten Jüdischen Verlags in den Athenäum Verlag:

[...] nach dem Transfer verschwand das äußerst wertvolle Verlagsarchiv, das nicht nur die Verlagskorrespondenzen, sondern auch in rotem Safranleder aufgebundene Einzelexemplare des Verlagsprogramms enthielt. Ich sehe diese prachtvollen Bände noch heute vor mir und bedaure, nicht genügend getan zu haben, um das Archiv zu sichern.[7]

Im folgenden Abschnitt sollen einige weitere Beispiele für die erwähnte Selbstkritik als eines der Kriterien für eine gelungene Autobiographie im privaten oder beruflichen Bereich, und im Zusammenhang mit der jüdischen Identität der Autoren und Autorinnen, vorgestellt werden. Der große britische Verleger Victor Gollancz (1893–1967) schreibt im ersten Band seiner Autobiographie: „[…] ich war selbstsüchtig, selbstgerecht, neidisch, eifersüchtig, geistig, wenn auch wohl nicht körperlich gierig, großen Jähzorns fähig, häufig nicht bedacht auf das Glück anderer Menschen und geneigt, über sie zu Gericht zu sitzen."[8]

Sogar der berühmte, verdienstvolle, begabte, aber auch eitle und selbstbezogene Präsident des World Jewish Congress Nahum Goldmann (1895–1982) bekennt: *[…] rückblickend auf mein Leben kann ich nicht umhin, mich selbst zu beschuldigen, nicht mit genügendem Ausdruck den Kampf gegen die Nazis, besonders in Amerika, geführt zu haben.*

Es sei ein Armutszeugnis und die Folge völligen Versagens, wenn ein Volk und seine Leiter eine herannahende Katastrophe entweder aus Kurzsichtigkeit nicht sehen oder aus Angst vor der Wahrheit nicht wahrnehmen wollen. […] Die Mehrheit des jüdischen Volkes und der größte Teil seiner Sprecher wollten die Symptome nicht erkennen oder richtig auslegen.[9]

Während Goldmanns Selbstkritik sich auf sein politisches Handeln bezieht, beschränkt sie die Autorin im nächsten Beispiel ganz auf die private Sphäre.

Die israelische Journalistin Gerda Luft (1898–1986), die als Gerda Goldberg in Königsberg aufwuchs und in erster Ehe mit dem zionistischen Dichter und Politiker Chaim Arlosoroff (1899–1933) verheiratet war, schreibt über ihren 1949 verstorbenen Ehemann Zvi Luft: „[…] er war ebenso klug wie schön, ebenso lebenstüchtig wie anständig. Er muß auch eine ungewöhnliche Geduld mit mir gehabt haben. Ich war launisch und hatte Ansprüche."[10]

In der literarisch wunderbar zu lesenden dreibändigen Autobiographie von Manès Sperber (1905–1984) gibt es eine Stelle mit einer sehr persönlichen Kritik: „Keinem einzigen dieser religiösen Gebote und Verbote [des Judentums] bin ich treu geblieben, dem sexuellen Drange habe ich später auch in Situationen nachgegeben, in denen ihm zu widerstehen vernünftiger, sinnvoller, würdiger, gewesen wäre."[11] Während des österreichischen Bürgerkriegs im Februar 1934 war Sperber in Zagreb; dennoch empfand er eine Mitschuld, „die undeutliche und dennoch bedrängende Ahnung, dass wir Zeitgenossen, die eine solche Missetat nicht verhindert, den Opfern nicht beigestanden haben, schuldlos Schuld auf uns geladen haben"[12].

Es ist gar nicht selbstverständlich und sehr bemerkenswert, dass die Wiener Pädagogin Minna Lachs (1907–1993) in ihren Erinnerungen (1986) von folgender Eifersuchtsszene nach der Geburt ihrer kleinen Schwester berichtet:

In diesem Augenblick erfasste ich meine Chance: Ich nahm die große Kohlenschaufel, die neben dem Kachelofen lag, hob sie mit beiden Händen hoch, lief auf das Bett zu und schleuderte sie auf das Baby. Glücklicherweise reichte meine dreijährige Kraft nicht aus, um die Schaufel hoch genug zu heben, und sie fiel auf den Fußboden.

Ihr Vater reagierte verständnisvoll: „Es ist unsere Schuld. Wir haben sie zu sehr vernachlässigt und ihre Eifersucht geweckt. Wir müssen zärtlicher zu ihr sein."[13]

Der langjährige Bürgermeister von Jerusalem Teddy Kollek (1911–2007) bekennt im zweiten Band seiner Erinnerungen:

Ich brülle, schimpfe und zetere, schlage auf den Tisch und zerbreche Glas. [...] Nicht zu meiner Rechtfertigung – schließlich sind meine Reaktionen, wie man sie auch dreht und wendet, bisweilen unerträglich –, sondern allein, um das Bild zu vervollständigen, bleibt noch hinzuzufügen, daß ich leicht aufbrause, jedoch ebenso leicht einsichtig bin. Wenn ich jemanden allzusehr verletzt habe, rufe ich ihn an und bitte um Verzeihung. Ich verliere dadurch nicht das Gesicht. Und außerdem bin ich nicht nachtragend. Wenn zwischen mir und einem anderen etwas vorgefallen ist [...], dann versöhnt man sich wieder für Jerusalem. Jerusalem steht über allem.[14]

Der satirische Londoner Journalist und Schriftsteller George Mikes (1912–1987), der aus Ungarn stammte, Autor des viel gelesenen Buches *How to be an Alien* (1946), schreibt 1982 in seiner Autobiographie *How to be Seventy*:

I felt myself to be a Hungarian, I wanted to be a Hungarian. My culture, my background, my language were Hungarian and the only factor which divided me from the rest of the people – my *people, I felt was my religion, which did not mean anything to me. I wanted to eliminate that one dividing factor. It seemed very simple. I went through the formalities and was baptised in the Roman Catholic Church at the Square of the Roses. My godfather was a journalist colleague of mine, Dr. Pál Bernát. A brief religious fit – the only one in my life – followed and I had no idea what had hit me. [...] I have remained a Roman Catholic till this day. But I am a lapsed Catholic. I lapsed four weeks after my baptism. I lapse fast.*[15] *[...] Today I look at my attitude with head-shaking disapproval; I am even mildly ashamed of it. Yet I cannot quite overcome it.*[16]

Der liberale Rabbiner von Göttingen und Hannover-Süd Hermann Ostfeld (1912–1996), der nach seiner Auswanderung nach Israel unter seinem neuen Namen Zvi Hermon als Bewährungshelfer und Kriminologe arbeitete, berichtet in seinen 1990 publizierten umfangreichen Erinnerungen von einer, wie er es nennt, „sehr törichten" Handlung, als er einer jungen, namentlich genannten Frau, die mit einem Juden verlobt war und auswandern wollte, bestätigte, Jüdin zu sein, ohne einen Beweis dafür zu haben. Er schreibt über seine Gefühle: „Ich weiß, daß ich damals mit reinem Herzen handelte. […] In einer unmenschlichen Zeit war ich menschlich, allzu menschlich. […] Ich habe damals niemanden von dieser Bescheinigung erzählt. Niemand hätte mich verstanden. Einen Tag später hatte ich mich ja auch selbst nicht mehr verstanden." In einem anderen Fall schildert er sein Schuldgefühl, als er einem jungen Mann, der für eine ungeplante Schwangerschaft verantwortlich war, die ausgestreckte Hand zur Versöhnung ausschlug, obwohl er ihn am nächsten Tag zu einem weiteren Gespräch einlud.[17]

Autobiographien, die in hohem Alter geschrieben oder diktiert wurden, leiden oft unter der fehlenden Genauigkeit, was die geschilderten Fakten betrifft. Ein gutes Beispiel dafür ist Kurt Blumenfeld (1884–1963), der langjährige Vorsitzende der Zionistischen Vereinigung für Deutschland (ZVfD). Seine Autobiographie erschien ein Jahr vor seinem Tod. Über den Zionistenkongress 1913 in Wien, an dem Blumenfeld als Sekretär teilnahm, schreibt er: „Es herrschte geradezu Pogromstimmung. Antijüdische Demonstrationen durchzogen die Stadt, die so erregend wirkten, daß die Verhandlungen des Kongresses durch die Haltung des antisemitischen Pöbels gestört wurden." Dies ist durch keinerlei zeitgenössische Zeugnisse belegt; genau diese Demonstrationen gab es jedoch 1925, als ein zweites Mal ein Zionistenkongress in Wien stattfand, an dem Blumenfeld ebenfalls teilnahm.[18]

Der amerikanische Richter des Obersten Gerichtshofs Felix Frankfurter (1882–1965), der in Wien geboren wurde, publizierte 1960 seine Erinnerungen in Gesprächen mit Harlan B. Philipps.[19] Sein Onkel Salomon Frankfurter war Konsulent für das Bibliothekswesen und jüdische Kultusangelegenheiten im Unterrichtsministerium in Wien, Direktor der Wiener Universitätsbibliothek, Präsident des Trägervereins des jüdischen Museums und der B'nai B'rith Loge „Die Wahrheit". Nach dem „Anschluss" 1938 wurde er im Alter von 82 Jahren verhaftet, seine Bibliothek wurde geraubt. Felix Frankfurter bat die Abgeordnete Lady Nancy Astor beim deutschen Botschafter in London zu intervenieren, was zu Salomon Frankfurters Freilassung führte. In seiner Korrespondenz mit Franklin D. Roosevelt, die publiziert wurde, betonte Frankfurter ausdrücklich, dass er für ihn nicht beim Präsidenten intervenieren wollte, „to avoid the criticism [...] against any charge of favoritism by your administration".[20]

Der Pole Jan Karski (1914–2000), ein Gerechter unter den Völkern, besuchte als Kurier der polnischen Widerstandsbewegung 1943 das Warschauer Ghetto. In Washington berichtete er Frankfurter von seiner Mission; der Richter antwortete mit dem Satz: „Ich kann ihnen einfach nicht glauben."[21] Die Katastrophe des europäischen Judentums wird in Frankfurters Erinnerungen mit keinem Wort erwähnt. Sogar sein enger Freund, der britische Philosoph Isaiah Berlin, der leider keine Autobiographie verfasste, schrieb in einem Brief: „really people must not let out books which misspell all names. [...] the vulgarity of the whole thing is exceedingly depressing. [...] the book has given me nothing but acute embarassment, although it is quite nice about me."[22]

Ein Sonderfall ist auch die Autobiographie *Trial and Error* von Chaim Weizmann (1874–1952). Der Präsident der Zionistischen Weltorganisation (1920–1931, 1935–1946) und spätere erste Präsident des Staates Israel diktierte, da ein Augenleiden seine Sehfähigkeit beeinträchtigte, im Sommer 1947 in Rehovot seinem Mitarbeiter, dem amerikanischen Publizisten Maurice Samuel („my friend, the gifted writer and lecturer"), seine Erinnerungen. Das Buch erschien 1949. Bereits 1951 kam die deutsche Ausgabe in einer nicht sehr gelungenen Übersetzung von Thea-Maria Lenz heraus. 1950 publizierte Oskar K. Rabinowicz (1902–1969) in London das auf drei Vorträgen der Zionist Study Group in London basierende Buch *Fifty Years of Zionism. A Historical Analysis of Dr. Weizmann's Trial and Error*. Einleitend schreibt Rabinowicz: „Dr. Weizmann's autobiography offers an important contribution to Jewish and particularly Zionist history of the last fifty years."[23] Sein Buch ist eine auf keine Weise polemische oder gehässige, sondern einzig historisch-faktische Auflistung und Analyse der historischen Irrtümer von Weizmanns Erinnerungen. Rabinowicz war ein Historiker, Journalist und Mäzen, der sich in der zionistisch-revisionistischen Bewegung engagierte. Er wurde in Aspern geboren, wuchs in Boskowitz auf, studierte in Brünn, Prag und Berlin, lebte als Bankier in London und publizierte auch kritische Studien über Winston Churchill und Arnold Toynbee. 1956 übersiedelte er in die USA, wo er das Jewish Theological Seminary unterstützte.[24]

Nicht nur Selbstkritik, sondern auch eine differenzierende Distanz und kritische Haltung der Autoren zu nahestehenden Menschen, wie zu den Eltern, sind Kriterien für eine gelungene und gute Autobiographie. Kinder sind gute Beobachter. Der Romanist Victor Klemperer (1881–1960) schildert seinen Vater, den liberalen Berliner Rabbiner Wilhelm Klemperer (1839–1912), als einen Egoisten, Opportunisten und Tyrannen; später besserte sich ihr Verhältnis.[25] Der Rechtsanwalt und Maler Fred Uhlman (1901–1985) beschreibt in seiner Autobiographie *The Making of an Englishman* ausführlich die schlechte Ehe seiner Eltern, beginnend mit dem Satz: „Zehn Jahre lang habe ich immer wieder neue Anläufe zu diesem Kapitel gemacht und alles zerrissen, was ich geschrieben hatte", und er bekennt: „Einmal war ich so verzweifelt und haßte sie so sehr, daß ich hoffte, sie beide tot vorzufinden, wenn ich von der Schule nach Hause kommen würde."[26]

Elisabeth W. Trahan (1924–2009) überlebte die NS-Zeit in Wien mit ihrem Vater, geschützt durch die rumänische Staatsbürgerschaft. Sie hatte ein sehr zwiespältiges Verhältnis zu ihm, nennt ihn nie mit vollen Namen und schreibt in ihren 1996 in Wien publizierten Erinnerungen:

Mein Vater? Ein kompliziertes und immer noch schmerzliches Kapitel. Ich habe mich oft gefragt, ob seine Erziehung [...] aus ihm das gemacht hat, was er war: selbstsicher und tüchtig, aber auch egoistisch, hart und knausrig. Er hat mir mehr als einmal das Leben gerettet, und trotzdem haßte ich ihn lange Zeit geradezu leidenschaftlich.[27]

1947 wanderte Trahan in die USA aus, wo sie als Literaturwissenschafterin an mehreren Universitäten lehrte. Sie befasste sich vor allem mit Kafka, Camus, Tolstoi und Dostojewski und mit der Methodik des literarischen Übersetzens.[28]

Der israelische Karikaturist Shemuel Alexander Katz (1926–2010) schreibt in seinen Erinnerungen über seinen Vater, den Wiener Kantor Kalman Israel Katz: „Er war nicht wirklich fromm, bestimmte Dinge befolgte er aus rein beruflichen Gründen."[29] Eine problematische Beziehung zu ihrer Mutter deutet ihrerseits die 1931 in Wien geborene Germanistin Ruth Klüger an. Sie beschreibt folgende Szene:

Einmal bin ich mit ihr zur jüdischen Gemeinde gegangen, wo ein junger Mann uns gefragt hat, ob sie mich nicht mit einem Kindertransport nach Palästina schicken wolle. Es sei gerade noch Zeit, die letzte Chance. Sehr zu raten. Mir klopfte das Herz, denn ich wäre liebend gern weggefahren, auch wenn es ein Verrat an ihr [ihrer Mutter] gewesen wäre. Aber sie hat mich nicht gefragt und nicht einmal geschaut, sondern sagte: „Nein. Man trennt kein Kind von der Mutter." [...] Ich glaube, das hab ich ihr nie verziehen. Der andere Mensch, der ich geworden wäre, wenn ich nur ein Wort hätte mitreden können, wenn sie mich nicht einfach als ihr Eigentum behandelt hätte.[30]

Nach der Befreiung 1945 in Bayern wäre Ruth Klüger gerne nach Palästina gegangen und wieder war es ihre Mutter, die dies verhinderte.

Charlotte Knobloch, die Präsidentin der Israelitischen Kultusgemeinde München und Oberbayern, wurde 1932 in München als Tochter des Rechtsanwalts Fritz Neuland geboren. Ihre Mutter Margarete war zum Judentum übergetreten. 1937 verließ sie ihre Familie und verlangte die Scheidung. Charlotte war ungeheuer verletzt und schreibt darüber: „Noch heute, mehr als siebzig Jahre später, begreife ich das Verhalten meiner Mutter nicht. [...] Es ist mir schlicht unmöglich nachzufühlen, wie man sein Kind im Stich lassen kann, um für sich selbst eine ruhigere Lebenssituation zu erwirken."[31]

Zusammenfassend lässt sich sagen: Es braucht eine gewisse Distanziertheit, Abgeklärtheit und innere Ruhe, um kritisch und selbstkritisch sein Leben zu reflektieren, und gute Mitarbeiter, ein gutes Archiv und ein gutes Gedächtnis, um die historischen Fakten korrekt darzustellen.

Die vielen jüdischen Autobiographien, die ich in langen Jahren gelesen habe, beschreiben die Humanität des gelebten Judentums in zahlreichen Facetten. Die Leser können viel von ihnen lernen. Diese Bücher helfen uns nicht nur, die Geschichte und religiösen Lebensweisen vergangener Epochen zu verstehen, sondern auch, Fragen und Probleme der Lebenswelt unserer Gegenwart besser zu bewältigen.

Anmerkungen

1 Voraussichtlich 2021 wird von der Autorin im Verlag der Theodor Kramer-Gesellschaft das Buch „Meine jüdischen Autobiographien. Eine Leseverführung und subjektive Auswahl" erscheinen.
2 Arthur Koestler: Pfeil ins Blaue. Bericht eines Lebens 1905–1931. Wien, München: Desch Verlag, 1953, S. 33.
3 Theodor Gomperz: Essays und Erinnerungen. Stuttgart: Deutsche Verlags-Anstalt, 1905, S. 1.
4 Karl Goldmark: Erinnerungen aus meinem Leben. Wien, Berlin, Leipzig, München: Rikola Verlag, 1922, S. 11.
5 Avraham Barkai: Erlebtes und Gedachtes. Erinnerungen eines unabhängigen Historikers. Göttingen: Wallstein Verlag, 2011, S. 137 f.
6 Hans-Joachim Schoeps: Rückblicke. Die letzten dreißig Jahre (1925–1955) und danach. Berlin: Haude & Spenersche Verlagsbuchhandlung, 1963, S. 101.
7 Julius H. Schoeps: Mein Weg als deutscher Jude. Zürich: Pendo Verlag, 2003, S. 108.
8 Victor Gollancz: Aufbruch und Begegnung. Gütersloh: C. Bertelsmann Verlag, 1954, S. 490.
9 Nahum Goldmann: Mein Leben als deutscher Jude. Frankfurt am Main, Berlin, Wien: Ullstein Taschenbuch Verlag, 1983, S. 244 f.
10 Gerda Luft: Chronik eines Lebens für Israel. Stuttgart: Edition Erdmann in K. Thienemanns Verlag, 1983, S. 185.
11 Manès Sperber: Die vergebliche Warnung. München: Deutscher Taschenbuch Verlag, 1979, S. 12.
12 Manès Sperber: Bis man mir Scherben auf die Augen legt. München: Deutscher Taschenbuch Verlag, 1982, S. 40.
13 Minna Lachs: Warum schaust du zurück. Erinnerungen 1907–1941. Wien, München, Zürich: Europaverlag, 1986, S. 15.
14 Teddy Kollek: Jerusalem und ich. Memoiren. Frankfurt am Main: S. Fischer Verlag, 1995, S. 49 f.
15 George Mikes: How to be Seventy. An Autobiography. London: André Deutsch, 1982, S. 83 f.
16 Mikes, ebd., S. 30.
17 Zvi Hermon: Vom Seelsorger zum Kriminologen. Rabbiner in Göttingen. Reformer des Gefängniswesens und Psychotherapeut in

Israel. Ein Lebensbericht. Göttingen: Verlag Otto Schwartz & Co., 1990, S. 128–130.
18 Kurt Blumenfeld: Erlebte Judenfrage. Ein Vierteljahrhundert deutscher Zionismus. Stuttgart: Deutsche Verlags-Anstalt, 1962, S. 100. Zu den Zionistenkongressen in Wien 1913 und 1925 siehe auch Evelyn Adunka: Der XI. Zionistenkongress vom 2.–9. September 1913 im Musikverein in Wien und die Gründung der Hebräischen Universität. Wien: Edition Illustrierte Neue Welt, 2018.
19 Felix Frankfurter: Reminiscences. Recorded in Talks with Dr. Harlan B. Philipps. New York: Reynal & Company, 1960.
20 Roosevelt and Frankfurter. Their correspondence 1928–1945. Annoted by Max Freedman. Boston: Little Brown 1968, S. 619.
21 Vgl. dazu den Aufsatz der Autorin: Salomon Frankfurter (1856–1941). In: Stefan Alker, Christina Köstner, Markus Stumpf (Hg.): Bibliotheken in der NS-Zeit. Vienna University Press 2008, S. 209–220.
22 Isaiah Berlin an Rowland Burdon-Muller am 16. September 1960. In: Isaiah Berlin: Enlightenment. Letters 1946–1960. Edited by Henry Hardy and Jennifer Holmes. London: Pimlico, 2011, S. 737.
23 Oskar K. Rabinowicz: Fifty Years of Zionism. A Historical Analysis of Dr. Weizmann's „Trial and Error". London: Robert Anscombe & Co. Ltd., 1950, S. 5.
24 Theodore K. Rabb in: Gerson Hundert (Hg.): The Yivo Encyclopedia of Jews in Eastern Europe. New Haven, London: Yale University Press 2008, Band 2, S. 1506 f.
25 Victor Klemperer: Curriculum Vitae. Erinnerungen 1881–1918, herausgegeben von Walter Nowojski. Berlin: Aufbau Taschenbuch Verlag, 1996, S. 21, 23, 42.
26 Fred Uhlman: The Making of an Englishman. Erinnerungen eines deutschen Juden. Zürich: Diogenes Verlag 1998, S. 22, 27.
27 Elisabeth W. Trahan: Geisterbeschwörung. Eine jüdische Jugend im Wien der Kriegsjahre. Wien: Picus Verlag, 1996, S. 28.
28 Vgl. Hertha Hanus über Elizabeth Welt Trahan. In Brigitta Keintzel, Ilse Korotin (Hg.): Wissenschaftlerinnen in und aus Österreich. Wien, Köln, Weimar, 2002, S. 802–805.
29 Shemuel Alexander Katz: Mein Schicksal war die Ausnahme. Erinnerungen eines Zeichners und Karikaturisten an Österreich, Ungarn und Israel, herausgegeben von Martha Keil. Graz, Wien, Köln: Styria Verlag, 2001, S. 17.
30 Ruth Klüger: weiter leben. Eine Jugend. Göttingen: Wallstein Verlag, 1992, S. 62, 202.
31 Charlotte Knobloch: In Deutschland angekommen. Erinnerungen. München: Deutsche Verlags-Anstalt, 2012, S. 32.

Soonim Shin
Die Autobiographien der Lager-Überlebenden des 20. Jahrhunderts – eine neue Literaturgattung?
Eine kritische Untersuchung von Reemtsmas These

Immer wieder hat Jan Philipp Reemtsma die These vertreten, dass die Autobiographien der Lager-Überlebenden des 20. Jahrhunderts eine neue Literaturgattung seien. Diese Äußerungen Reemtsmas sollen zunächst im Überblick vorgestellt werden.

Am 8. Juli 1997 hielt Jan Philipp Reemtsma im Rahmen der Ringvorlesung *Geschichte der neueren deutschen Literatur: Gegenwartsliteratur 1966–1996* einen Vortrag an der Universität Hamburg.[1] Dieser Vortrag mit dem ursprünglichen Titel *Das aktive Gedächtnis. Victor Klemperer, Ruth Klüger, Ladislaus Szücs u.a. als Erzählende* war die Grundlage für Reemtsmas Aufsatz in der Ausgabe vom August und September 1997 in der Zeitschrift *Mittelweg 36*.[2] Der gedruckte Aufsatz erhielt einen anderen Titel als der mündliche Vortrag; dieser neue Titel lautet *Die Memoiren Überlebender. Eine Literaturgattung des 20. Jahrhunderts*. Nochmals abgedruckt wurde der Beitrag in Reemtsmas Buch *Mord am Strand* 1998.

2002 erschien das Buch *Verbrechensopfer: Gesetz und Gerechtigkeit*. Dieses Werk ist ein „gemeinsames Buch" von Winfried Hassemer und Jan Philipp Reemtsma, wie es in der Einleitung heißt, „aber seine Kapitel sind individuell verfaßt".[3] Das zweite Kapitel stammt von Reemtsma;[4] der Titel dieses Kapitels lautet *Der kulturgeschichtliche Hintergrund des veränderten Blicks auf das Opfer*. In diesem Text sagte Reemtsma, dass eine „Literaturgattung" aufgekommen sei, „die es früher nicht gegeben hat" und die er „Opfermemoiren" nennt.[5]

Über eine „Literaturgattung", „die es vor dem 20.Jahrhundert nicht gegeben hat", schrieb Reemtsma auch in seinem Aufsatz *„Ja, wenn der Beckett im Konzentrationslager gewesen wäre…"* – *Überlegungen anläßlich einer in der „Ne-*

gativen Dialektik" mitgeteilten Anekdote.[6] Diesen Text veröffentlichte Reemtsma 2003 in seinem Buch *Warum Hagen Jung-Ortlieb erschlug. Unzeitgemäßes über Krieg und Tod.*

Auch in einem Interview mit der Wochenzeitung *Die Zeit* 2006 sprach Reemtsma von den „Memoiren der Überlebenden der Konzentrationslager" als „völlig neuer Literaturgattung".[7]

Nach diesem Überblick soll nun referiert werden, wie Reemtsma seine These jeweils formuliert und begründet hat.

Reemtsmas Aufsatz *Die Memoiren Überlebender. Eine Literaturgattung des 20. Jahrhunderts* (1997)

Ladislaus Szücs' *Zählappell*, Klemperers Tagebücher, Ruth Klügers *weiter leben* seien, so Reemtsma, „Exemplare einer Literaturgattung", „die […] neu ist, und zwar weltweit."[8] Diese Gattung nenne er „Überlebensmemoiren". Ihre Verfasser seien „Opfer von extremer Gewalt" geworden – und daher seien ihre autobiographischen Aufzeichnungen „Ausdruck einer Leides-, Schmerz- und Überwältigungserfahrung". Das Besondere sei, dass sie darum gelesen würden, also wegen dieser dargestellten Erfahrung. Aber mehr noch: „Aus diesem Grunde", weil also die Texte auf Leid, Schmerz, Überwältigung basierten, werde ihnen eine „Deutungsautorität" zugesprochen.

Reemtsma formuliert seine These so: „Überlebensmemoiren" seien eine neue Literaturgattung, die für den Leser wegen des darin ausgedrückten Leids interessant sei. Da die Verfasser gelitten hätten, werde ihnen die Autorität zuerkannt, bestimmte Vorgänge zu deuten, also eine Deutungsautorität zu haben.

Im weiteren Text versucht Reemtsma zu begründen, dass diese Memoiren der Überlebenden eine neue Gattung seien. Und zwar deshalb, weil zum ersten Mal die Opfer selbst von ihrem Leid berichteten: Zwar habe Literatur schon früher auch das Thema Leid angesprochen; die Literatur sei auch und immer wieder „der Ausdruck von Leid" gewesen.⁹ Aber die Opfer hätten diese Literatur nicht selber geschrieben: Shakespeare als Autor berichte vom Leid des King Lear oder des Richard II., nicht King Lear oder Richard II. selber. Es gebe nur die Dramen des Schriftstellers Shakespeare – und weder Tagebücher von King Lear selbst noch eigenhändige Aufzeichnungen aus dem Tower von Richard II. Zwar hätten früher, also vor 1945, manchmal auch die Opfer selber ihr Leid aufgeschrieben, so etwa Dostojewski in seinem Buch *Aufzeichnungen aus einem Totenhaus*. Aber das sei eine Ausnahme, und diese Ausnahme bestätige nur die Regel: „Leid findet nur über den Umweg durch den Autor, der nicht mit der leidenden Hauptfigur identisch ist, seine literarische Salonfähigkeit."¹⁰ Nach Reemtsma waren also bis 1945 Opfer mit ihren Leidensgeschichten literarisch nicht „salonfähig". Nach 1945 sei das „anders geworden", die Geschichten der Opfer würden also gelesen. Noch dazu seien „wir" überzeugt, dass diese Texte „etwas Verbindliches und Wichtiges zu sagen haben", dass sie nicht nur etwas über einen „entsetzlichen Ort" wie Buchenwald oder Auschwitz mitteilen, sondern etwas „über die ganze Welt". Es sei also neu, dass Opfer selbst schreiben, ihre Texte gelesen werden und dass diese Texte dann auch „Deutungsautorität" erhalten.

Reemtsma begnügt sich nicht damit, zu behaupten, dass die Überlebensmemoiren eine neue Gattung seien; er will auch erklären, wie es zu dieser Neuheit gekommen ist. Warum sei das Opfer auf einmal mit seiner Leidensgeschichte „salonfähig", „warum ist das anders geworden?"¹¹ als früher, lautet seine Frage. Reemtsma antwortet so: Den Opfern von früher sei nicht der Gedanke gekommen, dass sie „etwas von Bedeutung" zu sagen hätten. Hätten sie von ihren Leidenserfahrungen erzählen wollen, so hätten sie nur Auskunft über „einen extremen […] Ort" geben können. Die Mitteilung der Leiderfahrung sei daher „nur wenig oder jedenfalls nur wenigen nützlich": „Den Alltag zu bestreiten", dazu „taugt sie nicht", sagt Reemtsma mit Blick auf mögliche Leser. Opfer hätten das früher gewusst und „hielten den Mund".

Die aber, „die die deutschen Lager überlebt haben", seien dagegen davon überzeugt gewesen, „daß sie etwas zu sagen hätten, was gesagt und gehört werden müßte"[12] – ähnlich wie „die Überlebenden des Gulag-Systems". Die KZ-Überlebenden hätten erwartet oder zumindest für möglich gehalten, dass ihr Bericht „in der Zukunft einen Nutzen haben werde". Aus dieser Hoffnung gewinne der Autor seine „Schreibensenergie". Dies sei neu – „auf seiten derjenigen, die schreiben". Und auf der anderen Seite, jener der Leser, sei neu, dass sie „nicht nur zu lesen bereit sind", sondern „darüber hinaus" bereit seien, „dieser Art von Lektüre" „einen besonderen außerästhetischen, sowohl moralischen wie kognitiven, Rang" einzuräumen.

Reemtsma hat also seine Frage, warum die Literatur der KZ-Überlebenden „salonfähig" geworden sei, erst einmal damit beantwortet, dass die Opfer schreiben und die Leser diese Leidensgeschichten lesen wollen. Für ihn bleibt aber diese Frage: „Was macht also den Bericht aus der Hölle lesenswert – lesenswerter als den aus irgendeiner anderen Extremsituation, einer Himalaya-Expedition, etwa?"[13]

Den Nazis sei es darum gegangen, „die Hölle als reale menschliche Institution zu schaffen".[14] Zwar reiche unsere Imagination „nicht bis mitten in die Hölle hinein", aber immerhin „doch ein Stück weit".[15] Was die Hölle „als reale menschliche Institution" bedeute, könne man nur verstehen, wenn man die „individuelle Bedeutung" dieser Hölle für das einzelne Opfer erfasse – dadurch, dass die „Überlebensmemoiren" „lesend zur Kenntnis genommen" werden.[16] So – und nur so – könne sich der Leser die Hölle vorstellen, meint Reemtsma.

Zum Beispiel zeigten die Tagebücher Victor Klemperers „die ganz normale deutsche Stadt Dresden" als „Vorhölle"[17]: Da das Leben dort nur mehr „zum bloßen Überleben" werde, dränge sich der Gedanke auf, lieber in Theresienstadt als in Dresden zu sein. Diese Situation könne „nur aus den

Tagebüchern und Erinnerungen eines Juden, der 1933 bis 1945 in Deutschland gelebt und Deutschland überlebt hat [...], gelesen werden", betont Reemtsma. Damit seien Klemperers Aufzeichnungen „die notwendige Ergänzung zu den Rekonstruktionen der Vernichtungsapparate, die die Historiker unternehmen".

Auch sei es den „Überlebensmemoiren" möglich, die „für die Vernichtungslager typischste, gewöhnlichste, routinierteste Haltung" der Nazis, die „den ihnen Unterworfenen dieses Menschsein abspricht", „in Worte zu fassen, wieder- und weiterzugeben".[18] Als Beispiel nennt Reemtsma das Zusammentreffen eines Häftlings mit „einem der führenden Chemiker der Buna-Werke in Auschwitz-Monowitz". Dieses Treffen hat Primo Levi in seinem Buch *Ist das ein Mensch? Ein autobiographischer Bericht* beschrieben. Reemtsma zitiert Levis Formulierung, dass der Chemiker den Häftling „wie durch die Glaswand eines Aquariums" angesehen habe.

Reemtsma beantwortet dann die „Frage nach dem Woher der moralischen Autorität dieser Memoiren Überlebender"[19] – und damit auch die von ihm zuvor gestellte Frage, warum „der Bericht aus der Hölle" „lesenswert" sei. Er sagt, „nur in diesen Texten wird das Ausmaß der Zivilisationskatastrophe, weil im Detail zur Kenntnis genommen, nicht verleugnet. Nur in diesen Texten wird wirklich deutlich, daß die Rede vom ‚Zivilisationsbruch' keine wohlfeile Rederei ist."

Ruth Klüger hatte in ihrem Buch *weiter leben. Eine Jugend* erklärt, die KZs „seien die allernutzlosesten, unnützesten Einrichtungen gewesen".[20] Reemtsma hat dieser von ihm zitierten Aussage „nichts hinzuzufügen".[21] Zwar seien die KZs nutzlos gewesen, nicht aber die Bücher, „die die Erfahrungen mitteilen, die ihre Verfasserinnen und Verfasser in den Lagern machen mußten".

Wenn nun der Leser „durch ein Buch Zeuge unsagbaren Leides geworden" ist, dann empfinde er, so Reemtsma, ein bestimmtes Gefühl: das der Scham.[22] Diese Scham, sagt Reemtsma, setze voraus, „dass die SS-Welt nicht recht habe". In der Scham verberge sich ein Ideal, das zwar in Auschwitz „zerstört", aber nicht „widerlegt" worden sei.

Reemtsmas Kapitel *Der kulturgeschichtliche Hintergrund des veränderten Blicks auf das Opfer* im Buch *Verbrechensopfer. Gesetz und Gerechtigkeit* (2002)

Auch in diesem Text spricht Reemtsma davon, dass es heute eine „Literaturgattung" gebe, „die es früher nicht gegeben hat". Er bezeichnet sie aber nicht mehr wie in seinem Aufsatz von 1997 als „Überlebensmemoiren", sondern als „Opfermemoiren"[23]. Als Beispiele für diese Gattung nennt er zusätzlich zu Primo Levis *Ist das ein Mensch?* und Ruth Klügers *weiter leben* noch Jean Amérys *An den Grenzen des Geistes*, Robert Antelmes *Das Menschengeschlecht*, Luz Arces *Die Hölle*, Thomas Hargroves *Long March to Freedom* und Katharina Bennefeld-Kerstens *Die Geisel*. Hatte Reemtsma in seinem Aufsatz von 1997 vor allem von denen gesprochen, „die die deutschen Lager überlebt haben"[24], so bezieht er nun die Gulag-Überlebenden ausdrücklich als Autoren der neuen Gattung mit ein. Dazu kommen noch die Opfer welcher Gewalt auch immer. Reemtsma sagt nämlich: „Diese Gattung konstituierten zunächst die Memoiren der Überlebenden der deutschen oder sowjetischen Lager, und in ihrer Folge […] die Berichte von politisch Verfolgten aller Herren Länder, Berichte von Gefangenschaft und Folterung, aber auch die Berichte vergewaltigter Frauen, Erinnerungen an sexuelle Übergriffe im Kindesalter, an Entführung und Geiselhaft."[25] Mit dieser Definition erweitert Reemtsma die von ihm postulierte Gattung erheblich: aus einer Literaturgattung der schreibenden KZ-Überlebenden („Überlebensmemoiren") wird nun eine Gattung der schreibenden Opfer egal welcher Gewalt („Opfermemoiren").

Zwar habe es autobiographische Berichte über Leidenserfahrungen „natürlich" auch früher gegeben.[26] Ein Beispiel sei August von Kotzebues *Das merkwürdigste Jahr meines*

Lebens, in dem Kotzebue über seine Haft in Sibirien berichtete. Aber, so Reemtsma, „niemand wäre auf die Idee gekommen, jemandem, der die Haftzeit in einem solchen Lager überlebte, moralische Autorität zu geben". Dass ein Opfer extremer Gewalt „durchaus selbstbewusst" „ich" sagen könne, sei „ein historisches Novum". Daher sei diese Literaturgattung neu. Damit wiederholt Reemtsma, was er schon 1997 gesagt hat, nämlich dass Leid „nur über den Umweg durch den Autor" „literarisch salonfähig" sei. „Warum ist das anders geworden?" fragte Reemtsma damals. Seine Antwort von 1997: Die Überlebenden wussten, dass sie etwas zu sagen hatten, und fanden daher ein Publikum.

Auch in seinem Buchkapitel fragt sich Reemtsma, wie die neue Gattung entstanden sei, die er nun „Opfermemoiren" nennt. Er antwortet nun: Diese Gattung sei aufgekommen, weil „im letzten halben Jahrhundert in unserer Kultur eine Umwertung der sozialen Rolle des Opfers" stattgefunden habe.[27] Früher seien Opfer als Betroffene nicht „moralisch positiv konnotiert" gewesen.[28] Es sei ja auch „schwierig zu begründen", meint Reemtsma, „was am Status eines Opfers […] moralisch positiv sein soll".[29] Denn die Opfer seien während der Gewalttat passiv geblieben.[30] Das bloße Opfer sei noch kein Held, kein Märtyrer. Zwar sei auch der Märtyrer „im Leiden als Erleidender" passiv, aber er „drängt […] doch aktiv in diese Rolle" und sei dadurch der „Held oder die Heldin der Märtyrergeschichte".[31] „Der Märtyrer", so Reemtsma, sei nicht einfach „das Opfer einer Zufallsrazzia". Nun gebe es einen „kulturellen Trend", diese Unterscheidung zwischen bloßem Opfer und Märtyrer zu verwischen[32], und dabei würden Opfer zu Märtyrern erklärt. Reemtsma resümiert: „Auf merkwürdige Weise ist es ehrenvoll geworden, Opfer einer Gewalttat geworden zu sein."[33] Nach Reemtsma werden Opfer also zu Unrecht zu Märtyrern gemacht.

Reemtsma erklärte 1997, die Berichte der KZ-Überlebenden seien „literarisch salonfähig", weil sie etwas zu sagen hatten. Nun meint er, die Berichte aller Gewaltopfer würden – ohne Rücksicht auf ihre eigentliche Aussage – schon deshalb gelesen, weil das Opfer auf einmal sozial und moralisch anerkannt sei. Diese Anerkennung des Opfers als moralischer Held und Märtyrer, ein für Reemtsma durchaus fragwürdiger kultureller Trend, habe eine „Opferliteratur" entstehen lassen. „Nach und unabhängig von den Memoiren der Shoah" gebe es eine „große Verbreitung der Opferliteratur".[34] Reemtsmas Kriterium für seine neue Gattung ist also nicht mehr die Relevanz der Aussage über den Holocaust, sondern die bloße Erfahrung des Autors als Opfer egal welcher Gewalt. Nur so gelangt er zu einer weiten Gattung der „Opferliteratur", die, wie er selbst sagt, „unabhängig von den Memoiren der Überlebenden der Shoah" steht. Reemtsmas neue Gattung der „Opfermemoiren" oder „Opferliteratur" von 2002 hat mit Reemtsmas neuer Gattung der „Überlebensmemoiren" von 1997 nur noch wenig zu tun.

Reemtsmas Aufsatz „Ja, wenn der Beckett im Konzentrationslager gewesen wäre..." – Überlegungen anläßlich einer in der „Negativen Dialektik" mitgeteilten Anekdote (2003)

In seinem Aufsatz *„Ja, wenn der Beckett im Konzentrationslager gewesen wäre..." – Überlegungen anläßlich einer in der „Negativen Dialektik" mitgeteilten Anekdote* sagt Reemtsma: „Die Memoiren der Überlebenden der Lager haben eine Literaturgattung begründet, die es vor dem 20. Jahrhundert nicht gegeben hat."[35] Wen Reemtsma mit „Überlebenden der Lager" meint, erklärt er in der Fußnote: Dort spricht er von den Berichten der Überlebenden der „nationalsozialistischen Lager, dann der Überlebenden des Gulag, schließlich auch die Zeugnisse anderer, die extremes Leid erlitten haben".[36] Reemtsma hält hier also an der von ihm 2002 postulierten weiten Gattung der „Opfermemoiren" oder „Opferliteratur" fest, die auch die Berichte von Opfern jeglicher Gewalt umfasse. Reemtsma sagt weiter: „Das Neue dieser Gattung ist, daß zum ersten Mal menschliches Leid ohne die Vermittlung durch selbst nicht betroffene Sprecher und ohne das Mittel der Literarisierung (meist Fiktionalisierung) eine Ausdrucksform und eigene Autorität erhielt, die akzeptiert neben den traditionell mit Deutungsautorität versehenen Texten der Literatur und Philosophie stand und steht."[37] Dass zum ersten Mal die Opfer selber über ihr Leid schrieben und dadurch eine neue Gattung entstehe, das hat Reemtsma schon in seinem Aufsatz 1997 und im Buchkapitel 2002 gesagt. Nun aber betont Reemtsma noch, dass die Berichte der Opfer nicht literarisiert, also insbesondere nicht fiktionalisiert seien – und dass diese fehlende Literarisierung durch das Opfer ein Merkmal der neuen Gattung sei. Im Satz zuvor hatte Reemtsma aber von einer „Literaturgattung" der Opfer gesprochen, um nun zu erklären, dass die Opfer ihre Berichte nicht „literarisiert" hätten. Da stellt sich die Frage, ob nicht-„literarisierte" Berichte überhaupt, wie Reemtsma sagt, „Literatur" sein können. Oder sind die Berichte vielmehr doch „literarisiert" – und schon dadurch Literatur? Dieser Frage soll weiter unten nachgegangen werden, wenn Reemtsmas These diskutiert wird.

Reemtsmas Interview mit Sabine Rückert *Opfer. Nicht in die TV-Show!* in *Die Zeit* (2006)

Im Gespräch mit Sabine Rückert formulierte Reemtsma seine These so: „Nach 1945 ist eine völlig neue Literaturgattung entstanden, die seither eine große Karriere gemacht hat: die Memoiren von Opfern."[38] Zuerst seien das „Memoiren der Überlebenden der Konzentrationslager" gewesen, „aber die Literaturgattung und das Interesse an ihr haben sich ausgedehnt auf die Berichte von Opfern normaler Verbrechen – Vergewaltigungsopfer, Entführungsopfer." Reemtsma sagt, dass er „ja selbst in dieser literarischen Gattung mitgewirkt" habe – mit seinem Buch *Im Keller*, in dem er seine eigene Entführung schilderte. Reemtsma sieht sich also als Autor innerhalb der von ihm als „Opferliteratur" bezeichneten Gattung. Dann wiederholt Reemtsma, was er schon in seinem Buchkapitel 2002 gesagt hat, nämlich, dass das Opfer welcher Gewalt auch immer anders als früher gesehen werde: Heute blicke man anders auf Opfer, meint Reemtsma, „auch auf Menschen, die nichts weiter sind als Opfer". Zwar seien die Opfer eigentlich keine Helden. Aber: „Heute heroisiert man auch das Opfer." Das sei eine erstaunliche „kulturelle Transformation".

Die Rezeption von Reemtsmas These durch Dagmar Mensink (1998) und Irmela von der Lühe (2005)

Dagmar Mensink und Irmela von der Lühe haben die These von Reemtsma ausdrücklich thematisiert.

1998 schrieb Dagmar Mensink: „Insgesamt ist jedoch der Beobachtung von Jan Philipp Reemtsma zuzustimmen, der im Blick auf die neue Gattung der Überlebendenmemoiren auch eine neue Haltung der Lesenden ausgemacht hat, die der Lektüre einen ‚besonderen außerästhetischen, sowohl moralischen wie kognitiven Rang, einzuräumen bereit ist'."[39] Damit zitiert Mensink aus Reemtsmas Aufsatz von 1997.

Und Irmela von der Lühe schrieb 2005: „Jan Reemtsma hat mit Recht darauf aufmerksam gemacht, dass das 20. Jahrhundert eine neue Literaturgattung hervorgebracht hat, für die es in der Literaturgeschichte kein Vorbild gibt. In Ermangelung eines besseren Begriffs spricht er von ‚Überlebensmemoiren' [...]."[40] Dabei bezieht sich von der Lühe – wie schon Mensink – auf Reemtsmas Aufsatz im *Mittelweg 36*.

Diskussion von Reemtsmas These

Reemtsmas These lautet ja, dass eine neue Literaturgattung entstanden sei, die er 1997 „Überlebensmemoiren" und 2002 „Opfermemoiren" nannte. Neu an dieser Gattung sei, dass die Opfer selbst über ihr Leid schrieben und ihre Erinnerungen dabei nicht literarisierten.

Zwei Thesen im Vergleich: Reemtsmas „Überlebensmemoiren" gegen Reemtsmas „Opfermemoiren"

Indem Reemtsma 1997 von „Überlebensmemoiren" als neuer Gattung sprach und 2002 von „Opfermemoiren", hat er zwei verschiedene Thesen aufgestellt: 1997 sagte Reemtsma, die Berichte der KZ-Überlebenden seien eine neue Gattung. 2002 und 2006 meinte er dagegen, die neue Gattung bestehe nicht nur aus den Berichten der KZ-Überlebenden, sondern auch aus den Leidensgeschichten der Gulag-Überlebenden sowie der Opfer „normaler Verbrechen" (wie zum Beispiel Vergewaltigungs- oder Entführungsopfer).

Nun stellt sich die Frage, welche These Reemtsmas hier diskutiert werden soll: seine These von 1997, in der er die „neue Gattung" eng versteht (als Gattung nur der KZ-Überlebenden) – oder seine These ab 2002, in der er von einer weiten Gattung ausgeht, nämlich von einer Gattung der Opfer egal welcher Gewalt.

Reemtsma hat in seinem Aufsatz 1997 gesagt, dass nur in den Texten der KZ-Überlebenden der „Zivilisationsbruch" deutlich werde. Natürlich sind die Erfahrungen entführter Männer, vergewaltigter Frauen, missbrauchter Kinder schlimm. Aber, wie Reemtsma selber 2006 sagte, sind sie Opfer „normaler Verbrechen" geworden. Sie sind damit keine Opfer des von Reemtsma als „Zivilisationskatastrophe" bezeichneten Holocaust mit seinen „Vernichtungsapparaten". Das spricht dafür, die Berichte über die Erfahrungen KZ-Überlebender und anderer Gewaltopfer getrennt zu sehen und sie nicht zu einer Gattung zusammenzufassen.

Zu diskutieren ist also Reemtsmas These von 1997: Sind die Memoiren von KZ-Überlebenden eine Literaturgattung – und sind sie deswegen eine neue Gattung, weil zum ersten Mal Opfer – ohne Literarisierung – selber schreiben?

Reemtsmas Behauptung, dass KZ-Überlebende als erste Opfergruppe in der Geschichte ihre Leidensgeschichten selbst aufgeschrieben haben

Reemtsma behauptet ja, dass die KZ-Überlebenden als erste Opfergruppe in der Geschichte ihre Leidensgeschichten selbst aufgeschrieben hätten; vor 1945 hätten nur Schriftsteller, die von Leid nicht selbst betroffen waren, über die Schicksale von Opfern berichtet. Mit anderen Worten: Vor 1945 habe es Leidensgeschichten nur aus zweiter Hand gegeben, und erst nach 1945 seien die Opfer selber zu Autoren geworden.

Aber Reemtsma gibt selbst zu, dass Opfer auch vor 1945 ihr Leid selbst aufgeschrieben haben. Als Beispiel hat er 1997 Dostojewski genannt: Dostojewski hatte über seine Haftzeit in Sibirien in seinem Buch *Aufzeichnungen aus einem Totenhaus* berichtet. Aber das sei nur eine „Ausnahme" gewesen, die die Regel bestätige. Allerdings erwähnte Reemtsma 2002 in seinem Buchkapitel eine weitere Ausnahme, nämlich auch wieder einen Bericht über eine Haft in Sibirien, und zwar von Kotzebue mit dem Titel *Das merkwürdigste Jahr meines Lebens*. Zu solchen Opferberichten könnte man auch Oscar Wildes Text *Ballad of Reading Gaol*, erschienen 1898, über seine Haft und Zwangsarbeit in einem englischen Gefängnis zählen. Diese Liste an Beispielen, die man sicherlich noch verlängern könnte, zeigt, dass auch Opfer selber immer wieder ihre Erlebnisse aufgeschrieben haben.

Aber, sagt Reemtsma, auch wenn Opfer früher autobiographische Texte geschrieben hätten, so sei doch niemand „auf die Idee gekommen, jemandem, der die Haftzeit in einem solchen Lager überlebte, moralische Autorität zu geben". Diese Behauptung Reemtsmas stimmt nicht. Dostojewski wurde ja gerade als „moralische Autorität" in Russland angesehen, weil er zu Unrecht mit Gefängnis bestraft worden war. Wer im 19. Jahrhundert als Schriftsteller im Gefängnis eines Diktators landete, der verlor seine „moralische Autorität" dadurch nicht – im Gegenteil.

Eine Regel, dass Opfer vor 1945 ihr Leid nicht selbst aufgeschrieben hätten, gibt es nicht. Und auch vor 1945 verloren Opfer ihre moralische Autorität nicht dadurch, dass sie eingesperrt wurden.

Reemtsmas Behauptung, dass KZ-Überlebende als erste Opfergruppe ihre Leidensgeschichten „ohne das Mittel der Literarisierung" aufgeschrieben haben

In seinem Aufsatz von 2003 sagt Reemtsma, dass die KZ-Überlebenden „zum ersten Mal menschliches Leid […] ohne das Mittel der Literarisierung" ausgedrückt hätten. Das sei „das Neue" dieser „Literaturgattung". Wie können aber Berichte, die nicht literarisiert sind, Literatur sein? Diese Frage wurde schon oben gestellt.

Die Berichte der KZ-Überlebenden sind Literatur. Auch wenn sie nicht fiktionalisiert sind, sind sie literarisiert – wie schon Dostojewskis Buch *Aufzeichnungen aus einem Totenhaus*. 1990 erschien Meyer Levins Buch *Die Geschichte der Eva Korngold* mit einem Nachwort von Andrzej Szczypiorski. Dieses Nachwort hat den Titel *Die Kraft des Einfachen*.

Szczypiorski sagt in diesem Nachwort, Levins Buch „berichtet einfach von Dingen, die geschehen sind"⁴¹, und zwar der Auschwitz-Überlebenden Eva Korngold geschehen sind, deren wahrer Name Ida Löw war. In diesem Buch, so Szczypiorski, „legt der Autor einfach Zeugnis ab", und schöpfe „seine Kraft aus der Schlichtheit des Erzählens". Gerade die „Wärme der Menschlichkeit", mit der der Autor Eva beschreibe, sei ein Kennzeichen von Literatur – ohne diese „Wärme" könne „von Literatur überhaupt nicht die Rede sein".⁴²

Für Szczypiorski ist also auch ein einfacher, schlichter Bericht vom Leid im KZ Literatur. Ein Bericht, so wahr er sein mag, wird erzählt, und dabei literarisiert: Der Autor entscheidet, was er wann wie erzählen will.

Szczypiorskis Aussage gilt nicht nur für Meyer Levins Bericht über „Eva", sondern auch für alle schlichten, einfachen Berichte von KZ-Überlebenden über ihr Leiden: Diese Berichte sind Literatur. So hat etwa Niza Ganor, die mit Ida Löw befreundet war und mit ihr nach Auschwitz kam, einen ähnlich schlichten Bericht über ihr Leid selbst verfasst. Ganors Buch *Wer bist du, Anuschka? Die Überlebensgeschichte eines jüdischen Mädchens* wurde 1987 veröffentlicht. Auch ein solcher Bericht ist eine Erzählung, ist literarisiert, und damit Literatur, auch wenn er nicht von einem Schriftsteller – im Auftrag des Opfers – verfasst wurde, sondern vom Opfer selbst.

Reemtsmas Behauptung, dass die KZ-Opfer ihre Erinnerungen nicht literarisiert hätten, trifft also nicht zu. Reemtsmas Paradoxon, dass Berichte nicht literarisiert, aber dennoch Literatur seien, wird damit hinfällig: Die Berichte der KZ-Überlebenden sind literarisiert und schon von daher Literatur.

Reemtsmas Behauptung, dass die Memoiren aller KZ-Überlebenden eine Gattung bilden, und zwar die Gattung „Überlebensmemoiren"

Vor allem aber sagte Reemtsma 1997, dass die Texte derer, „die die deutschen Lager überlebt haben", „Exemplare einer Literaturgattung" seien. Diese Gattung nannte Reemtsma „Überlebensmemoiren". Aber zählen die Memoiren aller KZ-Überlebenden wirklich zu dieser Gattung? Gibt es diese eine Gattung, der alle Memoiren zugehörig sind? Oder gehören die Memoiren jüdischer KZ-Opfer nicht vielmehr zu einer anderen Gattung, nämlich zur etablierten Gattung der jüdischen Autobiographie?

Christoph Miething beantwortet die Frage *Gibt es jüdische Autobiographien?* (so der Titel seines Aufsatzes) so: „Spätestens seit 1989, als David Zubatsky eine mehrhundertseitige Bibliographie jüdischer Autobiographien und Biographien veröffentlichte, kann die Rede von ‚jüdischen Autobiographien' als kategorisiert gelten."[43] Für Miething gibt es also die Kategorie, die Gattung „jüdische Autobiographie". Und er sieht diese jüdischen Autobiographien als Teil der jüdischen Literatur: Die 1792 veröffentlichte „Lebensgeschichte" des Salomon Maimon werde, sagt Miething, „allgemein als der Beginn der modernen jüdischen Literatur überhaupt" gewertet.[44] Und Markus Malo spricht vom „Genre" der „deutschsprachigen jüdischen Autobiographie". Malo sagt:

Die deutschsprachige jüdische Autobiographie ist ein Genre, das im Gefolge der jüdischen Aufklärung, der Haskalah, im 18. Jahrhundert entsteht und sich [...] an den Vorbildern der christlichen Umwelt orientiert. Auf der anderen Seite gehen in die deutschsprachige jüdische Autobiographie Tendenzen ein, die sich aus der jüdischen Tradition der Diaspora herleiten lassen [...]. Hier stehen [...] das Phänomen des kollektiven Gedächtnisses vor allem an erlittenes Unrecht und darauf aufbauend die Idee der Repräsentativität des eigenen Lebens und Schicksals im Zentrum der Argumentation.[45]

Die jüdische Autobiographie habe seit Maimon das „Programm", die Spannung zwischen jüdischer Identität und nichtjüdischer Umwelt dazustellen.[46]

Also nochmals die Frage: Stehen die Texte jüdischer KZ-Opfer in dieser Tradition der jüdischen Autobiographie? Wenn ja, dann müssten diese Texte zur Gattung der jüdischen Autobiographie zählen – und nicht zu einer Gattung „Überlebensmemoiren", die die Texte aller KZ-Überlebender in sich vereinen soll.

Malo hat schon deutlich gemacht, dass die deutschsprachige jüdische Autobiographie die Behauptung der jüdischen Identität in einer nichtjüdischen Umwelt zeigen will – und damit auch an die Genese dieser jüdischen Identität erinnern muss. So ist auch der Titel von Malos Arbeit *Behauptete Subjektivität* zu verstehen – die Autoren thematisieren die Bewahrung ihrer jüdischen Identität.[47]

Nun stellt sich also die Frage, ob auch die Texte jüdischer KZ-Opfer um eine jüdische Identität kreisen, die es zu bewahren gilt – oder ob die jüdische Identität kein Thema ist.

Im vierten Kapitel seiner Arbeit widmet sich Malo den Autobiographien der nach der „Machtergreifung" in Deutschland verbliebenen deutschsprachigen Juden.[48] Dabei untersucht Malo die Texte von Ludwig Greve, Ruth Klüger und Georges-Arthur Goldschmidt. Die „bestimmende Lebens- und Überlebenserfahrung" in diesen Texten, sagt Malo, sei die „Erfahrung der Andersheit, der Fremdheit im eigenen Land und im eigenen Kulturkreis", also die „Alteritätserfahrung".[49] Insbesondere Ludwig Greve zeige in seiner Autobiographie, wie er „seine individuelle und kollektive Identität"[50] suche. Indem Malo sagt, dass er in seinem Buch einen „Überblick über die Geschichte der deutschsprachigen jüdischen Autobiographie gibt"[51], zählt er die Texte der genannten Autoren zum „Genre" der jüdischen Autobiographie.

Wie Malo gezeigt hat, thematisieren Autobiographien jüdischer Opfer, darunter die der KZ-Überlebenden Ruth Klüger, vor allem die Erfahrung der Alterität, also der Erfahrung, anders zu sein oder zumindest anders behandelt zu werden als die Mehrheit. Die Frage nach dem Grund für diese Alterität ist auch eine Frage nach der eigenen Identität. In diesem Sinne stehen die von Malo untersuchten Texte in der Tradition der jüdischen Autobiographie und sind Teil dieser literarischen Gattung, einer Gattung sui generis.

Zum Schluss soll anhand von zwei Berichten jüdischer KZ-Überlebender gezeigt werden, wie sehr diese in die Tradition der jüdischen Autobiographie eingebettet sind. So soll deutlich werden, dass sie nur zu dieser spezifischen Gattung der jüdischen Autobiographie, die sich schon vor zweihundert Jahren etabliert hat, gehören können – und nicht zu einer von Reemtsma postulierten allgemeinen Gattung „Überlebensmemoiren", die nach 1945 entstanden sein soll.

Die Geschichte der Eva Korngold und *Das Buch des Alfred Kantor* als jüdische Autobiographien

Die Geschichte der Eva Korngold beginnt damit, dass Eva sich an ihre Mutter erinnert, die ihr befiehlt, ihre Überlebensgeschichte später aufzuschreiben. Die Mutter sagt: „Dann ist es bezeugt."

Eva fürchtet sich davor, die eigene Identität zu verlieren. Die Frage nach der eigenen Identität stellt sich für Eva schon deswegen, weil sie sich als Ukrainerin Katarina verkleiden musste – um als „Fremdarbeiterin" in Linz die Nazizeit zu überleben. Eva schildert ihre Gefühle, als sie in Linz in den Spiegel sieht: „Ich starrte auf Katarina […], mein neues Ich. Und in diesem Moment packte mich die Angst: Wer war ich eigentlich? […] Zu Hause war ich ein ganz bestimmter Mensch gewesen, Eva. […] Aber hier, hier war ich Katarina, nichts als Katarina."[52]

Als sie der Gestapo gestanden hat, Jüdin zu sein, stellt sie sich vor, erschossen zu werden. Eva berichtet:

Meine letzten Worte sollten lauten: „Nieder mit Hitler!" Aber war da nicht noch etwas anderes, das ich in diesem Moment ausrufen sollte? Natürlich. Das Schma. Das Schma Jissroël. Diese Worte pflegten Juden in ihrer Sterbeminute zu sprechen. Merkwürdig, ich hatte mich schon so sehr von meiner Religion entfremdet, daß […] ich mein Gedächtnis anstrengen mußte, um mich an den genauen Wortlaut zu erinnern. Schma Jissroël, Adonai Elohenu Adonai Echod.[53]

Später hat sie das Gefühl, „doch noch auf einen Sinn und auf eine Wahrheit hinter all diesem Grauen gestoßen zu sein und zu wissen, warum die Nazis nicht siegen konnten. Denn auch sie versuchten, […] sich zu den Herren über Leben und Tod zu machen, und das konnte nicht sein. Denn Gott war der Herr."[54] Als Eva von dem Attentat auf Hitler hört, denkt sie: „Oh, Gottes Strafe würde alle erreichen."[55]

Nach ihrer Befreiung entscheidet sich Eva dafür, nach Israel zu gehen: „In mir lebte nur der sehnsüchtige Wunsch nach einer Gemeinschaft, […] in der jeder die Gefühle des anderen kannte, weil er aufgrund all dessen, was unser Volk von Anbeginn […] durchlitten hatte, mit jedem anderen verbunden war."[56]

Das Buch des Alfred Kantor beschreibt in Bildern und Texten die Leidensgeschichte eines jüdischen Grafikers aus Prag, der dreieinhalb Jahre in den Lagern Theresienstadt, Auschwitz und Schwarzheide gefangen war. In einem Lager für „Displaced Persons" in Deggendorf malte Kantor ab Juli 1945 zwei Monate lang seine Aquarelle, die in dem Buch gezeigt werden.

Seinem Buch hat Kantor folgende Sätze von Émile Zola aus dessen offenem Brief *J'accuse* (*Ich klage an*) von 1898 vorangestellt, in dem Zola sich für Dreyfus einsetzte: „Da Sie es gewagt haben, werde auch ich es wagen. Ich werde die Wahrheit sagen, weil ich es versprochen habe sie zu sagen… Meine Pflicht ist es zu sprechen; ich will kein Mitschuldiger werden." Wie Eva in der *Geschichte der Eva Korngold* fühlt sich auch Kantor dazu verpflichtet, seine Geschichte zu erzählen, die zugleich die Geschichte des jüdischen Volkes ist. Er will „die Wahrheit sagen" und damit den Holocaust bezeugen.

Sein Buch beginnt mit einer Zeichnung, die den „Davidsstern" aus Stoff zeigt, den Juden ab dem 19. September 1941 tragen mussten. Kantor zeigt in verschiedenen Bildern die Selektion an der Rampe, die Gaskammer und den Rauch der Krematorien. Zum letztgenannten Bild schreibt er: „Die Krematorien arbeiten auf vollen Touren. Ein neu angekommener Transport holländischer Juden soll vor Tagesanbruch liquidiert werden."[57]

Anmerkungen

1 Jan Philipp Reemtsma: Mord am Strand. Allianzen von Zivilisation und Barbarei. Aufsätze und Reden. Hamburg: Hamburger Edition, 1998, S. 406.
2 N.N.: Editorial. In: Mittelweg 36 (Hamburg) 6 (1997) 4 (August/September), S. 40.
3 Winfried Hassemer, Jan Philipp Reemtsma: Verbrechensopfer: Gesetz und Gerechtigkeit. München: C. H. Beck, 2002, S. 10.
4 Hassemer, Reemtsma, ebd., S. 10.
5 Jan Philipp Reemtsma: Der kulturgeschichtliche Hintergrund des veränderten Blicks auf das Opfer. In: Winfried Hassemer, Jan Philipp Reemtsma: Verbrechensopfer, S. 35f.
6 Jan Philipp Reemtsma: „Ja, wenn der Beckett im Konzentrationslager gewesen wäre…" – Überlegungen anläßlich einer in der „Negativen Dialektik" mitgeteilten Anekdote. In: Jan Philipp Reemtsma: Warum Hagen Jung-Ortlieb erschlug. Unzeitgemäßes über Krieg und Tod. München: C. H. Beck, 2003, S. 264.
7 Sabine Rückert: Opfer. Nicht in die TV-Show! Interview mit Jan Philipp Reemtsma. In: Die Zeit 47/2006, 16. November 2006. https://www.zeit.de/2006/47/Reemtsma (26. Juni 2018).
8 Jan Philipp Reemtsma: Die Memoiren Überlebender. Eine Literaturgattung des 20. Jahrhunderts. In: Mittelweg 36 (Hamburg) 6 (1997) 4 (August/September), S. 21.
9 Reemtsma, ebd., S. 21.
10 Reemtsma, ebd., S. 22.
11 Reemtsma, ebd., S. 22.
12 Reemtsma, ebd., S. 23.
13 Reemtsma, ebd., S. 26.
14 Reemtsma, ebd., S. 31.
15 Reemtsma, ebd., S. 28.
16 Reemtsma, ebd., S. 31.
17 Reemtsma, ebd., S. 31.
18 Reemtsma, ebd., S. 33f.
19 Reemtsma, ebd., S. 36.
20 Ruth Klüger: weiter leben. Eine Jugend. München: Deutscher Taschenbuch Verlag, 2008, S. 72.
21 Reemtsma: Die Memoiren Überlebender, S. 38.
22 Reemtsma, ebd., S. 39.
23 Reemtsma: Der kulturgeschichtliche Hintergrund des veränderten Blicks auf das Opfer. In: Winfried Hassemer, Jan Philipp Reemtsma: Verbrechensopfer, S. 35f.
24 Reemtsma: Die Memoiren Überlebender. In: Mittelweg 36 (Hamburg) 6 (1997) 4 (August/September), S. 21.

25 Reemtsma: Der kulturgeschichtliche Hintergrund des veränderten Blicks auf das Opfer. In: Winfried Hassemer, Jan Philipp Reemtsma: Verbrechensopfer, S. 36.
26 Reemtsma, ebd., S. 37.
27 Reemtsma, ebd., S. 35.
28 Reemtsma, ebd., S. 31.
29 Reemtsma, ebd., S. 32.
30 Reemtsma, ebd., S. 30.
31 Reemtsma, ebd., S. 32.
32 Reemtsma, ebd., S. 33.
33 Reemtsma, ebd., S. 31f.
34 Reemtsma, ebd., S. 46.
35 Reemtsma: „Ja, wenn der Beckett im Konzentrationslager gewesen wäre…" In: Jan Philipp Reemtsma: Warum Hagen Jung-Ortlieb erschlug, S. 264.
36 Reemtsma, ebd., Fußnote 36, S. 298.
37 Reemtsma, ebd., S. 264.
38 Rückert: Opfer. Nicht in die TV-Show! Interview mit Jan Philipp Reemtsma. In: Die Zeit 47/2006, 16. November 2006. https://www.zeit.de/2006/47/Reemtsma (26. Juni 2018).
39 Dagmar Mensink: Zur Einführung: Elie Wiesel lesen. In: Reinhold Boschki, Dagmar Mensink (Hg.): Kultur allein ist nicht genug. Das Werk von Elie Wiesel – Herausforderung für Religion und Gesellschaft. Münster: LIT Verlag, 1998, S. 16.
40 Irmela von der Lühe: Zwischen Zeugniszwang und Schweigegebot. Literarische Erinnerungsarbeit bei Primo Levi und Peter Weiss. In: Silvio Vietta, Dirk Kemper, Eugenio Spedicato (Hg.): Das Europa-Projekt der Romantik und die Moderne. Ansätze zu einer deutsch-italienischen Mentalitätsgeschichte. Tübingen: Max Niemeyer Verlag, 2005, S. 251.
41 Andrzej Szczypiorski: Die Kraft des Einfachen. Nachwort. Aus dem Polnischen übersetzt von Klaus Staemmler. In: Meyer Levin: Die Geschichte der Eva Korngold. München: Verlag Antje Kunstmann, 1990, S. 317.
42 Szczypiorski, ebd., S. 316.
43 Christoph Miething: Gibt es jüdische Autobiographien? In: Christoph Miething (Hg.): Zeitgenössische jüdische Autobiographie. Tübingen: Max Niemeyer Verlag, 2003, S. 43.
44 Miething, ebd., S. 53f.
45 Markus Malo: Behauptete Subjektivität. Eine Skizze zur deutschsprachigen jüdischen Autobiographie im 20. Jahrhundert. Tübingen: Max Niemeyer Verlag, 2009, S. 1.
46 Malo, ebd., S. 55.
47 Malo, ebd., S. 2.

48 Malo, ebd., S. 201.
49 Malo, ebd., S. 206.
50 Malo, ebd., S. 207.
51 Malo, ebd., S. 5.
52 Meyer Levin: Die Geschichte der Eva Korngold. München: Verlag Antje Kunstmann, 1990, S. 61.
53 Levin, ebd., S. 188.
54 Levin, ebd., S. 189f.
55 Levin, ebd., S. 239.
56 Levin, ebd., S. 305.
57 Alfred Kantor: Das Buch des Alfred Kantor. Wien: Verlag Fritz Molden, 1972, S. 53.

Marianne Windsperger
Gegenreden. Reflexionen über das Schreiben, Erinnern und fragile Zugehörigkeiten in öffentlichen Reden Ruth Klügers

„Begreift man Überlebenszeugnisse als Teil moderner Geschichtsschreibung, so stehen sie in einem Spannungsverhältnis zu den großen Erzählungen der Historiographie",[1] postuliert Mona Körte in ihren Reflexionen über den Stellenwert sogenannter Zeugnisliteratur. Die Literaturwissenschaftlerin spricht damit eine zentrale Problematik in der wissenschaftlichen Auseinandersetzung mit autobiografischen Aufzeichnungen der Schoah an: Während Historikerinnen und Historiker lange Zeit autobiografische Quellen auf ihre Faktentreue prüften, diese nach ihrer „Verwertbarkeit" für ihre historischen Darstellungen klassifizierten, wurde in der Auseinandersetzung mit autobiografischen Texten der Schoah darauf vergessen, dass es sich bei diesen Zeugnissen um eine „Erinnerungsrede" handelt, die von der „Ungleichheit und Ungleichzeitigkeit"[2] der Erfahrung zwischen Schreibendem und Lesenden geprägt ist, so Mona Körte mit Verweis auf Sigrid Weigel und James E. Young. Mona Körte führt mit Blick auf Primo Levi und Elie Wiesel weiter aus, dass es die Überlebenden der Lager selbst seien, „die ihre eigene Rezeptionsgeschichte mit bedenken" und somit „grundsätzliche Überlegungen zum Bruch mit den Mechanismen der Macht im Denken, Reden und Schreiben nach Auschwitz"[3] in Gang bringen. Jedoch nicht nur in Bezug auf die Geschichtsschreibung verhalten sich die vielfachen Selbstzeugnisse „eigenwillig", sondern sie stehen auch quer zu bestimmten literarischen Traditionen und Genres,[4] ein Merkmal, das auf autobiografische Literatur ganz allgemein zutrifft.

Mehr noch als in schriftlichen Aufzeichnungen wird diese besondere Stellung der „Erinnerungsrede" bei öffentlichen Auftritten – im Rahmen von Würdigungen, Ehrungen, Jubiläen und Gedenkfeiern – deutlich, hier spricht jemand über konkret Erlebtes, über Erinnertes und Erfahrenes und wendet sich direkt an ein Publikum, vielleicht nur an einen Menschen, der zuhört. Diese Reden verdichten gewisse Charakteristika des literarisch-autobiografischen Zeugnisses: hier wird jemand als Zeitzeugin oder Zeitzeuge aufgerufen und zum Sprechen aufgefordert. „Widmungen, Zueignungen und Motti",[5] die laut Mona Körte auch wichtige Teile der Zeugnisliteratur sind, treten in diesen Reden durch Rahmung, Begrüßungsworte, Danksagung, Laudationes, zeremonielle Handlungen und die Hinwendung an einen klar umrissenen Adressatenkreis hervor. Mich interessiert in diesem Beitrag dieses Spannungsverhältnis zwischen öffentlichem Gedenken, den Reden der Zeitzeugen und -zeuginnen in diesen Kontexten und den kleinen Widerreden, den mehr oder weniger deutlichen Positionierungen, die im österreichischen Gedächtnistheater,[6] bei inszenierten Gedenkveranstaltungen, Würdigungen und Ehrungen ihren Platz suchen und nicht unerhört bleiben sollen. Im Besonderen möchte ich auf drei Reden der Schriftstellerin und Literaturwissenschaftlerin Ruth Klüger eingehen.

Zeitzeugenschaft im österreichischen Gedächtnistheater

Im Jahr 1997 wurde der 5. Mai – der Tag Befreiung des Konzentrationslagers Mauthausen – zum nationalen *Gedenktag gegen Gewalt und Rassismus* erklärt, seither begehen beide Kammern des Parlaments, Nationalrat und Bundesrat, diesen mit einer Gedenksitzung. Gerahmt werden die Reden der PolitikerInnen zu diesem Anlass von szenischen Lesungen, künstlerischen Interventionen und musikalischen Interpretationen, in denen Erfahrungen von Ausgrenzung, Flucht, Vertreibung und Vernichtung thematisiert werden, nicht zuletzt werden an diesem Tag sogenannte Zeitzeuginnen und Zeitzeugen ans Rednerpult gebeten.[7] Seit 2013 wird jährlich am 8. Mai das *Fest der Freude* mit einem großen Konzert der Wiener Symphoniker am Heldenplatz gefeiert, Veranstalter ist hier das Mauthausen Komitee Österreich (MKÖ) in Kooperation mit den Wiener Symphonikern und mit Unterstützung der Israelitischen Kultusgemeinde Österreich, des Vereins Gedenkdienst, des Dokumentationsarchivs des österreichischen Widerstandes, der Stadt Wien sowie der Bundesregierung.[8] Im Ablauf dieser Feier nimmt die Rede eines Überlebenden der Schoah einen zentralen Stellenwert ein, dieser wird stellvertretend für eine Gruppe von Menschen mit ähnlichen Erfahrungen aufgerufen, Erlebtes zu bezeugen und einem breiten Publikum zu vermitteln. Im Jahr 2017 wurde Lucia Heilman unter dem Motto *Wer ein Leben rettet, rettet die ganze Welt*[9] auf die Bühne am Heldenplatz gebeten, sie berichtete dort von ihren Erfahrungen als verstecktes jüdisches Kind in Wien und nutzte den Auftritt und die mediale Aufmerksamkeit, um jenen Mann in den Mittelpunkt zu rücken, dem sie ihr Überleben verdankt: Reinhold Duschka wurde als *Gerechter unter den Völkern*[10] ausgezeichnet, die ausgebliebene Ehrung in Österreich kritisierte Lucia Heilman.[11] Neben diesen großen Feierlichkeiten zu bestimmten Jahrestagen gibt es viele kleinere Gedenkfeiern im Rahmen von Schulprojekten, aber auch in einzelnen Bezirken oder Vereinen, z.B. der Verein Steine der Erinnerung oder das Projekt *umgeschult* am Akademischen Gymnasium Wien. An dieser, meiner ehemaligen Schule wird seit dem 28. April 1998 jener Schülerinnen und Schüler sowie Lehrerinnen und Lehrer gedacht, die am 28. April 1938 aufgrund ihrer jüdischen Herkunft ihren Lern- und Arbeitsort verlassen mussten.[12] Ziel war zunächst die namentliche Erfassung der vertriebenen Schülerinnen und Schüler sowie Lehrerinnen und Lehrer, es folgte das Anbringen einer Gedenktafel am Schulgebäude sowie Einladungen an ehemalige Schülerinnen und Schüler zu diesen jährlichen Gedenkfeiern, aber auch zu gemeinsamen Projekten mit Jugendlichen. Österreichweit bietet erinnern.at zusammen mit dem Unterrichts- bzw. Bildungsministerium seit 2008 die ZeitzeugInnen-Seminare für Lehrerinnen und Lehrer an – das erste fand in Wien 2008 gleichzeitig mit dem Gedenken im

Nationalrat statt –, seit 2009 werden die Seminare in Salzburg abgehalten,[13] um hier Lehrerinnen und Lehrer in ganz Österreich zu erreichen. Strukturiert werden die Seminare durch öffentliche Vorträge von Expertinnen und Experten in der Erinnerungsforschung, aber auch durch Lesungen aus autobiografischen Texten der Überlebenden. Zentrales Forum des Austauschs sind jedoch die Erzählcafés, in denen jeweils eine Zeitzeugin bzw. ein Zeitzeuge zusammen mit acht bis zehn Lehrerinnen und Lehrern an einem Tisch sitzt und in einem moderierten Gespräch über Erfahrungen während des Nationalsozialismus, Erlebnisse im Nachkriegsösterreich, aber auch über Begegnungen mit Schülerinnen und Schülern, über Hoffnungen, Erwartungen und Ängste für die Zukunft berichtet. Klares Ziel dieser Veranstaltung ist es, den Kontakt zwischen den Generationen zu ermöglichen, Lehrende an österreichischen Schulen sollen dann wiederum die Überlebenden in den Unterricht einladen.[14] Zugleich bietet dieses Seminar durch die Dauer über zwei Tage und gemeinsame Mittag- und Abendessen die Möglichkeit, die Menschen hinter dem Label „Zeitzeugin/Zeitzeuge" ein wenig kennen zu lernen, jahrelange Kontakte und Freundschaften über Generationengrenzen hinweg entstehen.

In all diesen Kontexten werden österreichische Verfolgte als Zeuginnen und Zeugen historischer Ereignisse aufgerufen, sie werden auf eine Bühne gesetzt, an ein Rednerpult gestellt oder einfach nur an einen Tisch gebeten. Sie werden zu lebendigen Mahnmalen für das Vergangene, ihre Geschichten werden als exemplarisch verstanden, sie sollen ihr Wissen und ihre Erfahrungen an künftige Generationen – seien es PolitikerInnen, SchülerInnen, LehrerInnen – weitergeben und vor allem einen versöhnlichen Ton anschlagen.

Konservieren, Inszenieren, Intervenieren

Neben diesen Projekten, die auf die lebendige Zeitzeugenschaft angewiesen sind, gibt es international unzählige Projekte, die darauf abzielen, die Berichte und das Erzählen von Überlebenden still zu stellen, sie in unterschiedlichen Medien zu fixieren, um einen Abbruch der Weitergabe des Wissens zu vermeiden, z.B. das Hologramm-Projekt der USC Shoah Foundation, aber auch eine große Zahl an Oral-History-Datenbanken und damit verbundenen Ausstellungs- und Vermittlungsprojekten.[15]

Das im Oktober 2013 – anlässlich 75 Jahre Novemberpogrom – am Wiener Burgtheater uraufgeführte Theaterstück *Die letzten Zeugen* von Doron Rabinovici und Matthias Hartmann inszeniert den Übergang der direkten Kommunikation mit den Überlebenden zu einer an unterschiedliche Medien gebundenen Weitergabe.[16] Auf der Bühne schreiben Schauspielerinnen und Schauspieler Texte der Überlebenden zunächst ab, übernehmen dann auch das Sprechen für diese, sie lesen aus ihren autobiografischen Texten und Aufzeichnungen. *Die letzten Zeugen* waren jedoch die gesamte Dauer des Stücks auf der Bühne anwesend, am Schluss der Veranstaltung konnten sie ein individuelles, an das Publikum und an die Zukunft gewandtes Statement abgeben, ihre Stimme erheben. Durch diese Inszenierung wird deutlich, dass autobiografische Texte für diesen Übergang von lebendiger Zeitzeugenschaft, der Möglichkeit der direkten Kommunikation, zu kollektivem Gedächtnis eine wichtige Rolle spielen, da sie – anders als andere Instrumente der Geschichtsvermittlung – nicht nur individuelle Stimmen, sondern vor allem auch Formen des Erzählens und Erinnerns speichern. Nach der Vorstellung konnte man mit den Zeitzeuginnen und Zeitzeugen– namentlich Lucia Heilman, Vilma Neuwirth (verstorben 2016), Suzanne-Lucienne Rabinovici (verstorben 2019), Marko Feingold (verstorben 2019), Rudolf Gelbard (verstorben 2018), Ari Rath (verstorben 2017)[17] – moderierte Gespräche im Foyer des Wiener Burgtheaters führen.

Hier war Platz für ein individuelles Abweichen vom Skript, für eine Intervention oder auch ein Bezugnehmen auf tagesaktuelle Geschehnisse. Ari Rath nützte im Jahr 2014 diese Gelegenheit, um in seinen abgeänderten

Schlussworten auf die Abhaltung des Wiener Akademikerballs hinzuweisen und dem ritualisierten Gedenken auf der Bühne des Burgtheaters das in der Bevölkerung und Politik verbreitete Phänomen des Vergessens und Verdrängens, der still geduldeten Kontinuitäten gegenüber zu stellen, das besondere Spannungsverhältnis war durch die örtliche und zeitliche Nähe dieser beiden Veranstaltungen gegeben. Es ist diese Widerrede, dieser Bezug zur Gegenwart, der weder durch medial-digitale noch monumentale Projekte stillgestellt werden kann. Oder wie reagiert wohl das computer-gesteuerte Hologramm einer Zeitzeugin/eines Zeitzeugen auf Geschehnisse in der unmittelbaren Gegenwart?

Widerständiges Erzählen und Gegenrede

Ruth Klüger sitzt zwar nicht bei den „letzten Zeugen" auf der Bühne des Burgtheaters, ihr Name taucht aber immer wieder auf, wenn es um das Gedenken an die Schoah in Österreich geht. Ihre Rede, die sie 2011 am *Gedenktag gegen Gewalt und Rassismus* im Nationalrat hielt, ist auch im Begleitheft der Produktion *Die letzten Zeugen* abgedruckt, mit der Kontextualisierung: „Vor Ruth Klüger sprachen Gottfried Kneifel, Präsident des Bundesrates, und Nationalratspräsidentin Barbara Prammer. Martin Graf, Dritter Präsident des Nationalrats und Mitglied der als rechtsextrem bezeichneten Burschenschaft Olympia, war nicht zugegen."[18]

Spätestens seit der Publikation ihrer Autobiografie *weiter leben. Eine Jugend* (1992) wird Ruth Klüger zu verschiedenen Anlässen nach Österreich eingeladen, in unterschiedlichen ihr zugeschriebenen Rollen – als Autorin, als Literaturwissenschaftlerin, Feministin, Zeitzeugin, als Österreicherin. So erinnert sie sich in *unterwegs verloren* (2008) an die Verleihung des Rauriser Literaturpreises[19] und die damit verbundene Einladung zu den Rauriser Literaturtagen im Jahr 1993: „Es war ein Fest unter gescheiten Lesern, wie man es sich nur wünschen kann, und die meisten von ihnen waren Österreicher."[20] Und fast meint man aus diesen Worten ein Erstaunen darüber herauszuhören, dass die meisten dieser „gescheiten Leser" Österreicherinnen und Österreicher waren.

2003 wurde Ruth Klüger als Käthe-Leichter-Gastprofessorin ans Institut für Germanistik der Universität Wien eingeladen. Als Literaturwissenschaftlerin ist sie regelmäßig zu Gast bei den Wiener Vorlesungen. 2011 sprach Ruth Klüger zum *Gedenktag gegen Gewalt und Rassismus* im Nationalrat, im selben Jahr erhielt sie den Theodor-Kramer-Preis für Schreiben im Widerstand und Exil. Im Jubiläumsjahr der Universität Wien 2015 – 650 Jahre Universität Wien – wurde Ruth Klüger das Ehrendoktorat[21] der Universität Wien verliehen.

Folgende Reden möchte ich hier exemplarisch herausgreifen: Rede vor dem Nationalrat am *Gedenktag gegen Gewalt und Rassismus* (2011), Verleihung des Theodor-Kramer-Preises (2011), Verleihung des Ehrendoktorats an der Universität Wien (2015). Die Settings dieser Reden sind grundsätzlich verschieden, formalisierte und ritualisierte Abläufe geben gewisse Rahmenbedingungen vor, die Einladungen sind an bestimmte Verpflichtungen und Erwartungen geknüpft und richten sich an unterschiedliche Öffentlichkeiten in Österreich. Wenn also „Zeugnisse der Leserschaft aufs Neue beibringen könnten, wie sie zu lesen sind",[22] dann begibt sich die Literaturwissenschaftlerin und Autorin Ruth Klüger in ihren Reden auf die Suche nach der einen Zuhörerin/ dem einen Zuhörer, die oder der sich nicht nur vom ritualisierten Beifall des Gedächtnistheaters mitreißen lässt, sondern auch die feinen Zwischentöne zu hören vermag.

Rede vor dem Nationalrat am 5. Mai 2001

Wir Überlebende der großen jüdischen Katastrophe des zwanzigsten Jahrhunderts, die heutzutage die Shoah oder der Holocaust genannt wird, sind sozusagen ein Auslaufmodell. Nur ganz wenige von uns gibt es noch, und diese wenigen, zu denen ich gehöre, waren damals Kinder. Von Kindern möchte ich daher sprechen.[23]

Ruth Klüger lotet in dieser Rede zunächst die Verbindung zu ihrem Ich als Kind aus, sie positioniert sich aber zugleich auch gegenüber den gewählten Vertreterinnen und Vertretern der österreichischen Republik als Fürsprecherin für jene Überlebenden, die die Verfolgung als Kinder erleben mussten. Zugleich warnt sie davor, diese Kinder von damals nicht ernst zu nehmen, erzählt von ihren Anfängen als Schriftstellerin, von den ersten Gedichten, die im Konzentrationslager entstanden: „Und meinte, mit der sprachlichen Kontrolle, die in solchen Kompositionen steckt, zu beweisen, dass ich kein verschrecktes, bewusstloses Opfer gewesen war, sondern eine, die sich über Wasser halten und aufmerksam beobachten konnte. Also eine, die man ernst nehmen sollte und die in Zukunft mitreden wollte."[24]

Die Position des ahnungslosen Kindes lehnt sie genauso ab wie die des wehrlosen Opfers und sie nützt die Rede, um vielleicht noch pointierter und prägnanter Floskeln und „Gerede" des Gedenkdiskurses zu entlarven. Den Respekt, der ihr als Person entgegengebracht werden soll, diesen Respekt fordert sie auch ihren Werken gegenüber ein, sie führt hier die „Verstümmelung" eines Gedichts eng mit Zuschreibungen, denen sie sich immer wieder ausgesetzt fühlt:

Mein Gedicht war verkürzt, meine Aussage verstümmelt und vor allem mit einem larmoyanten Kommentar versehen worden, das mich beschämte. „Einzelne Strophen", so hieß es, „eignen sich nicht zur Veröffentlichung, denn sie eröffnen das ganze unbeschreibliche Elend, in das die Seele eines Kindes gestoßen wurde." Diese Logik war mir unklar. Warum, so fragte ich mich, haben sie nicht das ganze Gedicht gedruckt, oder sogar alle beide?[25]

Und so kommt an dieser Stelle die Literaturwissenschaftlerin Ruth Klüger zum Vorschein, in der Erinnerung an das Kind, das sie damals war, das sich aber über die sorgfältige Edition ihrer Gedichte gefreut hätte. Ihre Worte lassen sich lesen als ein Plädoyer für genaues Hinhören, Zuhören und ein Bewusstsein dafür, dass die sprachliche Ausgestaltung – die „Komposition" wie sie sagt – das Erlebte formt und zentraler Teil der zugrundeliegenden Erfahrung und der Verarbeitung ist, eine reduzierende Lesart auf das dargestellte – hier noch mit dem Attribut „unbeschreiblich" versehene – Elend, lehnt sie ab.

Ich hatte auf ein Wort der Anerkennung gehofft, zumindest der Erkennung, ich wollte ein Gesicht haben. Und ein Gesicht war auch da, aber nicht meines, eine Zeichnung, die nicht ich war, sondern der Sammelbegriff, wie so ein Kind auszusehen hatte, mit weitaufgerissenen Augen, vermutlich schreiend. Eigentlich wollte ich, dass sich jemand nach mir erkundigt, fragt, wie's war, wie's mir geht und was ich sonst noch geschrieben hatte. Denn so wie's dastand, genierte ich mich einfach. Ich kam mir vereinnahmt, sogar an den Pranger gestellt, vor.[26]

Diese Rede kommt nicht ohne Kritik an den ikonographischen Darstellungen und Imaginationen, die mit Kindern als Überlebende der Schoah verbunden sind, aus, auch die Methoden der Oral-History, die pädagogisch-verkürzte, immer auf einen bestimmten Zweck gerichtete Verwertung von individuellen Lebensgeschichten steht dem, was Ruth Klüger unter „Lesen" versteht, entgegen. Sie nutzt die Rede vor dem österreichischen Nationalrat schließlich dazu, um auf Verdrängungsprozesse im öffentlichen Gedenken hinzuweisen, auch Sentimentalisierungen wie die Fokussierung auf wehrlose Opfer sind Verdrängung. Zuletzt kommt sie noch auf das aus dem kollektiven Gedächtnis ausgeschlossene Kapitel der Euthanasieprogramme im Nationalsozialismus zu sprechen – Gedenken muss mit dem unermüdlichen Aufarbeiten und Hervorholen dieser „vergessenen" Geschichten einhergehen.

Verleihung des Theodor-Kramer-Preises am 20. Mai 2011

Im gleichen Jahr, in dem sie ihre Rede vor dem Nationalrat hält, wird Ruth Klüger mit dem Theodor-Kramer-Preis für Schreiben im Exil und Widerstand ausgezeichnet, hier im Kreise der Leserinnen und Leser der *Zwischenwelt* hofft Ruth Klüger vielleicht jene Zuhörerinnen und Zuhörer gefunden zu haben, die sie in Österreich sonst zu vermissen scheint. Aber auch im Rahmen dieser Ehrung und der von ihr verfassten und in der *Zwischenwelt* publizierten Dankesrede will Ruth Klüger sich nicht allzu leicht vereinnahmen lassen und weist auch hier auf Ungesagtes, Unerzähltes und schmerzlich Verschwiegenes hin.

Eva Geber, Redakteurin der Frauenzeitschrift AUF, Freundin und Wegbegleiterin Ruth Klügers, spricht in ihrer Laudatio die Kompromisslosigkeit der öffentlichen Person Ruth Klüger an, sie wende sich gegen das „entlastende Wohlfühlen", so Geber, lenke den Blick dorthin, wo man wegschaut und betont, dass nicht nur das Schreiben Ruth Klügers ein politisches Schreiben ist, sondern, dass „ihre Lesart eine politische Lesart"[27] ist, ob sie nun Gedichte liest, barocke Epigramme analysiert, ihre eigenen Erinnerungen befragt oder als Beobachterin von Gedenkdiskursen fungiert. Die Dankesrede Ruth Klügers trägt den Titel *Theodor Kramers Judentum* und beginnt mit den Worten: „Dass Sie einer so zwiespältigen und halbherzigen Österreicherin und dabei so bewussten Jüdin, wie ich eine bin, den Theodor-Kramer-Preis verleihen, verlangt nicht nur Dankbarkeit, sondern führt auch zu Rührung und zum Nachdenken. Denn Theodor Kramer ist vermutlich und mutmaßlich der österreichischste Lyriker seit Johann Nestroy."[28] Sie analysiert in ihrer Rede, fast schon einem literaturwissenschaftlichen Vortrag, einige Gedichte Theodor Kramers und arbeitet die Themen Exil und Diaspora heraus, zeigt wie Kramers Figurenzeichnungen aus den Chronikteilen von Zeitungen stammen könnten und macht deutlich, wie Theodor Kramer über seine Figurenzeichnung einfache Identifikationen, die nur allzu augenscheinlich wären, unterwandert und in Frage stellt. Ruth Klüger zeigt Verbindungen zwischen Kramers Gedichten und jiddischen Volksliedern auf, wenn sie Kramer also als einen der österreichischsten Dichter bezeichnet und Verbindungslinien zum Jiddischen an die Oberfläche bringt, so zeigt sie auch hier verschüttete Intertexte und vergessene sprachliche Zugehörigkeiten auf – vielleicht auch mit Blick auf ihre eigenen Sprachwege.

Aber Ruth Klüger wäre nicht Ruth Klüger, wenn sie nicht auch hier vor dem Publikum der Theodor Kramer Gesellschaft auf einen wunden Punkt hinweisen würde: „Er, der sich als Chronist seiner Zeit sah und einiges über die Konzentrationslager gedichtet hat, erwähnt nirgends, dass ihre zahlreichsten Opfer die Juden waren"[29], die Fokussierung auf die politisch Verfolgten überdecke die Geschichten der „Ermordung einer ganzen nichtpolitischen Zivilbevölkerung".[30] Die Lebensdaten und Stationen Theodor Kramers setzt Ruth Klüger in Verbindung zu den Lebensdaten ihrer Eltern und schreibt sich hier ein weiteres Mal in eine literarische Genealogie ein, die auch mit Blick auf das Schreiben Theodor Kramers als Zugehörigkeit zur österreichisch-jüdischen Literatur verstanden sein will. Das Preisgeld spendet sie an den Verein Ute Bock und stellt hier eine Verbindung zwischen den Zeiten, zwischen den Figuren Theodor Kramers, seiner eigenen Lebensgeschichte und dem Engagement für Schutzbedürftige in der Gegenwart her.

Verleihung des Ehrendoktorats an der Universität Wien am 11. Juni 2015

2015 feierte die Universität Wien 650 Jahre Jubiläum, eine Veranstaltung jagte die andere, die Universität Wien sollte Gedenkort werden, die Geschichte wurde aufgearbeitet und Ehrendoktorate wurden verliehen. „Liebe Ruth, nun schenkt sich die Universität Wien dich selbst als Ehrendoktorin zum Geburtstag. Danke, dass du dieses Geschenk sein willst."[31] Mit diesen Worten endet die Laudatio der Germanistin Konstanze Fliedl, die hier nicht nur für die Universität Wien spricht, sondern auch und vor allem für das Institut für Germanistik, das Ruth Klüger während ihrer Zeit als Gastprofessorin kein Zuhause war. Diese Ungastlichkeit ist auch Thema der Dankesrede Ruth Klügers, sie trägt den Titel „Ortschaften geistiger Freiheit". Ob dieser Titel und diese Rede sich nur an die Universität Wien, an die Angehörigen des Instituts für Germanistik und an eine österreichische Öffentlichkeit richten, bleibt fraglich. Es ist das Jahr, in dem Donald Trump seine Präsidentschaftskandidatur bekannt gibt, in den USA geht schon die Angst um vor einem Kampf gegen Intellektuelle, vor Kürzungen von Bildungsausgaben und einem neuen Regime, das Wissenschaft und Journalismus gleichsam als „fake news" abwerten wird, auch diese Vorahnungen sind aus Ruth Klügers Worten herauszuhören.

Ehrungen seien immer unverdient, dass sie hier in Wien an der Universität geehrt wird, „das verblüfft, erstaunt und rührt mich",[32] so Ruth Klüger. Sie ergreift das Wort als „Zugvogel", diese Metapher wählt sie gleich zu Beginn ihrer Rede für ihre Existenz als Exil-Österreicherin und mobile Akademikerin, die jetzt nur mehr von März bis Oktober nach Europa kommt, wenn es kalt wird, dann ist Kalifornien der bessere Ort. Mit dieser Identifikation betont sie ihre Nicht-Zugehörigkeit und lässt ihr Publikum wissen, dass sie die Auszeichnung zwar annimmt, aber nicht vereinnahmt werden will, dass sie sich der Universität Wien nur soweit zugehörig fühlt, da auch hier einzelne Wissenschaftlerinnen und Wissenschaftler zu Freundinnen und Freunden geworden sind und damit Teil ihres kleinen, aber globalen und verstreuten akademischen Dorfs sind.

Auch als Auslandsgermanistin ergreift sie das Wort, um hier nochmal grundlegende Unterschiede zwischen jenen, die sich als Vertreterinnen und Vertreter der Wiener Germanistik verstehen und jenen, die die Germanistik in nicht-deutschsprachigen Ländern repräsentieren, deutlich zu machen. An der Universität Wien habe man wenig Verständnis für die Auslandsgermanistinnen und -germanisten, man erkenne auch nicht, dass es sich um völlig andere Arbeits- und Studienbedingungen handelt, wenig Anerkennung bringe man diesen Kolleginnen und Kollegen entgegen.

Ruth Klüger will über das Verhältnis von Menschen und Städten sprechen. Sie habe an vielen Orten gewohnt, aber welche habe sie „verinnerlicht?" – Wien, New York, Berkeley und eine vierte, die nicht so greifbar ist – so wie sie selbst nicht greifbar werden will. „In New York lernte ich auf Englisch zu schreiben, und merkte erst viele Jahre später, als ich mich entschloss, doch noch Germanistik zu studieren, dass ich in New York nichts ‚losgeworden' bin, das heißt auch umgekehrt nichts verloren hatte."[33] New York ist Stadt des Ankommens, wo Aufnahme und Dazugehören aber nicht einhergehen mit dem oft missverstandenen Begriff der Integration und der Aufgabe der Sprache etc. So bietet diese Stadt die Freiheit, sich selbst neu zu erfinden, Versatzstücke der alten Identität aufzubewahren und in neue Kontexte einzubringen.

Beruflich und familiär verankert ist sie in Berkeley, Ruth Klügers Berkeley ist auch eine zutiefst politische Universitätsstadt: „Mein Bild von dem, was so eine Institution auch menschlich sein kann, nämlich großzügig, neugierig, tapfer, ist von Berkeley und seinen Studenten der sechziger Jahre geprägt. […] Ich bin in einer Atmosphäre von Aufruhr und Widerstand promoviert worden."[34]

Ein weiterer Ort, den sie verinnerlicht hat, und der ein ganzes Bezugssystem bildet, der sich auch als topologisches Narrativ, als Erzähl- und Lesestrategie immer wieder in ihren literarischen und literaturwissenschaftlichen Texten findet, ist das „akademische Dorf", das sie mit folgenden Worten beschreibt:

Doch dieses Dorf, diese Gemeinde, hat keine Miliz und schon gar keine Armeen, sie hat keine Kirchen und keine Gefängnisse und stattdessen unendlich viele Postämter und Briefkästen und Kaffeehäuser, wo sich die streitbaren Nachbarn begegnen und miteinander Schach spielen. Zu dieser weltweiten Gemeinde wollte ich damals in Berkeley gehören und freundete mich mit der deutschen Kultur, vor der ich ja weggelaufen war, wieder an und habe seither als Vermittlerin deutscher Literatur meinen Lebensunterhalt verdient. Heute darf ich an einem seiner ältesten Marktplätze meines, Ihres Dorfs (650 Jahre!!) stehen und als eine der Bewohnerinnen gelten. Diese Zugehörigkeit ist der beste Preis, den man sich als Geisteswissenschaftlerin wünschen kann. Ich danke Ihnen.[35]

Schluss

In all ihren Reden in der österreichischen Öffentlichkeit lotet Ruth Klüger fragile Zugehörigkeiten aus, diese Zugehörigkeiten sind nie kollektive oder auf andere Kontexte übertragbare, sondern beruhen auf der Dynamik zwischen lokalem Kontext der Rede, Erwartungshaltungen des Publikums und auf Beziehungen zu einzelnen Menschen, den Zuhörenden, deren Abwesenheit immer wieder als schmerzhaft erlebt wird. So erinnert sie sich in ihrer Rede an der Universität Wien an ihren Auftritt vor dem Nationalrat:

Im Mai 2011 – also fast genau vor vier Jahren – durfte ich auf Einladung der immer liebenswürdigen und von mir bewunderten Präsidenten des Nationalrats, Frau Barbara Prammer, im Parlament die Rede über die Opfer der Naziherrschaft halten, wo ich über Verbrechen gegen die Menschlichkeit und die Menschheit sprach, vor einem Publikum, das bestimmt nicht einstimmig Gefallen fand an allem, was ich zu sagen hatte, aber ich sprach direkt zu dem einen Menschen, der mir, wie ich mit Sicherheit annahm, zustimmend und aufmunternd zuhörte, nämlich der von uns allen betrauerten Präsidentin. Frau Prammer war in dieser halben Stunde mein Wien, ein starker Magnet, dessen wohltuende Anziehungskraft mir gerade heute wieder präsent ist.[36]

Mit der Erinnerung einer Zuhörerin möchte ich diesen Text abschließen: Am 29. April 2008 war Ruth Klüger zusammen mit Mark Gelber in der Veranstaltungsreihe *Abschiede 1938. Die Vernichtung des geistigen Wien* der Wiener Vorlesungen zu Gast. Die beiden Literaturwissenschaftler sprachen unter dem Titel *Studium und Gebrauch der deutschen Sprache nach der Shoa* über ihre individuellen Sprachgeschichten und ihre komplizierten Beziehungen zur deutschen Sprache. Ich saß an diesem Tag im Publikum in der Volkshalle des Wiener Rathauses und erinnere mich heute noch an die Ausführungen und Diskussionen zu Spuren des Jiddischen und des Deutschen im New Yorkischen, vor allem im Gedächtnis geblieben ist mir die jiddische Redensart *zay a mentsh* und ihr amerikanisches Pendant *be a mensch*.

Anmerkungen

1 Mona Körte: Zeugnisliteratur. Autobiographische Berichte aus den Konzentrationslagern. In: Wolfgang Benz, Barbara Distel (Hg.): Der Ort des Terrors. Geschichte der nationalsozialistischen Konzentrationslager (Bd. 1 Die Organisation des Terrors). München: beck, 2005, S. 329-344, hier S. 329.
2 Körte, ebd., S. 334.
3 Vgl. Körte, ebd., S. 331.
4 Körte, ebd., S. 339.
5 Körte, ebd., S. 339.
6 Ich verwende diesen Begriff mit Verweis auf Max Czollek, der sich wiederum auf das gleichnamige Buch des Soziologen Y. Michal Bodemann bezieht: „Bodemann bezeichnet damit die eingespielte Interaktion zwischen deutscher Gesellschaft und jüdischer Minderheit. Die Judenrolle folgt dabei einem Skript, das den Titel ‚Die guten Deutschen' trägt. Denn das ist seit Jahrzehnten die Funktion der Juden in der Öffentlichkeit: die Wiedergutwerdung der Deutschen zu bestätigen.", siehe: Max Czollek, Desintegriert euch! München: Hanser, 2018, S. 8-9.
7 Für die detaillierten Programme und Redebeiträge siehe: https://www.parlament.gv.at/PERK/NRBRBV/FGBK/GEWRASS/index.shtml (25. Juli 2020)
8 Für das detaillierte Programm dieser Veranstaltungen seit 2013 siehe: https://www.festderfreude.at/de/das-fest/best-of-2013-2019 (25. Juli 2020).
9 https://www.mkoe.at/sites/default/files/files/aktuelles/Dokumentation-Fest-der-Freude-2017.pdf (25. Juli 2020)
10 https://www.yadvashem.org/yv/pdf-drupal/austria.pdf (25. Juli 2020).
11 Für eine differenzierte Auseinandersetzung mit der Geschichte dieser Rettung siehe: Erich Hackl: Am Seil. Eine Heldengeschichte. Zürich: Diogenes, 2018.
12 http://www.akg-wien.at/Projekte/umgeschult.htm (25. Juli 2020).
13 2020 wäre man wieder nach Wien zurückgekehrt, das Seminar fand aber aufgrund der Corona-Pandemie nicht statt.

14 http://www.erinnern.at/bundeslaender/oesterreich/zeitzeuginnen/zeitzeugen-besuche-im-unterricht/ (25. Juli 2020).
15 Für einen kritischen Blick auf diese diversen Interviewprojekte siehe: Noah Shenker: Reframing Holocaust Testimony. Bloomington: Indiana University Press, 2018 (Reihe: The Modern Jewish Experience).
16 Die Premiere fand am 20. Oktober 2013 am Wiener Burgtheater statt. Weitere Aufführungen fanden 2014 beim Berliner Theatertreffen, am Staatsschauspiel Dresden und am Deutschen Schauspielhaus in Hamburg statt, sowie 2015 am Schauspiel Frankfurt.
17 Ceija Stojka war schon vor der Premiere 2013 verstorben und durch einen leeren Sessel mit einem Schal auf der Bühne vertreten.
18 Ruth Klüger: Über den Holocaust, die Kinder und die menschliche Freiheit. In: Die letzten Zeugen. 75 Jahre nach dem Novemberpogrom. Text zur Aufführung des Zeitzeugenprojektes von Doron Rabinovici und Matthias Hartmann. Wien: Burgtheater, Spielzeit 2013/2014. S. 57-65 (das Programmheft enthält den Verweis auf den Erstdruck in der Zwischenwelt 28 (2011) 1-2).
19 Der Rauriser Literaturpreis wird seit 1972 für die beste Prosa-Erstveröffentlichung in deutscher Sprache von der Salzburger Landesregierung verliehen.
20 Ruth Klüger: unterwegs verloren. Erinnerungen. Wien: Paul Zsolnay Verlag, 2008, S. 211.
21 Neben Ruth Klüger wurden in diesem Jubiläumsjahr folgende WissenschaflterInnen ausgezeichnet: John Boyer, Hanna Engelberg-Kulka, Heinrich Honsell, Martin Karplus, Maxim Kontsevich. Martin Karplus, Chemiker, wurde 1930 in Wien geboren.
22 Mona Körte, S. 340.
23 Ruth Klüger, Parlamentsrede: https://www.parlament.gv.at/ZUSD/PDF/Gedenktagsrede_RuthKlueger.pdf (25. Juli 2020), S. 1.
24 Klüger, ebd., S. 1.
25 Klüger, ebd., S. 4.
26 Klüger, ebd., S. 4.
27 Eva Geber: „Im Hause des Henkers sprich nicht vom Strick…". Laudatio auf Ruth Klüger. In: Zwischenwelt. Zeitschrift für Kultur des Exils und des Widerstands 28 (2011) 3, S. 6-7, hier S. 6.
28 Ruth Klüger: Theodor Kramers Judentum. Rede zum Theodor Kramer-Preis 2011. In: Zwischenwelt. Zeitschrift für Kultur des Exils und des Widerstands 28 (2011) 3, S. 7-11.
29 Klüger, ebd., S. 8.
30 Klüger, ebd., S. 10.
31 Konstanze Fliedl: Vom Umgang mit Menschen. [Laudatio anlässlich der Verleihung der Ehrendoktorwürde der Universität Wien an Ruth Klüger]. In: Hubert Christian Ehalt, Konstanze Fliedl, Da-

niela Strigl (Hg.): Ruth Klüger und Wien. Wien: Picus (Wiener Vorlesungen im Rathaus, Bd. 182), S.17-25, hier S. 25.
32 Ruth Klüger: Ortschaften geistiger Freiheit. [Dankrede anlässlich der Verleihung der Ehrendoktorwürde der Universität Wien]. In: Hubert Christian Ehalt, Konstanze Fliedl, Daniela Strigl (Hg.), Ruth Klüger und Wien. Wien: Picus (Wiener Vorlesungen im Rathaus, Bd. 182), S.27-33, hier S. 28.
33 Klüger, ebd., S. 31.
34 Klüger, ebd., S. 32.
35 Klüger, ebd., S. 33.
36 Klüger, ebd., S. 31.

Annelyse Forst
Autobiographien als historische Quellen am Beispiel versteckter Kinder in Frankreich

Im Zentrum meines Projektes an der Universität Salzburg stehen jüdische Kinder – ursprünglich beheimatet in Frankreich oder im Ausland –, die während des Zweiten Weltkrieges von ihren Familien getrennt auf Bauernhöfen, in Pflegefamilien, Heimen, Klöstern etc. in Frankreich versteckt wurden und somit überleben konnten. Kinder mit diesem Schicksal werden als *Hidden Children* (*enfants cachés*, versteckte Kinder) bezeichnet. *Versteckt* impliziert Illegalität und somit eine defizitäre Quellenlage für Forscher. Hinzu kommt, dass ohne Augenzeugen, die es – hätten die Nazis ihr Ziel erreicht – gar nicht geben dürfte, unser Bild der Shoah verzerrt oder schlicht falsch wäre.[1]

Der Historiker Philip Friedman, selbst Shoah-Überlebender, wies bereits 1947 in Paris darauf hin, dass der Fokus der Geschichtswissenschaft auf offizielle Dokumente für die Erforschung der Shoah nicht ausreiche, da man sich sonst nur auf Täterquellen stützen würde. Er forderte daher, dass auf Opferseite Quellen durch Interviews und Ähnliches geschaffen werden.[2] Ähnlich hatte sich der Shoah-Überlebende Moses Josef Feigenbaum geäußert, als er schon 1946 in der jiddisch-sprachigen Zeitung *Fun letstn churbn* („Von der letzten Vernichtung") die Leser aufgerufen hatte, das Erlebte und Erlittene aufzuschreiben: „Wir, […] die überlebenden Zeugen müssen für den Historiker […] eine Grundlage schaffen, die es ihm ermöglichen wird, ein klares Bild dessen zu gewinnen, was mit uns und unter uns geschehen ist."[3]

Im Rahmen dieses Projektes habe ich die Informationen von und über 1.214 ehemaligen versteckten Kindern ausgewertet: darunter 565 Interviews aus Archiven in Frankreich, Israel, den USA, Deutschland und Kanada, 246 Autobiographien, 182 Biographien, zwei Tagebücher auf Französisch, Englisch und Deutsch sowie Kurzangaben zu 227 Kindern, die in Auschwitz ermordet wurden.[4] Quellentechnisch gehören Autobiographien zu den Selbstzeugnissen, die seit 1958 in der Geschichtswissenschaft Egodokumente heißen.[5] In der zeitgeschichtlichen Forschung nehmen sie eine prominente Stelle ein. Der Begriff „Zeitzeuge" wurde erstmalig 1977 in der Geschichte durch den Historiker Hagen Schulze verwendet.[6] Seit Historiker Aussagen von Zeugen für ihre Arbeit verwenden, gibt es Skepsis ihnen gegenüber, da ihre Erinnerungen trügen können.[7] Thukydides (454–399 vor unserer Zeit) beschwerte sich beispielsweise schon in seiner *Geschichte des Peloponnesischen Krieges*, dass seine Arbeit so schwierig war, „weil die Zeugen der einzelnen Ereignisse nicht dasselbe über dasselbe aussagten, sondern nach Gunst und Gedächtnis"[8].

Autobiographien ehemaliger versteckter Kinder

Die Autobiographen waren keine professionellen Autoren[9] und ihr Ziel war es auch nicht immer, eine historische Quelle zu hinterlassen. Vielfach verfassten sie ihre Lebensgeschichte für ihre Kinder und Enkelkinder bzw. für die nächste Generation, denen sie ihre Werke widmeten.[10] Kinder schreiben keine Autobiographien. Ehemalige versteckte Kinder schrieben ihre Erinnerungen also im Erwachsenenalter, d.h. aus der Perspektive des Erwachsenen und somit aus der Retrospektive.[11] Bei ihren Autobiographien haben wir daher mit einer Rekonstruktion der Vergangenheit aus einer viel späteren Sicht, die den Blick auf die Kindheit bzw. die Jugend beeinflusst, zu tun. Darauf gingen Fanny und David Sauleman ein:

Wir haben uns darauf festgelegt, nur die Ereignisse zu schildern, derer wir uns sicher waren. Es darf aber nicht vergessen werden, dass wir unsere Erinnerungen geschrieben haben, mehr als ein halbes Jahrhundert, nachdem diese Ereignisse stattgefunden hatten. Diese Erinnerungen sind daher zwangsläufig und stark von unseren weiteren Lebenserfahrungen beeinflusst.[12]

Den Grund, warum Autobiographen meistens im Pensionsalter ihre Lebenserinnerungen schrieben, erläuterte Charles Waserscztajn so:

Während all dieser Jahre hatte ich es geschafft, mich wieder aufzubauen: verheiratet mit einer wunderbaren Frau, Vater von zwei Kindern und Großvater von drei Enkelkindern, kam es nicht in Frage, die Vergangenheit wieder aufleben zu lassen und dieses schöne Gleichgewicht in meinem Leben zu gefährden. Ich habe sehr lange gebraucht, um zu wagen, diesen Umschlag wieder zu öffnen und den unschätzbaren Wert der darin enthaltenen Dokumente zu erkennen. [...] Im Jahr 2003 ging ich in Pension [...]. Damals beschloss ich auch, eine Erinnerungsarbeit für meine Kinder und Enkelkinder zu leisten, damit sie wiederum die Geschichte unserer Familie weitergeben können.[13]

Ein anderes Merkmal solcher Texte ist, dass Tote die „heimlichen Auftraggeber" sind: „Gesichter und Namen aus der Vergangenheit [sollen] gerettet werden."[14] Andy Hartman sah es ebenfalls so: „Ich [...] erkläre, dass ich dieses Zeugnis in Erinnerung an meine Eltern und an alle ablege, die nicht zurückkamen."[15] Francine August-Franck widmete allen Opfern ihr Werk: „In Erinnerung an alle Opfer der Shoah."[16] Diese autobiographischen Texte haben dadurch eine nekrologische Bedeutung, sie sind „Totenklagen" für die Ermordeten, die Autoren rezitieren das *Kaddisch* für die Toten.[17]

Nach Lejeune bzw. Sloterdijk schließen alle Autobiographen bewusst oder unbewusst einen autobiographischen Pakt bzw. einen Wahrheitsvertrag mit ihren Leserinnen und Lesern ab, in dem sie sich verpflichten, das Erlebte wahrheitsgemäß zu beschreiben. Nur Gedächtnislücken seien zulässig.[18] Evelyne Krief schrieb: „Tout est vrai" (Alles ist wahr).[19] Autobiographische Texte von Shoah-Überlebenden beanspruchen zusätzlich eine Augenzeugenschaft.[20] Denselben Anspruch hatte Annette Zaidman, als sie in ihrer Autobiographie Folgendes hervorhob:

Das ist es, was dieses Zeugnis ausdrückt, Bilder, die ich mit meinen eigenen Augen sah, Töne, die ich mit meinen eigenen Ohren vernahm, Empfindungen, die ich in meinem Bauch gefühlt habe. Ich habe versucht, sie ohne Abweichungen wiederzugeben, wie sie in meinem Gedächtnis verankert sind.[21]

Geoffrey Hartman, Mitbegründer des *Fortunoff Video Archive for Holocaust Testimonies* an der Yale Universität, beklagte, dass viele Überlebende „das Vorgefallene mit Gehörtem oder Gelesenem vermengen"[22]. Die Autobiographen sind sich dieses Problems bewusst: „Für Angaben, von denen ich wollte, dass sie präzise sind, habe ich mich auf verschiedene Dokumente bezogen, damit mein Bericht nichts an seiner Glaubwürdigkeit verliert."[23]

Andere schränkten ihre Erinnerungsvermögen ehrlich ein. Das tat Lea Wasserman Schwarz, als sie ihren Text *If I remember correctly* schrieb.[24] In Interviews, die in der Geschichtswissenschaft ebenfalls zu den Egodokumenten zählen, wurde zugegeben, dass die eigenen Erinnerungen sich mit Erzählungen von anderen vermischten.[25] Man kann nicht ausschließen, dass dasselbe in Autobiographien geschah.

Die „Pflichten" der jüdischen Zeitzeuginnen und Zeitzeugen
„Wenn wir vergessen, sind wir mitschuldig und Mittäter" (Elie Wiesel)[26]

Juden haben aufgrund ihrer Religion, ihrer Kultur besondere Pflichten, die sie von anderen Opfergruppen unterscheiden. Es überrascht also nicht, dass Zadje bemängelt, dass die Tatsache, dass die Opfer Juden waren, in der Psychologie nicht thematisiert wurde.[27] Das gilt auch für die Geschichtswissenschaft. Das Judentum basiert auf Geschichte und Religion. Elie Wiesel schildert die Juden „als Volk der Geschichte", die ja „die Geschichte erfunden haben"[28]. Darüber hinaus betont das Judentum die Wichtigkeit von Gedächtnis und Erinnerungen. Israel als Volk hat sich unter dem Imperativ „Bewahre und gedenke" bzw. „Gedenke und beachte" konstituiert, ja Israel hat sich unter eine Erinnerungspflicht gestellt.[29] Die jüdische Schriftstellerin Ruth Klüger schreibt, dass Erinnern für Juden die jüdischste aller Beschäftigungen sei, da das Judentum an das jüdische Geschichtsbewusstsein gebunden sei, und da die kollektiven Erinnerungen die Juden zu Juden machen würden.[30]

Dieser *devoir de mémoire* (Pflicht sich zu erinnern) lässt sich aus der Tora ableiten (Joel 1, 3 oder Dtn 4,9). Das in diesem Zusammenhang wichtige Verb לזכור (liskor, erinnern) kommt 169 mal in der Tora vor.[31] In den *Haggadot*, aber auch in der *Mischna* und im Talmud findet sich an zahlreichen Stellen das Wort חובה (hova), das Schuld bedeutet. Dieser *devoir de mémoire* entspricht demnach einer Schuld.[32] Juden haben aus der Tora und dem Talmud eine weitere Pflicht, die in diesem Zusammenhang sehr wichtig ist: Die Pflicht zu Zeugenschaft. Insbesondere die Tora betont die Augenzeugenschaft (Dtn 3, 21; Dtn 4,9; Jos 23,3; Jos 24,7; 1 Kön 10,7 bzw. 2 Chr 9,6). Wenn Juden Zeugen eines Verbrechens sind, dann müssen sie es anzeigen, sonst machen sie sich schuldig (Lev 5,1). Die Pflicht gilt für jeden mit Ausnahme der Könige und Hohepriester. Wer unberechtigt ablehnt, ein Zeugnis abzulegen, muss den Schaden ersetzen.[33] Die Buchstaben *Ajin* (ע) und *Dalet* (ד), die das Wort Zeuge (עד im Hebräischen) bilden, werden im Text des *Shema Israel* (Dtn 6,4) in hebräischen Bibeln und Gebetsbüchern hervorgehoben (o)[34]:

שְׁמַע יִשְׂרָאֵל, יְיָ אֱלֹהֵינוּ, יְיָ | אֶחָד:

Als „Geretteter Rest" (*she'erit hapleta*)[35] des europäischen Judentums ist dieser *devoir de mémoire* für Juden eine moralische Pflicht: „Stellvertretend für Millionen Opfer wollten sie Zeugnis über die Verbrechen ablegen und den Genozid an den europäischen Juden ins Gedächtnis der Menschheit einschreiben."[36] Die Pflicht, sich zu erinnern, wird in verschiedenen Ländern unterschiedlich interpretiert.[37] In Frankreich bedeutet es: „Das Vergessen ist verboten – es ist sogar ein Vergehen; und sich erinnern wurde zu einer ethischen und rechtlichen Forderung."[38]

Wie Langer sieht auch Young Autobiographien von Shoah-Überlebenden an Paradigmen der Tora und des Talmud orientiert, die sowohl eine Anzeige eines erfahrenen Verbrechens als auch eine Erinnerung daran fordern.[39] Wieviorka und Niborski sehen die Aufgabe der Zeitzeugen folgendermaßen: „[Sie] ehren ein stillschweigendes Testament, das man im Sinne des hebräischen Bundes, nicht als Bund mit Gott verstehen soll, sondern als Bund der Lebenden mit den Toten."[40] Die hier beschriebenen Pflichten finden sich in zahlreichen Autobiographien wieder, wie die folgenden Beispiele zeigen.

Denise Holstein äußerte sich so: „Wenn Gott gewollt hat, dass ich zurückkomme, dann habe ich vielleicht etwas auf der Erde zu erledigen, vielleicht ein Zeugnis abzulegen, über meine Eltern zu berichten, über die Kinder, die bei mir in Louveciennes waren und im Zug nach Auschwitz sowie über die Kameraden, die aus den Lagern nicht zurückkamen"[41], und Aaron Elster erklärte: „Why I tell my Story? We are the last of the survivors and we have the obligation to tell the younger generations the atrocities that humans are able to inflict on others."[42] Paul Niederman bemerkte: „Es ist mehr denn je unerlässlich, diese Zeugnisse an die nachkommenden Generationen weiterzugeben."[43] Zwei Überlebende nannten ihre Autobiographien *Das elfte Gebot*: Leo Michel Abrami verstand darunter „to survive" und Simon Grinbaud „Tu n'oublieras point" (Du wirst nie vergessen).[44] Gurfinkiel nannte die Biographie seines in Auschwitz ermordeten Bruders schlicht *Devoir de mémoire*.[45] Dieser *devoir de mémoire* war auch für jüdische Schriftsteller nach dem Zweiten Weltkrieg in Frankreich fundamental.[46]

Glaubwürdigkeit bzw. Wahrheitsgehalt
der untersuchten Autobiographien

Für Historiker ist die Authentizität ihrer Quellen von zentraler Bedeutung. Historiker haben die Pflicht, die Inhalte ihrer Quellen kritisch zu bewerten und die Frage nach derer Glaubwürdigkeit bzw. deren Wahrheitsgehalt zu stellen. Denn es zeigt sich, dass die Wahrheit der Zeitzeuginnen und Zeitzeugen nicht immer die historische Wahrheit ist.[47] Wir brauchen also eine Geschichte, die zwei Wahrheiten vereint: die wissenschaftliche Wahrheit sowie die Wahrheit der Erinnerungen der Überlebenden.[48] Auch Friedländer vermisst diesen *integrated approach of both*[49].

Das autobiographische Gedächtnis – die komplexeste Form des Gedächtnisses – ist für Autobiographien grundlegend. Darunter versteht man das „Gedächtnis für Informationen mit einem Bezug zum Selbst"[50]. Es ermöglicht den Menschen autobiographische Erinnerungen. Man kann aber von einem autobiographischen Erinnern erst sprechen, wenn diese Erinnerungen in die Dimensionen Zeit und Ort eingebettet sowie an das Bewusstsein und an die Selbstreflexion gebunden sind. Die Erinnerungen gelten aber nur als autobiographisch, wenn das Kind diese Erinnerungen ein Leben lang behalten wird oder zumindest bis zu dem Zeitpunkt, an dem die Lebensgeschichte aufgeschrieben wird.[51] Die frühesten Erinnerungen der Autobiographen gehen bis zum dritten/vierten Lebensjahr zurück.[52] Forscher wie Welser betonen, dass das Erinnern immer an die soziale Wirklichkeit eines Menschen gebunden ist, die sich im Laufe des Lebens verändert, wie die folgende Untersuchung zeigte: 1962 befragten Forscher 73 Jugendliche im Alter von 14 Jahren und 1991 erneut 71 von dieser Gruppe: Es zeigte sich, dass die befragten Menschen „did not recall their adolescence with any accuracy"[53].

Zu seinen Erinnerungen schrieb Boris Cyrulnik:

Ich hatte mir meine Erinnerungen zurechtgelegt, damit meine Vorstellungen von der Vergangenheit einen schlüssigen Zusammenhang aufwiesen […] Ich hatte mir meine Erinnerungen auch so zurechtgelegt, dass ich sie angstfrei ertragen konnte […] Dank dieser Manipulation wurde ich kein Gefangener der Vergangenheit und entging einer Traumatisierung […] Um diese Erinnerungen zusammenzusetzen, habe ich mich aus verschiedenen Quellen bedient: Exakte Erinne-

rungsbilder ergänzte ich durch andere Informationen. Indem ich mich aus diesen verschiedenen Quellen bediente, habe ich mir einen zusammenhängenden Geschichtsinhalt zusammengebastelt.[54]

Diese Integrationsarbeit erklärt falsche Erinnerungen, die mit Lügen nichts zu tun haben und die nicht bedeuten, dass die Person sich nicht „richtig" erinnern kann. Erinnern ist weiter immer eine Gedächtnisleistung sowie auch eine emotionale Leistung.[55] Menschen erinnern sich an das, was für sie persönlich besonders wichtig oder folgenreich war, d.h. das *Was* ist wichtiger als das *Wann*. Ehemalige versteckte Kinder kämpfen aber auch mit ihrem Gedächtnis: Sich nicht an „das" zu erinnern, raubte ihnen die Erinnerung an die Menschen, die sie liebten und aufgezogen hatten. Sich daran zu erinnern bedeutete, nie frei von den Ängsten aus dieser schrecklichen Zeit zu sein.[56]

Zahlreiche medizinisch-psychologische Untersuchungen bei ehemaligen versteckten Kindern belegen ihre mehrfachen Traumatisierungen in diesem sensiblen Alter.[57] Im Unterschied zu anderen traumatisierten Personengruppen (z.B. Kriegsveteranen) ist die ganze Lebensgeschichte der Shoah-Überlebenden durch diese Traumata geprägt und nicht nur einzelne Phasen.[58] Der Einfluss der Traumatisierungen auf die Erinnerungen wurde ebenfalls untersucht. Die Ergebnisse sind aber nicht einheitlich. Einige Forscher meinen, dass Menschen sich schlechter an traumatische Ereignisse erinnern, andere Forscher gehen dagegen von einem *trauma superiority effect* aus, d.h. dass die betroffenen Personen sich daran besser erinnern können.[59] Markowitsch bemerkt, dass gerade bei traumatischen Ereignissen Menschen zum *False Memory Syndrome* neigen. Das heißt, dass sie Erinnerungen an Ereignisse haben, die nie stattgefunden haben.[60]

Weiter sieht Welzer Kinder besonders anfällig für kryptomnesische Erinnerungen, was durch empirische Untersuchungen belegt wurde.[61] Michèle Doubior betonte die Bedeutung ihrer Fotos für ihre Erinnerung: „Dank dieser

Fotos sind meine Erinnerungen etwas weniger verschwommen."[62] Aber gerade Fotos können zu falschen Erinnerungen führen.[63] Markowitsch und Welzer weisen weiter darauf hin, dass Bücher oder Filme bei Zeitzeugen dazu führen können, dass sie diese Ereignisse als ihre eigenen empfinden.[64] Sie erinnern sich z.B. daran, dass sie Mengele in Auschwitz bei der sogenannten Selektion gesehen hätten.[65]

In den Autobiographien der ehemaligen versteckten Kinder finden sich immer wieder die gleichen Erinnerungsmuster.[66] Das „Muster des Schweigens" wird kontrovers diskutiert. Zahlreiche versteckte Kinder klagen, dass sie gesprochen hätten, aber ihnen nicht zugehört wurde. Andere berichten, dass sie früher nicht in der Lage gewesen wären, über ihre Erlebnisse zu reden, bzw., dass sie tatsächlich geschwiegen hätten, weil sie beispielsweise diese traumatischen Erfahrungen vergessen wollten. Boris Cyrulnik schrieb zu seinem Schweigen: „Es ist schwierig darüber zu sprechen. Im Übrigen ist es mir verboten, da ich dank meines Schweigens überleben konnte. Reden, das ist sich ausliefern, sich Schlägen aussetzen, das Leben erneut riskieren" bzw. „Ich würde so gern darüber sprechen können, aber ich will nicht nur davon reden"[67].

Andere Autobiographen können sich nur teilweise erinnern. Walter Reed beschrieb dieses „selektive Erinnern" so: „I really don't remember, seventy years later, who the SA men were or who else was already on their truck", oder: „Fortunately, I do not remember the anguish over the treatment and fate of our father and can only imagine mother's fear and terror."[68] Andere Autobiographen zweifelten an ihrem Erinnerungsvermögen. Hedwige Delcampe beispielsweise schrieb:

Habe ich diese Szene erlebt? Habe ich sie erfunden? [...] Bin ich durch Oberaula gegangen? Gab es einen Helmut? Alle diese Unwahrscheinlichkeiten haben meine Angst und meine Gedächtnislücken bestimmt. [...] Erinnere ich mich wirklich an meine Tante Dora und an Onkel Bernards Foto? [...] Ein halbes Jahrhundert später, frage ich mich beim Durchforsten meines Kopfes, lieber Opa, hast du wirklich Mundharmonika gespielt? Erfinde ich es nicht nach all diesen Zeiten? Ich befinde mich jetzt ungefähr im Jahre 1994 und ich hatte all diese angehäuften Erinnerungen nie mehr zurückkehren lassen.[69]

Dagegen behaupten andere, dass sie über ein „exaktes Erinnerungsvermögen" verfügen. Halina Birenbaum meinte, dass sie aus dieser Zeit nichts vergessen habe: „But everything down to the most minute details, remained unerased and fresh in my memory, as though it had happened yesterday."[70] Olga Tarcali sah es ähnlich:

Ich habe aus diesen Jahren [...] Erinnerungen von außergewöhnlicher Schärfe, was meine Umgebung zutiefst überrascht. Ich habe nichts vergessen, ich erinnere mich an die kleinsten Details, an zahlreiche Ereignisse [...] Ich frage mich oft, ob einzig das Grauen vor dem, was vorher diesen Erinnerungen diese tiefe Spur verliehen hatte, wie Säure auf einer Kupferplatte, dafür verantwortlich ist, dass sie sich unauslöschlich in mein Gedächtnis eingegraben haben.[71]

Die grundsätzliche Frage für jeden Historiker ist „Was ist die Wahrheit?". Es geht hier um die Wahrheit für Historiker und nicht um die Wahrheit für Richter. Sie entscheiden über Schuld und Unschuld eines Angeklagten und müssen somit jede Aussage eines Zeugen ablehnen, wenn sie den leisesten Zweifel an der Korrektheit der Aussage haben. Das muss ein Historiker nicht tun, wenn er zum Beispiel einen Fehler in einem Detail in einer Quelle entdeckt. Ein Kernproblem der *Oral History* bleibt dennoch die Verifizierbarkeit der Aussagen der Zeitzeuginnen und Zeitzeugen.[72] Hinzu kommt, dass ihre Berichte in der Regel für sich allein stehen: Familienangehörige und Freunde, die sie bestätigen könnten, haben oft die Shoah nicht überlebt oder sind inzwischen verstorben, andere Quellen wie Briefe, Tagebücher etc. existieren meistens nicht mehr.

Normalerweise kann man also die Aussagen von Shoah-Überlebenden nicht mit anderen Quellen überprüfen.[73] Gleichwohl fanden vereinzelt Überprüfungen statt. Nach Wierling haben solche Prüfungen anhand anderer

Quellen den Wahrheitsgehalt vieler Selbstzeugnisse bestätigen können.[74] In den hier untersuchten Autobiographien wurden für potentielle Zeugen teilweise Pseudonyme, Abkürzungen oder andere Namen verwendet, weil die echten Namen vergessen wurden oder weil man auf die Empfindlichkeit der genannten Personen Rücksicht nehmen wollte.[75] Dies erschwert selbstverständlich zusätzlich eine Überprüfung der Inhalte.

In Autobiographien können sich ungewollt Fehler einschleichen, was von den Autobiographen ebenfalls reflektiert wurde: Fanny und David Sauleman sagten folgerichtig: „Wir sind keine Historiker, wir konnten uns irren."[76] Joseph Joffo betonte: „Dieses Buch ist nicht das Werk eines Historikers. Anhand der Erinnerungen eines Zehnjährigen habe ich meine Erlebnisse zur Zeit der Besatzung erzählt."[77] In den Autobiographien, die ich ausgewertet habe, fanden sich ebenfalls Detail-Fehler.[78] Das waren überwiegend Fehler bei Zahlen, Namen, Orten, Zeitangaben und Ähnlichem. Genau auf solche Fehlerarten hatte Hilberg hingewiesen.[79]

Das ist auch die Erfahrung von Aharon Appelfeld: „Das Herz hat viel vergessen, überwiegend Orte, Daten und Personennamen."[80] Als man Isidore Jacubowiez fragte, wie viele Kinder es im Lager gab, antwortete er: „Massen von Kindern […]. Waren es etwa hundert, fünfhundert oder nur fünfzig? Ich hatte aber den Eindruck, dass es sehr viele Kinder gab."[81] Zu den erinnerten Daten bemerkte Rachèle Pliskin: „Das Datum ist nicht immer korrekt, wer sollte sich nach 50 Jahren an jedes Datum erinnern? Aber die gesamte Geschichte ist dennoch nach wie vor in meinem Kopf."[82]

Zeitliche Verschiebungen können stattfinden. Henri Diament sagte dazu: „Und vielleicht habe ich die chronologische Reihenfolge umgedreht."[83] Allerdings werden auch fiktionale Elemente in Autobiographien eingebaut. Den Grund dafür erläuterte Appelfeld so: „Gedächtnis und Phantasie leben gelegentlich unter demselben Dach."[84] Die Autobiographen thematisieren auch diese Frage. Fanny und

David Sauleman schrieben: „Es war für uns sehr schwierig, den unvermeidlichen Teil aus der Phantasie vom reellen Teil zu entfernen."[85] Serge Erlinger bestätigte diese fiktionalen Elemente ebenfalls: „Ich weiß auch, dass [...] Zeugnisse immer einen unvermeidlichen Teil an Rekonstruktion aufweisen."[86]

Verwendung von Autobiographien als historische Quellen

Autobiographien wurden früher nicht als literarische Gattung verstanden, sondern eher als historisches Dokument: Johann Gottfried Herder (1744–1803) sah den „Geschichtsschreiber als Vorbild für den Autobiographen" und Wilhelm Dilthey (1833–1911) die Autobiographie als ein „Höchstes von Geschichtsschreibung" an.[87] Das gilt insbesondere im Zusammenhang mit der Shoah, weil eine Autobiographie als historisches Dokument „die Geschichte der Shoah aus subjektiver Sicht wahrhaftig und authentisch vermitteln kann"[88].

In „Autobiographien als historische Quelle" geht es also nicht um die literarische Qualität der Texte, sondern um die Qualität der Information, anhand derer es Historikern gelingt, ein Stück Vergangenheit zu „rekonstruieren". Bevor sie diese Arbeit machen können, müssen sie sich selbstverständlich fragen, welchen historischen Wert diese Autobiographien für ihr Forschungsvorhaben haben. Nach Geoffrey Hartman liegt „ihr historischer Wert in der Bestätigung des Bekannten"[89].

Wenn man Geschichte als Ereignisgeschichte auffasst, dann stimmt diese Behauptung. Wenn man aber in Geschichte auch Sozialgeschichte bzw. Alltagsgeschichte miteinschließt, dann interessieren sich Historiker für die Geschichten der Menschen, die während bestimmter Ereignisse der Vergangenheit gelebt haben. In diesem Fall lernen wir über Interviews, Autobiographien und auch Biographien von diesen Menschen viel Neues, Unbekanntes, was ohne die Aussagen solcher Zeitzeuginnen und Zeitzeugen verborgen geblieben wäre. Lassere und Azrieli betonen mit Recht, dass die Lebenserinnerungen der Zeitzeuginnen und Zeitzeugen „erzählte Geschichte" sind, die Geschichtsbücher sonst nicht erzählen.[90]

Historiker können meines Erachtens anhand von Autobiographien ein Stück Vergangenheit sehr wohl rekonstruieren. Dass dieses Stück Vergangenheit sich nicht vollständig, also nicht in seiner Gesamtheit, rekonstruieren lässt, versteht sich von selbst. Dafür ist „Geschichte" viel zu komplex und vielschichtig. Die vorher beschriebenen Probleme reichen meiner Meinung nach nicht aus, um Autobiographien gänzlich als historische Quelle auszuschließen, wie die folgenden Ausführungen zeigen.

False Memory Syndrome in den Autobiographien

Versteckte Kinder wurden ohne ihre Familien versteckt. Nur ca. 15 Prozent der Kinder in meiner Studie gaben an, während des Krieges Kontakte mit ihren Familien gehabt zu haben. Darüber hinaus waren sie mehrheitlich Halbwaisen (40 Prozent) bzw. Vollwaisen (38 Prozent). Sechzig Prozent dieser Kinder lebten nach dem Krieg in Heimen, bei Pflegeeltern, wurden im Ausland adoptiert und Ähnliches. Es gab sehr selten noch Kontakte zu den Pflegeeltern aus der Kriegszeit. In den meisten Fällen gab es niemanden, der ihnen schildern konnte, was sie in ihren Verstecken erlebt hatten und somit falsche Erinnerungen initiieren konnte. Das gleiche gilt für Fotos. Die Autobiographen haben nur in Ausnahmefällen Fotos aus ihrer Zeit in den Verstecken in ihre Autobiographien aufgenommen.[91] In den Autobiographien sind Fotos vom Familienleben vor dem Krieg, von ihren Pflegefamilien oder ihren eigenen Familien nach dem Krieg. Es ist daher anzunehmen, dass solche „falsche" Aussagen in den Autobiographien ehemaliger versteckter Kinder eher unwahrscheinlich sind, zumal die Autobiographen sehr viel Wert darauf legen, eine „korrekte" Lebensgeschichte wiederzugeben.

Pragmatischer Umgang mit den Irrtümern in den Autobiographien

In den von mir untersuchten Autobiographien wurden Detail-Irrtümer gefunden. Sie rechtfertigen aber nicht den Ausschluss der betroffenen Autobiographie als historische Quelle. Mahrholz erläuterte schon 1919, wie man mit Irrtümern in Autobiographien umgehend sollte:

Über das Datum eines Ereignisses kann der Lebensschreiber sich irren, zumal wenn er aus der Erinnerung schreibt, Einzelheiten der Vorgänge, an denen er teilnahm, mögen sich ihm verwirren: über die wichtigsten Eindrücke seines Lebens, über die Vorstellungen und Stimmungen, welche einzelne wichtige Vorkommnisse in ihm auslösen, kurz: über das Ganze seines Soseins als Mensch dieser Zeit und dieser geschichtlichen Stunde kann er sich nicht irren.[92]

Diese Sichtweise ist hundert Jahre später immer noch aktuell. Vorsicht ist vor allem bei Zahlen und Derartigem aus Autobiographien geboten.

Pragmatischer Umgang mit der *Oral History*

Es gibt Historiker, die Lebenserinnerungen von Zeitzeugen als historische Quelle ablehnen. Die Subjektivität solcher Quellen wird aber für das Verstehen historischer Fakten immer mehr wertgeschätzt. Anstatt konkurrierende Sichtweisen zu diskreditieren, setzt sich die Meinung durch, dass jeder, der über sein Leben zur Zeit der Shoah schreibt, eine andere Geschichte zu erzählen hat und dass das Wichtigste dieser Erzählungen darin besteht, „wie Opfer und Überlebende ihre Erfahrungen gemacht und weiter gegeben haben"[93]. Inzwischen hat sich ein pragmatischer Umgang mit diesem Thema durchgesetzt: Wo es keine schriftlichen Aufzeichnungen oder andere Quellen gibt, greift man, wenn auch widerwillig, auf Zeugenaussagen zurück, da sie Ereignisse belegen, für die es sonst keine oder kaum schriftliche Überlieferungen gibt.[94] Das ist der Fall bei der Rekonstruktion des Lebens ehemaliger versteckter Kinder.

Objektive Fakten versus subjektive Lebenserinnerungen?

In meinem Projekt habe ich in den Autobiographien sogenannte „harte Fakten"[95] über das Leben dieser Kinder während des Krieges gesucht. Damit soll das Leben dieser Kinder in den Verstecken beleuchtet und rekonstruiert werden. Neben diesen objektiven Fakten geben die Autobiographen ihre damaligen Gefühle wieder und reflektieren sie. Diese subjektiven Eindrücke sind auch für Historiker besonders wertvoll. Nur zusammen ermöglichen die Fakten sowie die Gefühle und Ähnliches eine Rekonstruktion des Lebens dieser Kinder. Eine Bevorzugung einer Art der Erinnerungen wäre meiner Meinung nach problematisch, da einseitig.

„Pflichten" aus dem Judentum

Es gibt auch Grenzen bei der Verwendung von Autobiographien als historische Quellen. Die Frage ist, ob die vorher beschriebenen Pflichten, die ihren Ursprung in der Religion und in der jüdischen Tradition haben, auch die Zeugnisse von Juden, die sich als säkularisiert bzw. nicht religiös bezeichneten, beeinflusst haben (können). Young geht davon aus, dass die „Pflichten" aus dem „Jüdischsein" einen Einfluss auf Shoah-Überlebende und ihr Selbstverständnis als Zeuge hatten.[96] Schubert bemerkt dagegen, dass viele der Lebensgeschichten, die jüdische Zeitzeugen ab den 1970er Jahren verfasst haben, mehr Ähnlichkeiten mit den Aussagen nicht-jüdischer Deportierter haben als mit denen von osteuropäischen Juden. Daher hätte das Judentum wenig Einfluss auf Zeugenaussagen.[97] Sowohl Young als auch Schubert nennen allerdings keine Studien, die ihre Thesen untermauern.

Die Tagebücher (1933–1945) von Victor Klemperer (1881–1960), einem protestantischen Konvertit jüdischer Herkunft, wurden 1995 unter dem Titel *Ich will Zeugnis ablegen bis zum letzten (1933–1945)* herausgegeben, was einen Einfluss der jüdischen Tradition belegen könnte.[98] Im Text auf dem Schuber, in dem sich beide Bände befinden, kann man lesen: „Tag für Tag löste er seine selbstgesetzte Zeugnispflicht ein." Es gibt aber keinerlei Informationen über die Herkunft dieses Satzes bzw. des Titels. Wir wissen also nicht, ob Victor Klemperer seine Tagebücher so benannt hat oder der Herausgeber Nowojski und die zweite Frau Klemperers, Hadwig Klemperer, die an der Herausgabe der Tagebücher mitgewirkt hat, diese Worte ausgesucht haben.

Eine statistische Untersuchung an älteren Shoah-Überlebenden in Israel zeigte, dass die meisten Befragten es „als ihre Pflicht ansahen, die Gräuel des Holocaust zu dokumentieren. Die meisten von ihnen fühlen sich gedrängt, zur geschichtlichen Aufarbeitung beizutragen"[99]. Ruth Klüger stellt fest: „Die Überlebenden, die schreiben, sind besessen davon, Zeugnis abzulegen."[100] Young spricht von einem übermächtigen Impuls „der Schreiber des Holocaust, Beweise für die Ereignisse zu liefern"[101]. Das bestätigt die Überlebende Chaya Horowitz Roth, wenn sie ihre Erinnerungen *A passion to tell* nennt. Sie schrieb weiter: „Transmission of the Holocaust was my leitmotiv", und „My life, in part, is about transmitting memories, and not to forget".[102] Cyrulnik sieht diese Pflicht nicht nur bei den Opfern selbst, sondern auch bei ihren Nachkommen.[103]

Es ist zur Zeit reine Spekulation, ob sich diese religiösen bzw. „kulturellen" Pflichten auf die Zeugenaussagen in einer relevanten Weise ausgewirkt haben oder nicht bzw. ob es Unterschiede in dieser Hinsicht zu anderen Verfolgten-Gruppen gibt. Eine eingehende Untersuchung dieses Thema steht meines Wissens noch aus.

Generalisierung

Forscher, die mit empirischen Methoden arbeiten, also wie ich in dem hier vorgestellten Projekt, wünschen sich selbstverständlich, dass die gewonnenen Ergebnisse aus ihrer Stichprobe (hier die Autobiographien) auf die Grundgesamtheit (hier die versteckten Kinder, die überlebt haben) übertragen und somit generalisiert werden. Die Überlebenden der ehemaligen versteckten Kinder berichten auch für die, die verstorben sind. Etwa 76 Prozent der jüdischen Kinder und Jugendlichen unter 18 Jahren haben in Frankreich die Shoah überlebt. Darüber hinaus kann man annehmen, dass das Leben der Überlebenden nicht atypisch war.[104] Dennoch hat die große Mehrheit der Überlebenden aus den unterschiedlichsten Gründen lieber geschwiegen.[105]

Shoah-Überlebende sind prinzipiell eine „extrem selektionierte Gruppe"[106]. Die überlebenden versteckten Kinder, die Zeugenaussagen gemacht haben, sind ebenfalls keine Zufallsstichprobe aus den überlebenden Kindern und ihre Zeugnisse sind keine Zufallsstichproben aus ihren Erlebnissen.[107] Daher ist eine Generalisierung der Ergebnisse mit statistischen Methoden nicht zulässig. Ob eine *analytic generalization*, wie sie in den qualitativen Forschungsmethoden durchgeführt wird, möglich ist, hängt vom Forschungsvorhaben und vom Forscher ab.

Ausblick: Auswertungsmöglichkeiten der Autobiographien

„*Oral History* fragt nach dem individuellen Erleben der Geschichte."[108] Man benutzt Ausschnitte aus Autobiographien, wie in diesem Beitrag, um exemplarisch Thesen zu belegen. Forschungsergebnisse aus der *Oral History* bleiben aber auf der individuellen Ebene der interviewten Personen oder des Autobiographen, eine Verallgemeinerung auf eine Gruppenebene ist nicht durchführbar. Erst durch die quantitative Auswertung der ursprünglichen qualitativen Daten (also hier der Autobiographien) wird es möglich. Im Rahmen dieses hier beschriebenen Projektes habe ich anhand einer Liste von Variablen die Inhalte der Autobiographien analysiert und mit statistischen Tests ausgewertet. Schon in den 1980er Jahren hatte Botz erkannt, dass Quantifizierung und *Oral History* sich nicht gegenseitig ausschließen. Vielmehr, „*sie sind fast beliebig kombinierbar*"[109]. Forschungsergebnisse werden nicht nur mit Zitaten aus den Autobiographien illustriert, sondern können durch präzise Zahlen ergänzt werden, wodurch die Beschreibung des historischen Sachverhaltes deutlich verbessert wird und an Tiefe gewinnt. Immer mehr Forscher plädieren theoretisch für diesen kombinierten Ansatz.[110] In der Praxis wird dies leider nicht umgesetzt. Zumindest sind der Autorin keine anderen Projekte bekannt, in denen Egodokumente auf diese Weise ausgewertet werden.

Anmerkungen

1 Ulrich Baer: Einleitung. In: Ulrich Baer (Hg.): „Niemand zeugt für den Zeugen". Erinnerungskultur und historische Verantwortung nach der Shoah. Frankfurt am Main: Suhrkamp, 2000 (edition suhrkamp 2141), S. 7–31, hier 9.
2 Philip Friedman: Die Probleme der wissenschaftlichen Erforschung unserer letzten Katastrophe, Mémorial de la Shoah, Paris 1947 (handschriftliche Quelle, unleserlich), zitiert nach Laura Jockusch: „Jeder überlebende Jude ist ein Stück Geschichte". In: Martin Sabrow, Norbert Frei (Hg.): Die Geburt des Zeitzeugen nach 1945. Göttingen: Wallstein Verlag, 2012 (Geschichte der Gegenwart 4. Beiträge zur Geschichte des 20. Jahrhunderts 14), S. 113–144, hier 135–136. Philip Friedman: Problems of Research on the European Jewish Catastrophe. In: Ysrael Gutman, Livia Rothkirch (Hg.): The Catastrophe of European Jewry. Antecedents, history, reflections: selected papers. Jerusalem: Yad Vashem, 1976, S. 633–650, hier 649.
3 Jockusch: Jeder überlebende Jude ist ein Stück Geschichte, S. 113.
4 Die Anzahl der Zeitzeugen entspricht nicht der Anzahl der Interviews, Autobiographien und Biographien, da mehrere Zeitzeuginnen und Zeitzeugen mehrere Lebenserinnerungen hinterließen.
5 Egodokumente sind „historische Quellen persönlichen Charakters, in dem ein Ich schreibendes und beschriebenes Subjekt gibt". Benigna von Krusenstjern: Was sind Selbstzeugnisse? In: Historische Anthropologie 2 (1994), S. 462–471, hier 469.
6 Martin Sabrow: Der Zeitzeuge als Wanderer zwischen zwei Welten. In: Sabrow, Frei (Hg.): Die Geburt des Zeitzeugen nach 1945, S. 13–32, hier 14.
7 Philipp Gessler: Fluch und Segen der Geschichtsschreibung. In: Taz, die Tageszeitung, 16. März 2005. http://www.taz.de/1/archiv/archiv/?dig=2005/03/16/a0252 (19. August 2018). Achim Saupe: Zur Kritik des Zeugen in der Konstitutionsphase der modernen Geschichtswissenschaft. In: Sabrow, Frei (Hg.): Die Geburt des Zeitzeugen nach 1945, S. 71–92, hier 71.

8 Thukydides: Geschichte des Peloponnesischen Krieges, Band 1. Darmstadt: Wissenschaftliche Buchgesellschaft, 1993, S. I, 22.

9 Ausnahmen waren beispielsweise die international bekannten Schriftsteller Georges-Arthur Goldschmidt, Halina Birenbaum (sie überlebte in Polen) oder Aharon Appelfeld (er überlebte in Rumänien) bzw. die Wissenschaftler Boris Cyrulnik (Neurologe, Psychiater und Ethologe in Frankreich) oder Saul Friedländer (Historiker).

10 Siehe zum Beispiel: Ida Grinspan, Bertrand Poirot-Delpech: J'ai pas pleuré. Paris: Robert Laffont, 2002, S. 5. Marcel Goldstein: Le cœur et la raison. Autobiographie d'un médecin juif français né à Paris en 1930. Paris: L'Harmattan, 1998, S. 9. Léon Malmed: Nous avons survécu. Enfin je parle. Compiègne: Mémorial de l'internement et de la déportation, 2010, S. 11. Die deutsche Historikerin Sharon Gillerman, die bei der *Shoah Foundation* arbeitete, hebt hervor, dass die Sammlung nicht als „Quellenmaterial für historische Forschung" geplant wurde, sondern als eine Sammlung für Shoah-Überlebende, die ihren Kindern und Enkeln ihre Lebensgeschichte hinterlassen möchten. Zitiert nach Henryk Broder: Indiana Jones in Auschwitz. In: Der Spiegel, 13. September 1999, S. 246–264, hier 250 f.

11 In einer einzigen Autobiographie wurde das Tagebuch aus der versteckten Zeit abgedruckt. Otto Fischl: Mon Journal 19 octobre 1943–15 mars 1945. Paris: Le Manuscrit, 2009.

12 „Nous nous sommes attachés à rapporter uniquement les événements dont nous étions certains. Il ne faut cependant pas perdre de vue que nous avons écrit nos souvenirs plus d'un demi-siècle après que ces évènements se sont produits. De ce fait, ces souvenirs sont forcément et fortement influencés par notre vécu." Fanny Sauleman, David Sauleman: Deux mètres carrés, Paris: Le Manuscrit, 2009, S. 26 f.

13 „Pendant toutes des années j'avais réussi à me reconstruire: marié à une merveilleuse épouse, père de deux enfants et grand-père de trois petits-enfants, il n'était pas question de faire ressurgir le passé et de menacer ce bel équilibre de vie. Il m'a fallu beaucoup de temps pour oser rouvrir cette enveloppe et découvrir la valeur inestimable de ces documents […] En 2003, j'ai pris ma retraite […]. J'ai décidé aussi à ce moment-là d'entreprendre un travail de mémoire pour mes enfants et mes petits-enfants afin qu'ils puissent à leur tour, transmettre l'histoire de notre famille." Charles Waserscztajn: Sauver d'Auschwitz par l'Assistance Publique. Orléans: Éditions du Cercil, 2016, S. 8. Der Autor bekam 2001 auf seine Anfrage von der Jugendfürsorge einen Umschlag mit zahlreichen Dokumenten über seine Kindheit.

14 Mona Körte: Der Krieg der Wörter. In: Nicolas Berg, Jess Jochimsen, Bernd Stiegler (Hg.): Shoah, Formen der Erinnerung. München: Fink, 1996, S. 201–216, hier 210.

15 Andrew Hartmann: Totally Intolerant of Intolerance. In: Jack Salzman, Zelda Marbell Fuksman (Hg.): We Remember the Children. Minneapolis: IGI Publishing, 2011, S. 117–122, hier 121.

16 „À la mémoire de toutes les victimes de la Shoah." Francine August-Franck: Les Feux Follets de Bourg d'Iré. Paris: L'Harmattan, 2006, S. 249.

17 Magdalene Heuser: Holocaust und Gedächtnis. Autobiographien, Tagebücher und autobiographische Berichte von verfolgten Frauen. In: Ortrun Niethammer (Hg.): Frauen und Nationalsozialismus. Osnabrück: Rasch Verlag, 1996, S. 83–99, hier 84, 99. Das Kaddisch ist u.a. ein Gebet zum Totengedenken.

18 Peter Sloterdijk: Literatur und Lebenserfahrung. Autobiographien der zwanziger Jahre. München: Hanser Verlag, 1978, S. 249. Philippe Lejeune: Der autobiographische Pakt. Frankfurt: Suhrkamp, 1994 (Aesthetica; edition suhrkamp NF 896), S. 26.

19 Evelyne Krief: Une enfance interdite ou La petite marrane. Paris: L'Harmattan, 1997, S. 9.

20 Phil Langer: Schreiben gegen die Erinnerung? Autobiographien von Überlebenden der Shoah. Hamburg: Krämer Verlag, 2002, S. 38.

21 „C'est ce qu'exprime ce témoignage qui reflète des images que j'ai vues de mes yeux, des sons que j'ai entendus de mes oreilles, des sensations qui ont circulé dans mes entrailles. J'ai tenté de les restituer avec rigueur, tels qu'ils se sont fixés dans ma mémoire." Annette Zaidman: Mémoire d'une enfance volée (1938–1948). Paris: Ramsay, 2002, S. 15.

22 Zitiert nach Broder: Indiana Jones in Auschwitz, S. 258.

23 „Je me suis référé à certains documents pour des dates, que je voulais précises, afin que mon récit ne perde pas de sa crédibilité." Simon Grinbau: XIe commandement: „Tu n'oublieras point." Paris: Le Manuscrit, 2008, S. 25.

24 Lea Wasserman Schwarz: From „about our Familie, for our Familie". In: Philip Jason, Iris Posner (Hg.): Don't wave Goodbye. Westport: Praeger Publishers, 2004, S. 84–93, hier 88.

25 Astrid Fucks: témoignage No 90, Mémorial de la Shoah, Paris 1996, S. 2: „Ich erinnere mich nicht, aber man hat es mir erzählt." (Je ne souviens pas mais on me l'a raconté) oder Robert Spira: témoignage No 75, Mémorial de la Shoah, Paris 1995, S. 1: „Von Zeit zu Zeit vermischen sich meine Erinnerungen mit allem, was mir erzählt wurde." (Mes souvenirs dès fois se mélangent avec tout ce qu'on m'a tellement raconté).

26 Elie Wiesel: Wenn wir vergessen, sind wir mitschuldig und Mittäter. In: Frankfurter Rundschau, 3. Jänner 1987, S. 10.

27 Nathalie Zadje: Die Shoah als Paradigma des psychischen Traumas. In: José Brunner, Nathalie Zajde: Holocaust und Trauma. Kritische Perspektiven zur Entstehung und Wirkung eines Paradigmas. Göttingen: Wallstein Verlag, 2011 (Tel Aviver Jahrbuch für deutsche Geschichte 39), S. 17–39, hier S. 23.

28 Elie Wiesel: Die Massenvernichtung als literarische Inspiration. In: Eugen Kogon, Johann Baptist Metz (Hg.): Gott nach Auschwitz. Dimensionen des Massenmordes am jüdischen Volk. Freiburg: Herder Verlag, 41986, S. 21–50, hier S. 21.

29 Babylonischer Talmud. Hg. von Lazarus Goldschmidt. Berlin: Jüdischer Verlag, 1967, Traktat Shebuot 20b.

30 Ruth Klüger: Kitsch, Kunst und Grauen. In: Frankfurter Allgemeine Zeitung, 2. Dezember 1995, o. S.

31 Yosef Hayim Yerushalmi: Zachor – Einnere Dich! Jüdische Geschichte und jüdisches Gedächtnis. Berlin: Wagenbach Verlag, 1982, S. 17.

32 Myriam Bienenstock: La mémoire: un „devoir?" In: Dies. (Hg.): Devoir de mémoire? Les lois mémorielles et l'histoire. Paris: Editions de l'Éclat, 2014, S. 17–37, hier 26.

33 Marcus Cohn: Wörterbuch des jüdischen Rechts. Basel: Karger Verlag, 1980, S. 191.

34 „Sh^{e}ma israel adonai elohenu adonai ehad" (Höre Israel, der Ewige unser Gott ist ein einiges ewiges Wesen). Zitiert nach: Die vierundzwanzig Bücher der Heiligen Schrift, übersetzt von Leopold Zunz. Tel-Aviv: Sinai Verlag, 1997. Es enthält das Wesen (Monotheismus) des Judentums und soll jeden Tag gebetet werden.

35 Der Begriff stammt aus 1 Chr 4,43: „Und sie schlugen den geretteten Überrest Amalek's, und wohnten dort bis auf diesen Tag."

36 Jockusch: Jeder überlebende Jude ist ein Stück Geschichte, S. 114.

37 Myriam Bienenstock: Présentation. In: Dies. (Hg.): Devoir de mémoire?, 2014, S. 7–14, hier S. 7–8.

38 „L'oubli est interdit – il est même une faute; et se souvenir est devenu une exigence éthique et juridique." René Rémond: L'Histoire et la Loi. In: Études 404 (Juni 2006), S. 763–773, hier 766. Nur in französischer Sprache gibt es bei Wikipedia einen Artikel zum „devoir de mémoire", was das Interesse der Franzosen an diesem Thema zeigt.

39 James E. Young: Beschreiben des Holocaust. Darstellung und Folgen der Interpretation. Frankfurt: Jüdischer Verlag, 1992, S. 41–42. Phil Langer: Schreiben gegen die Erinnerung?, S. 45.

40 „[Ils] honorent un testament implicite, qu'il faut comprendre au sens hébraïque de l'Alliance, non pas avec Dieu, mais Alliance des vivants avec les morts". Zitiert nach: Mounira Chatti: L'écriture de la déportation et de la Shoah ou double impossibilité. Villeneuve d'Ascq: Presses Universitaires du Septentrion, 1995, S. 97.

41 „Si Dieu a voulu que je revienne, peut-être est-ce que j'ai quelque chose à faire sur la terre, peut-être est-ce pour témoigner, pour parler de mes parents, des enfants qui étaient avec moi à Louveciennes et dans le train d'Auschwitz, des camarades qui ne sont pas revenus des camps". Denise Holstein: Je ne vous oublierai jamais, mes enfants d'Auschwitz. Selbstverlag 1995, S. 108.

42 Aaron Elster: Charcoal. In: Elaine Saphier Fox (Hg.): Out of Chaos: Hidden Children Remember the Holocaust. Evanston: Northwestern University Press, 2013, S. 190–193, hier S. 190.

43 „Il est plus que jamais impératif de transmettre ces témoignages aux générations montantes". Paul Niederman: Un enfant juif, un homme libre. Mémoires. Karlsruhe: Info Verlag, 2012, S. 30.

44 Leo Michel Abrami: The Eleventh Commandment. A Jewish Childhood in Nazi-Occupied France. Boulder: Albion-Andalus Books, 2012, S. 145. Simon Grinbaud: XIe commandement: „Tu n'oublieras point". Paris: Le Manuscrit, 2008.

45 Michel Gurfinkiel: Un devoir de mémoire. Monaco: Éd. Alphée, 2008.

46 Wiesel: Die Massenvernichtung als literarische Inspiration, S. 23. Clara Lévy: Écritures de l'identité – Les écrivains juifs après la Shoah. Paris: Presses universitaires de France, 1998, S. 43, 47.

47 Boris Cyrulnik: Rette dich, das Leben ruft. Berlin: Ullstein, 2014, S. 142.

48 James E. Young: Zwischen Geschichte und Erinnerung. In: Harald Welzer (Hg.): Das soziale Gedächtnis. Geschichte, Erinnerung, Tradierung. Hamburg: Hamburger Verlag, 2001, S. 41–62, hier S. 50.

49 Saul Friedlander: Trauma, Transference and „Working through" in Writing the History of the Shoah. In: History and Memory 4 (1992) 1, S. 39–59, hier S. 51.

50 Ulrike Jureit: Erinnerungsmuster. Zur Methodik lebensgeschichtlicher Interviews mit Überlebenden der Konzentrations- und Vernichtungslager. Hamburg: Ergebnisse Verlag, 1999 (Forum Zeitgeschichte 8), S. 45.

51 Harald Welzer: Die Entwicklung des autobiographischen Gedächtnisses – ein Thema für die Biographieforschung. In: BIOS 15 (2002) 2, S. 163–168, hier S. 164. John Kotre: Weiße Handschuhe – Wie das Gedächtnis Lebensgeschichten schreibt. München: Hanser Verlag, 1996, S. 158–159, S. 168–169.

52 Leonie Taffel Bergman: Earliest Memories. A Walk in the Park. In: Fox (Hg.): Out of Chaos. Hidden Children Remember the Holocaust, S. 9–11. Zaidman: Mémoire d'une enfance volée, S. 15. Aharon Appelfeld : Histoire d'une vie. Paris: Seuil, 2004, S. 13.

53 Dennis Offer, Marjorie Kaiz, Kenneth Howard, u. a.: The Altering of Reported Experiences. In: Journal of American Academy & Adolescent Psychiatry 39 (2000) 6, S. 735–742, hier S. 740.

54 Cyrulnik: Rette dich, das Leben ruft, S. 41–42, 44–45.

55 Revital Ludewig-Kedmi: Täter und Opfer zugleich? Moraldilemmata jüdischer Funktionshäftlinge. Gießen: Psychosozial-Verlag, 2001, S. 105. Cyrulnik: Rette dich, das Leben ruft, S. 6.
56 Robert Krell: Child Survivors of the Holocaust. Strategies of Adaptation. In: Canadian Journal of Psychiatry 38 (1993) 6, S. 384–389, hier S. 386.
57 Siehe zum Beispiel Marcel Frydman: Le traumatisme de l'enfant caché. Répercussions psychologiques à court et à long termes. Gerpinnes: Quorum, 1999. Marion Feldman: Psychologie et psychopathologie des enfants juifs cachés en France pendant la Seconde Guerre Mondiale et restés en France depuis la Libération. Dissertation, Universität Paris 13, 2008.
58 Gabriele Rosenthal: Erlebte und erzählte Lebensgeschichte. Gestalt und Struktur biographischer Selbstbeschreibungen. Frankfurt am Main: Campus Verlag, 1993, S.123.
59 Gerald Echterhoff: Trauma. In: Nicolas Pethes, Jens Ruchatz (Hg.): Gedächtnis und Erinnerung. Ein interdisziplinäres Lexikon. Reinbek: Rowohlt Taschenbuch Verlag, 2001, S. 672–674, hier S. 673. Julia Shaw: Das trügerische Gedächtnis – Wie unser Gehirn Erinnerungen fälscht. München: Hanser, 2016, S. 186.
60 Hans J. Markowitsch: Die Erinnerung von Zeitzeugen aus Sicht der Gedächtnisforschung. In: BIOS 13 (2000) 1, S. 30–50, hier S. 38.
61 Harald Welzer: Das Interview als Artefakt – Zur Kritik der Zeitzeugenforschung. In: BIOS 13 (2000) 1, S. 51–63, hier S. 57. Kryptomnesische Erinnerungen sind Erinnerungen, die lange vergessen oder verdrängt wurden und plötzlich im Bewusstsein wieder da sind.
62 „Grâce à ces photos mes souvenirs ne sont un peu moins flous". Michèle Doubior: témoignage No 95, Mémorial de la Shoah, Paris 1998, S. 1.
63 Siehe Julia Shaw: Kindheitserinnerungen – Wie das Fotoalbum das Gedächtnis austrickst. In: Spiegel online, 10. Oktober 2016, o.S. http://www.spiegel.de/wissenschaft/mensch/wie-fotos-unsere-erinnerungen-manipulieren-koennen-a-1113050.html (16. August 2018).
64 Hans Markowitsch, Hans Welzer: Das autobiographische Gedächtnis. Hirnorganische Grundlagen und biosoziale Entwicklung. Stuttgart: Klett-Cotta, 2005, S. 29.
65 Z.B. Noël Kuperman: Interview. In: Danielle Bailly (Hg.): Traqués, cachés, vivants. Des enfants juifs en France (1940–1945). Paris: L'Harmattan, 2004, S. 55–73, hier 59. Mengele führte aber an der Rampe von Auschwitz keine Selektionen durch.
66 In Interviews finden sich die gleichen Erinnerungsmuster. Zusätzlich gab es das Muster „Traumatische Ereignisse vollständig negieren". Diese komplette Verleugnung traumatischer Erlebnisse schützt, verändert aber die Erinnerung, indem es das Gefühl unterdrückt, das

mit dem damaligen Ereignis verbunden war (Cyrulnik: Rette dich, das Leben ruft, S. 107). Ein damals acht Jahre altes Kind sagte in einem Interview, dass es sich an nichts erinnern konnte. Nachdem es mit den Aussagen der Mutter diesbezüglich konfrontiert wurde, passierte Folgendes: „She began to spill her memories in a rapid succession. Then she stopped, terrified. She had not realized she could remember so much, and this insight produced a panic attack" (Judith S. Kestenberg: Adult Survivors, Child Survivors, and Children of Survivors. In: Judith S. Kestenberg, Charlotte Kahn (Hg.): Children Surviving Persecution. An International Study of Trauma and Healing. Wesport, London: Praeger Publisher, 1998, S. 56–73, hier 61).

67 „C'est difficile d'en parler. D'ailleurs, ça m'est interdit puisque c'est grâce à mon silence que j'ai survécu. Parler, c'est se livrer, s'exposer aux coups, risquer la mort à nouveau" bzw. "J'aimerais tant pouvoir en parler, mais je ne veux pas parler que de ça". Boris Cyrulnik: Préface In: Yoram Mouchenik: „Ce n'est qu'un nom sur une liste, mais c'est mon cimetière". Traumas, deuils et transmission chez les enfants juifs cachés en France pendant l'Occupation Grenoble: Éd. La Pensée Sauvage, 2006, S. 9–11, hier 9.

68 Walter Reed: A Holocaust Composite. In: Fox (Hg.): Out of Chaos: Hidden Children Remember the Holocaust, S. 28–36, hier S. 28–29.

69 „Ai-je vécu cette scène? L'ai-je inventée? […] Est-ce que je suis passée par Oberaula? Y avait-il un Helmut? Toutes ces invraisemblances ont fixé ma peur et mes trous de mémoire […] Est-ce que je me souviens vraiment de ma tante Dora et de la photo de l'oncle Bernard? […] Un demi-siècle après, en fouillant ma tête, est ce-que tu jouais vraiment de l'harmonica, mon Opa? Est-ce que je n'invente pas, après toutes ces saisons? Je suis maintenant en 1994 et quelques, et je n'avais plus jamais retourné ces souvenirs entassés." Hedwige Delcampe. In: Paul Delcampe: Ne te retourne pas. Profils perdus. Paris: L'Harmattan, 2003, S. 33, 34, 45, 87. Delcampe gibt die autobiographischen Schriften seiner Frau Hedwige heraus, eines ehemaligen versteckten Kindes.

70 Halina Birenbaum: Hope is the Last to Die. Krakow, 1994, S. 245.

71 „J'ai de ces années […] un souvenir d'une acuité exceptionelle qui étonne vivement mon entourage. Je n'ai rien oublié, je me souviens de tout petits détails, d'une multitude d'événements […] Je me demande souvent si seule l'horreur de ce qui avant a conféré à ces souvenirs cette trace aiguë que fait l'acide sur une plaque de cuivre en les gravant dans ma mémoire de façon indélébile". Olga Tarcali: Retour à Erfurt. 1935–1945: récit d'une jeunesse éclatée", Paris: L'Harmattan, 2001, S. 11–12.

72 Annette Simonis: Oral History. In: Pethes, Ruchatz (Hg.): Gedächtnis und Erinnerung, S. 425–426, hier S. 426.

73 Mark Roseman: Erinnern und Überleben. In: Friedhelm Boll, Annette Kaminsky (Hg.): Gedenkstättenarbeit und Oral History. Le-

bensgeschichtliche Beiträge zur Verfolgung in zwei Diktaturen. Berlin: Berliner Wissenschaftsverlag, 1999, S. 41–62, hier 41.
74 Dorothee Wierling: Oral History. In: Michael Maurer (Hg.): Aufriß der historischen Wissenschaften. Band 7: Neue Themen und Methoden der Geschichtswissenschaft. Stuttgart: Reclam, 2003, S. 81–151, hier 117.
75 Siehe z. B. Joseph Joffo: Un sac de billes. Paris: Lattès, 1973, S. 7. Jerry Jennings: Darkness Hides the Flowers – A True Story of Holocaust Survival. Wayne: Beach Lloyd Publishers, 2011, S. IV.
76 „Nous ne sommes pas des historiens et nous avons pu nous tromper". Sauleman: Deux mètres carrés, S. 28.
77 „Ce livre n'est pas le l'œuvre d'un historien. C'est au travers de mes souvenirs d'enfant de dix ans que j'ai raconté mon aventure des temps de l'occupation". Joffo: Un sac de billes, S. 7.
78 Siehe z. B.: Das Städtchen Enghien-les-bains im Vorort von Paris wurde 20 km im Süden von Paris positioniert, obwohl es ca. 15 km nördlich von Paris liegt. Die Stadt Pau wurde als Hauptstadt (capital) des Départements „Pyrénées-Atlantiques" im äußersten Südwesten Frankreichs genannt, obwohl Départements keine Hauptstädte haben. Pau ist die größte Stadt dieses Départements und Sitz der Präfektur. Weiter wurden Départements mit US-Bundesstaaten und ein Präfekt mit einem US-Gouverneur verglichen, was ebenfalls falsch ist. Ein schwer krankes Kind bekam 1940 Antibiotika, obwohl es 1940 noch keine Antibiotika gab. Die Stadt Annemasse hatte ca. 10.000 Einwohner, obwohl dort zu dieser Zeit ca. 36.000 Menschen wohnten. Otto Fischl bezeichnete in seinem Tagebuch einen Mann als „sous-maire" (stellvertretender Bürgermeister), obwohl es diesen Titel in Frankreich nicht gibt und gab.
79 Raul Hilberg: Die Quellen des Holocaust. Entschlüsseln und Interpretieren. Frankfurt am Main: Fischer-Taschenbuch, 2009, S. 207, 208.
80 „Le cœur a beaupoup oublié, principalement des lieux, des dates, des noms de gens". Appelfeld: Histoire d'une vie, S. 66.
81 „Des masses d'enfants […]. Est-ce que c'était une centaine, cinq cent ou seulement une cinquantaine. Mais j'ai l'impression qu'il y avait beaucoup d'enfants". Isidore Jacubowiez: témoignage No 216, Mémorial de la Shoah, Paris 1999, S. 9.
82 „les dates ne sont pas tellement justes, qui devrait se rappeler après 50 ans de toutes les dates? Mais la vue de toute cette histoire est quand même restée dans ma tête". Rachèle Pliskin: témoignage No 48, Mémorial de la Shoah, Paris 1995, S. 1.
83 „Et peut-être que j'ai inversé l'ordre chronologique". Henri Diament: témoignage No 17, Mémorial de la Shoah, Paris 1995, S. 37.
84 „La mémoire et l'imagination vivent parfois sous le même toit". Appelfeld: Histoire d'une vie, S. 7.

85 „Il nous à été très difficile d'écarter la part inévitable de l'imagination de celle du réel", Sauleman: Deux mètres carrés, S. 27.
86 „Je sais également [...] que les témoignages [...] comportent toujours une inévitable part de reconstruction". Serge Erlinger: Parcours d'un enfant caché (1941–1945). Une enfance aux Mardelles. Paris: Le Manuscit, 2012, S. 95.
87 Almut Finck: Subjektbegriff und Autorenschaft. Zur Theorie und Geschichte der Autobiographie. In: Miltos Pechlivanos (Hg.): Einführung in die Literaturwissenschaft. Stuttgart: Metzler, 1995, S. 283–294, hier 283–284.
88 Manuela Günter: Writing Ghosts. Von den (Un-)Möglichkeiten autobiographischen Erzählens nach dem Überleben. In: Dies. (Hg.): Überleben schreiben: zur Autobiographik der Shoah. Würzburg: Königshausen & Neumann, 2002, S. 21–50, hier 23.
89 Zitiert nach: Broder: Indiana Jones in Auschwitz, S. 258.
90 Young: Beschreiben des Holocaust, S. 256. Elizabeth Lasserre, Naomi Azrieli: Préface. In: Marguerite Elias Quddus: Cachée. Toronto: Second Story Press, 2007, S. i–xi, hier i.
91 Serge Erlinger und die Hündin Rita waren „untrennbar" (inséparable). Sie wurde in seiner Autobiographie abgebildet. Erlinger: Parcours d'un enfant caché, S. 21.
92 Werner Mahrholz (1919): Der Wert der Selbstbiographie als geschichtliche Quelle. In: Günther Niggl (Hg.): Die Autobiographie. Zu Form und Geschichte einer literarischen Gattung. Darmstadt: Wissenschaftliche Buchgesellschaft, 1989, S. 72–74, hier 72–73.
93 Young: Zwischen Geschichte und Erinnerung, S. 58–59.
94 Dorothee Wierling: Geschichte. In: Uwe Flick, Ernst von Kardoff, Heiner Keupp u.a. (Hg.): Handbuch qualitative Sozialforschung. Weinheim: Beltz, 32012, S. 47–52, hier 50.
95 Z.B. Anzahl der Verstecke, Art der Verstecke (Pflegefamilien, Bauernhöfe, etc.), Ort der Verstecke, Schulbesuch, Arbeit und wenn ja, welche Art von Arbeit, Zahlung von Kostgeld seitens der Eltern, Erfahrung mit Gewalt, Kontakt mit den Familien, etc. Wie es zu erwarten war, gaben die Autobiographen vielfach keine exakte Zahl bei der Anzahl ihrer Verstecke. Vielfach wurde von „numerous", „various", „nombreuses" (zahlreichen) oder „plusieurs" (mehreren) Verstecken gesprochen.
96 Young: Beschreiben des Holocaust, S. 52–54, 66.
97 Katja Schubert: Notwendige Umwege – Gedächtnis und Zeugenschaft in Texten jüdischer Autorinnen in Deutschland und Frankreich nach Auschwitz. Hildesheim: Olms, 2001, S. 24.
98 Victor Klemperer: Ich will Zeugnis ablegen bis zum letzten. Tagebücher 1933–1945. Band 1: 1933–1941. Band 2: 1942–1945. Hg. von Walter Nowojski unter Mitarbeit von Hadwig Klemperer. Berlin: Aufbau Verlag, 1996.

99 Shalom Robinson, Judith Rapaport, Rimona Durst, u. a: Spätfolgen bei alternden Überlebenden des Holocaust. Eine empirisch-statistische Untersuchung. In: Hans Stoffels (Hg.): Schicksale der Verfolgten. Psychische und somatische Auswirkungen von Terrorherrschaft. Berlin: Springer, 1991, S. 62–70, hier 68.
100 Ruth Klüger: Was ist wahr? In: Die Zeit, 12. September 1997, S. 64.
101 Young: Beschreiben des Holocaust, S. 29.
102 Chaya Horowitz Roth: A Passion to Tell. In: Fox (Hg.): Out of Chaos: Hidden Children Remember the Holocaust, S. 209–219, hier 214, 217.
103 Boris Cyrulnik: Les muets parlent aux sourds. In: Le Nouvel Observateur, Sonderheft „La mémoire de la Shoah", Dezember 2003–Jänner 2004, S. 55.
104 Debórah Dwork: Kinder mit dem gelben Stern. Europa 1933–1945. München: Beck, 1994, S. 294–295.
105 In einem Münchener Altersheim, in dem Juden ihren Lebensabend verbrachten, wurden Zeitzeugen für die Shoah Foundation gesucht. Von etwa 50 Überlebenden der Shoah waren nur zwei bis drei zu einem Interview bereit. Marco Esseling: Interviews berühren mehr als „Schindlers Liste". Interview von Katja Stiegel. In: Taz, die Tageszeitung, 10. September 1998. http://www.taz.de/1/archiv/archiv/?dig=1998/09/10/a0026 (18. August 2018).
106 Leo Eitinger: Lebenswege und Lebensentwürfe von Konzentrationslager-Überlebenden. In: Stoffels (Hg.): Schicksale der Verfolgten, S. 3–16, hier 6.
107 Nach Hilberg: Die Quellen des Holocaust, S. 54.
108 May B. Broda: Erfahrung, Erinnerungsinterview und Gender. Zur Methode Oral History. In: Marguérite Bos, Bettina Vincenz, Tanja Wirz (Hg.): Erfahrung – Alles nur Diskurs. Zur Verwendung des Erfahrungsbegriffs in der Geschlechtergeschichte. Beiträge der 11. Schweizer Historikerinnentagung. Zürich: Chronos, 2004, S. 159–171, hier 159.
109 Gerhard Botz: Neueste Geschichte zwischen Quantifizierung und „Mündlicher Geschichte". In: Gerhard Botz, Christian Fleck, Albert Müller, u.a. (Hg.): „Qualität und Quantität" – Zur Praxis der Methoden der historischen Sozialwissenschaft. Frankfurt am Main: Campus, 1988 (Studien zur historischen Sozialwissenschaft 10), S. 13–42, hier 22.
110 Jürgen Bortz, Nicola Döring: Forschungsmethoden und Evaluation für Human- und Sozialwissenschaftler. Heidelberg: Springer, 4., überarb. Auflage 2006, S. 299. Christian Erzberger: Zahlen und Wörter – Die Verbindung quantitativer Daten und Methoden im Forschungsprozeß. Weinheim: Deutscher Studien Verlag, 1998, S. 80.

Melissa Hacker
From Novosielitza to New York City
Creating Films Using Survivor Diaries and Letters

I grew up in New York City, facing from my earliest memories questions of language and translation, complicated family histories, memories, and past lives unspoken. In my grandparents' house there were photo albums filled with photographs of large family gatherings, in the Austrian countryside, about which I knew better than to ask questions. While I was born in New York City, I grew up with memories and dreams of a time and place before – a world I had never experienced, yet had ties to.

My mother was born in Vienna, and her experiences as a child refugee have been an important part of my filmmaking practice. In fact, my family history seems to be something I can't escape, and, although, after I spent nearly ten years making my first film, *My Knees Were Jumping; Remembering the Kindertransports* [1], the first documentary film produced on the Kindertransports, which told both my mother's personal story, and the history of the then little known Kindertransport rescue mission, I told myself that I would not make another film about my family or the Holocaust, I couldn't keep that promise. I continue to work with themes of memory, loss, family, history, and the Shoah.

My mother was born in Vienna and lived there until she was thirteen years old and fled, unaccompanied by her parents, on a Kindertransport to Great Britain in January 1939. My mother was a child refugee who did not want German spoken in her new home, new life, new country, where I grew up. She did speak her mother tongue with her mother, especially when they spoke together of things they wanted to keep from my sister and myself. Sometimes they would forget, and ask us questions in German, which we could neither understand nor answer.

I did not grow up in a community of Holocaust survivors, and it wasn't until I was an adult that I realized that I was not the only native New Yorker embedded with memories not my own, memories from another time and place. There were hints I didn't follow; accents, photographs, silences. One involved film.

I was in a high school history class. We must have been covering World War II, but I can't recall much, all I remember about this class other than this one day, this one incident, is that the teacher was fond of American civil war history and brought in an old-fashioned gramophone record player to play civil war songs. This day, the day I remember, he announced that he was going to show a film, and suddenly Alain Resnais' *Night and Fog* [2] unspooled on the classroom projector, sending terrifying images onto the screen he had pulled down in front of the chalkboard. *Night and Fog* is a very important film, one of the earliest to examine and reflect on the Holocaust, which merits much discussion, but on that day, when I was fifteen years old, and the screen filled with concentration camp atrocity footage, I left the classroom. I was furiously angry, and disturbed. I couldn't understand how the teacher would show this film with no explanation, no warning.

No thought that anyone in his classroom might have a personal connection to this history. I thought that one of the heads in the footage of a group of baskets seemingly filled with human heads could have belonged to my great-uncle Sigmund, or my great-uncle Max. I don't believe I ever confronted the teacher, but that was a defining moment for me, a moment when I realized that I was different from the other American students, none of whom left the room with me. And perhaps it introduced and compelled me to revisit the strange visceral power of film. It certainly motivates my commitment to use archival film footage with great care and consideration.

My longterm project as a filmmaker is one of family memoir, illuminating the intersections between private family histories, passed down via osmosis and whisper, personal writings, and public histories. For the past twenty years, I've followed my Austrian Jewish family through the generations, from the Bukovina of the 19th century, to Vienna in the early 20th century, to the United Kingdom, and finally to New York City. I am currently working with diaries written by my grandfather from 1909 to 1964, some recently returned to me by the Austrian National Library. *Ex Libris* [3], this film in progress, will be my third family memoir.

A future project involves an investigation into my father's side of the family, another Jewish story of traversing distances from old world to new. My father's father immigrated to America through Ellis Island in the early years of the 20th century to work as an actor in the Yiddish theater. When he was settled in the Lower East Side of New York City, he sent for his wife and children. His wife traveled from Czortków, Poland, with their three young children and her mother, intending to keep family with her, to have help raising children in an unknown new country, but my great-grandmother was sent back to Poland after the requisite eye exam revealed that she had trachoma. Today trachoma is a curable infection, then it was a reason for immigrants to be turned away.

My father was born in New York City, in an apartment in East Village, a few years later. His older brother Alan became a photographer who worked with the Black Star Agency, a photographic service founded in 1935 by three German Jewish refugees. When I was a teenager, my father organized a screening of *America's Disinherited* [4], a documentary film, on which Alan was the cinematographer, but he didn't tell us anything about his brother. Alan died in 1937 of an illness he contracted while documenting farm workers and sharecroppers in the American South, and my father's grief over the loss of the brother he idolized was another mysterious and resonant unspoken presence in my childhood home. When I was in my thirties, my father showed me a shoebox full of Alan's photographs. I have that shoebox, and I look forward to delving into Alan's work.

But now I would like to return to start at the beginning of my travels through memoir and memory, through photographs, film footage, documents and archives. I started my first film, *My Knees Were Jumping; Remembering the Kindertransports*, when I was in college. I was in a documentary film class at New York University with George Stoney, a wonderful professor and an inspiration to generations of documentary filmmakers and activists, and I had planned to make a short portrait film of my mother. I knew that she had arrived in New York as a girl, a child refugee, and had built a successful life and excelled in an unusual and creative career.

In her early years in New York her talent for drawing helped to support her parents, as, in the afternoons and evenings while she was in high school, she drew greeting cards and filled in color on animation cels for Fleischer Studio. As a young woman, she studied painting with Hans Hoffman, and started working as a scene painter in theater and dance. She turned to costume design (she told us that the test to join the union was less expensive for costume design than for set design) and designed the costumes for the Woody Allen film *Annie Hall*[5], as well as other now classic films like *Tootsie*[6] and *The Hustler*[7], and she was nominated for an Academy Award for costume design on *The Miracle Worker*[8]. So it was clear that she was very accomplished. But there was always something unsettled, she was never comfortable.

I grew up knowing that there were things that made my mother different from the other mothers I knew. She had an accent, and she had fears, fears for the world and for us, and she was connected to a world and a family she left behind. But this was largely unspoken, and when she did speak, it was in fragments, never a linear story, which is a pattern I've learned is common in Holocaust survivor families. So, as I started to ask my mother questions for what I thought would be a short, sweet portrait film, to be completed in one semester of college, and as she answered my questions (which she did as she wanted to help me with a school project. I doubt we would have been able to have these frank and open discussions without that external prompt), I discovered that she was not the only child sent alone, without her parents, from Vienna to London.

I learned that my mother was saved by the Kindertransport movement, a rescue effort that brought nearly 10.000 mostly Jewish children to safety in Great Britain in the nine months before the outbreak of World War II. At that time, in the late 1980's, I received blank stares in response to my asking if anyone knew of unaccompanied children sent from Nazi Germany, Austria, and Czechoslovakia to safety in the months prior to World War II. I could not find a single person who had heard of the Kindertransports. There were no films on the subject, and only one book had been published in the United States, Austrian Kindertransportee Lore Segal's fictionalized memoir *Other People's Houses*[9], which was then out of print. With the encouragement of my professor, I decided to expand the film, and to make a feature length documentary film that would both tell my mother's personal story and illuminate the untold history of the Kindertransports.

I had no idea that this would lead to seven years of research, production, and post-production, and to my mother and I traveling to Vienna together, for my first visit, in the spring of 1990. It also led to my mother speaking to me openly, and in a time-based narrative that I could begin to follow and comprehend. She began to show me things: artifacts, letters and diaries. The Star of David necklace, a hammered gold star hung on a delicate gold chain my grandmother had sewn into the hem of the coat my mother wore on the Kindertransport. The diary she kept during her time in England that she saved in a box, in a closet. I hadn't seen it before, and I believe that she would not have shared it with me if it were not for the film. She read to me from this childhood diary:

I was constantly talking to God in my diary. „Ach, God God God a child is calling, you must help please, please, please, help me that my parents come to England healthy and soon. The way I'm pleading it must make a stone weep. If only my parents were here, or as far as I'm concerned in Honolulu, as long as they get out of hell before the war starts."

Ruth Morley reading from her childhood diary
My Knees Were Jumping

While the film started with my mother's life history, I knew that I wanted to include other Kindertransportees, so I began to search for them. I discovered, months after it had happened, that Bertha Leverton, a Kindertransportee in London, had organized the first ever international Kindertransport gathering, in June 1989 at the Royal Albert Hall in London, to commemorate the 50th anniversary of the Kindertransports. Over 1.000 Kindertransportees gathered together for a two-day event. One traveled there from his home in Nepal. Several Kindertransportees from the New York area attended, and they founded an organization, the Kindertransport Association (KTA), and began to plan a reunion in the United States. I made contact with them, and they generously allowed me to film at the 1st KTA conference, held in October 1990 at the Nevele Hotel in the

Catskill Mountains of New York state. Those three days I was extremely busy, filming and meeting people, searching for Kindertransportees and families that I might be interested in including in the film.

I met Erika Estis at that conference. Erika Estis left Hamburg on a Kindertransport, carrying a photograph of her parents, which sits today framed in her living room in a small town near New York City. She has kept all of the letters she received from her parents when she was in England, and all of the letters her parents sent to her via her older sisters, who had escaped to Switzerland. She keeps the letters, written on delicate, fluttering paper, in a box on a high closet shelf, and cannot bear to read them. Her American children and grandchildren have asked if she would translate them so they could read them, but she cannot. She is very reluctant to approach them, but when I sat down with her for an initial conversation, months before filming together, she told me about them, and very generously offered to read one for me.

I went through many iterations of how I should film this scene: Should she read the letter on camera or in voice-over? Should she read in English or in German? Or should I have an actor read the letter, in her father's voice, and should I use a special location or design a set? When I saw the room in her home where she wanted to sit and read, with a large plate glass window overlooking a wooded hill, I realized that I wanted to play with distance, reserve, reflections, glass, the fading fall leaves. In the editing of the film, I realized that I wanted only her voice, no actor standing in for her murdered father. When I showed the film recently to high school students in South Bend, Indiana, a student asked why I filmed this scene „so far away". I think he was looking for the trope of the emotional close up, the zoom in on a face overcome with emotion that is often used in documentary film, a close up shot which seems to exist to posit that if we get this close, we have greater access to interiority. I question this assumption, and am wary of intrusion, exploitation, and easy acceptance of established film language. I do believe in the power, mystery, and beauty of the human face, in what is sometimes disparagingly referred to as "the talking head" in documentary film, but I also believe in reserve, distance, mystery, questions unanswered and worlds unspoken.

Erika Estis reading letter
My Knees Were Jumping

It is my great joy and honor that now, twenty years after I filmed with her, Erika still welcomes me in her life, and invites me to visit her, her children, and her grand and great-grandchildren. In addition to time spent immersed in personal family collections, closets, storage units, linen boxes, attics, and basements, I spent weeks researching archival film footage at the National Archives in Washington DC (the Motion Picture, Sound, and Video Research Room has since relocated to College Park, Maryland). When I was doing this, the word Kindertransport was not yet in any lexicon, so I searched by related words: child, children, refugee, immigration, emigration, war.

Universal Studios produced newsreels, compilations of news of the week, a variety of national and international news stories and events, often a mix of serious news and light hearted local stories, which were shown in movie theaters before the feature film, twice-weekly from 1929 until 1967. In 1974, Universal Newsreel donated its collection of edited newsreels and un-released outtakes to the United States via the National Archives. In the depths of the Universal Newsreel outtakes collection, in a dusty can of 16 mm film, I discovered footage of unaccompanied children being sent from Ruzyně airport in Czechoslovakia to London in January 1939. At that time, the National Archives allowed researchers access to the original paper index card files, and the cameraman had written on the card that he was so moved and concerned with the fate of this flight of children that he asked the pilot to call him when he landed in Britain, to let him know that they had arrived safely. The cameraman noted on the card that the pilot did that, and the footage was filed and put in storage, never edited into a newsreel, never shown, until I found it 55 years later.

In 1994 I was invited to screen a work in progress section of *My Knees Were Jumping* at a Reunion of Kinder in Jerusalem, and two unusual things relating to archival film footage occurred. First, during the screening, as a scene of Kindertransport children eating lunch at Dovercourt holiday camp, where many children were housed before they were sent on to foster families, schools, or hostels played, there was quite a bit of rustling and hubbub. After the screening, a man approached me to ask how he might get a copy of that footage, as he had noticed his best friend sitting at the table, playing with a spoon. He went on to say that „I was so happy to see him, and then, I realized that I would have been sitting next to him, so I turned my eyes, and I saw myself." His delighted surprise had caused the hubbub.

A short while later, Nicholas Winton's wife approached to say „that's Nicky, you know" in the Ruzyně airport footage. I had not known. I had thought that what I was seeing was a father saying goodbye to his child as he put him on the plane. I was thrilled to learn more about this rare footage, and I re-used this archival footage, the only footage I was able to find of Kindertransport children leaving, multiple times throughout the film.

Nicholas Winton with Kindertransport child
My Knees Were Jumping

In 2002, several years after *My Knees Were Jumping* was released, *Nicholas Winton, The Power of Good*[10], a documentary on Nicholas Winton, who, as a young man, organized Kindertransports out of Czechoslovakia that saved 669 children, was produced. *The Power of Good* used the same archival footage of Nicholas Winton and the children at Ruzyně airport. However, in this film, the narrator states, over the Ruzyně airport footage, that you are seeing children being flown to Sweden. The director knew that these children were being flown to Great Britain, as Nicholas Winton had advised him to contact me, and I had shared information, telling him exactly what the footage was, and where he could find it in the National Archives.

I note this not simply to call out a problematic filmmaker, but as a reminder that, as viewers, we have a responsibility to question the archive and its uses: to not take implicit truth claims of archival footage used in documentary film for granted, but to interrogate and examine. While ethical and intentional use of archival film is a critical element of my filmmaking practice, some filmmakers have other priorities, and none of us are historians, although it is essential that we do thorough research and seek advice and input from historians. In documentary work, especially when working with subjects such as the Holocaust, we must think ethically. We must always face the presence of the absence.

The remarkable documentary *A Film Unfinished*[1] centers on questions of the archive and the use of archival film footage. In 1942, a German crew filmed in the Warsaw ghetto. For nearly fifty years, since the can of film labeled "Das Ghetto" was catalogued in an East German archive, documentary filmmakers used bits and pieces, shots selected from this footage, to represent everyday life in the Warsaw ghetto. In 1998 an additional reel of film was discovered, and it was made clear that this footage was not documentation of observed reality, but part of a staged propaganda film. In the press package for *A Film Unfinished*, Yael Hersonski writes:

A Film Unfinished first emerged out of my theoretical preoccupation with the notion of the „archive", and the unique nature of the witnessing it bears. [...] The type of archive that intrigued me the most is perhaps the one that belonged to a new language, that of the 20th century: the film archive. [...] Thinking of the time when no witnesses will be left to remember, when the archives will remain our only source of understanding our history, I was haunted by the idea of exploring the silent images – not as illustrations enslaved by different stories – but as story tellers themselves.[12]

Shot by shot, scene by scene, the footage is interrogated, and readings from diaries of both victims and oppressors add insight, details, and a further level of perception. Five survivors of the Warsaw ghetto are invited to view the footage. Several remembered the filming, and the scenes in which they sit in a small screening room, watching the footage, bearing witness once again, invite us all to consider how we see archival film footage.

Image from *Letters Home*

Letters Home[13] is a three channel video created around the text of letters my great-aunt Freda wrote to her family in New York as she traveled through Germany and Austria in 1945 as a member of the American Army's Women's Army Corps, that I found kept in a sewing basket by my grandmother. This was not the first time Freda had been to Europe; she was born in Austria and left in 1925 to start a new life in America. And the relatives she wrote to in New York had not lived there long. Jewish refugees, they had fled Austria in 1939 and were the surviving remnants of a large family. As Freda journeys back to the sites of her youth, she reports on the destruction of the city she sees around her, and the details she learns of the destruction of her family.

The triptych of images is a visual representation of her state of mind, torn between searching for remnants of her past, locating herself in the unsettled present, and longing for a secure future. As she travels through Europe in the immediate aftermath of the Second World War, she travels through the sites of a world that no longer exists, searching for people, objects, and messages left behind, and struggles with how to communicate what she finds to her family in New York. The discolored and faded archival film is a physical manifestation of the fragility and transformation of memories. If not properly cared for, film emulsion gradually discolors, sheds bits of itself, mutates and crumbles into dust.

Letters Home is the second film in my family memoir project. I've become interested in questions of expanded documentary, and the possibilities inherent in film as installation rather than solely as single screen projection, and *Letters Home* is an example of a step in that direction.

Marco Birnholz' Exlibris

I did not plan on making a third family memoir, or a second feature length film about my family or the Holocaust. After *My Knees Were Jumping*, I explicitly stated that I would not make another film on my family or the Holocaust. It was too difficult, sad work. This was a promise that I needed to break after I received a letter from the Austrian National Library. In 2007 I received a letter from the Austrian National Library in Vienna stating that they had located books and diaries belonging to my grandfather. The library wrote that, if I could submit proof that I was the legal heir of Marco Birnholz, they would send the items to me in New York.

I had grown up knowing that my grandfather had commissioned and created a collection of bookplates or ex libris, small pieces of graphic art that are often pasted into the front covers of books, and that the collection had been seized by the National Library, so, foolishly, while I was waiting for the necessary paperwork to go through to prove that I was indeed my grandfather's legal heir, I asked if the library had any information on my grandfather's collection. To my great surprise, I soon found myself in possession of a large stack of documents. Near the top was a 1938 letter from the Director of the Library to Adolph Eichmann.

November 25, 1938
Central Office for Jewish Emigration – Attention SS-Obersturm-führer Adolph Eichmann

I was informed today that the former member of the Ex Libris Society, the Jewish Pharmacist Marco Birnholz ... wants to emigrate. Birnholz ... owns an <u>extremely valuable</u> collection of ex libris which he, a systematic collector, assembled here ... Under no circumstances can we permit this object to leave the country. It should be confiscated and be made part of the ex libris collection of the National Library so that this valuable cultural object can be preserved for the Ostmark and the general public. It cannot become a bartering tool for foreign Jews.

Heil Hitler! The Director Of the National Library

My immediate response was a complicated mix of shock, dismay, fear, and curiosity, as I knew that I would be drawn in, compelled to delve into the history of my grandfather and his collection, and to make another film. *Ex Libris* is (or, more accurately, will be, as I intend to complete the film in 2021) an animated documentary about my grandfather's collection and his life. This is a complicated film to make, for several reasons: As I am not able to read German, I have needed to be patient as a slow and arcane international translation process has been developed for the diaries and correspondence. My grandfather wrote in an old fashioned handwriting, very close to Kurrent, a German lettering no longer used much after World War I, and it is not easy to read.

Translation thus takes two steps: first the diaries are typed in German by the very generous retired mother of a Viennese friend and researcher. She lives in Belgium and I scan and send pages to her son, who prints out and delivers the pages to her. She types them and her son scans and emails the typed pages back to me in New York. This process has been ongoing for four years. The second step involves a journey across a different ocean, as the typed pages are sent to a translator living in Hawaii. These translations are only a first pass, so that I am able to read and edit, to construct a storyline. Once I have a full rough-cut and a script of the film and I know exactly which days, moments, observations I will use, I will do a second, and third, next level of translation, carefully re-finding my grandfather's voice.

I do realize that at some point I will want to make a German language version of the film, and I question how I will do that, translate once again, from the English to German, or to go back to the original diaries? I ask this rhetorically, as I understand that, while a never ending hall of translation upon translation might be an interesting art project, it will not provide the clarity I seek. Therefore, it is essential that I keep good notes, so that I am able to trace translations back to the source documents. I am reminded of the week I spent at an artist residency, holed up in an attic room (a room occupied years ago by the writer Sylvia Plath) experimenting with google translate, as I wondered if I could find a rough English language version, something that I could use for a first pass reading, to start to weed out events I would not include in the film. The answer was a resounding no. Google translate in this instance created a tossed word salad. It was not helpful.

In making *Ex Libris* I will continue my practice as an artist exploring issues of history, family, memory, and loss through the specific lens of the Jewish experience in mid-twentieth century Vienna, and the ripple effect as those families, split apart, became part of diasporic cultures around the world. While my first film worked with tropes of personal narrative and cultural history, this film will also address art. The love my grandfather felt for the beautiful, small works of art he collected and commissioned, the ways those pieces of paper marked and commemorated what was most meaningful to him, and the tenuous bonds created between collectors, are layers of emotional reality close to my heart. I intend to illuminate the personal, historical, and philosophical aspects of my grandfather's story through visual art as well as through cinematic narrative.

The use of the ex libris and the strategy of animation will allow for visual experimentation and beauty. My grandfather's diaries will lend moving first person, narrative storytelling, and immediacy. Fragments of the past and evidence of its impact on the present will form a narrative collage which, like my grandfather's collection and his life's story, can be examined endlessly yet still remain a mystery.

Once again, I can't help myself, as this is the story I must tell now. So I will wander my way through this, slowly working through past and present issues, questions, obstacles, and discoveries.

Marco Birnholz' Exlibris

Notes

1 Melissa Hacker: My Knees Were Jumping; Remembering the Kindertransports. New York: NY Kinder Productions, 1996.
2 Alain Resnais: Night and Fog. Paris: Argos Films, 1956.
3 Melissa Hacker: Ex Libris. New York: Bee's Knees Productions, expected release 2021.

4 Lee Hays: America's Disinherited. New York: The Southern Tenant Farmers Union, 1937.
5 Woody Allen: Annie Hall. New York: United Artists, 1977.
6 Sydney Pollack: Tootsie. New York: Columbia Pictures, 1982.
7 Robert Rossen: The Hustler. New York: 20th Century Fox, 1961.
8 Arthur Penn: The Miracle Worker. New York: United Artists, 1962.
9 Lore Segal: Other People's Houses. New York: Harcourt, Brace & World, 1964.
10 Matej Minac: Nicholas Winton, The Power of Good. Czech Republic: Multikino 93, 2002.
11 Yael Hersonski: A Film Unfinished. New York: Oscilloscope Laboratories, 2010.
12 Yael Hersonski: "A Film Unfinished" Director's statement, August 3, 2010. https://jewishjournal.com/opinion/81858/ (October 14, 2019).
13 Melissa Hacker: Letters Home. New York: Bee's Knees Productions, 2010.

Anne Betten
**Mündlich versus schriftlich:
Ari Raths Erzählungen von seiner
ersten Rückkehr nach Wien 1948**

In den Jahren 1989 bis 1998 habe ich zusammen mit MitarbeiterInnen über 200 deutschsprachige jüdische EmigrantInnen der 1930er Jahre in Israel interviewt; seit 1999 kamen bislang über 70 Aufnahmen mit Angehörigen der zweiten Generation hinzu.[1] Im Zentrum der Interviews mit der ersten Generation standen die Themen Sprach-, Kultur- und Identitätswechsel, jedoch stets eingebettet in die Biographie. Bei diesen Audioaufnahmen von durchschnittlich zweistündiger Dauer handelt es sich um offene, spontane Vier-Augen-Gespräche; ihr Charakter (ob mehr monologisch oder dialogisch, vorwiegend emotional oder argumentativ, offizieller oder privater Sprachstil) wurde weitgehend von den Interviewten selbst bestimmt.[2] Einige SprecherInnen haben vor oder nach unseren Interviews auch schriftliche Autobiographien verfasst, zum Teil nur für die eigene Familie, zum Teil für öffentliche Dokumentationszwecke, einzelne auch mit literarischem Anspruch.[3]

Bei der überwiegenden Anzahl der Emigranten in Israel hat sich besonders im Mündlichen zeitlebens ein sehr gepflegtes, schriftorientiertes Bildungsbürger-Deutsch erhalten, das nicht, wie öfters behauptet wird, erstarrt/versteinert war, sondern sehr gewandt und lebendig geblieben ist. Ein Grund war, dass die meisten das Hebräische nicht mehr perfekt erlernten bzw. sogar bis zuletzt nur rudimentär beherrschten. Umso größeren Wert legten die Jeckes untereinander jedoch auf eine exzellente Beherrschung des Deutschen, die unter den meist mittellos Eingewanderten oft als einziger Nachweis einer Herkunft aus „guter" Familie galt.[4] Anders steht es jedoch um die Schriftsprache: Selbst jene, die später dem deutschsprachigen Schriftstellerverband in Israel angehörten, bewahrten meist das Sprachniveau der Vorkriegszeit, ohne es weiter ausbauen zu können; bei „normalen" Sprechern blieb die schriftsprachliche Gewandtheit schon aufgrund des nun wesentlich selteneren Lesens und Schreibens auf Deutsch oft hinter ihrer mündlichen Kompetenz zurück. Die Interviews sind daher nicht nur als *Oral History*–Zeugnisse von Bedeutung, sondern weisen gegenüber schriftlichen Autobiographien auch Merkmale auf, die die Einzelpersönlichkeiten in besonderem Maße zu charakterisieren vermögen: nicht nur durch die Prosodie (und bei Videoaufnahmen auch durch Mimik und Gestik), sondern auch durch spezifische rhetorische Gestaltungsmittel, die gegenüber dem meist sachlicheren (in vielen Fällen auch recht nüchternen) schriftlichen Stil durch ihre Lebendigkeit gesteigerte Empathie bei den Zuhörenden auslösen.

Diese und andere rezeptionsfördernde Charakteristika der mündlichen Darstellung sollen hier am Beispiel eines Interviews mit dem Journalisten Ari Rath (1925–2017) im Vergleich zu seiner schriftlichen Präsentation derselben Ereignisse aufgezeigt werden.[5] Rath, der im Alter von 13 Jahren von Wien nach Palästina/Israel geflüchtet war, verbrachte seine letzten Lebensjahre überwiegend wieder in Wien, noch nicht aber zur Zeit meines über elfstündigen Interviews mit ihm, das in vier Sitzungen von 1998 bis 2000 abwechselnd zwischen Jerusalem und Salzburg zustande kam. Er wollte es ursprünglich als Grundlage für seine geplante Autobiographie benützen, was ihm dann aber doch schwer fiel. Wieweit die Gründe dafür sprachlicher Art oder altersbedingt waren, blieb ungeklärt: Obwohl Rath perfekt Deutsch sprach, hatte er doch seit seinem 14. Lebensjahr kaum noch längere Texte auf Deutsch geschrieben (und viele Jahre auch kaum Deutsch gesprochen) – und obwohl er, der das Englische erst im Alter von 20 Jahren erlernt hatte, später als Chefredakteur der *Jerusalem Post* vorwiegend auf Englisch schrieb, war Englisch doch nicht seine Muttersprache und bot sich daher vielleicht für eine Autobiographie, in der die frühen Jahre eine große Rolle spielten, ebenso wenig an wie das ab seinem 14. Lebensjahr perfekt erlernte Hebräische: Es ist ja ein bekanntes Phänomen, dass Menschen, die in verschiedenen Abschnitten ihres Lebens verschiedene Sprachen gesprochen haben, bei Erinnerungen in die Sprache des jeweils erzählten Lebensabschnitts wechseln.[6]

Dazu kam, dass Ari Rath das Interesse eines großen deutschsprachigen Publikums sicher war, und dass die deutsche Historikerin Stefanie Oswalt, die ihn schon 1995 einmal für das Moses Mendelssohn Zentrum in Potsdam interviewt hatte[7], sich jahrelang bemühte, Rath zur Niederschrift seiner Autobiografie mit ihrer Assistenz zu bewegen. 2012 erschien dann das viel beachtete Buch[8]; es basiert ebenfalls weitgehend auf Interviews, die die beiden zusammen geführt und gemeinsam überarbeitet haben.[9] An einer Gegenüberstellung derselben Episode in meinem ersten völlig spontanen (nicht vorher geplanten) Interview mit Rath von 1998[10] und der schriftlichen Version von 2012 möchte ich im Folgenden Gemeinsamkeiten und Unterschiede verdeutlichen. Es handelt sich um Raths Erzählung von seiner ersten Rückkehr nach Wien 1948.

Im Mittelpunkt der beiden folgenden Ausschnitte steht Ari Raths Weg zur alten Familienwohnung in der Porzellangasse 50 (über die er auch in anderen Zusammenhängen berichtet hat[11]). Rath beschreibt, wie er und der Sohn des ehemaligen Hausmeisters sich sofort erkannten (Zeile 27 ff.) und dieser ihn zur alten Wohnung begleitete, wo ihn eine dort einquartierte Frau flehentlich bat, sie wohnen zu lassen (Zeile 39 ff.). Der Höhepunkt ist dann der Besuch bei der Mutter seines ehemaligen Freundes Walter Pech, der als Wehrmachtssoldat gefallen war (Zeile 75 ff.). Während Frau Pechs Berichte über die Kriegseinsätze ihres Sohnes und der Hinweis auf den kürzlichen Besuch der Eltern auf einem Soldatenfriedhof in beiden Versionen als zwar für Raths Ohren heikel, aber doch vom Mitgefühl dominiert beschrieben werden, ist im Interview ab Zeile 100 bzw. 109 noch eine weitere Begebenheit angefügt, die das doch sehr Prekäre dieses Zusammenkommens hervorhebt.

Links Interview Ari Rath (AR) und Anne Betten (AB), Jerusalem 1.12.1998, rechts Buchversion *Ari heißt Löwe*, 2012, S. 106–109:[12]

AR: Es ist eine * es ist eine traurige Geschichte, deswegen erzähle ich sie jetzt, und auch (so) mit viel Emotionen verbunden. Ich war das erste Mal in Wien * zurück nach dem Anschluss, En/* Ende Oktober 48, ich hatte einen Auftrag von Artur Ben-Natan, der damals die *Hagana* und alle die Sachen da aus Paris geleitet hat. Ich hätte da jemand in einem der Durchgangslager finden sollen, der eine geheime Waffen/ Granaten*patent hatte, das er nur einem offiziellen Vertreter des jüdischen Volkes bereit war zu übergeben, und ich hatte einen Brief ‚Ich bin der Vertreter des jüdischen Volkes' und war dann zwei oder drei Tage in der/ in Wien, noch zur Zeit, wo im alten Rothschild-Spital am (xxx) am Gürtel, das war so ein Transit äh lager für * tausend, abertausende jüdische Überlebende, (die irgendwie) aus Osteuropa über Wien weitergegangen sind. AB: (Also mit der *bricha*) AR: Ja, *Exodus*, *bricha* ja, *Exodus*, (ebn) genau. (Ja) und natürlich bin ich am ersten Tag * dann * in der Porzellangasse 50, (ja, musst ich) mir das Haus anschauen, (gegangen, da draußen gab es, glaub ich, damals) Hausbesorger, und an den Hausbesorger, an den alten, konnte ich mich erinnern, typischer böhmischer Name, Herr Wraneschitz; und da stand sein Sohn, der (n) bisschen älter war als ich, ich habe ihn sofort erkannt, (und sagte) „Herr Wraneschitz, Tag" – „Grüß Gott" – „Ich bin der Ari" – „Du bist der Ari, jaaa!" Nach zehn Jahren Wegseins, nicht wahr, von 14 bis 21, äh 23. „Sie wollen sicher die Wohnung anschauen", da habe ich gesagt: „Gerne, ich möchte die Wohnung anschaun." Wir gehen da rauf in den ersten Stock, und er läutet an und die Frau kommt zur Tür, und sagt: „Das ist Herr Rath, der hier gewohnt hat." Ich konnte noch kein Wort sagen, nicht mal Grüß Gott oder Guten Tag, sie war buchstäblich auf den Knien und sagte: „Bitte, wir sind hier ausgebombt, lassen Sie uns wenigstens in einem Zimmer hier weiter wohnen." Denn damals, wenn man in Wien gelebt hat vor dem Krieg, vor dem Anschluss, und zurückkam, konnte man die Wohnung auch zurückbekommen. Also hätte ich mich damals bereit erklärt, ja ich bleibe in Wien, es war nichts ferner von meinen Gedanken, als so etwas zu tun, hab sie gleich beruhigt, denn „Bitte liebe Frau, ich will mir nur die Tapeten, die ich als Kind abgekratzt habe, anschauen und meinetwegen können Sie hier (xxx) wohnen solange Sie wollen." Und habe mir die Wohnung angeschaut, was da noch geblieben ist, viele der Möbel waren, glaube ich, ausgeräumt schon nach dem Anschluss; und dann * habe ich den Wraneschitz gefragt, den jungen (xxx): „Ist die Pech-Familie noch da?"	1 Fast auf den Tag genau zehn Jahre nach 2 meiner Flucht kam ich erstmals wieder 3 nach Wien. 4 [...] 5 6 Natürlich hatte mich Ben-Natan auch für 7 Wien wieder mit Empfehlungsschreiben 8 ausgestattet. So konnte ich einige Tage 9 in der Nähe der Votivkirche, nahe 10 meinem ehemaligen Gymnasium, 11 unterkommen. 12 [...] 13 14 15 16 Zunächst ging ich meinen alten 17 Schulweg entlang: Wasagymnasium, 18 Liechtensteinstraße, Porzellangasse. 19 Wien war für mich zur Geisterstadt 20 geworden. Keines der jüdischen 21 Geschäfte existierte mehr, ich las neue, 22 fremde Namen und fühlte mich, als 23 würde ich über einen Friedhof gehen. 24 Am nächsten Tag ging ich zu unserem 25 Haus in die Porzellangasse 50 und traf 26 dort den Sohn des Hausmeisters 27 Wraneschitz. 28 29 30 31 32 33 Er erkannte mich sofort und nahm mich 34 mit zu unserer alten Wohnung im ersten 35 Stock, in der nun eine Familie aus einem 36 ausgebombten Haus wohnte. 37 38 39 Die neue Bewohnerin fiel buchstäblich 40 auf die Knie und flehte mich an, ihnen 41 wenigstens ein Zimmer zu lassen, wo sie 42 weiter wohnen könnten, sollte ich 43 wieder in die Wohnung einziehen. „Das 44 ist überhaupt nicht meine Absicht. Ich 45 bin nur aus sentimentalen Gründen hier 46 und will mir die Wohnung meiner 47 Kindheit ansehen", erklärte ich der 48 aufgelösten Frau und versuchte sie zu 49 beruhigen. Mit gemischten Gefühlen 50 betrat ich die Wohnung. Von der 51 aufwendigen Sanierung, die Rita und 52 mein Vater 1936 zu ihrer Hochzeit 53 vorgenommen hatten, fanden sich noch 54 die Marmorkamine, auch die 55 buntgemusterten Tapeten klebten noch 56 überall an den Wänden, in einem 57 schäbigen Zustand. Es wunderte mich, 58 wie fremd ich mich dort fühlte. 59 Ich fragte den Hausmeistersohn nach 60 der Familie Pech, die unter uns im

Sagt er: „Ja!" Ähm, * jetzt bin ich nicht sicher, ich glaube, er hat mich schon gewarnt, und sagte: „Na ja, die die Frau Pech wird sich sehr freuen, dich zu sehen; der Walter ist im Krieg gefallen". Ich glaube, dass ich das schon wusste. Wie ich zur Tür kam, und Frau Pech, die hat sich (natürlich) geändert, und ich sagte gleich: „Ich bin der Ari" und hat (sie) mich sofort mit Tränen umarmt, denn für sie war ich die Personifizierung ihres Sohns, wir waren –
AB: Enger Freund.
AR: Enge Freunde, wirklich die ganzen Jahre, bis bis Hitler, bis zum Anschluss, und ich muss gestehen, das habe ich schon mal gesagt, dass mein erstes Gefühl war das Gefühl einer Mutter, zu einer Mutter, Mitgefühl zu einer Mutter, die ihren einzigen Sohn im Krieg verloren hat, ich dachte jetzt nicht, ja das/ er war ja ein Nazi, Wehrmachtssoldat. Und ich musste dann mit ihr ungefähr zwei Stunden sitzen und mir alle Bilder da anschauen, erst mal war er in der Kavallerie an der Ostfront, und und dann war er an der Westfront, er ist in der Normandie * gefallen und begraben, und die kamen gerade, die Eltern, so eine Woche oder zwei Wochen vorher vom ersten Besuch (in nem) riesigen Kriegsfriedhof in Frankreich zurück und das war natürlich ein/ kein leichtes Erlebnis. Aber dann kam natürlich die Wirklichkeit wieder, hat sofort eingeschlagen, wie wir uns verabschied/ verabschiedet haben. Wirklich, es war eine sehr herzliche Begegnung; ob sie sich dann gedacht hat, ja der Judenbub Ari, der, der hat es überlebt und mein Walter leider nicht, kann sein, aber es war wirklich auch meinerseits sehr freundlich, und (sie hat mich) zur Tür begleitet und ich wusste dass gegenüber hat auch eine jüdische Familie gelebt, die heißen (Biener) haben die geheißen, und da stand auch auf der Tür der (Bieners) ‚Pech'. Ich habe kein Wort gesagt, aber sie hat sofort in einem Redeschwall, äh wenn sie hatte inzwischen eine große so Nähwerkstatt und in dieser Wohnung, wo wir waren, dann zumindest äh fünfzehn zwanzig Nähmaschinen, wo man gearbeitet hat, und die andere Wohnung war dann die Wohnung, nehme ich an; ich sagte kein Wort, und (sie) sagte: „Ja, Ari, ja, ja, bitte, natürlich, die gehört uns, ja aber ich habe alles schriftlich, die (Biener) mussten ja leider weg und die haben mir das freiwillig übergeben, und so, und natürlich jederzeit wenn sie, hoffentlich (wern sie's) überleben und zurückkommen, bekommen sie die Wohnung zurück." Ich habe kein Wort gesagt, bin weggegangen, aber die haben auch diese Wohnung, das Haus war, glaube ich, die Hälfte, zwei Drittel jüdische Einwohner und ein Drittel nicht. Und. Aber deswegen * /

Mezzanin gewohnt hatte. Mit Walter Pech hatte mich eine besondere Freundschaft verbunden, deren Aufrichtigkeit sich beim Umgang mit einem wertvollen Geschenk erwies, das ich im Dezember 1937 zu meiner Bar Mitzwa erhielt: Es war ein elegantes Steyr-Fahrrad, mein ganzer Stolz.
[…]

Nun berichtete mir der Sohn des Hausmeisters, dass Walter im Krieg gefallen sei. Ich wollte trotzdem seine Mutter sehen; Frau Pech erkannte mich sofort. „Der Ari", sagte sie, begann zu weinen und umarmte mich. Mit meinem so unerwarteten Besuch lebten zweifellos die Erinnerungen an ihren Sohn wieder auf.

Womöglich dachte sie auch: „Der Judenbub hat es überlebt und mein Walter ist gefallen." Doch war es wahrscheinlich wichtig für sie, einige Stunden mit mir zu verbringen. Ich musste mir die Bilder von Walter mit seinen Pferden in der Kavallerie anschauen, Bilder von der russischen Front und der Normandie, wo er 1944 gefallen war. Einen Monat zuvor hatten Walters Eltern zum ersten Mal sein Grab auf einem der riesigen Soldatenfriedhöfe in Frankreich besucht. Wir redeten auch von den schöneren Zeiten unserer Kindheit. Als ich mich von Maria Pech verabschiedete, dachte ich nicht an einen Wehrmachtssoldaten, der im Krieg umgekommen war, sondern fühlte mit einer Mutter, die ihren einzigen Sohn verloren hatte.

Im schriftlichen Text gibt es drei Auslassungen (siehe eckige Klammern in Zeile 4, 12, 69). Sie hängen alle mit kontextbedingten Umstellungen zusammen, sind also keine wirklichen Auslassungen: Im Interview steht die ausgewählte Episode ziemlich am Anfang (12. Minute), nachdem Rath mit seinen ersten Lebensjahren begonnen hatte und ausführlich über die Jugendfreundschaft mit einem nicht-jüdischen Buben aus seinem Haus (Walter Pech) sprach, der nach dem Anschluss als Hitlerjunge offiziell das Fahrrad konfiszieren musste, das Ari zu seiner Bar Mizwa geschenkt bekommen hatte, ihm aber versprach, es ihm im Fall seiner Auswanderung wiederzugeben, was auch geschah. Dies wird angeführt als Beispiel für das gute Klima, das zwischen jüdischen und christlichen Kindern, auch in seiner Volksschulzeit in einer „gemischten" Klasse, noch möglich war, während er dann am Wasagymnasium bereits in eine sog. Judenklasse gehen musste. An die Fahrradgeschichte schließt sich assoziativ die Erinnerung an, wie Rath später, 1948, bei seiner ersten Rückkehr einen Besuch bei der Mutter seines im Krieg gefallenen Freundes machte.

Im Buch ist die Rückkehr 1948 chronologisch eingeordnet (etwa nach einem Drittel des Gesamttextes). In der ersten, über eine Buchseite langen Auslassung (Zeile 4) schildert Rath seine Anreise nach Wien, während der er bereits „ein typisch österreichisches Erlebnis"[13] hatte: Zwei Wiener Ehepaare im gleichen Zugabteil klagen über zurückkehrende Juden und das Transitlager in Wien; als aber bei der Passkontrolle offenbar wird, wer der bis dahin stumme, die *Herald Tribune* lesende Mitreisende ist, versuchen sie alles Gesagte zu relativieren, was Rath mit „Kurz, es war widerlich"[14] kommentiert. Die dritte Auslassung (Zeile 69) enthält die detaillierte Erzählung, wie das geliebte Fahrrad durch das kameradschaftliche Verhalten von Walter Pech mit Ari nach Palästina gelangen und ihm dort noch viele Jahre nützlich sein konnte.[15] Beachtenswert ist, dass der Bericht von dieser Freundschaft im Buch als Rückblende in die Erzählung von der ersten Rückkehr eingebaut ist, während die Rückkehr im Interview vorweggenommen wird: auf jeden Fall aber sind die Themen „Besuch bei der Mutter des Freundes" und die Fahrradgeschichte in Raths Erinnerungsspeicher eng miteinander gekoppelt.

Obwohl der faktische Bericht und die Betonung des Mitgefühls in beiden Versionen ziemlich identisch sind, gibt es einen wesentlichen Unterschied: Im Interview wird abschließend auf die Zwiespältigkeit solcher Gefühle hingewiesen (Zeile 100 ff.), da sich herausstellt, dass auch Frau Pech von der Arisierung der Wohnung vertriebener jüdischer Nachbarn profitiert hat und dies mit einem „Redeschwall" (Zeile 114), der Rath unangenehm ist, zu überdecken sucht. Interessanterweise wird dieses beklemmende Ende des Pech-Besuchs im Buch nicht erwähnt, obwohl es das Problem der Wiederbegegnung mit den ehemaligen „Mitbürgern", mit dem die Erzählung im Buch ja einsetzt, als weiteres Beispiel illustrieren könnte. Stattdessen schließen sich dort zwei (hier nicht mehr abgedruckte) andere Episoden an, die die schwere Erträglichkeit des Zusammenkommens jüdischer Überlebender mit Menschen, die während der Hitlerzeit in Wien geblieben waren, verdeutlichen (eine Rede von Kardinal Innitzer zum zehnten Jahrestag der Pogromnacht und die Berichte von Raths ehemaliger Kinderärztin über ihre Leiden bei der Zusammenstellung von Listen für Kindertransporte nach Auschwitz, gefolgt von der Klage, dass jetzt wieder so viele polnische Juden nach Wien kämen).

Man kann daraus schließen, dass diese unguten Gefühle, unterstützt durch die äußeren Eindrücke vom Nachkriegs-Wien als „Geisterstadt" (Zeile 19) bzw. „Friedhof" (Zeile 23) die zentrale Mitteilung Ari Raths an seine jeweiligen Adressaten sind:[16] In der privaten Gesprächssituation meines Interviews wird dies am Beispiel der für ihn persönlich wichtigen, ansonsten aber unbekannten Nachbarsfrau illustriert, im Buch hingegen, mit Blick auf eine an Geschichte interessierte Leserschaft, an öffentlich bekannteren Personen.

In beiden Versionen stellt der Erzähler mehrfach explizit fest, dass es sich um emotionale Erfahrungen handelt:[17] Im Buch ist von „gemischten Gefühlen" (Zeile 49) beim Betreten der ehemaligen Wohnung die Rede und später vom Mitfühlen mit einer Mutter, die ihren einzigen Sohn verloren hat (Zeile 106 f.). Im Interview wird die Geschichte zudem als eine „traurige" (Zeile 1) und „mit viel Emotionen verbunden[e]" (Zeile 3) angekündigt, die jedoch gerade deswegen erzählt werde. Wie auch im Buch wird das „Mitgefühl zu einer Mutter" (Zeile 87 f.) mehrfach thematisiert und später noch darauf hingewiesen, dass die Begegnung mit Frau Pech wirklich „eine sehr herzliche" (Zeile 103) war – bevor die unangenehme Entdeckung folgte. Diese wird durch keine Gefühlsbeschreibung, aber umso eindrucksvoller durch die dreimalige, den „Redeschwall" von Frau Pech umrahmende Bemerkung „Ich habe kein Wort gesagt" (Zeile 113, 127 und „ich sagte kein Wort", Zeile 120) und das stumme Weggehen des Erzählers (Zeile 127 ff.) indirekt bewertet.

Offen bleibt, worauf sich die evaluative Ankündigung der Geschichte(n) im Interview als „traurig" genau bezieht: Zunächst mag man annehmen, damit sei speziell die Nachricht vom Tod des Jugendfreundes und die Begegnung mit der Mutter, die den einzigen Sohn verloren hat, gemeint. Gestützt durch die Überlegung, ob die Mutter gedacht habe, „ja der Judenbub Ari, der, der hat es überlebt und mein Walter leider nicht" (Zeile 104–107 – so fast wörtlich auch im Buch Zeile 87–89) –, könnte auch das Schicksal beider Jugendfreunde in der Hitlerzeit gemeint sein: der eine musste wegen Lebensbedrohung die Heimat verlassen, der andere für diese Heimat sein Leben lassen. Nimmt man aber die Fortsetzung im Interview und auch die weiteren Beispielerzählungen im Buch hinzu, könnte auch die Zerrüttung des Verhältnisses zwischen jüdischen und nicht-jüdischen Menschen das „traurige" Hauptthema sein.

Sehr aufschlussreich für einen Vergleich der verschiedenen Erzählversionen ist ferner Brauers Anmerkung, dass Ari

Rath in ihrem Interview von 1995 ebendiese Begegnung mit Frau Pech unter „Schluchzen und Weinen" erzählt habe.[18] Man könnte daraus verschiedene Stufen der Verarbeitung ableiten: vom ganz unmittelbaren Betroffenheitsausdruck bei der Erzählung 1995, über die Wiederholung des Berichts im Interview von 1998, in dem das Mitgefühl nur noch verbalisiert und anschließend relativiert wird,[19] bis zur „allgemeingültigen" offiziellen Darstellung im Buch 2012, in der die Distanzierung vom Verhalten der Österreicher durch Beispiele bekannterer Personen verallgemeinert wird.

Ein Vergleich der mündlichen und der schriftlichen Fassungen ergibt also gewisse situations- und adressatenbezogene Unterschiede, aber auch Gemeinsamkeiten bis in die Einzelformulierungen hinein. Untersucht man die Stilmittel genauer, so fällt z.B. auf, dass Emotion nicht nur durch Versprachlichung der Gefühle (wie „traurig", „Mitgefühl", „mit gemischten Gefühlen", siehe oben) und Verhaltensbeschreibungen (wie „buchstäblich auf den Knien", Zeile 39 f.) ausgedrückt wird, sondern bevorzugt auch durch die direkten Reden, die die Handlung gewissermaßen in Szene setzen. Im Buch wird zu diesem Mittel der Verlebendigung nur zwei Mal gegriffen, auf dem Höhepunkt der Begegnung mit der neuen Bewohnerin (Zeile 43–47) und bei Frau Pechs überraschter Begrüßung (Zeile 78), im Interview jedoch enthalten alle hier wiedergegebenen Episoden Dialoge.

Für die Wiedergabe der Dramatik spielt dabei die Prosodie eine besondere Rolle. Rath ahmt die einzelnen Stimmen nach: die Angst und das Flehen der neuen Bewohnerin, aber auch die Verlegenheit in Frau Pechs „Redeschwall". Starke Variation in Tonhöhe, Lautstärke, Sprechrhythmus und Pausen sind die Hauptausdrucksmittel, die indirekt auch Stellungnahmen transportieren, wie Distanzierung, Ironie etc. Besonders ausdrucksvoll ist das sehr lang gesprochene „jaaa" (Zeile 31) des Hausverwaltersohns, bei dem in einer kontrastreichen Intonationskurve der Übergang von erster Antwortreaktion, Wiedererkennen, Erstaunen bis hin zu einer vermutlich etwas geheuchelten Freude zum Ausdruck kommt, ohne dass weitere Beschreibungen oder Kommentare nötig wären.

Bei einer gesprächslinguistischen Analyse wären außer den stilistischen und rhetorischen Mitteln z.B. auch die Auswirkungen der Interaktivität auf die Themenwahl und -gestaltung zu untersuchen. Da Ari Rath ein stark monologisierender Sprecher war, wirkt sich dies bei ihm allerdings weniger aus: die beiden Einwürfe der Interviewerin, Zeile 19 und 82, sind nicht gesprächssteuernd, sondern versichern den Erzähler ihrer Aufmerksamkeit, was ansonsten hier wohl eher durch Blickkontakt, Nicken und Ähnliches signalisiert wurde. Interessant wäre es, der Detaillierung, Raffung oder Auslassung einzelner Episoden genauer nachzugehen, was hier nur angedeutet werden konnte. Psychologisch besonders aufschlussreich sind ferner Phänomene, die die Identität und Selbstwahrnehmung der Sprecher betreffen, z.B. ob sich ein Sprecher als Agens oder Patiens der erzählten Begebenheit darstellt, oder wie er sich im Verhältnis zu damaligen Mitspielern vor heutigen Rezipienten positioniert.[20]

Bei mehrfach erzählten Begebenheiten, wie in den ausgewählten Beispielen von Rath, lassen sich oft auch perspektivische Veränderungen in der Wahrnehmung und Bewertung feststellen, wenn das erzählende Ich auf der Zeitachse zwischen damals und heute hin und her wechselt („looking at then, now", wie die *Oral History* es ausdrückt): Die damit einhergehenden Stellungnahmen zum Berichteten können neutral sein, sind aber als Wesensmerkmal der Textsorte Autobiographie eher wertend, z.B. bestätigend, distanzierend, kritisierend, entschuldigend etc. Während im Schriftlichen die Deixisverschiebungen oder Wertungen meist explizit gemacht werden (etwa durch Zeitangaben wie „damals/in dieser Phase meines Lebens", oder durch Evaluativa wie „unerklärlicherweise/erfreulicherweise/zu meinem Glück/damals beging ich den Fehler …", etc.), werden diese im Mündlichen oft nicht direkt benannt, sondern müssen aus ganz unterschiedlichen sprachlichen und nicht-sprachlichen Ausdrucksformen erschlossen werden. Dabei bleibt öfter auch eine Unsicherheit, wie weit sich das erzählende Ich mit dem erzählten Ich identifiziert oder von ihm distanziert. Besonders bei der Re-Inszenierung und Re-Emotionalisierung früherer Situationen lassen sich Perspektivenwechsel manchmal nicht klar abgrenzen (z.B. Zeile 89 „ich dachte jetzt nicht"), wodurch allerdings auch dem Fließenden und nicht endgültig Festschreibbaren menschlicher Identität Rechnung getragen wird.

Ari Rath hatte ein phänomenales Gedächtnis, das jeden seiner Gesprächspartner beeindruckte. Auch an diesen Erzählungen wird deutlich, dass er ein Schlüsselerlebnis seiner persönlichen Biographie trotz des großen zeitlichen Abstands vom Geschehen (47 Jahre beim Interview Brauer, 50 Jahre beim Interview Betten, 64 Jahre bis zur Buchfassung) sachlich, aber oft auch bis in die einzelnen Formulierungen hinein identisch wiedergibt. Durch den jeweiligen Kontext werden jedoch zum Teil andere Assoziationen wachgerufen, unterschiedliche Verknüpfungen vorgenommen und vor allem auf die Rezipienten abgestimmte informationelle und emotionale Schwerpunkte gesetzt. Der Vorteil der schriftlichen Version liegt darin, bis zur ausgefeilten Endfassung Details nachtragen und Korrekturen anbringen zu können. Das spontane, nicht veränderbare bzw. zurücknehmbare Wort hat demgegenüber den Vorzug, die Adressaten durch die Unmittelbarkeit des Emotionsausdrucks zu bewegen, auf ihre Reaktionen spontan zu reagieren und damit den Eindruck der Authentizität nachdrücklicher zu evozieren.[21]

Anmerkungen

1 Alle diese Aufnahmen mit Zusatzmaterialien sind über zwei Archive und ihre Web-Präsentationen öffentlich zugänglich: Am Institut für Deutsche Sprache Mannheim (IDS) über die Datenbank für Gesprochenes Deutsch (https://dgd.ids-mannheim.de), dort gegliedert in 3 Korpora: IS für das Stammkorpus (das von der Deutschen Forschungsgemeinschaft 1989–1994 gefördert wurde), ISW für seine Erweiterung 1998 bei einer Israelexkursion der Salzburger Germanisten mit Interviews von Ex-Wienern in Jerusalem, und ISZ für die 2. Generation 1999–2006 (die jüngsten Aufnahmen von 2017 f. sind noch nicht zugänglich). – In der Oral History Division (OHD) des Institute of Contemporary Jewry an der Hebräischen Universität Jerusalem, unter: http://aleph500.huji.ac.il/F/?func=file&file_name=find-b&local_base=hdohd&con_lng=eng (29. Oktober 2019) sind es 2 Korpora: 1. Generation (Project No. 234) und 2. Generation (Project No. 266), jeweils mit englischen Inhaltsangaben. 40 Interviews der 1. Generation (mit Transkripten) sind über die "Holocaust Oral History Collection" der OHD (> Catalog) als Projekt 234 "Jews born in German speaking countries ("Yekkes") - 50/60 years after their Aliya" auf YouTube zugänglich: https://multimedia.huji.ac.il/oralhistory/eng/catalog-en.html; direkter Link: https://www.youtube.com/playlist?list=PLZEGL 2eD5gA0fjcMBhV_YZk_6ecHK-QTc (28.9.2020)

2 Mit einem breiten Themenspektrum vgl. die Interviewausschnitte in: Anne Betten (Hg.): Sprachbewahrung nach der Emigration – Das Deutsch der 20er Jahre in Israel. Teil I: Transkripte und Tondokumente. Unter Mitarbeit von Sigrid Graßl. Tübingen: Niemeyer, 1995 (mit CD) (Phonai 42). Anne Betten, Miryam Du-nour (Hg.): Sprachbewahrung nach der Emigration – Das Deutsch der 20er Jahre in Israel. Teil II: Analysen und Dokumente. Unter Mitarbeit von Monika Dannerer. Tübingen: Niemeyer, 2000 (mit CD) (Phonai 45). Anne Betten, Miryam Du-nour (Hg.): Wir sind die Letzten. Fragt uns aus. Gespräche mit den Emigranten der dreißiger Jahre in Israel. Neuauflage Gießen: Psychosozial Verlag, 2004 (1.–3. Auflage Gerlingen: Bleicher, 1995–98). Einen Überblick über die Projekte und darauf fußende Forschungen vermittelt die Einleitung zu Simona Leonardi, Eva-Maria Thüne, Anne Betten (Hg.): Emotionsausdruck und Erzählstrategien in narrativen Interviews. Analysen zu Gesprächsaufnahmen mit jüdischen Emigranten. Würzburg: Königshausen & Neumann, 2016, S. VII–XVII. Eine laufend aktualisierte Publikationsliste zu den Israelkorpora findet sich unter: https://www.zotero.org/groups/2219390/israelkorpus/library

3 Vgl. zuletzt: Anne Betten: Autobiografische (Re-)Konstruktion am Beispiel schriftlicher und mündlicher Erzählungen von Holocaust-Überlebenden. In: Heidrun Kämper, Christopher Voigt-Goy (Hg.): Konzepte des Authentischen. Göttingen: Wallstein, 2018, S. 91–131.

4 Vgl. die Aufsätze in Betten, Du-nour: Sprachbewahrung, Teil II, S. 157–477. Ferner u. a. Anne Betten: Sprachheimat vs. Familiensprache. Die Transformation der Sprache von der 1. zur 2. Generation der Jeckes. In: Christian Kohlross, Hanni Mittelmann (Hg.): Auf den Spuren der Schrift. Israelische Perspektiven einer internationalen Germanistik. Berlin, Boston: de Gruyter, 2011 (Conditio Judaica 80), S. 205–228.

5 Die Textstellen finden sich ohne eingehendere Analyse auch in Anne Betten: Ari Raths Erzählungen von seiner ersten Rückkehr nach Wien. In: Festschrift zum 60. Geburtstag von Sylvia Hahn. Salzburg, 2017, S. 117–126 [Privatdruck, 1 Exemplar].
6 Sehr charakteristisch ist dies für die Interviewpartner der 2. Generation, die zum Teil oft die Sprache wechselten, je nachdem ob sie von der Kindheit mit Deutsch als Familiensprache oder von späteren Lebensabschnitten, v. a. ihrem Beruf, sprachen; vgl. dazu Anne Betten: Interkulturelle Verständigungs- und Beziehungsarbeit in deutsch-israelischen Dialogen. In: Simon Meier, Daniel H. Rellstab, Gesine L. Schiewer (Hg.): Dialog und (Inter-)Kulturalität. Theorien, Konzepte, empirische Befunde. Tübingen: Narr, 2014, S. 157–174.
7 Interview von Stefanie Brauer [später Oswalt] und Eva Lezzi mit Ari Rath am 25. September 1995, vgl. dazu Stefanie Brauer: Schriftliches und videographisches Zeugnis-Ablegen. Ein Vergleich. In: Cathy Gelbin, Eva Lezzi, Geoffrey H. Hartmann, u.a. (Hg.): Archiv der Erinnerung. Interviews mit Überlebenden der Shoah. Bd.I: Videographierte Lebenserzählungen und ihre Interpretationen. Potsdam: Verlag für Berlin-Brandenburg, 1998, S. 105–125. Brauer vergleicht darin diese wesentlich emotionalere mündliche Version mit dem, wie sie findet, „lapidare[n]", „nüchterne[n]" schriftlichen Beitrag von Ari Rath: Autobiographie. In: Erika Weinzierl, Otto D. Kulka (Hg.): Vertreibung und Neubeginn. Israelische Bürger österreichischer Herkunft. Wien, Köln, Weimar: Böhlau, 1992, S. 515–543. Brauers Interview von 1995 wurde mir erst 2018 bekannt, beeinflusste mich daher bei meinem Interview 1998 nicht, vielleicht aber die von Ari Rath abgerufenen Erinnerungen.
8 Ari Rath: Ari heißt Löwe. Erinnerungen. Aufgezeichnet von Stefanie Oswalt. Wien: Paul Zsolnay Verlag, 2012. Eine Videoaufnahme der ausführlichen Buchvorstellung im Literaturhaus Salzburg vom 5. November 2012 mit Ari Rath, Albert Lichtblau, Anne Betten ist wegen Einspruchs des Verlags leider nicht im Netz verfügbar.
9 Formulierungsdetails stammen daher nicht immer von Rath, das Wesentliche aber doch.
10 Vgl. DGD, Korpus ISW: ISW_E_00019 (PID = http://hdl.handle. net/10932/00-0332-C437-34DC-5B01-D) (1. November 2019).
11 So z. B. im Dokumentarfilm des ORF „Die Porzellangassenbuben – Ari Rath und Eric Pleskow im Gespräch", 2011.
12 Gleiche Passagen stehen möglichst parallel und sind grau unterlegt. Nicht voll verständliche, sondern eher erratene Wörter sind in runde Klammern gesetzt, unverständliche als (xxx), Abbrüche durch Querstrich und Pausen durch Sternchen gekennzeichnet.
13 Rath: Ari heißt Löwe, S. 106.
14 Rath, ebd., S. 107.

15 Rath, ebd., S. 108 f. Diese Geschichte findet sich auch in Rath: Autobiographie, S. 524.

16 Die meisten unserer Interviewpartner berichteten, dass sie bei der ersten Rückkehr nach Deutschland bzw. Österreich persönliche Begegnungen vermieden und oft auch die deutsche Sprache verweigert haben; in jedem Fall aber war die erste Wiederbegegnung sehr emotionsgeladen, vgl. dazu Anne Betten: Die erste Reise zurück nach Deutschland. Thematische Fokussierung und Perspektivierung in Erzählungen jüdischer Emigranten. In: Martin Hartung, Arnulf Deppermann (Hg.): Gesprochenes und Geschriebenes im Wandel der Zeit. Festschrift für Johannes Schwitalla. Mannheim: Verlag für Gesprächsforschung, 2013, S. 115–144. Mit Audio-Dateien abrufbar unter http://www.verlaggespraechsforschung.de/2013/pdf/betten.pdf (30. Oktober 2019).

17 Zu den expliziten und impliziten Ausdrucksmöglichkeiten von (erinnerten) Gefühlen in den Interviews des Israelkorpus vgl. Simona Leonardi: Erinnerte Emotionen in autobiographischen Interviews. In: Leonardi, Thüne, Betten, Emotionsausdruck, S. 1–45, Sabine E. Koesters Gensini: Wörter für Gefühle. Der lexikalische Ausdruck von Gefühlen im Israelkorpus. In: ebd., S. 123–169. Grundsätzlich zu den unterschiedlichen verbalen und nonverbalen Ausdrucksformen von Emotion vgl. Monika Schwarz-Friesel: Sprache und Emotion. Tübingen: Francke, ²2013, und spezieller Dies.: Giving horror a name. Verbal manifestations of despair, fear and anxiety in texts of Holocaust victims and survivors. In: Ulrike M. Lüdtke (Hg.): Emotion in Language. Theory – research – application. Amsterdam: John Benjamins, 2015, S. 289–303.

18 S. Brauer [Oswalt], Schriftliches und videographisches Zeugnis-Ablegen, S. 116.

19 So hält bereits Brauer für diesen besonders emotionalen Moment in ihrem Interview fest: „die gefundene Formulierung erlaubt auch den psychischen Rückzug hinter die Formulierung" (S. Brauer, ebd., S. 122).

20 Ari Rath stellt sich in unseren Beispielen immer als selbstbestimmt Handelnder, grammatisch meist als Subjekt dar – im Mündlichen noch mehr als im Schriftlichen: Erscheint er im Schriftlichen auch mal als Objekt, wie in „Natürlich hatte mich Ben Natan […] mit Empfehlungsschreiben ausgestattet" (Zeile 6 ff.), so wird der „Auftrag" im Mündlichen in eine Konstruktion mit Ich-Subjekt eingebettet: „ich hatte einen Auftrag von" (Zeile 5 f.); für „Er erkannte mich sofort" (Zeile 33) steht im Mündlichen „ich habe ihn sofort erkannt" (Zeile 28 f.), etc.

21 Einen aktuellen Überblick über die Forschung zu unterschiedlichen Phänomenen mündlichen Erzählens gibt Jarmila Mildorf: Mündliches Erzählen/Alltagserzählungen. In: Martin Huber, Wolf Schmid (Hg.): Grundthemen der Literaturwissenschaft: Erzählen. Berlin, Boston: de Gruyter, 2018, S. 229–243.

Alana Sobelman
Approaching the Unspeakable:
Towards a Conceptual Study of Unspeakability in Holocaust Autobiography

In her scholar-autobiography of the Holocaust entitled *Smothered Words* (*Paroles suffoquées*), Sarah Kofman addresses one of the multiple double binds, or paradoxes, of testimonial writing of the Holocaust, stating: "If no story is possible after Auschwitz, there remains, nonetheless, a duty to speak, to speak endlessly for those who could not speak because to the very end they wanted to safeguard true speech against betrayal. To speak in order to bear witness."[1] Kofman answers to this duty with a number of rhetorical questions:

But how? How can testimony escape the idyllic law of the story? How can one speak of the 'unimaginable' – that very quickly became unimaginable even for those who had lived through it – without having recourse to the imaginary? And if, as Robert Antelme says, literary artfulness alone can overcome the inevitable incredulity, is testimony not impaired by the introduction, with fiction, of attraction and seduction, where 'truth' alone ought to speak?[2]

Kofman, whose book is dedicated to her father Bereck Kofman, friend and writer Robert Antelme, and in homage to Maurice Blanchot, echoes Blanchot in the above quotation. In *The Writing of the Disaster* Blanchot states: "The disaster [...] is what escapes the very possibility of experience [...] is the limit of writing. This must be repeated: the disaster de-scribes."[3] When combined, these quotations, which emphasize the multidimensionality of experiencing, processing, and writing about the Holocaust, serve as the entry point into the following discussion. The following essay serves three primary objectives: first, it briefly considers some viewpoints on the notion of "unspeakability" in the context of Holocaust narratives; second, by way of examining two autobiographical texts –

Still Alive by Ruth Klüger and *Smothered Words* by Sarah Kofman – this essay contributes to the discussion of unspeakability in Holocaust narratives by providing an alternative or additional way of understanding the notion that takes into account the writer's own self-reflexive entry into the text that is written; and, finally, this essay raises important questions regarding the complexities inherent in the multifarious relationships that writers of limit experiences have with their experiential selves, with their remembering selves, and with the words they form on the page. Rather than provide two independent studies of the life writing of Sarah Kofman and Ruth Klüger, my intention is to give both separate and also singular voices to the writings of these two authors, and to offer an exercise in elevating Holocaust life writing itself to the level of the author, yet removed from the author. As Maurice Blanchot points out of Holocaust writing, an author who recounts and writes of the Holocaust is ultimately "a witness to the unencounterable", and in this sense such an author is forced into a grappling with the repetitive contradictions inherent in witnessing, remembering, and writing.

The subject of the Holocaust's "unspeakability" has been addressed by a number of scholars. Referring to Sigmund Freud in particular, a psychoanalytic approach to unspeakability centers around the capacity of all traumas to evoke a kind of "conscious forgetting" wherein the conscious mind provides a protective shield against the destructive forces of the reality of the traumatic event, now under the cloak of the unconscious. This conscious forgetting, according to the most basic theory of trauma in psychoanalysis, serves to assist survival for some time, but is indubitably followed by a return of the traumatic events in representational form, via flashbacks, hallucinations, nightmares, and the like. Yet this kind of "unspeakability" of the Holocaust is a kind of cover for what, ultimately, *must* be spoken, lest a survivor become overcome by his or her traumatic returns to a point of severe neuroses, or in extreme cases, complete psychosis.

For Freud and his followers, one cannot speak of a trauma for fear of its return but also because he or she cannot bring the events to surface themselves.

Utilizing a Freudian approach when confronting the subject of unspeakability, scholar Berel Lang addresses the notion in terms of a "negative rhetoric". He writes: "We hear [the Holocaust] referred to as unspeakable, and we usually hear afterward a fairly detailed description of what is unspeakable, that description intended, of course, to prove that the designation was warranted."[4] Lang invites an understanding of the Holocaust as unrepresentable due to the psychological strain induced by attempting recollection of their experiences.

Still another and very different approach to unspeakability of traumatic events, and more specifically the Holocaust, is taken up by Theodor Adorno, whose widely mischaracterized phrase, "to write poetry after Auschwitz is barbaric"[5], imagined the Holocaust as "unspeakable" in the place (Europe), era (mid-twentieth century), and culture (European, and Weimar culture in particular) which spawned a poetry known and loved by the very culture that gave way to the Holocaust. "Unspeakability" of the Holocaust is, in the case of Adorno, an obligation for all except for those who were direct witnesses to the atrocity in its many configurations. And for those who, like Primo Levi, would go on to write literature and poetry related to Auschwitz, Adorno finds confirmation in his idea that all poetry which will be written after Auschwitz leads back, unquestionably, to Auschwitz.

As the following analysis illustrates, still other modes of unspeakability pervade Holocaust autobiographical texts, and they do so via distinct modes of self-reflexivity in their writing. The present article focuses on two traumatic Holocaust pasts, recollected in written form. The two writers examined here – Vienna-born scholar of German literature, Ruth Klüger, and Paris-born philosopher Sarah Kofman – in varying ways, each deal with the problematics of unspeakability in their autobiographical texts. Specifically, and in very different ways, these writers respond *as authors* to the notion and experience of unspeakability in writing their works.

Ruth Klüger's *Still Alive* is, from the start, a highly reflexive work of autobiography. Early on in the narrative, following a memory sketch of visiting her cousin Hans, one of her few surviving family members, decades after the Holocaust, she states:

My head is a warehouse of such tales and reflections. And I crave more. I read them and listen to them. Though with the passing years many fervent convictions, and certainly all manner of faith, has drained out of me, I still seem to believe in the principle 'Knowledge is power,'…[6]

Self-reflexive anecdotes such as this are a characteristic feature of her work. While the chapters of *Still Alive* are divided nearly chronologically and entitled according to location ("Vienna", "Concentration Camps", "Germany", "New York"), Klüger's "hovering" over the text throughout allows her to make proclamations about the experiences she has just written, enables her to question the validity of her own memory in the face of a perhaps skeptical readership, if not herself as skeptic, and provides her the opportunity to illustrate her knowledge of German literature and to share experiences as a female scholar in an American academy. But what is most fascinating in *Still Alive* in the present context is Klüger's demonstration of self-reflexivity as a *response* to unspeakability. Klüger does not focus on unspeakability as a great challenge; rather the challenge of providing testimony for Klüger seems to be linked to the impossibility of remembering, not that of retelling itself.

Klüger approaches writing of the Holocaust with a focus *not* on what cannot be spoken, but rather on what cannot be *said*. She writes:

Now comes the problem of this survivor story, as of all such stories: we start writing because we want to tell about the great catastrophe. But since by definition the survivor is alive, the reader inevitably tends to separate, or deduct, this one life, which she has come to know, from the millions who remain anonymous. You feel, even if you don't think it: well, there is a happy ending after all. Without meaning to, I find that I have written an escape story, not only in the literal but in the pejorative sense of the word.[7]

Klüger's writing, as she herself acknowledges, will never represent what *actually happened there*; she recognizes unspeakability as a triangular struggle between the dead who cannot speak, the survivor who cannot speak in place of the dead, and the listener who cannot separate the survivor from the murdered.

In another mention of the act of remembering and writing, Klüger reflects on her decision to write of a memory sketch in which her mother was beaten for yelling at an officer in *Birkenau* concentration camp. She writes:

I have never talked about it. I thought, I can write this down, and planned instead to mention that there are events that are indescribable. Now that I have written it, I see that the words are as common as other words and were no harder to come by ...[8]

Surprisingly, Klüger does not delve into this issue of the commonality of words any further and instead makes a reference to Freud, stating: "The memory is connected with an overwhelming sense of shame, as if a superego had been dragged into the ditch water of the id."[9] While shame may be for Klüger one of the overriding challenges of recalling traumatic memories, she also reflects on the paradox of language in its use for depicting the Holocaust. *Still Alive* details Klüger's early childhood experiences in Vienna, in transport, in three concentration camps, in liberation and her eventual move to the United States. Her insistence on remembering and her occasionally apologetic admittances to the impossibility of providing a completely unvarnished version of her experiences before, during, and immediately following the Holocaust, is compounded by a challenge of writing which she does not openly reflect upon, but which nevertheless occupies her memory recollections. Utilizing Blanchot's work on what, for the purpose of this essay, may be termed "disaster writing", important connections may be made between Ruth Klüger's and Sarah Kofman's writings about the Holocaust. The comparison provided here sheds light on the way in which both writers cope with the impossible task of thought or physical "utterance" (in speech or writing) of the disaster, and the paradox of having lived through an atrocity that forces upon them the impossible task of speech.

In her autobiographical work, *Smothered Words*, Sarah Kofman refers to the Holocaust as unspeakable for several reasons. She asks the following critical questions, perhaps posed to herself, perhaps to her reader, perhaps to Blanchot, Antelme, and her father:

How [...] can one tell that which cannot, without delusion, be 'communicated'? That for which there are no words – or too many – and not only because the 'limit experience' of infinite privation, like all other experiences, cannot be transmitted? How it is possible to speak, when you feel a 'frenzied desire' to perform the impossible task – to convey the experience just as it was, to explain everything to the other, when you are seized by a veritable delirium of words – and yet, at the same time, it is impossible for you to speak. Impossible without choking. As if, at the very moment of liberation and victory, the long withholding of speech, carefully protected against all compromise with the language of power, creates for the man who has been living on the brink of Hell [...] a strange double bind: an infinite claim to speak, a duty to speak infinitely, imposing itself with irrepressible force, and at the same time, an almost physical impossibility to speak, a choking feeling. Knotted words, demanded and yet forbidden, because for too long they have been internalized and withheld, which stick in your throat and cause you to suffocate, to lose your breath, which asphyxiate you, taking away the possibility of even beginning. To have to speak without being able to speak or to be understood, to have to choke...[10]

One may first take note of Kofman's reference to the physical impossibility of speech, the *choking* that ensues when one tries to tell. Unlike Klüger, Kofman does not make memory itself the site of absence or impossibility of speech, but rather marks the inability of speech itself to convey truthfully, or perfectly, an experience which must be told in absolute truth, which of course is itself not possible considering the fact of subjective experience. Near the beginning of the text, Kofman writes: "Because he was a Jew, my father died in Auschwitz. How can it not be said? And how can it be said? How can one speak of that before which all possibility ceases? Of this event, my absolute, which communicates with the absolute of history, and which is of interest only for this reason."[11] She then refers to a list, which she found archived in the Serge Klarsfeld Memorial collections. She inserts the historical document in *Smothered Words*, not in an appendix, but rather as an appendage, a vital part of the narrative life of *Smothered Words*. Kofman first explains the document, which is a list of Parisian deportees to the Drancy concentration camp, some sent for labor, others for immediate death. For Kofman, the list reveals the following:

My father: Bereck Kofman, born on October 10, 1900, in Sobin (Poland), taken to Drancy on July 16, 1942. Was in convoy no. 2, dated July 29, 1942, a convoy comprising 1,000 deportees, 270 men and 730 women (aged 36 to 54): 270 men registered 54,153 to 54,522; 514 women selected for work, registered 13,320 to 13,833; 216 other women gassed immediately.[12]

Her commentary on the list of facts reads:

It is recorded, there, in the Serge Klarsfeld Memorial: with its endless columns of names, its lack of pathos, its sobriety, the 'neutrality' of its information, this sublime memorial takes your breath away. Its 'neutral' voice summons you obliquely; in its extreme restraint, it is the very voice of affliction, of this event in which all possibility vanished, and which inflicted on the whole of humanity, [as Blanchot writes] 'the decisive blow which left nothing intact.' This voice leaves you without a voice, makes you doubt your common sense and all sense, makes you suffocate in silence ...[13]

The voice of the list is neutral, as is Kofman's reflection of the list – smoothly shifted from statistics to reflected experience – a hidden "I", a kind of Kafkian voice that "leaves you without a voice", like a list of the dead, like a reference to that list in narrative form. Kofman's coping with unspeakability now seems an almost harrowing act of "de-describing", perhaps something akin to *in*scribing, in order to speak *through* the choking, to tell despite the devastation brought on by telling.

I have not come across a study which links the autobiographical works of Sarah Kofman and Ruth Klüger in terms of unspeakability and the act of writing, but I find it necessary to point out that Klüger's and Kofman's autobiographical texts reveal that the two writers appear to have experienced strikingly similar life circumstances. Both Klüger's and Kofman's fathers were brutally murdered by the Nazis – both fathers had been first deported via Drancy, Kofman's father to Auschwitz, Klüger's father to the Baltic states; both women were fourteen years old at the time of their fathers' murders, and though Kofman remained in Paris and surrounding areas for the duration of the war and Klüger was transported between concentration camps, both writers call close attention to the erratic nature and sometimes disturbing details of their relationships with their mothers. These points, I believe, are worth exploring, particularly in connection with the use of self-reflexivity as a tool for distancing the writing self, making the one who writes an integral yet always completely foreign figure in the trauma narrative.

This paper aimed at making both a clear distinction but also intimate connection between Ruth Klüger's and Sarah Kofman's autobiographical works, particularly in reference to the notion of unspeakability and the Holocaust. I have argued that both writers take on the issue of unspeakability in their writing in ways that encourage new readings of their works and perhaps the works of others. Sarah Kofman's emphasis, I claim, is on the act of telling and unspeakability being the result of physically, and also linguistically, "choking" on words that risk being lost or *smothered*. Ruth Klüger's focus with regard to unspeakability is on the impossibility of true and unimpaired memory recollection, which for her makes speaking (or rather, retelling), a redundant or seemingly senseless act. However – and this warrants a discussion of the topic as it relates to other autobiographers as well – both writers agree on a primal *need* to *speak*, whether because one wishes to be heard, to be believed or understood, or to, more simply but more devastatingly, to be confirmed in still living, of having survived.

Notes

1 Sarah Kofman: Smothered Words, trans. Madeleine Dobie. Evanston, Illinois: Northwestern University Press, 1998, 36.
2 Kofman, ibid., 36.
3 Maurice Blanchot: The Writing of the Disaster, trans. Anne Smock. Lincoln: University of Nebraska Press, 1995, 7.
4 Berel Lang: Holocaust Representation. Art within the Limits of History and Ethics. Baltimore: Johns Hopkins University Press, 2000, 18.
5 Theodor W. Adorno: Cultural Criticism and Society. In: Prisms. Cambridge, MA: MIT Press, 1983, 17–34.
6 Ruth Klüger: Still Alive. A Holocaust Girlhood Remembered. New York: Feminist Press at City University of New York, 2001, 18.
7 Klüger, ibid., 138.
8 Küger, ibid., 111.
9 Klüger, ibid., 111.
10 Kofman: Smothered Words, 38-39.
11 Kofman, ibid., 9.
12 Kofman, ibid., 10.
13 Kofman, ibid., 10-11.

Sanna Schulte
Verschiebungen auf die Metaebene.
Das autobiographische Schreiben und seine Selbstverortung zwischen Erinnerungsliteratur und politischer Stellungnahme bei Manès Sperber und Ruth Klüger

Mit autobiographischer Erinnerungsliteratur verknüpft ist das Potential, nachfolgenden Generationen über eine historische Perspektive hinaus zeitgeschichtliches Erleben und Reflektieren aus dem individuellen und klar erkennbar subjektiv geprägten Blickwinkel zu vermitteln. Im Fokus dieses Beitrags soll die Darstellung der eigenen Position im Kontext gesellschaftlicher Debatten und ihrer Plausibilisierung gegenüber der Leserschaft in den Autobiographien zweier AutorInnen stehen. Anhand des autobiographischen Romans *Wie eine Träne im Ozean* von Manès Sperber und der Autobiographie *weiter leben* von Ruth Klüger wird untersucht, inwiefern die Autobiographie als Gattung die Möglichkeit bietet, die vergangenen Erfahrungen der Lebensgeschichte im Dialog mit einer aktuellen politischen Stellungnahme abzubilden. Dabei soll erstens gezeigt werden, inwiefern die Lebensgeschichte um eine Metaebene bereichert wird, auf der selbstreflexiv das Schreiben und Erinnern thematisiert wird, und zweitens plausibel gemacht werden, wie gerade durch die Metaebene das Potential der Autobiographie entfaltet wird, die verschiedensten Stränge der Vergangenheit und Gegenwart netzartig zusammenzuführen. Auf diese Weise gelingt es den genannten autobiographischen Texten, neben dem Verlauf eines eigenen Lebens auch permanent die eigene Positionierung zu politischen und gesellschaftlichen Fragestellungen zu fokussieren. Wie wird besonders das autobiographische Schreiben auch als Mitwirkung am gesellschaftlichen Entwicklungsprozess inszeniert und legitimiert?

Über die Brüche in den Lebensgeschichten Verfolgter und ihre Konsequenzen für das autobiographische Erzählen

Das autobiographische Schreiben von Verfolgten, Geflüchteten, Überlebenden, politischen AktivistInnen und WiderstandskämpferInnen ist stärker als das anderer AutobiographInnen mit Diskontinuitäten in der Lebensgeschichte konfrontiert und muss mit diesen im schriftlichen Entwurf des eigenen Lebens umgehen. Es lässt sich hier schon zu Beginn die These aufstellen, dass es besonders diese mit Diskontinuitäten und Brüchen versehenen Autobiographien sind, in denen nicht nur die einzelne AutorInnenfigur und ihre (selbstbestimmte) Lebensgeschichte im Vordergrund stehen, sondern immer auch die politische und gesellschaftliche Entwicklung, die die individuelle Selbstbestimmung in Frage stellt und damit gleichsam zu einem Antagonisten wird, der den Lebensweg manchmal stärker beeinflusst als die ProtagonistInnen selbst. Nicht verwunderlich ist es daher, dass es besonders die Autobiographien von Überlebenden sind, in denen die Lebensgeschichte nicht oder zumindest nicht kontinuierlich als eine selbstbestimmte und unabhängige erzählt wird; stattdessen rückt eine Perspektive in den Mittelpunkt, in der die Lebensgeschichte von vielen Faktoren beeinflussbar ist und das Individuum – auch über die Extremsituation der Verfolgung hinaus – stärker in gesellschaftlichen und politischen Zusammenhängen verortet wird.

Eine durch die Gräueltaten des Zwanzigsten Jahrhunderts fundierte transzendentale Obdachlosigkeit bleibt nicht ohne Folgen für die Erzählung der eigenen Lebensgeschichte. Das Fehlen sinnstiftender Zusammenhänge macht aus dem Erzählen ein unsicheres Unterfangen, das sich nicht mehr an vorgegebenen Narrativen orientieren kann. Die Autobiographien Überlebender sind häufig geprägt von Zufall. Dieser Zufall führt dazu, dass narratologische Prinzipien einer traditionellen Autobiographie, die in der Linearität des Erzählens und des Erzählten dem klassischen Bildungsroman ähnelt und die Geschichte einer Entwicklung präsentiert, zugunsten anderer Erzählprinzipien zurücktreten. Damit wird weniger eine natürliche oder eine gottgegebene oder eine vom Individuum vollständig selbstbestimmte Lebensgeschichte erzählt, sondern eine von Zufälligkeiten einerseits und von Ausgeliefertsein an politische Machtverhältnisse andererseits geprägte Lebensgeschichte. Was bedeutet das für die Narration? In die horizontale Linie der Erzählung eines Lebens werden – herausgefordert durch die lebensgeschichtlichen Brüche: die Verfolgung, der Widerstand, Lagererfahrung und/oder Exil – Vertikalen geschlagen und Exkurse eingebettet über die Bedeutung historischer Ereignisse, politischer Entwicklungen bis in die Gegenwart des Schreibprozesses und aktueller Perspektivierungen des Geschehens für den autobiographisch Schreibenden. Damit erfolgt eine Verschiebung, die erstens das Zusammenspiel von erzählendem und erzähltem Subjekt in der Autobiographie noch verstärkt und zweitens die Autobiographie für die Verhandlung von Diskursen öffnet, die nicht selten Anschluss an wissenschaftliche Disziplinen sucht.

Ein Vergleich mit Nietzsches Autobiographie *Ecce homo*[1], in der das traditionelle Narrativ der Autobiographie, das Leben vom Ende her erinnernd zu erzählen und zu deuten, bis zur Parodie strapaziert wird, kann hier die Veränderung des autobiographischen Erzählens besonders deutlich machen: Das Kapitel *Warum ich Schicksal bin*[2] bezieht sich zwar auf die Schicksalshaftigkeit des Daseins Nietzsches für die gesamte Menschheit, lässt sich aber auch darauf beziehen, dass er sein Leben – zumindest in der Rückschau oder gerade aufgrund der Perspektive der Rückschau – als vorbestimmt begreift. Dementsprechend lautet der erste Satz dieses Abschnitts, wiederum auf Vergangenheit und Zukunft bezogen: „Ich kenne mein Los."[3] Aus dieser Perspektive zu erzählen, bedeutet auch, die Vergangenheit als logische Konsequenz der Gegenwart zu denken: *Wie man wird, was man ist*[4], lautet folgerichtig der Untertitel der Autobiographie.

Es ist der Perspektive der Autobiographie geschuldet, dass sie fast notwendigerweise von der Gegenwart ausgeht und die Vergangenheit nach ihr deutet. Das Leben ordnet sich nicht nach dem, was hätte sein können, sondern nach dem, was tatsächlich kommen wird – diese Perspektive beschneidet jede erzählte Gegenwart um ihre vielfältigen Optionen hin auf eine einzige, schicksalhafte Entwicklung, wobei diese Vorbestimmtheit ganz unterschiedlich ausgeprägt sein kann. Dass diese Perspektive besonders für die Überlebenden des Holocaust hinfällig wird, erschließt sich über die Bedeutung des Zufalls für ihr Überleben. Bewusst werden die in den Autobiographien von Überlebenden geschilderten Situationen der Todesangst und Nähe zum Tod offengehalten für die Möglichkeit eines anderen Ausgangs als den des Überlebens. So ist das Bewusstsein der Zufälligkeit ihres Überlebens vielen Autobiographien von Überlebenden gemeinsam und verändert das gattungsspezifische Narrativ.

Ausgehend von einer Aussage Primo Levis über die Zufälligkeit des Überlebens im Konzentrationslager macht Christoph Pflaumbaum in seinen Überlegungen zum Zufall als ausschlaggebendem Faktor über Leben und Sterben plausibel, dass in den Texten Überlebender nicht etwa irgendwas, das das verfolgte Individuum ausmacht, sei es Charakter oder Intellekt oder Stärke, sondern in erster Linie unkalkulierbares Glück das Überleben bestimmt.[5] Das Ausgeliefertsein an den blinden Zufall löst in der Frage nach dem Überleben alle individuellen Handlungsspielräume ab. Die „unlogische und unmoralische Wirklichkeit"[6] des Lagers lässt sich nicht annähernd mit den Maßstäben selbstbestimmten Handelns oder logischen Denkens messen, die außerhalb des Lagers gültig sind. Der Auschwitz-Häftling sei, so Primo Levi, wie ein Wurm, der wisse, „daß er jeden Augenblick zertreten werden kann".[7] Pflaumbaum kann plausibel machen, dass Primo Levi „mit dem dezidierten Hinweis auf den Zufall als Überlebensfaktor während der nationalsozialistischen Verbrechenszeit keineswegs eine

Ausnahme"⁸ darstellt, so reflektiere beispielsweise auch Elie Wiesel „sein Überleben in einer ,Welt der Zufälligkeiten', die im Zeichen von Diaspora und Exil den Zusammenhang von Ursache und Wirkung nicht mehr sichtbar werden lasse."⁹

Die Texte von Manès Sperber und Ruth Klüger sollen im Folgenden auf die Gestaltung der Narration hin untersucht werden, die auch der Zufälligkeit des Überlebens Rechnung trägt. Gerade weil es sich bei Manès Sperbers *Wie eine Träne im Ozean* nicht um eine Autobiographie handelt, sondern um einen autobiographischen Roman, und Ruth Klügers *weiter leben* sich dagegen durch eine strikte Abstinenz in Bezug auf eine Fiktionalisierung auszeichnet, kann in der beiden Texten gemeinsamen Verlagerung des Erzählens auf eine Metaebene Paradigmatisches erkannt werden.

Der Revolutionär zwischen politischer Erkenntnis und stabilem Selbstbild – über Manès Sperbers *Wie eine Träne im Ozean*

Dass neben der dreiteiligen Autobiographie Manès Sperbers mit dem Titel *All das Vergangene* auch seine Romantrilogie *Wie eine Träne im Ozean* starke autobiographische Facetten aufweist, belegen nicht nur die Vergleichbarkeit vieler Aspekte beider Texte und die Aussagen des Autors, sondern darüber hinaus auch der Fokus des Romans auf die Persönlichkeitsentwicklung der zentralen Figur sowie auf die Themenfelder Schreiben und Erinnern. Die Reflexionen der Prozesse des Schreibens und Erinnerns gehen eine Verbindung ein, die für die klassischen Autobiographien charakteristisch ist. Die im Vorwort skizzierte Bewegung des Textes steht zunächst noch im Gegensatz zum Konzept von Biographien und Autobiographien, denn hier werden die LeserInnen vorgewarnt, das „Dunkel eines Augenblicks [trenne] eine Szene von der anderen"[10]: Die Vielfalt und Unübersichtlichkeit der Handlungsorte und Figuren – auf den ersten Blick nur zusammengehalten vom wandernden Scheinwerferlicht der Erzählung – steht dem (auto)biogra-

phischen Erzählstrang entlang einer einzigen Lebensgeschichte entgegen:
Das Licht wandert dorthin, wo die Handlung es braucht. Was wie eine Episode aussieht, wird sich 300 Seiten später als ein höchst bedeutungsreicher Teil der Haupthandlung enthüllen; der Mann, der zuerst die zentrale Figur zu sein scheint, wird langsam zu einer Nebenfigur. Der Vordergrund tritt häufig zurück, der Hintergrund wird zum Zentrum der Handlung, ehe ihn das Dunkel wieder einhüllt.[11]

Es ist dann aber besonders die Entwicklungslinie des Textes, die nicht nur die Fäden der Erzählung bei der zuvor noch unauffälligen und wie beiläufig eingestreuten Hauptfigur Denis (Dojno) Faber zusammenlaufen lässt und seine Entwicklung fokussiert, sondern sich auch insofern der (Auto)Biographie annähert, als Faber gegen Ende seiner Lebensgeschichte vom Revolutionär zum Schreibenden wird. Damit wird ein klassisches Moment der (Auto)Biographie aufgerufen: Die erzählte Lebensgeschichte führt von der Vergangenheit in die Gegenwart und mündet in der Schreibszene des Abfassens der Autobiographie.

Der Wechsel zwischen Aktion und Reflexion, der für die politisch denkenden und handelnden Hauptfiguren von *Wie eine Träne im Ozean* zentral ist, lässt sich auch für den Erzählstil des autobiographischen Romans geltend machen. Temporeiche Passagen, die anschaulich gefährliche politische Aktionen, Widerstandshandlungen und revolutionäres wie kriegerisches Geschehen schildern, wechseln mit Passagen, in denen – nicht weniger spannend – Überzeugungen und Gesinnungen ausgebreitet und hinterfragt werden und den Raum für Zweifel und Irritationen eröffnen, die in der politischen Aktion keinen Platz haben. Im Folgenden sollen die im Laufe des Romans an Umfang zunehmenden, reflektierenden Passagen anhand zweier leitmotivisch widerkehrender und mit dem Reflexionsprozess eng verknüpften Tätigkeiten, dem Erinnern und dem Schreiben, in ihrer Schlüsselrolle für das Konzept des Textes analysiert werden.

Bereits in den ersten Kapiteln werden Erinnerungsprozesse reflektiert, die hier noch vergleichsweise banal auf eine unglückliche Beziehungskonstellation bezogen sind, während sie schon in ihrer Struktur auf das zentrale Thema des Textes und des Lebens der Revolutionäre, die Desillusionierung und die zunehmende Distanz zur Partei verweisen. Josmar kann sich nicht aus einer zerrütteten Ehe lösen, denn die „Bilder der Erinnerung" überfallen ihn wie eine Kindheitsangst mit enormer Macht. Das Vergangene, das „in fast unbewegten Bildern" auftaucht und „sich breitspurig zur Gegenwart" macht, lässt ihn nicht los und stellt sich einer Trennung – die allein vom Standpunkt der Gegenwart betrachtet längst notwendig geworden ist – in den Weg.[12]

Die Gefahr, in der Gegenwart handlungsunfähig zu werden, weil die Vergangenheit zu präsent ist, wird paradoxerweise besonders in Dojnos Schilderung der entbehrungsreichen Lagerzeit plausibel, in der die Gefangenen „die furchtbare Gewalt"[13] der tagsüber alles beherrschenden Gegenwart zu verdrängen versuchen, indem sie sich nachts in die Erinnerung an die Vergangenheit flüchten:

So brach das frühe Alter über uns herein, da nur das Vergangene uns Leben war. Wie ein Geblendeter, so tastete sich ein jeglicher zurück in das Gewesene, noch einmal trank er den getrunkenen Trank, noch einmal umarmte er zum erstenmal eine Frau, noch einmal las er zum erstenmal ein Buch. […] Es brauchte nicht lange und man wurde dessen gewahr, wie gefährlich die tägliche Alleinherrschaft der Gegenwart und wie trostlos lähmend der nächtliche Trost der Vergangenheit werden mußte.[14]

Erst die Reflexion dieses Verhältnisses von Vergangenheit und Gegenwart ermöglicht das Ausbrechen aus der Handlungsunfähigkeit, die Abkehr von der Flucht in die Erinnerung schafft Raum für die Planung der Flucht aus dem Lager.[15] So lebensnotwendig der Fokus auf die Gegenwart und die Aktion in diesem konkreten Fall ist, so lebensfeindlich ist die Abkehr von der Vergangenheit in der politischen Perspektivierung. Der Geschichtsprofessor

Stetten[16], der für Dojno lange Lehrer und Mentor war und der ihm ein so wichtiger Dialogpartner wird, dass die beiden beschließen, gemeinsam ein Buch zu schreiben, warnt ihn wiederholt vor der Geschichtsvergessenheit und Geschichtsfälschung seiner Partei, deren einzige Kategorie die Zukunft zu sein scheint: „Den Gegenwartsfanatikern und den ihnen zugesellten Zukunftsträumern haben wir das Bewußtsein der Vergangenheit entgegenzusetzen, vor ihnen haben wir die Zukunft zu retten, indem wir für sie die Werte retten, die jene der Gegenwart opfern möchten."[17] Was die Korrumpierbarkeit derjenigen, die an der Macht sind, und ihren Umgang mit der Vergangenheit angeht, bezieht der Historiker Stetten auch im weiteren Geschehen immer wieder selbstbewusst Stellung. Es sei „die spezifische Dummheit der Mächtigen", so sagt er einem ehemaligen Schüler, der sein Geschichtsbild dem jeweiligen Bedürfnis der Partei anzupassen versteht und damit zu einer wichtigen Position gelangt ist, „daß sie glauben, sie könnten die Vergangenheit beliebig ändern".[18]

Die Generallinie der Partei lässt sich als Narrativ begreifen, das dem Geschichtsverständnis Stettens diametral gegenübersteht, sie lässt sich andererseits auch als Narrativ begreifen, das dem der Autobiographie nicht unähnlich ist, denn das „tyrannische Gesetz des Vergessens", das die Partei vorschreibt, ist dem individuellen Gedächtnis insofern vergleichbar, als auch dieses in einer paradoxen Umkehrung die Gegenwart zur notwendigen Voraussetzung der Vergangenheit macht. Abzusehen von der Gegenwart, um die eigene Vergangenheit frei von dem Wissen um das Nachfolgende zu betrachten, scheint aufgrund der Struktur des individuellen Gedächtnisses, das in einem permanenten Umbau und Anpassungsprozess begriffen ist, unmöglich.[19] Vor diesem Hintergrund ist Stettens Forderung zu verstehen, dass der Historiker, um nicht das Opfer von Legenden zu werden, die Vergangenheit als Gegenwart betrachten müsse.[20] Die ideologische Indoktrinierung des kollektiven Gedächtnisses allerdings, die die Partei sich zum Ziel setzt, macht aus der individuellen Schwierigkeit, von der Gegenwart abzusehen, und der Tendenz, ihr die Deutung der Vergangenheit zu unterwerfen, eine machtpolitische Strategie.

Die zentrale Fragestellung der Autobiographie nach der zusammenhängenden Geschichte eines Lebens ist in *Wie eine Träne im Ozean* immer wieder akut. Dojno zögert lange, sich von der Partei zu distanzieren und ihr Vorgehen scharf zu verurteilen, weil er damit einen Bruch in der eigenen Biographie als Kämpfer der Revolution herstellt und sein bisheriges politisches Handeln entwertet. Lebensgeschichtlich plausibel folgen auf die zunehmende Abwehr und den endgültigen Bruch mit der Partei dann starke Selbstzweifel und suizidales Verhalten. Das bisherige Lebenskonzept, sich in den Dienst der Revolution zu stellen, erscheint verfehlt und letztlich lediglich als Ausgangspunkt dafür, an anderen Menschen und früheren Idealen schuldig geworden zu sein. Besonders in diesen lebensgeschichtlichen Umbruchsituationen und ihren Reflexionen, die sich sowohl auf den Entwurf eines Lebens als auch die Narration einer Autobiographie beziehen lassen, spielt neben dem Erinnern das Schreiben eine herausragende Rolle.

Die Schreibenden in *Wie eine Träne im Ozean* zeichnen sich durch eine größere Widerständigkeit und Unabhängigkeit gegenüber der Partei aus.[21] Die Entwicklung Dojnos sowohl zum Renegaten als auch zum Schreibenden steht also durchaus in Zusammenhang. Dojnos im Roman geschilderte Schreibprozesse, zunächst die Gemeinschaftsarbeit mit dem Historiker Stetten und dann das einsame Schreiben als einer der wenigen Überlebenden am Ende des Romans, stellen nicht nur eine Metaebene her, auf der das Erlebte und das Politische eingeordnet und neu verhandelt werden sollen, sondern sind selbst charakterisiert als Distanzgewinn. Der Schreibende sucht die Distanz sowohl zu den politischen Ideen, die er zu Beginn noch vehement vertreten hat, als auch zu seinem eigenen Leben, dessen Zusammenhang ihm durch die politischen Entwicklungen und seine zunehmende Abkehr von der Partei entzogen worden ist. In diesem Kontext – dem Verlust des Lebenszusammenhangs – ist es zu sehen, dass Sperber im Vorwort betont, das Buch sei keine Autobiographie und jüngere Leser werden „durchschauen, daß ich keine Gewißheiten zu bieten habe".[22] Die Inszenierung des Schreibens am Ende des Textes spiegelt das Textkonzept insofern wider, als hier das Unvermögen, aus einem Leben angesichts der politischen wie persönlichen Umbrüche eine kohärente Geschichte zu machen, und gleichsam der Versuch, die politischen Ereignisse angemessen zu bewerten und dabei den Getöteten gerecht zu werden, angesprochen sind. Die Szene liest sich als Plädoyer für die Fiktionalisierung, denn die autobiographische Perspektive des Nachhinein erweist sich als Hindernis bei dem Versuch, die Erinnerungen an die Toten niederzuschreiben und die Vergangenheit in ihrer damaligen Gültigkeit zu erfassen:

Bald nachdem er eingezogen war, hatte er begonnen, einen langen Bericht über die Djuraten zu schreiben. Nach wenigen Tagen gab er es auf und verbrannte die ersten zwanzig Seiten, die mit einer fast grausamen Trockenheit abgefaßt waren. Noch waren ihm die Geschehnisse zu nahe. Um dem bewegenden Gefühl zu wehren, hatte er den Ton des unbeteiligten Historikers gewählt, der im besten Fall gerecht urteilen mag, aber zuviel Wesentliches verkennen muß. Denn er beginnt am Endpunkt, im Licht des abschließenden Resultats. Ach, die kleinliche Weisheit der Überlebenden, denen an der fehlgeschlagenen Bemühung nur auffällt, daß sie ein Mißerfolg geworden ist, für den sie so leicht Gründe finden. Die wahre Weisheit ist großzügig und voller Empfindlichkeit, daher kann sie für eine Weile das Wissen vom Eingetroffenen vergessen. Sie macht sich die Irrtümer, die erwiesen sind, zu eigen, sie friert mit den Erfrierenden und hungert mit den Hungernden.

Die Autobiographie zwischen lebensgeschichtlicher Darstellung und gegenwärtigem Diskurs – über Ruth Klügers *weiter leben*

Die Reflexionen von Erinnerung und Schreiben haben in Ruth Klügers *weiter leben* ebenfalls die Funktion, das Verhältnis von Authentizität und Fiktion zu eruieren. Anders als bei Sperber stehen hier die Reflexionen, so sehr sie auch die Erinnerung als variabel vorführen und den Schreibprozess als Gestaltungsprozess begreifen, unter der Prämisse, Zeugnis abzulegen. Trotz des hohen Bewusstseins der Anfälligkeit der Erinnerungen für spätere Eindrücke hat Ruth Klüger vehement „das wahrhafte Sprechen"[23] in autobiographischen Texten betont, das trotz (aber auch gerade aufgrund) der möglichen Beeinflussung an eine (Körper)Erfahrung rückgekoppelt werden kann.[24] Die Autobiographie *weiter leben* lässt sich auch lesen als eine Antwort auf die Frage: „Wie legt man Zeugnis ab, befangen in den Ketten des eigenen Körpers, des eigenen Wahrnehmungsvermögens?"[25]

Als eine mögliche Antwort legt der Text nahe, dass größtmögliches Misstrauen gegenüber eigenen Verschiebungen und die Thematisierung von Hemmungen und Fehlleistungen, die beim Erinnern und Schreiben unterlaufen, zu einer Stabilisierung der Wahrhaftigkeit des autobiographischen Schreibens beitragen können. Es ist nur scheinbar paradox, dass die große Skepsis Ruth Klügers gegenüber ihrer eigenen Erzählung und ihre Irritation durch die „Distanz des Filters der Erinnerung"[26] zu einer größeren Authentizität des Textes führen. Die Unwägbarkeiten des auf Erinnerungen beruhenden Schreibens werden nicht verschwiegen oder retuschiert, stattdessen wird der Erinnerungsprozess genutzt, um in seiner Reflexion die bis in die Gegenwart präsenten Traumata sichtbar zu machen:

Ich stand hilflos daneben wie vor etwas ganz Ungehörigem, Zeugin, wie meine Mutter bestraft wird. Die Szene ist vielleicht die lebendigste, grellste Erinnerung aus Birkenau. Und doch habe ich nie darüber gesprochen. Ich dachte, die kann ich nicht aufschreiben, und wollte stattdessen hier einfügen, daß es Dinge gibt, über die ich nicht schreiben kann.[27]

Obwohl durch die Auswahl, was beschrieben werden kann und was nicht, die Konstruktion des Textes angesprochen wird und augenfällig wird, dass Erinnerungs- und Schreibprozesse gestaltend wirken, zeigt sich gleichzeitig das Ringen der Autorin mit ihrem langen Schweigen und ihrer Scham, womit hier auf einer anderen Ebene als der der Wiedergabe der Ereignisse die Bedeutung der Lagererfahrung transportiert wird. Die Gegenwart wird – zum Beispiel durch das Andauern der Scham – nicht zu einem Filter der Vergangenheit, der Verzerrung bewirkt, sondern zum Anlass der Reflexion des Verhältnisses von Gegenwart und Vergangenheit. Nicht zuletzt die im Zitat bekundete Bereitschaft, ein mögliches Unvermögen genauso offen zu thematisieren, erneuert den autobiographischen Pakt auf der Metaebene. Die LeserInnen der Autobiographie können darauf vertrauen, dass Fehlleistungen wahrgenommen und nicht nur korrigiert, sondern auch reflektiert werden:

Vor der Abreise hatte es noch eine ärztliche Untersuchung gegeben, von weiblichen Häftlingen durchgeführt, die nicht der Prüfung unserer Gesundheit diente, sondern der Feststellung, ob die Frauen etwas Wertvolles in ihren Körperöffnungen mitführten. Mir fällt es schwer, diese an sich keineswegs traumatische Erinnerung aufzuschreiben, und ich merke, daß ich es mit umständlichen Worten getan habe, daß mir auch keine besseren einfallen. Ähnlich habe ich uns in einer ersten Niederschrift der Selektion Unterwäsche angedichtet, was mich beim Durchlesen sehr erstaunt hat, denn wir waren ja nackt.[28]

Statt auf die Wahrheit der Beschreibung ihrer Erfahrung zu bestehen, teilt Ruth Klüger ihr Erstaunen über die Zurichtung der Vergangenheit durch gegenwärtige Einflüsse mit ihren LeserInnen. Die Aufrichtigkeit der Autorin mit sich selbst, das hohe Reflexionsvermögen im Bezug auf eigene psychische Vorgänge, aber auch die literaturwissenschaftlich geschulte Perspektive auf den Schreibprozess fundieren den autobiographischen Pakt. Das für den Text so charakteristische Nahverhältnis von Vergangenheit und Gegenwart manifestiert sich nicht nur in den Sprüngen zwischen dem beschreibenden und beschriebenen Ich, sondern auch im permanenten Wechsel der Erzählebenen: Die Beschreibung des Lagers und der Erfahrung der Jugendlichen wird immer wieder unterbrochen, um stattdessen auf der Metaebene beispielsweise die Zweifel anderer Menschen an dieser Erfahrung aufzurufen und diese zu diskutieren. Das Buch ist als Dialog über die Lagererfahrung konzipiert und lässt sich dementsprechend auch als eine gegenwärtige Stellungnahme zur Erinnerungskultur auf der Basis der eigenen Erfahrung mit der nationalsozialistischen Vernichtungspolitik begreifen.

Die Autobiographie und ihre Metaebene

Trotz des chronologischen Aufbaus der Autobiographie *weiter leben* von Ruth Klüger lässt sich das Erzählte aufgrund der Zeitsprünge und Einschübe nur schwer als linear wahrnehmen. Der Fokus liegt oft auf vereinzelten Erinnerungen, die Ausgangspunkte bilden für Überlegungen zum Schreiben über sich selbst und die gegenwärtige Erinnerungskultur betreffende Reflexionen. Obwohl Manès Sperbers autobiographischer Roman *Wie eine Träne im Ozean* dagegen einen Erzählbogen deutlich stringenter verfolgt, lassen sich hier vergleichbare Verschiebungen auf die Metaebene beobachten. Auf ihr wird in beiden Texten das Schreiben ausgehend von skeptisch beobachteten Erinnerungsprozessen vorgeführt und permanent auf die Angemessenheit gegenüber der (Lebens)Geschichte überprüft. Die beiden AutorInnen tragen damit der Brüchigkeit eines Lebens Rechnung, dem der Zufall des Überlebens eingeschrieben ist.

Es geht in beiden Texten um klare Positionierungen gegenüber dem Kommunismus einerseits und gegenüber der deutschen Erinnerungskultur andererseits. Die Verstrickung der Lebensgeschichte mit eindeutigen politischen Stellungnahmen, die im Zusammenhang mit der geschilderten Erfahrung stehen, erfordert ein hohes Maß an Erklärungen, die hier mit der Reflexion des autobiographisch motivierten Schreibens gegeben werden. Es ist nicht zuletzt auch die berufliche Ausbildung, die die Perspektive der AutorInnen prägt und ihr den Stempel der jeweiligen Disziplin aufdrückt. Als Vertreter der Individualpsychologie stützt Manès Sperber seinen Roman mit dem Psychogramm des Revolutionärs, das ihn schon als jungen Schüler von Alfred Adler interessiert hat – nicht zuletzt weil er sich darin selbst erkannte.[29] Und Ruth Klüger entwirft sich in *weiter leben* und *unterwegs verloren* nicht nur als Leserin und Literaturwissenschaftlerin und betont die Bedeutung der Literatur für ihr Leben sowie auch in besonderem Maße für die Lagerzeit. Sie führt – ebenso wie Marcel Reich-Ranicki in seiner Autobiographie *Mein Leben* – Szenen aus dem Literaturbetrieb als paradigmatisch für das Erinnern in Deutschland nach 1945 vor. Zentral für Reich-Ranicki wie für Klüger ist beispielsweise das Erscheinen von Martin Walsers umstrittenen *Tod eines Kritikers*.

Ruth Klügers *weiter leben* und Manès Sperbers *Wie eine Träne im Ozean* sind Versuche, mithilfe einer theoretischen Perspektive das eigene Leben und die Faktoren, die es beeinflusst haben, zu verstehen und erweitern das autobiographische Schreiben um eine wissenschaftliche Komponente. Der Aufgabe, das autobiographische Projekt mit einer wissenschaftlichen Untersuchung zu verbinden und so der eigenen Erfahrung etwas Paradigmatisches abzugewinnen, widmet sich beispielsweise auch Didier Eribon mit seiner Autobiographie *Die Rückkehr nach Reims*. Neben der eigenen Lebensgeschichte und seinen Werdegang vom Arbeiterkind zum Soziologen sucht er eine Antwort auf die Frage, wieso eine ehemals linke Arbeiterschaft in Frankreich heute rechts wählt.

Anmerkungen

1 Friedrich Nietzsche: Ecce homo. Wie man wird, was man ist. Nietzsche Source. Digital critical edition.
2 Nietzsche, ebd.

3 Nietzsche, ebd.
4 Nietzsche, ebd.
5 Vgl. Christoph Pflaumbaum: Zufälliges Überleben. Autobiographisches Erzählen im Schatten der Shoah (Klüger, Reich-Ranicki, Améry). In: Carolin Rocks, Christian Schmitt, Stefan Tetzlaff (Hg.): Ästhetik des Zufalls. Ordnungen des Unvorhersehbaren in Literatur und Theorie. Heidelberg: Winter, 2015, S. 271-294.
6 Primo Levi: Die Untergegangenen und die Geretteten. Aus dem Italienischen von Moshe Kahn. München, Wien: Hanser, 1990, S. 145.
7 Levi, ebd., S. 115. Vgl. zum Zufall bei Primo Levi auch Hubert Thüring: Ambivalenzen des Gedächtnisses. Leere des Schmerzes. Die Spur der Scham im Schreiben Primo Levis. In: Roland Borgards (Hg.): Schmerz und Erinnerung. München: Fink, 2005, S. 195-215.
8 Pflaumbaum, S. 273. Siehe auch: Elie Wiesel: Macht Gebete aus meinen Geschichten. Essays eines Betroffenen. Freiburg, Wien: Herder, 1986, S. 8.
9 Pflaumbaum, S. 273.
10 Manès Sperber: Wie eine Träne im Ozean. Wien: Europa-Verlag, 1976, S. 6.
11 Sperber, ebd., S.6.
12 Vgl. Sperber, ebd., S. 26 ff.
13 Sperber, ebd., S. 294.
14 Sperber, ebd.
15 Vgl. Sperber, ebd.
16 Manès Sperber weist entschieden zurück, dass sein eigener Lehrer Alfred Adler Vorbild der Figur des Baron von Stetten sei, allerdings sagt er auch, dass das Verhältnis zwischen Dojno und Stetten dem zwischen Alfred Adler und ihm in vielerlei Hinsicht entspricht. (Vgl. Brief von Manès Sperber an Hermann Kesten vom 16. März 1959 (ÖLA/ÖNB, Nachlass Sperber) sowie: Marcus G. Patka, Mirjana Stančić (Hg.): Die Analyse der Tyrannis. Manès Sperber 1905–1984. Wien: Holzhausen 2005, S. 40f.)
17 Sperber: Wie eine Träne im Ozean, S. 123.
18 Sperber, ebd., S. 423.
19 Vgl. die Kapitel „Die (Un)Zuverlässigkeit des Gedächtnisses" und „Die (Un)Verfügbarkeit der Erinnerung" in: Helmut König: Politik und Gedächtnis. Weilerswirst: Velbrück, 2008, S. 71-80 und 80-91.
20 Vgl. Sperber, S. 123.
21 Dies trifft besonders auf Djura zu, der trotz seiner Streitbarkeit für die Partei seine Distanz zu ihr nie ganz aufgibt.
22 Sperber, S. 6.
23 Ruth Klüger: Zum Wahrheitsbegriff in der Autobiographie. In: Anja Tippner, Christopher F. Laferl (Hg.): Texte zur Theorie der Biographie und Autobiographie. Stuttgart: Reclam, 2016, S. 324-332, hier S. 325.

24 Vgl. Klüger, ebd.
25 Klüger, ebd., S. 324.
26 Vgl. ebd., S. 329.
27 Ruth Klüger: weiter leben. Eine Jugend. München: dtv, 2015, S. 138.
28 Klüger, ebd., S. 143.
29 Vgl. Patka/Stančić: Die Analyse der Tyrannis, S. 39.

Teresa Cañadas García
Die Kindheit in den Autobiographien des Exils

In diesem Beitrag befasse ich mich mit der Kindheit in Exilbiographien. Meine Analysen basieren auf einer Auswahl von Autobiographien, die ermöglichen werden, den Werkvergleich auf einem ähnlichen Niveau durchzuführen. Die ausgewählten Autobiographien teilen gemeinsame Wesensmerkmale, die sie vergleichbar machen, insbesondere in Bezug auf die Kindheit der Verfasser: Alle Autoren wurden zwischen 1926 und 1933 geboren, alle gingen als Kinder mit ihren Familien ins Exil, alle gelangten nach Mexiko und verbrachten mindestens einen Teil ihrer Kindheit in diesem neuen Land und alle Autoren entstammten deutschsprachigen Familien, die vom Nationalsozialismus verfolgt wurden (zwei aus Österreich, Bruno Schwebel und Óscar Roemer, und zwei aus Deutschland, Pierre Radvanyi und Juan Brom).

Die Autobiographien[1], auf die ich mich beziehe, sind: *Jenseits des Stroms. Erinnerungen an meine Mutter Anna Seghers* von Pierre Radvanyi; *De niño judío-alemán a comunista mexicano. Una autobiografía política*[2] von Juan Brom; *De Viena a México. La otra suerte*[3] von Bruno Schwebel und *Gajos de vida*[4] von Óscar Roemer. Bis auf Pierre Radvanyis Werk, das er auf Französisch schrieb, wurden alle Werke original auf Spanisch verfasst. Nur Bruno Schwebel und Pierre Radvanyis Autobiographien sind bereits ins Deutsche übersetzt worden, deshalb habe ich alle Zitate aus den Werken Juan Broms und Óscar Roemers selbst übersetzt. Zu Óscar Roemers Autobiographie habe ich für diesen Text das Manuskript benutzt, das mir einst der Autor im Jahre 2009 geschenkt hat.[5] Das Buch wurde 2015 in Mexiko unter dem Titel *Elegí el barco* („Ich wählte das Schiff") veröffentlicht; eine deutschsprachige Ausgabe ist in Planung.

Sowohl die Überlegungen zu dem von den Autoren bei der Niederschrift ihrer Autobiographien angestrebten Ziel als auch die Betrachtung der verschiedenen Weisen, in denen die Werke verfasst und veröffentlicht wurden, helfen dabei, die Rolle der Kindheit in den Autobiographien richtig zu verstehen. Die Anlässe dafür, dass diese Lebensgeschichten niedergeschrieben wurden, sind verschiedenster Art: Pierre Radvanyi stellt seine Mutter in den Mittelpunkt seines Werkes. Es geht hier nicht nur um sein eigenes Leben, sondern vor allem um sein Leben in Beziehung zu seiner Mutter. So geschieht es manchmal, dass Radvanyi seine eigenen Gefühle und Eindrücke mit denen seiner Mutter vergleicht. In Frankreich angekommen, behauptet er: „Für mich war alles neu: das Meer, die Wellen, der Sand, Ebbe und Flut, die Leuchttürme in der Nacht, aber gerade diese Eindrücke waren es, die meine Mutter seit ihrer eigenen Kindheit liebte."[6]

Juan Brom erklärt am Anfang seiner Autobiographie, warum er sie schreibt: „Was mich hier interessiert, ist nicht, mein Leben vorzustellen, als vielmehr eine Erfahrung weiterzugeben. Nicht besonders außergewöhnlich für den Zeitraum, in dem sich mein Leben abspielte, aber doch nicht gar so gewöhnlich in der Sphäre, in der ich lebe."[7] Als Historiker und Dozent ist er sozialbewusst und hofft, „dass meine Erfahrungen den Lesern etwas beibringen können".[8]

Bruno Schwebel entlastet mit seiner Autobiographie sein Herz. Wenn man das Vorwort liest, erfährt man bald, wie sich die Schwermut und die Schwere seiner ersten Lebensjahre – seiner Kindheit – allmählich auflösen, als er an sein sichereres Leben in Mexiko denkt:

Mit feuchten Augen suche ich die Orte meiner Kindheit auf, um den Knäuel meiner Erinnerungen zu entwirren. Es ist eigenartig und erstaunlich, wie unterdrückte Gefühle auch nach so vielen Jahren wieder aufleben. Mit schwerem Herzen dachte ich an die Zeiten im Haaghof von Neulengbach mit meinem Großvater, mit meiner jüdischen Familie, an deren Schicksal. Das Schreiben ließ mich immer wieder die Frankreich-Jahre durchleben [...] Ich ließ meinen angestauten Emotionen, die in ihrer Schwere scheinbar keine Erleichterung finden wollen, freien Lauf.[9]

Óscar Roemer fasst kurz zusammen, warum er seine Autobiographie geschrieben hat: „Ein innerer Drang zwingt mich, dieses Zeugnis zu hinterlassen. Mein einzigartiges Zeugnis. Einzigartig."[10] Es ist bemerkenswert, dass die Autoren das Bedürfnis haben, ihre Biographie niederzuschreiben. Sie erreichen dabei ein Ziel: Entweder etwas Inneres bewegt sie, über ihr Leben zu schreiben, wie im Falle von Roemer und Schwebel, oder etwas Ethisches, wie im Falle von Juan Brom.

Nicht nur der Inhalt ist für eine Autobiographie von höchster Wichtigkeit. Die Form, die jeder Autor für die Erzählung seines Lebens wählt, ist auch sehr persönlich und drückt den Charakter und die Persönlichkeit des Erzählers aus. Inhalt und Form bilden eine untrennbare Einheit, die den Wunsch des Verfassers verwirklichen: Jedes Wort, jede Anekdote, jeder im Werk enthaltene Aspekt zeigt den Willen des Schöpfers und genauso wie sie im Text erscheinen, bilden sie das Leben des Autobiographen ab.

Zu diesem Punkt ist sehr bemerkenswert, was Óscar Roemer erzählt:

Ich bin mir inne [...], dass wir in Wirklichkeit die übergreifende Form nicht selbst wählen, in der wir unsere Erinnerungen schreiben. Es ist vielmehr die Form, die uns wählt [...] geradlinige Schriftsteller schreiben linear, Perfektionisten verbessern ständig jedes Wort und jeden Satz, Akademiker bringen Daten und Anmerkungen in den Text ein. Jeder schreibt, wie er kann [...]. Diese Erinnerungen kamen unmittelbar aus dem Gedächtnis auf das Papier. Wenige Korrekturen. Verstreut. Chaotisch. Freie Assoziation.[11]

Seine Autobiographie ist ohne jedwede Ordnung geschrieben: Es häufen sich die Erinnerungen, die dem Leser ohne chronologische Reihenfolge angeboten werden. Der Autor geht vor und zurück in seinem Leben, so wie es sich spontan vom Gedächtnis her einstellt. Es geht hier um „Puzzles von Anekdoten, die am Ende, vielleicht, eine erkennbare Figur bilden".[12]

Pierre Radvanyi, Juan Brom und Bruno Schwebel schreiben im Gegensatz zu Roemer linear, aber jeder auf seine eigene Art: Während Radvanyi auf eine sehr traditionelle Weise in chronologischer Reihenfolge schreibt, fügt Schwebel in seine Autobiographie zehn Erzählungen ein, die mit seinen Erlebnissen zu tun haben. Dazu wiederholt sich immer eine Struktur, die aus folgenden Elementen besteht: Erinnerung an einen Ort/ein Ereignis, Erzählung der Gefühle, als er an diese Orte zurückkehrt, die in seinen Erinnerungen beschrieben werden („Reise in die Vergangenheit") und Auseinandersetzung mit seiner Vergangenheit. Juan Brom seinerseits fügt fett gesetzte Absätze ein, die geschichtliche Ereignisse erklären oder Anekdoten am Rande der Erzählung schildern, als würde der Autor beiseite sprechen.

Die in den Autobiographien erzählte Kindheit beinhaltet nicht immer stabile Ereignisse, die eindeutig interpretierbar sind. Autobiographien sind tief subjektiv und die Kindheitserinnerungen werden manchmal nach dem Reifungsprozess des Erwachsenen anders gesehen. Der Autor sieht seine Vergangenheit durch die Augen der Gegenwart. Und so erzählt Radvanyi: „Natürlich handelt es sich um eine persönliche Sicht; ein Ereignis hinterläßt bei verschiedenen Menschen ganz verschiedene Eindrücke, außerdem hat sich meine Wahrnehmung mit zunehmendem Alter verändert."[13]

Die Kindheit entspricht auch den ältesten Erinnerungen eines Individuums, das manchmal nur brüchige Momente im Gedächtnis behält. Deswegen bedarf man des Austausches mit anderen Personen, die diese Vergangenheit miterlebt haben: „Ich hatte die Hoffnung, mit ihr [seiner Cousine] einige Erinnerungen austauschen zu können."[14] Aber die Erlebnisse waren manchmal so traumatisch, dass manche nicht darüber sprechen möchten; so schreibt Schwebel weiter: „Sie [seine Cousine] scheute davor zurück, von jenen Tagen zu sprechen"[15], und einige Erinnerungen hat man einfach nicht im Kopf behalten: „Jene Zeit, der Herbst 1941, hinterließ in meinem Gedächtnis die größten Lücken, sicherlich verursacht durch die Anspannung und

Beklemmung meiner Eltern."[16] Oder man kann einfach nicht darüber sprechen: „Ich versuchte Konversation zu betreiben, etwas aus jenen Tagen zu erzählen, aber die Kehle war mir wie zugeschnürt."[17] Andere Male bereut man, nicht über bestimmte Themen mit den bereits Verstorbenen gesprochen zu haben: „So wie es mir auch mit meinem Vater ergangen war, bedrückt es mich heute, daß ich mit ihr später nicht mehr ausführlicher über die Ereignisse jener Zeit gesprochen habe."[18]

Manchmal ist es nur mit Hilfe von anderen Personen, die in der eigenen Vergangenheit zugegen waren, dass diese Erinnerungen reparabel sind und irgendwie wahrhaftig werden. So kann man in Schwebels Buch wiederholt Sätze wie folgende lesen: „Vor kurzem erinnerte mich Fredi, daß ..."[19] oder „Daß ich diese Kapitel fertig stellen konnte, verdanke ich den Informationen, die ich in dem Buch *Die Kinder von Montmorency* fand [...]"[20] oder „Ich weiß nicht, warum ich immer der Meinung gewesen war, daß Helmut und ich die neun Monate in Montmorency in der Villa Helvetia verbracht haben. Es war eine große Überraschung für mich, von Kugerl Sonnenfeld zu erfahren, daß es anders geschah."[21]

Die Rückblicke werden manchmal durch Landschaften, Personen, Gegenstände und Gerüche erweckt. Bei diesen Autoren geht es um Kinder, die ihre Heimat verlassen mussten, als sie ganz klein waren. Ihre Leben begannen mit Schwierigkeiten und ihre Heimatländer wurden zerstört und so verschwanden auch viele Anhaltspunkte für die Erinnerung: „Wie oft habe ich jene beneidet, die der Region ihrer Herkunft, dem Dorf oder der Stadt, verbunden blieben, wo sie Freunde behalten haben und ihre Familien über Generationen lebten, wohin sie immer wieder zurückkehren und ihre Erinnerungen auffrischen können."[22] Genau deshalb unternahm auch Bruno Schwebel seine „Reise in die Vergangenheit", um seinen Lebensbildern zu begegnen.

Für alle vier Autoren war die Kindheit entscheidend. So wiederholt sich ständig in Óscar Roemers Werk die Idee, dass „Kindheit Schicksal ist". Auch wenn sie alle als Kinder nicht wussten, was auf sie zukommen würde, behauptet Roemer: „Alles, was von meiner Geburt bis zu meinem fünften Lebensjahr geschehen ist, hat mein Verhalten geprägt in Symptomen, die mich mein ganzes Leben lang begleitet haben."[23] Zum Beispiel, dass er sich als jüdisches Kind nicht auf Parkbänke setzen durfte: „Räume ohne Sitzbänke lösen in mir Beklemmung aus. Ich setze mich auf alle vorhandenen Parkbänke."[24]

Der Titel der 2015 auf Spanisch veröffentlichten Autobiographie Óscar Roemers fasst knapp eine Geschichte seiner Kindheit zusammen, die Geschichte, die seine Zukunft bestimmen würde: „Ich wählte das Schiff" (*Elegí el barco*). Als er als Kind eines Tages einen Paradearsch auf der Straße sah, und alle Kinder eine Fahne mit dem Hakenkreuz in der Hand hielten, sagte er seiner Mutter, dass er auch eine solche Fahne haben wolle. Die Mutter aber erwiderte ihm und erklärte dem kleinem Kind: „Burli, in diesem Land gibt es Kinder, die reizende Fähnchen mit Hakenkreuzen haben und es gibt andere Kinder, die keine Fahne haben, aber diese werden eine wunderbare Reise an Bord eines Schiffes über das Meer machen. Was für ein Kind möchtest du sein?"[25] Selbstverständlich hat sich das Kind für das Schiff entschieden.[26]

Einmal im Schiff erzählt Roemer:

Ich war in einem Schiff und glitt über das Meer, so wie es mir meine Mutter versprochen hatte; ich hatte keine Fahne mit Hakenkreuz, aber ich reiste in einem riesengroßen Schiff. Ich bewahre den Anblick der Kabine im Gedächtnis. [...] Es sind einige wenige klare und genaue Bilder aus der Kindheit, die unserem Gedächtnis unauflöslich eingeprägt bleiben. Dies ist eins davon.[27]

Es gibt in Roemers Autobiographie ein Gespräch, das sehr eigenartig ist: Der Óscar des Jahres 2005 unterhält sich zuerst mit Burli (so wurde Óscar als Kind genannt), dann mit dem 12-jährigen Óscar und zuletzt mit dem 19-jährigen Federico (Fritz ist der zweite Vorname Óscars). In diesem Gespräch erzählt Burli, wie er als 4-Jähriger eines Abends hören konnte, wie seine Eltern ihren Selbstmord planten. Er erzählt dem älteren Roemer: „Ich wurde geboren, nachdem meine Mutter vier Fehlgeburten erlitten hatte. Ich wollte geboren werden [...] Aus Liebe zu mir gaben sie [die Eltern] den Kampf nicht auf. Aus der Liebe, die sie für mich hegten, bist du da."²⁸ Das Kleinkind Burli erzählt dem alten Óscar weiter:

*Ich kann mich ganz deutlich an die Nazis in Wien erinnern und an den Terror, dem sich meine Eltern, ohne es mir zu sagen, ausgesetzt sahen. In der Nacht liefen sie zur Tür und lauschten auf die Tritte deutscher Stiefel. Sie werden uns fangen. Sie werden uns fangen. Sie fingen uns nie [...] aber das, woran ich mich leidvoll erinnern kann, sind die Nazis. Das Herumlaufen. Die Ruhelosigkeit [...] Immer Fliehen. Angst [...] Das schlingernde Schiff. Das aufgewühlte Meer. Schrecklich der Untergang des Schiffes, das uns begleitete. Aus Cherbourg liefen zwei Schiffe zusammen aus und nur eins erreichte Kuba. Die Bomben, die Rettung der Passagiere, unsere überfüllte Kabine, meine nervös gespannte Mutter, mein Vater im Gespräch mit anderen. Erbrechen. Übelkeit. Ungewissheit. Ich war glücklich, als mir meine Mutter sagte, dass wir endlich angekommen seien.*²⁹

Roemers Mutter fiktionalisierte die Wirklichkeit, um sie dem Kind erträglicher und verständlicher zu machen, aber für Pierre Radvanyi war die Kindheit durch Abenteuer geprägt: „Im Rückblick stelle ich fest, daß ich mir, außer in einigen besonderen Umständen, der tatsächlich über uns schwebenden Gefahr nicht bewußt war. Und so hatte ich meist keinerlei Angst und empfand eher ein Gefühl von Abenteuer."³⁰ Für ihn war der Abschied von Bellevue sehr hart, dem Ort in Frankreich, wo die Eltern ein Haus gekauft hatten, in dem die Familie sich einige Jahre niederließ: „Von den ersten Monaten abgesehen, habe ich dort Jahre einer glücklichen Kindheit verlebt."³¹ Doch als man erfuhr, dass die deutsche Armee auf Paris vorrückte, musste er Bellevue verlassen: „Eine vertraute Welt brach zusammen."³²

Diese vertraute Welt blieb für Pierre immer vertraut: Als er 1945 erfuhr, dass die französische Regierung die Rückkehr von denjenigen bewilligen würde, die ihr Studium in Frankreich fortsetzen möchten, entschied sich der 19-jährige Pierre dafür, nach Frankreich zurückzukehren. Sein berufliches und privates Leben richtete er in Frankreich ein und wurde französischer Staatsbürger. Für Pierre bedeutete seine Vergangenheit nicht nur Deutschland, sondern vor allem Frankreich. Dort lebte das Kind acht Jahre, bevor es mit seiner Familie nach Mexiko kam, wo Pierre ein französisches Gymnasium besuchte. Pierre lebt noch heute in Frankreich. Da seine Autobiographie seiner Mutter gewidmet ist, erfahren die Leser mehr von dem Verlauf ihres Lebens als von dem seines eigenen.

Für Juan Brom hieß die Kindheit Einsamkeit. An seinem siebten Geburtstag brannte in Berlin der Reichstag: „Ich war ein Kind und selbstverständlich konnte ich die Situation nicht einschätzen. Meine Eltern dachten, es sei ein vorübergehender Ausbruch von Wahnsinn, der bald zur Ruhe kommen werde. Sie fühlten sich als Deutsche und wünschten im Lande zu bleiben."[33] Da Juan die Israelitische Realschule Fürth besuchte, musste er als Jude die Schule nicht verlassen, aber sein Bruder, fünfeinhalb Jahre älter, durfte die Abschlussprüfung als Mechaniker nicht ablegen.

Die Lage wurde für die Juden immer schlimmer, „obwohl ich mir dessen nicht bewusst war".[34] In der „Kristallnacht", als alle Juden dazu gezwungen wurden, sich auf dem Hauptplatz der Stadt einzufinden, wurden einige in KZs deportiert (so sein Onkel) und einige, darunter sein Vater, freigelassen. Die „Kristallnacht" veränderte das Leben der Familie: Die Eltern beschlossen, Deutschland zu verlassen und sich in Mexiko, wohin ein Onkel bereits geflüchtet war, niederzulassen.

Bis alle Reisedokumente beschafft waren, wurde Juan nach Brüssel zu einer bekannten Familie geschickt. „Ich habe die Entscheidung nicht in Frage gestellt, obwohl die Trennung von meiner Familie in mir ziemliche Besorgtheit hervorrief."³⁵ Der Aufenthalt in Belgien hat dem jungen Juan Einiges gelehrt: „Ich lernte eine unter Emigranten häufige Haltung zu verwerfen: Daran zu glauben, dass die Leute im Gastland nicht handelten, *wie es sich gehörte*. Die Grundlage für diese Denkweise besteht in der Einbildung, dass *das Eigene* das Richtige sei, ohne dabei zu bedenken, dass *dieses Eigene* für die anderen etwas anderes als *das Ihrige* sein kann."³⁶

Im Mai 1940 überfiel Deutschland Belgien und im August verließ Juan das Land. „In dieser Etappe, in Deutschland und Belgien – auch wenn es komisch klingen mag – fühlte ich mich nicht besonders gefährdet. Meinen Eltern gelang es, ihre Ängste zu verbergen [...] Ich war davon überzeugt, dass das alles in einem nicht allzu langen Zeitraum vorbeigehen würde [...] ich glaube, ich war äußerst naiv."³⁷

Als Juan schon 14 war, im November 1940, erreichte die Familie Mexiko nach einer langen Reise durch die Sowjetunion, Korea, Japan und den Pazifischen Ozean. „Ich habe die Reise genossen."³⁸ Mexiko sollte für Juan nicht nur die Rettung, sondern auch die Zukunft bedeuten: „In meinen ersten sechs, sieben Jahren in Mexiko kam ich zu dem Beschluss, dass ich nicht mehr zu dem deutschen Volke gehörte."³⁹ Er wurde eingeschult und nahm an den Aktivitäten der deutschsprachigen Jugendgruppe teil, die aus Kindern exilierter Familien bestand:

*In dieser Zeitperiode, zwischen 1941-1942 und 1945, bildete sich meine Lebenseinstellung; das geschah als Ergebnis der gesammelten Erfahrungen, der Diskussionen und der Überlegungen, an denen ich teilnahm, und als Ergebnis der Lage, in der sich die Welt und ich persönlich befanden.*⁴⁰ *[...] Ich beschloss, an dem, was ich als die große Aufgabe der Menschheit betrachtete, teilzunehmen: Eine bessere Gesellschaft aufzubauen, eine Gesellschaft, die verhindert, dass sich die Schrecken des Faschismus wiederholen und die allen ihren Mitgliedern eine würdige Existenz garantiert [...] Auf dieser Entschiedenheit bauten meine spätere Tätigkeit, mein Berufsweg, die Orientierung meines ganzen Lebens auf.*⁴¹

Durch all die Erlebnisse in seiner Kindheit hat sich der Erwachsene Juan Brom gebildet. Er ließ sich 1950 in Mexiko einbürgern und wollte dem deutschen Volke nicht mehr gehören, aber er gesteht ein, dass alles, was er in Deutschland und Belgien erlebte und sogar die Beziehungen, die er zu Deutschsprachigen in Mexiko hatte, ihm geholfen haben, seinen Lebensweg zu finden.

Bruno Schwebel führte als Kind ein ruhiges Leben, bis er am 12. Februar 1934 Explosionen hörte. Der Kampf zwischen dem sozialistischen Schutzbund und der Heimwehr hatte begonnen. 1938 floh die Familie nach Frankreich. Das Leben in einem neuen Land bedeutete für Schwebel, vor allem am Anfang, getrennt von seinen Eltern zu sein: Sein Vater wurde in einem Lager interniert und Bruno und sein Bruder Helmut lebten in einem von der „Œuvre de Secours aux Enfants" (OSE) geführten Flüchtlingsheim für jüdische Kinder in Montmorency. Die Mutter blieb alleine in Paris, bis sie Arbeit als Köchin im Kinderheim fand, in dem ihre Kinder lebten. Da wurden Aktivitäten organisiert und es wurde auf die Kinder aufgepasst, aber „uns verband die Furcht vor einer unsicheren Zukunft, die Tatsache, von den Eltern getrennt zu sein, nichts von ihnen zu wissen".[42]

Als Paris 1940 fiel, musste die Familie fort. Zuerst wurden alle Kinder aus den Heimen in ein Heim in Montintin gebracht; man musste sich wieder von der Mutter trennen: „Wir wußten nicht, wann wir uns wiedersehen würden. Ich hatte keine Ahnung, wo mein Vater war. Wir fuhren ins Ungewisse."[43] In Montintin verbrachten Bruno und sein Bruder vier bis fünf Tage. Es ging weiter nach Montauban, „der Anfang"[44] für Schwebel. Der Vater wurde im Juli 1940 freigelassen und die ganze Familie lebte nun mit anderen Flüchtlingsfamilien auf einem Bauernhof zusammen. Obwohl das Essen knapp war, durften die Kinder in die Volksschule und sogar in die Kunstschule gehen; gewissermaßen führten sie ein normales Leben. Die Eltern suchten trotzdem Fluchtmöglichkeiten: Da es sehr schwierig war, ein

Visum für die USA zu bekommen, dachten sie an Mexiko, wo sie am 3. März 1942 ankamen.

Für das 9-jährige Kind brachte die Reise viele Neuigkeiten: „Noch nie zuvor hatten wir ein Schiff von hundertfünfzig Metern Länge gesehen. Die auf der Donau waren viel, viel kleiner."[45] Das Schiff lief aus: „Dieses Bild hat sich mir tief eingeprägt, wie kein anderes später."[46] Mexiko war für Schwebel unbekannt: „Unverständliche Sprache und fremde Gesichtszüge"[47], aber er wiederum war auch für die Mexikaner anders: „Mein Bruder und ich waren Anlaß ständigen Gekichers und Geflüsters. Was wollten diese zwei großen Buben in kurzen Hosen ...?"[48] Das Kind hat sich erst richtig in Mexiko eingelebt, als es mit der Schule anfing, obwohl Schwebel behauptet, dass die Verhaltensmuster, die er in Europa gelernt hatte, ihn den Rest seines Lebens begleitet haben.[49] Schwebel hatte auch Kontakt zu der deutschsprachigen Jugendgruppe in Mexiko: Mit ihr machte er viele Ausflüge und nahm an Theateraufführungen teil. Bald begannen Freundschaften, die ein ganzes Leben dauern sollten.[50]

Die Familie stellte sich die Frage, ob es gut wäre, nach dem Krieg nach Österreich zurückzukehren. Schwebel erzählt: „Schon bald war meinem Vater klar, daß für ihn eine Rückkehr nach Österreich nicht in Frage kam, und meine Mutter bestärkte ihn in dieser Meinung. Es war ein Thema, das fast nicht erwähnt werden konnte und worüber in der Familie nie offen gesprochen wurde."[51] Schwebel erwog auch für sich die Möglichkeit einer Rückkehr und kam zu den folgenden Schlussfolgerungen:

In Großvaters Garten zurückzukehren, zu den Donauwiesen und den Wäldern von Neulengbach? Ganz bestimmt. Wollte ich vielleicht der Notwendigkeit entgehen, mich endgültig und unwiderruflich in meine neue Umgebung einfügen zu müssen? Ich glaube, auch das war richtig. Aber allein zurückzugehen? Ohne Geld und ohne Beruf? In ein Land zurückkehren, wo ich mit Menschen leben müßte, die mit den Mördern meiner Familie sympathisiert hatten oder mit jenen, die das *jüdische Blut ablehnten, das in meinem Adern fließt? Nein, das ganz bestimmt nicht.*⁵²

Die schönen Kindheitserinnerungen waren der Rückkehr wert, aber sich mit den vergangenen Leiden auseinanderzusetzen, war hart und schwierig. Er, Schwebel, hat die Landschaften seiner Vergangenheit besucht und hat noch einmal den Weg zurückgelegt, der ihn und seine Familie nach Mexiko brachte. Er brauchte diesen Besuch, um Antworten zu finden, und um einen inneren Knoten zu lockern. Genau deshalb, weil in seiner Familie nicht oft über die Vergangenheit gesprochen wurde, musste er seinen eigenen Gesprächspartner finden, der in den verschiedenen Schauplätzen seiner Vergangenheit zu finden war: sein vergangenes Ich. Mit diesem Besuch endet seine Autobiographie, die auch ein Zeichen dafür ist, dass sich der Kreis schließt.

Alle von den vier Autoren erlebten Erfahrungen sind ähnlich: Verfolgung, Verzweiflung, Angst, Flucht, Einleben in ein neues Land. Der Zugriff auf die Kindheit hilft den Autobiographen, Exilkindern, ihr eigenes Leben zu verstehen, die Ursprünge ihrer Familien und ihrer Leben nachzuvollziehen. Im Laufe der Jahre, mit der Perspektive des erwachsenen Individuums, können sich die Autoren vieles erklären, was sie als Kinder nicht verstanden haben. Das Gefährliche ist nun sicher, das Ungewisse kennt ein Ende, aber die Leiden bestehen.

Anmerkungen

1 Es liegt meines Wissens nach keine Autobiographie einer nach Mexiko emigrierten und in diesem Zeitraum geborenen Autorin vor.
2 Übersetzt: „Vom deutsch-jüdischen Kind zum mexikanischen Kommunisten. Eine politische Autobiographie".
3 Bruno Schwebel: Das andere Glück. Erinnerungen und Erzählungen. Wien: Verlag der Theodor Kramer Gesellschaft, 2004.
4 Übersetzt: „Lebensstücke".
5 Als ich in Mexiko für meine Dissertation recherchierte, interviewte ich Óscar Roemer. Siehe auch Teresa Cañadas García: La huella de

la cultura en lengua alemana en México a partir del exilio de 1939–1945. Madrid: Fundación Universitaria Española, 2016.
6 Pierre Radvanyi: Jenseits des Stroms. Erinnerungen an meine Mutter Anna Seghers. Berlin: Aufbau Verlag, 2005, S. 20.
7 Juan Brom: De niño judío-alemán a comunista méxicano. Una autobiografía política. México DF: Grijalbo, 2012, S. 13. Originalfassung: „Lo que me interesa no es presentar mi vida, sino transmitir una experiencia, no muy excepcional dado el espacio de tiempo en que se ha desarrollado mi existencia, pero poco común en el medio en que vivo".
8 Brom, ebd., S. 15. Originalfassung: „Espero que mis experiencias puedan aportar algo a los lectores".
9 Schwebel: Das andere Glück, S. 7.
10 Óscar Roemer: Gajos de vida. México DF. Manuskript, S. 14. Originalfassung: „Una necesidad interna me presiona, me obliga a dejar este testimonio. Testimonio mío. Único".
11 Roemer, ebd., S. 13. Originalfassung: „Me he dado cuenta [...] en realidad nosotros no escogemos la estructura general con que escribimos nuestros recuerdos, sino que la forma nos escoge a nosotros. Escritores lineales escriben linealmente, perfeccionistas corrigen permanentemente cada palabra y frase, académicos llenan de datos y anexos el escrito, cada ser escribe como puede. Estas memorias están redactadas de inmediato. Del recuerdo al papel. Pocas correcciones. Disperso, Caótico. Libre asociación".
12 Roemer, ebd., S. 13. Originalfassung: „Rompecabezas de anécdotas que al final, quizá, formen una figura reconocible."
13 Radvanyi: Jenseits des Stroms, S. 5.
14 Schwebel: Das andere Glück, S. 63.
15 Schwebel, ebd., S. 63.
16 Schwebel, ebd., S. 102.
17 Schwebel, ebd., S. 64.
18 Schwebel, ebd., S. 85-86.
19 Schwebel, ebd., S. 70.
20 Schwebel, ebd., S. 74.
21 Schwebel, ebd., S. 75.
22 Radvanyi: Jenseits des Stroms, S. 5.
23 Roemer: Gajos de vida, S. 183. Originalfassung: „Todo lo sucedido desde mi nacimiento hasta los cinco años me creó conductas, síntomas que me han acompañado durante mi existencia".
24 Roemer, ebd., S. 183. Originalfassung: „Los espacios carentes de bancos me producen ansiedad. Me siento en todos los bancos existentes de los parques".
25 Roemer, ebd., S. 18. Originalfassung: „Burli, en este país existen niños que tienen preciosas banderas con svásticas y hay otros que no la

tienen pero que harán un viaje maravilloso en un barco a través de los mares. ¿Qué niño quieres ser?".

26 Diese Anekdote erinnert uns an Roberto Benignis Film „Das Leben ist schön", in dem der Vater eine Geschichte erfindet, um das Kind zu schützen: Das Leben im KZ ist ein Spiel, in dem man Punkte sammeln soll, um in einen Panzer einsteigen zu dürfen.

27 Roemer: Gajos de vida, S. 153. Originalfassung: „Estaba en un barco surcando los mares. Tal como lo prometió mi madre, no tuve banderas con svástica pero estaba viajando en un barco enorme. Tengo la imagen del camarote en mi recuerdo [...] Son pocas las imágenes claras y precisas de la infancia, que quedan indeleblemente grabadas en nuestra mente. Esta es una".

28 Roemer, ebd., S. 141. Originalfassung: „Después de cuatro abortos de mi madre, nací yo. Porque quise [...] Por amor a mí siguieron luchando siempre. Por el amor que me tuvieron, estás tú aquí".

29 Roemer, ebd., S. 141-142. Originalfassung: „Recuerdo claramente a los nazis en Viena, y el terror que sin decirme, sentían mis padres. Durante las noches corrían a la puerta, escuchando pasos de botas alemanas. Vendrán por nosotros. Vendrán por nosotros. No vinieron nunca [...] Pero lo que recuerdo con dolor son los nazis. El correr. La ausencia de tranquilidad [...] El huir siempre. El miedo. [...] el barco saltando. El mar agitado. Estuvo terrible el hundimiento del barco que nos acompañaba. De Cherbourg salimos juntos dos barcos y sólo uno llegó a Cuba. Los bombazos, el salvamento de los pasajeros, nuestro camarote atiborrado, mi madre tensa, mi padre socializando. Vómito. Malestar físico. Inseguridad. Fui feliz cuando mi madre me comunicó nuestra llegada final".

30 Radvanyi: Jenseits des Stroms, S. 49.
31 Radvanyi, ebd., S. 20.
32 Radvanyi, ebd., S. 40.
33 Brom: De niño judío-alemán, S. 26. Originalfassung: „Yo era un niño y, obviamente, no me daba cuenta de la situación. Mis papás pensaban que se trataba de una locura pasajera que se apagaría pronto; se sentían alemanes y no deseaban dejar su país".

34 Brom, ebd., S. 29. Originalfassung: „En lo personal no lo sufría conscientemente".

35 Brom, ebd., S. 31. Originalfassung: „No cuestioné la decisión; aunque el separarme de mi familia no dejaba de provocarme algún temor".

36 Brom, ebd., S. 32. Originalfassung: „Aprendí a rechazar una actitud muy frecuente entre emigrantes: considerar que la gente del país no actuaba *como se debía*. La base de esta forma de pensar está en la consideración de que *lo propio* es lo correcto, sin darse cuenta de que para otros *lo propio* puede ser distinto de *lo mío*".

37 Brom, ebd., S. 34-35. Originalfassung: „En toda esta etapa, en Alemania y en Bélgica –aunque parezca extraño–, no me sentía especialmente preocupado. Mis papás lograron ocultar la angustia que seguramente sentían; [...] estaba convencido de que todo aquello pasaría en un tiempo no demasiado prolongado [...] veo que yo era excesivamente ingenuo".
38 Brom, ebd., S. 43. Originalfassung: „Yo disfruté del viaje".
39 Brom, ebd., S. 70. Originalfassung: „Mis primeros seis o siete años en México me llevaron a la conclusión de que ya no me sentía parte del pueblo alemán".
40 Brom, ebd., S. 53. Originalfassung: „En esta época, entre 1941-1942 y 1945, se definió mi orientación en la vida, resultado de las experiencias que adquirí, de las discusiones y reflexiones en las que participé, y de la situación en que se encontraba el mundo, y yo en lo personal".
41 Brom, ebd., S. 56. Originalfassung: „Mi decisión de participar en lo que llegué a considerar la gran tarea de la humanidad: edificar una sociedad mejor, una sociedad que impida la repetición de los horrores del fascismo; lo que es más, que garantice una existencia digna a todos sus integrantes. En esta determinación se basó toda mi actividad posterior, mi camino profesional y toda la orientación de mi vida".
42 Schwebel: Das andere Glück, S. 79.
43 Schwebel, ebd., S. 84.
44 Schwebel, ebd., S. 89.
45 Schwebel, ebd., S. 118-119.
46 Schwebel, ebd., S. 120.
47 Schwebel, ebd., S. 130.
48 Schwebel, ebd., S. 129.
49 Schwebel, ebd., S. 136.
50 Schwebel, ebd., S. 141.
51 Schwebel, ebd., S. 170.
52 Schwebel, ebd., S. 170.

Karl Fallend
Marie Langer und Else Pappenheim
Biographische Gedanken zu einer
Frauenfreundschaft

Anfang 2014 bekam ich – über meinen Freund und Studienkollegen Bernhard Handlbauer vermittelt – von Lisbeth Frischauf den Originalbriefwechsel ihrer Mutter Else Pappenheim mit deren Freundin Marie Langer anvertraut. Eine Korrespondenz zwischen New York und Mexico City, die zwar bloß über die Jahre 1983 bis 1987 andauerte, aber trotzdem viele Hinweise enthält, die biographisch, psychoanalyse-historisch und für die Emigrationsforschung von Interesse sind.[1] Ich lernte die beiden aus Wien emigrierten Psychoanalytikerinnen zu Beginn der 1980er Jahre kennen und war mit beiden bis an ihr Lebensende in Kontakt. Marie Langer starb am 22. Dezember 1987 in Buenos Aires; Else Pappenheim am 11. Jänner 2009 in New York.

Begonnen hat es mit Nicaragua. Anfang der 1980er Jahre waren auch wir Studierenden der Psychologie an der Universität Salzburg fasziniert von der sandinistischen Revolution und über Professor Igor A. Caruso und seinen Mitarbeiter Johannes Reichmayr kamen wir auch in Kontakt mit Marie Langer, die in León, der Provinzhauptstadt im Westen von Nicaragua, ein „Salud-Mental-Projekt" aufbaute und dafür in Europa Geld sammelte. Wir unterstützten sie dabei[2], luden sie zu Vorträgen und Seminaren ein und lauschten fasziniert den Erzählungen dieser schönen alten Dame.

Besonders in Erinnerung sind mir ihre therapeutischen Berichte, mit denen sie ihr Konzept der *„eingefrorenen Trauer"*[3] erläuterte. Eine Begrifflichkeit mit der sie die, nach vielen Verlusten, verleugnete Trauer um verlorene, geliebte Personen bezeichnete. Darunter können auch die psychischen Folgen fallen, für diejenigen, die sich schuldig fühlen, nahe Angehörige oder GenossInnen überlebt zu haben, sowie die einer nichtverarbeiteten, eingekapselten Trauer. Ein

Konzept, das mir heute, angesichts Marie Langers Biographie, in einem anderen Licht erscheint. – Aber dazu später.

Wir begegneten dieser klugen Frau immer eigenartig zeitlos, wobei ich sagen muss, dass wir auch stolz waren, sie als unsere Verbündete zu wissen, während ich heute meine, dass diese Freude auf Gegenseitigkeit beruhte. Dass es für Marie Langer eine ebensolche Freude war im Kontakt mit jungen Studierenden zu sein und dadurch selbst wieder jung sein zu können.

Die Begegnung war für uns auch ein intergenerativer Brückenschlag zu den glorreichen Zeiten der Psychoanalyse in Österreich vor der Vertreibung und Zerstörung durch den Nationalsozialismus.

Wir ließen uns anstecken von Marie Langers politischem Elan, der mich irgendwie an Wilhelm Reich (1897–1957) erinnerte. Das war kein Zufall, da ich damals über *Wilhelm Reich. Psychoanalyse und Politik* dissertierte[4] und ich sie einmal fragte, als sie bei uns in der Männer-WG wohnte, ob sie Wilhelm Reich gekannt habe – und sie verneinte. Oder Marie Frischauf-Pappenheim (1882–1966), mit der Reich 1928 die ersten Sexualberatungsstellen in Wien gründete? Flüchtig, meinte sie, aber sie habe eine alte Schulfreundin und Studienkollegin, Else Pappenheim, die in New York lebt, die sicher viel über sie wisse, denn die war ihre Tante. Sie werde ihr schreiben und mich ankündigen.

So flog ich 1983 nach New York, um die aus Wien emigrierte Psychoanalytikerin zu sprechen. Es war – ganz anders wie bei Marie Langer – wie ein Eintauchen in eine Welt von Gestern, in der sich das ganze 20. Jahrhundert ausbreitete: Else Pappenheim begegnete mir humorvoll, introvertiert, auch etwas melancholisch, welcher Eindruck durch Lithographien von Käthe Kollwitz an der Wand, unzählige Antiquitäten aus Österreich und kitschige Engerlfiguren noch verstärkt wurde.

In den folgenden Jahren sprachen wir mit beiden viel über Psychoanalyse und Politik, aber kaum über ihre je eigenen Lebensgeschichten, die über Jahrzehnte ein Tabu waren. Erst in den 1980er Jahren – wie also beide über 70-jährig waren – begannen sie über ihre Biographien zu erzählen. Marie Langer zuerst mit einer spanischen Autobiographie 1981, die deutsch 1986[5] erschien. Dabei ist anzumerken, dass dieses Buch auch dem Interesse ihrer jüngsten Tochter Verónica folgte, die viele ihrer gemeinsamen Gespräche auf Tonband aufnahm, die der Schwiegersohn, Jaime del Palacio, ein Schriftsteller, zu einem Buch formte.

Else Pappenheim, wohl von Langers Autobiographie motiviert – und ich denke auch durch unser historisches Interesse aus Österreich –, trat erst Ende der 1980er Jahre mit kleineren autobiographischen Essays[6] sukzessive an die Öffentlichkeit, bis schließlich im Jahre 2004, im Rahmen der Herausgabe ihrer gesammelten Schriften, Bernhard Handlbauer eine umfassende biographische Arbeit verfasste.[7] Da war Else Pappenheim 93 Jahre alt und die Zeit anscheinend reif geworden, oder besser gesagt: Else Pappenheim hatte die Kraft, darüber zu sprechen *und* der Biograph Handlbauer hatte die Kraft dafür, die richtigen Fragen zu stellen und den Antworten auch zuzuhören.

Die Lebenswege der beiden Freundinnen haben viel Gemeinsames. Else Pappenheim (geb. 1911) war die einzige Tochter des bekannten Freud-Schülers, Psychiaters und Neurologen, a.o. Universitätsprofessors Martín Pappenheim (1881–1943)[8]. Die Mutter, Edith Goldschmidt (1883–1942), eine introvertierte, schwermütige Frau, arbeitete in einer Gemeinschaftsküche, nachdem sich das Ehepaar 1919 getrennt hatte. Der Vater zahlte keine Alimente und so wuchs Else in sehr bescheidenen Verhältnissen auf. Ein Stipendium ermöglichte ihr den Besuch der Reformschule der Eugenie Schwarzwald (1842–1940). Ein wahrer Segen nach der traumatisch erlebten Trennung der Eltern.

Auch für Marie Langer (geb. 1910) war es ein Segen, in dieses fortschrittliche Mädchen-Gymnasium aufgenommen zu werden. Aber unter ganz anderen Voraussetzungen. Die Familie Glas – so der Mädchenname – waren reiche Textil-Fabrikbesitzer, die ausschließlich großbourgeoise

Werthaltungen für den Lebensweg der Töchter verfolgten: Rasche standesgemäße Heirat, Familie, Reitkunst und wohlsituierter Lebensstil der Hautevolee.

Die Schule veränderte das Leben der beiden Klassenkameradinnen. Sie wurden selbstbewusste junge Frauen, die ihr eigenständiges Leben aufbauen wollten. 1929 maturierten beide, hatten zusammen Medizin inskribiert, gemeinsam studiert, seziert und promoviert und schließlich dasselbe Spezialgebiet der Psychiatrie und Neurologie ergriffen. Auch die psychoanalytische Ausbildung in der Wiener Psychoanalytischen Vereinigung[9] begannen sie gemeinsam und politisierten sich. Else Pappenheim in familiärer Tradition zur Sozialdemokratin (auch der Vater war aktives Parteimitglied); Marie Langer entgegen aller familiärer Tradition zur Kommunistin.

Im Jahr 1936 trennten sich ihre Wege für immer. Mit einer Ausnahme: als nach der nationalsozialistischen Herrschaft der Internationale Psychoanalytische Kongress 1971 erstmals in Wien tagte. Ebendort hielt Marie Langer einen aufsehenerregenden Vortrag, „Psychoanalyse und/oder soziale Revolution"[10], in dem sie die bürokratische Ausbildung kritisierte und mehr soziales Engagement einforderte. Marie Langer und zahlreiche argentinische KollegInnen sind danach aus der Internationalen Psychoanalytischen Vereinigung ausgetreten. Über zwei Tage sahen und sprachen sich die beiden Freundinnen ein einziges und letztes Mal persönlich.

1936 schloss sich Marie mit ihrem späteren Mann Max Langer (1902–1965) den Internationalen Brigaden in Spanien an. Else Pappenheim floh spät im November 1938 in die USA, wo sie einige Jahre später Stephen Frishauf (1920–2011) – einen weitschichtigen Verwandten[11] – wieder traf und heiratete, zwei Kinder großzog, an Universitäten unterrichtete und bis ins hohe Alter eine psychoanalytische Praxis in New York betrieb – immer von Heimweh nach Wien geplagt.

Marie und Max Langer flohen 1938 über Uruguay nach Argentinien, wo die beiden zuerst in prekären Verhältnissen lebten; Max sozial ins Hintertreffen geriet, während Marie mit ihrer psychoanalytischen Vorbildung in der Heimatstadt Freuds eine enorme Karriere bis hin zur Mitbegründerin der psychoanalytischen Gesellschaft von Argentinien gelang.

Ende 1974 musste sie erneut fliehen. Nach México. Ein Patient verriet ihr, dass sie auf der Liste der Todesschwadronen der Militärdiktatur notiert war. In México gelang ihr eine dritte Karriere als prominente Lehranalytikerin, Universitätslehrerin, nach dem Sieg der Sandinistischen Revolution begann sie schließlich ihre Solidaritätsarbeit in Nicaragua. Für beide Psychoanalytikerinnen verliefen die Jahrzehnte nach der Emigration auffallend geschichtslos. Einerseits waren sie mit aller Kraft an der Bewältigung der Gegenwart und dem Aufbau der Zukunft gewidmet. Andererseits mag auch das Abstinenzgebot der Psychoanalyse gegenüber den PatientInnen eine Rolle gespielt haben; vielleicht auch politische Gründe – das wäre alles richtig, aber nicht nur.

Je mehr ich mich mit den Lebenswegen der beiden beschäftige, scheinen mir die traumatischen Erfahrungen immer deutlicher in den Vordergrund zu treten; intime Verletzungen, für die ganz schwer eine Sprache zu finden ist und für die im Schweigen bzw. Verschweigen ein Schutz für sich selbst und auch für andere gesucht wird. Peter und Lisbeth – die beiden Kinder von Else Pappenheim – erzählten mir etwa, dass bis Mitte der 1980er Jahre die Familiengeschichte ein Tabu war. Die nächste Umgebung, SpielkameradInnen, FreundInnen kamen oft aus dem Emigrantenmilieu, das eines besonders auszeichnete. Dort wo normalerweise im Familiengeschehen Großeltern in Erscheinung treten, war eine Leerstelle. Selbstredend nicht psychisch, in der unbewussten intergenerativen Weitergabe.

Erst an ihrem Lebensende hat Else Pappenheim diese ihre Geschichte Bernhard Handlbauer und damit der Öffentlichkeit anvertraut. Als sie 1938 aus Wien floh, musste sie die schwermütige Mutter zurücklassen. Aus den USA versuchte sie verzweifelt die Mutter nach New York zu holen und ein Affidavit zu organisieren. Über Jahre standen sie im wöchentlichen Briefverkehr. Zermürbend die vergeblichen Versuche, die sich ständig verändernden bürokratischen Auflagen zu erfüllen. Die Mutter war gleich nach der Flucht der Tochter zu ihrer Schwester Charlotte (1873–1942) nach Bonn übersiedelt, wo diese mit einem prominenten Mathematiker, Felix Hausdorff (1868–1942), verheiratet war. Gemeinsam erlebten sie die sukzessiv wachsende Bedrohung und Unterdrückung des Nationalsozialismus, wie sich die Schlinge zusammenzog, bis sie im Jänner 1942 – sie sollten abtransportiert werden – zu dritt beschlossen, sich gemeinsam das Leben zu nehmen.

Und Elses Schwiegereltern? Auch ihr späterer Mann Stephen flüchtete 1938 als junger Maturant aus Wien, verließ die Mutter, Klara Labin (1882–1942), die mit ihrer Schwester in Auschwitz ermordet wurde, während sein Vater, Walter Frischauf (1882–1957) – die Eltern ließen sich bereits Anfang der 1920er Jahre scheiden – als Bibliothekar in Graz lebte, Nationalsozialist wurde, den einzigen Sohn verleugnete und enterbte. Diese Facette im Leben der Frischaufs kommt in keiner biographischen Arbeit vor, das konnten mir erst die Kinder erzählen und damit das Schweigen, die Leerstelle in der Familiengeschichte begründen und *auch*, warum sie – trotz des Heimwehs der Mutter – nicht nach Wien zurückkehrten und erst 1956 erstmals österreichischen Boden betraten.

In Bezug auf Marie Langer möchte ich mit einer kleinen Briefstelle verdeutlichen, wie sehr sich über die Jahre eine biographische Perspektive zu verändern vermag. Ich musste innehalten, als ich in einem Brief Marie Langers an Else Pappenheim vom 11. November 1983 den bemerkenswerten Satz las: „Nicaragua bedeutet mir sehr viel. Es ist für mich, was damals Spanien für mich bedeutet hat."

Nicaragua gleich Spanien? Das ist doch erstaunlich. War es gar nicht so sehr das solidarische Engagement einer alten Dame, das uns Studierende begeisterte? Erlebten wir vielmehr die revolutionär-romantischen oder gar schwer traumatischen Erfahrungen der ehemals Mitte-Zwanzigjährigen, die in ihrem Elan, in ihren Vorträgen zu fühlen waren?

Über ihre Erlebnisse in Spanien hat Marie Langer ausführlich in ihrer Autobiographie berichtet. Was bei ihrer Schilderung auffällt, ist die erlebte Zweiteilung, die sich spürbar lesen lässt. Nahezu amüsiert schildert sie, gleich einer romantischen Abenteuererzählung, die Anfangszeit in Spanien, die sie als 26-jährige Jungmedizinerin erlebte. Rundum nur Gleichgesinnte – schrieb sie:

Weder vorher noch nachher habe ich eine so fröhliche, ausgelassene Stadt wie Barcelona gesehen: auf allen Straßen Musik, Plakate und Parolen; sogar die Papierstreifen über den Schaufenstern schienen nur zur Verschönerung der Stadt da zu sein, obwohl sie zum Schutz gegen die feindlichen Luftangriffe angebracht waren [...] Alles war völlig klar. Es gab keine Diskussionen über die politischen Ziele, wir waren in der Gruppe, in der wir sein wollten, konnten offen arbeiten und mußten uns nirgends verstellen.[12]

Marie Langer fühlte sich in Freiheit, Gleichheit und Brüderlichkeit. War das das Spanien, das in Nicaragua wieder auflebte? Oder doch etwas anderes: Denn im Frühjahr 1937 mutierte die Romantik zur Hölle. Max Langer und Marie – sie hieß zu jener Zeit Manowil[13] – waren bei der Jarama-Schlacht in Einsatz. Liest man ihre Schilderung und andere Zeitzeugenberichte[14], stockt einem der Atem. „Ich hatte keine Zeit zum Weinen"[15], schrieb Marie Langer. Hunderte Tote. Zerfetzte Verwundete, hoffnungslos überfüllte Lazarette, zu wenig Medikamente, Arbeit bis zur Erschöpfung; Tod von vielen Genossen – ein geliebter Freund stirbt in ihren Armen.[16] Wie soll man das beschreiben? In jedem Fall traumatische Erfahrungen, die ihren psychosomatischen Niederschlag finden sollten – und ich muss gestehen, dass in der weiteren Schilderung meinem Einfühlungsvermögen *männliche* Grenzen gesetzt sind.

Nach dem Horror am Jarama wurden Marie und Max Langer nach Murcia versetzt und einige Monate später nach Frankreich entsandt, um medizinische Geräte zu organisieren. Marie war schwanger und es folgte – wie sie im Superlativ schrieb – die *schlimmste* Zeit ihres Lebens.[17] Im sechsten Monat kam es zur tragischen Frühgeburt. In ihrer Autobiographie schrieb sie: „Ein kleines Mädchen wurde geboren, und ich wußte, daß es nicht würde leben können. Aber das Schreckliche und für mich irgendwie Irrationale und Unerwartete war, daß es lebend geboren wurde, um dann während drei langer Tage langsam zu sterben."[18]

Was sie in ihrer Autobiographie nicht erwähnte, sondern Jahre später einer Freundin, Nancy Caro Hollander, in sechzig Stunden Interviews erzählte, war, dass sie schon in Spanien eine *Serie* von Fehlgeburten erleben musste und nach der schlimmsten Zeit in Frankreich nicht nach Spanien zurückkehrte, sondern 1938 zu ihren Eltern nach Böhmen ging, wo sie abermals einen Abortus erlebte: „I will never forget what it was like lying in the hospital bed at night alone, my gown soaked with blood … Through the open window of my room I could hear the terrifying sounds of a passing Nazi demonstration and hundreds of voices yelling, ‚Kill the jews'."[19]

Ersehntes Leben – erfahrener Tod. In der Serie dieser tragischen Erfahrungen verdeutlicht sich wohl die innige und verzweifelte Sehnsucht, den ungezählten Begegnungen mit dem Tod gültiges Leben entgegenzustellen, ein Versuch, der wiederholt tödlich scheiterte. War das auch alles „Spanien" – unbewusste Erinnerungsspuren, die Jahrzehnte später in der Bedeutung von Nicaragua zum Vorschein kamen? Ein verlorener, verlustreicher, tödlicher Kampf gegen den Faschismus in den 1930er Jahren, der sich diesmal, ein halbes Jahrhundert später, nicht wiederholen durfte.

Marie Langers Konzept von der „*eingefrorenen Trauer*" bekam jedenfalls für mich eine neue, eine biographische Bedeutung und es gelingt mir nicht mehr, ihre drei auf Deutsch erschienenen Bücher anders als im Zusammenhang mit diesen eruierten Erfahrungen zu lesen. Deren deutsche Titel lauten: *Von Wien bis Managua; Mutterschaft und Sexus; Das gebratene Kind.*[20]

Als die Nationalsozialisten am 1. Oktober 1938 in der Tschechoslowakei einmarschierten, waren Marie und Max Langer bereits auf dem rettenden Schiff nach Südamerika. Marie war wieder schwanger. Es war ein Sohn, Tómas, der am 8. April 1939 in Uruguay gesund zur Welt kam. All die hier erzählten Geschichten sind zutiefst intime Geschichten und brauchten Jahre, Jahrzehnte bis heute, um erzählt zu werden. Jede Zeit hat ihre eigene Geschichts-Betrachtung, mit immer neuen Fragen, die – so scheint es – zu anderer Zeit (auch von uns) nicht gestellt werden konnten; mit immer neuen Antworten, die zu anderer Zeit nicht gegeben und (auch von uns) nicht erhört werden konnten. Und wenn das bislang Unerhörte plötzlich doch Gehör findet, ist es verlässlich von einer Stimmung des Unheimlichen begleitet, wie sie Sigmund Freud so prägnant beschrieb: „Unheimlich sei alles, was ein Geheimnis betrifft, das im Verborgenen bleiben sollte und hervorgetreten ist."[21]

Eine Stimmung, die meine Forschungsarbeit stets begleitete. So auch im Jahre 2016, als ich im Rahmen eines Sabbaticals alle sechs Kinder der Protagonistinnen meines Forschungsprojekts besuchte. Ich wollte sie kennenlernen, mich nach historischem Quellenmaterial, Fotos erkundigen und nach den Familiengeschichten aus ihrer Perspektive der zweiten Generation befragen. Sohn und Tochter von Else Pappenheim, Peter und Lisbeth, traf ich in New York. Die beiden Töchter von Marie Langer, Ana und Veronica, traf ich in New York und Mexico City; und die beiden Söhne Marie Langers in Buenos Aires. Allesamt waren sie sehr gastfreundlich und immens unterstützend für mein Projekt. Sie zeigten mir zahlreiche Fotos und Dokumente, erzählten mir viele Geschichten aus ihrer Kindheit und Jugend. Über viele Freuden, aber auch Trauer und Leid, über die Folgewirkungen der elterlichen Verfolgung und Flucht.

So auch die beiden Söhne Marie Langers, Tómas und Martín, die ich beide gemeinsam in Buenos Aires sprechen durfte. Sie erzählten viel über ihren Vater; über die Situation, als die Mutter und ihre beiden Schwestern nach Mexiko flüchteten; über ihr Überleben während der Militärdiktatur – bis der älteste, Tómas, mich plötzlich fragte, ob ich die Geschichte seines Bruders kennen würde. Verdutzt sagte ich, aber er sitze doch hier neben mir, und er fortfuhr: nein, nicht er, ein anderer. Da war sie wieder, diese Stimmung des *Unheimlichen*.

Ja, meinte er, es sei ein Familiengeheimnis, aber ich könne darüber erzählen: Es sei der nach ihm Geborene gewesen, Nicolás, der einjährig an einer Enzephalitis erkrankte, die eine bleibende, schwere geistige Behinderung verursachte. Nachdem der dritte Sohn, Martín, 1945 zur Welt gekommen war, ereignete sich – so der Familienroman – ein tragischer Vorfall, dass Nicolás so eifersüchtig wurde, dass er mit einem Hammer auf den kleinen Bruder losging. Die Eltern waren überfordert und gaben den behinderten Knaben in die Obhut der Eltern von Marie Langer, die ja der Tochter 1939 nach Uruguay gefolgt waren. Nicolás war und blieb ein Fremder für seine Geschwister, wenn diese ihre Großeltern besuchten. Als der Vater Marie Langers im Jahre 1953 verstarb, wurde es der Mutter Maries offenbar zu viel. Sie kehrte heim nach Wien, wo sie 1968 starb. Nicolás wurde in einem Heim untergebracht. Die beiden Brüder konnten mir nicht sagen, wann genau und woran der damals ca. 18-jährige Nicolás verstarb.

Eine tragische Geschichte in einer äußerst prekären Lebenslage, die den biographischen Bruch der Vertreibung und Flucht besonders drastisch verdeutlicht; aber auch die Schwierigkeit, wenn nicht gar die Unmöglichkeit der Einfühlung in eine Lebenssituation erkennen lässt, die von solch großen Verlusten geprägt ist: Verlust der Sprache und Lebenskultur, des familiären, beruflichen und politischen Zusammenhalts, der Tod, die Ermordung von Freunden und Verwandten. Eine unheimliche Geschichte, die so viele Jahrzehnte brauchte, um erzählt zu werden. Mir erschien es wie ein Auftrag und ich frage mich: wäre dieser Auftrag, wäre mir diese Forschung vor zehn, vor zwanzig Jahren, oder gar als Marie Langer noch lebte, möglich gewesen?

Nachdem ich von meiner Reise zurückkehrte, las ich nochmals Marie Langers Autobiographie und alle biographischen Arbeiten über sie, die mir greifbar waren und alle folgten sie dem Familiengeheimnis. Mit einer Ausnahme: Ich war nicht der erste, dem Tómas Langer das Familiengeheimnis anvertraute. Sein Gesprächspartner war ein Wiener Student, Raimund Bahr, der 1992 für seine Dissertation über Marie Langer ebenfalls nach Buenos Aires gereist war. Seine Doktorarbeit erschien aber erst 12 Jahre später, 2004, in einem kleinen Verlag in St. Wolfgang am Wolfgangsee.[22] Die meisten von uns, die damals in der Solidaritätsarbeit aktiv waren, lasen die Publikation. Lasen die verstörend irritationsfrei wirkende knappe Seite[23] über den verheimlichten Sohn.

Ich war mehr als irritiert, warum mir diese wichtige Information entfallen war und so sprach ich mit vielen Freundinnen und Freunden in Wien, Salzburg, Zürich, Basel und Freiburg, die Marie Langer besonders nahe standen, die in Nicaragua mit ihr zusammen arbeiteten und von denen manche dem Autor Raimund Bahr auch als InterviewpartnerInnen zur Verfügung standen. Alle hatten sie / hatten wir das Buch gelesen, aber nicht eine, nicht einer konnte sich an Nicolás erinnern. Nicht eine, nicht einer sich erinnern, diese nüchtern, distanzierte Seite über den verlorenen Sohn gelesen zu haben. *Unheimlich* berührte uns die erlebte loyale Denkhemmung, dass wir in der Idealisierung – so scheint es – unbewusst daran teilnahmen, das Familiengeheimnis aufrecht zu erhalten. Darum bleiben Freuds mahnende Worte stets aktuell, die er am 31. Mai 1936 an den Schriftsteller Arnold Zweig richtete: „Wer Biograph wird, verpflichtet sich zur Lüge, zur Verheimlichung, Heuchelei, Schönfärberei und selbst zur Verhehlung seines Unverständnisses, denn die biographische Wahrheit ist nicht zu haben, und wenn man sie hätte, wäre sie nicht zu brauchen."[24]

Anmerkungen

1 Die Edition dieses Briefwechsels mit neuen biographischen Forschungsergebnissen ist 2019 erschienen: Karl Fallend: MIMI & ELS. Stationen einer Freundschaft. Marie Langer – Else Pappenheim – Späte Briefe. Wien: Löcker-Verlag, 2019.
Dank an den Zukunftsfonds der Republik Österreich für die finanzielle Unterstützung des Forschungsprojekts. Besonderer Dank an Lisbeth Frischauf, Peter Frischauf, Bernhard Handlbauer, Ana, Martín, Tómas und Verónica Langer und insbesondere meiner Lebensgefährtin Gabriella Hauch.
2 Vgl. Werkstatt für Gesellschafts- und Psychoanalyse u.a. (Hg.): Salud Mental in Nicaragua. Psychoanalyse im Dienste des Volkes. Salzburg: Werkstatt-Buch. Eigenverlag, 1988.
3 Vgl. Marie Langer: Krieg und Trauer. In: Werkstatt, ebd., S. 119-124.
4 Karl Fallend: Wilhelm Reich in Wien. Psychoanalyse und Politik. Wien, Salzburg: Geyer-Edition, 1988.
5 Marie Langer: Von Wien bis Managua. Wege einer Psychoanalytikerin. Freiburg i. Br.: Kore, 1986.
6 Else Pappenheim: Zeitzeugin. In: Friedrich Stadler (Hg.): Vertriebene Vernunft II. Emigration und Exil österreichischer Wissenschaft. Wien, München: Jugend und Volk, 1988, S. 221-229. Else Pappenheim: Politik und Psychoanalyse in Wien vor 1938. In: Psyche 43 (1989) 2, S. 120-141.
7 Bernhard Handlbauer: Einleitung. In: Else Pappenheim: Hölderlin, Feuchtersleben, Freud. Beiträge zur Geschichte der Psychoanalyse, der Psychiatrie und Neurologie. Hg. von Bernhard Handlbauer. Graz: Nausner & Nausner, 2004, S. 19-202.
8 Er war der Bruder der Hautärztin Marie Frischauf-Pappenheim.
9 Else Pappenheim war in Lehranalyse bei Otto Isakower (1899–1972); Marie Langer bei Richard Sterba (1898–1989).
10 Marie Langer: Psychoanalyse und / oder soziale Revolution. In: Raimund Bahr (Hg.): Leben im Widerspruch. Marie Langer. Texte. Briefe. Begegnungen. St. Wolfgang: Edition Art & Science, 2007, S. 19-38. Ihr Vortrag wurde von der Internationalen Psychoanalytischen Vereinigung nicht zur Publikation angenommen.
11 Stephen Frishaufs Onkel Hermann Frischauf (1879–1942) heiratete Else Pappenheims Tante Marie Pappenheim (1882–1966).
12 Langer: Von Wien bis Managua, S. 95ff.
13 Marie heiratete am 3. November 1935 Dr. Josef Herbert Manowil (geb. 1906), Jurist, Parteigenosse, der sich ebenfalls den Internationalen Brigaden anschloss und in der Jarama-Schlacht am 1. April 1937 ums Leben kam. Er ist mit hoher Wahrscheinlichkeit jener

„Robert, den Jungen, den ich wegen Max verlassen hatte" und der in ihren Armen starb. (Langer, ebd., S. 100f.)

14 Z.B. Walter Fischer: Kurze Geschichten aus einem langen Leben. Mannheim: Persona-Verlag, 1986, S. 99ff.

15 Langer: Von Wien nach Managua, S. 101.

16 Vgl. Langer, ebd.

17 Vgl. Langer, ebd., S. 104.

18 Langer, ebd.

19 Nancy Caro Hollander: Love in a Time of Hate. Liberation Psychology in Latin America. New Brunswick, New Jersey: Rutgers University Press, 1997, S. 53.

20 Marie Langer: Von Wien bis Managua. Wege einer Psychoanalytikerin. Freiburg i. Br.: Kore, 1986; Dies.: Das gebratene Kind und andere Mythen. Die Macht unbewußter Phantasien. Freiburg i. Br.: Kore, 1987; Dies.: Mutterschaft und Sexus. Körper und Psyche der Frau. Freiburg i. Br.: Kore, 1988.

21 Sigmund Freud (1919): Das Unheimliche. In: Ders.: Gesammelte Werke, Bd. XII. Frankfurt am Main: Fischer-Verlag, S. 236.

22 Raimund Bahr: Marie Langer – Biographie. 1910 Wien–Buenos Aires 1987. St. Wolfgang: Edition Art & Science, 2004.

23 Bahr, ebd., S. 85. Erst kürzlich erhielt ich eine in Argentinien erschienene Biographie, für die Tomas Langer abermals als Gesprächspartner zur Verfügung stand und in der die Geschichte über den Bruder etwas detaillierter geschildert wird. Vgl. Ximena Sinay: Marie Langer. Psicoanálisis y Militancia. Buenos Aires: Capital Intelectual, 2008, S. 32ff.

24 Sigmund Freud / Arnold Zweig: Briefwechsel. Frankfurt am Main: Fischer Taschenbuchverlag, 1984, S. 137.

Regina Weber
Geschlossene Form
oder fragmentarische Spiegelung
Ein Vergleich von Egon Schwarz' Autobiografie
*Keine Zeit für Eichendorff. Chronik unfreiwilliger
Wanderjahre* und Heinz Politzers *Selbstportrait*

Bei meinem Vergleich des autobiografischen Schreibens zweier unter der faschistischen Diktatur emigrierter Wissenschaftler möchte ich zunächst die Gemeinsamkeiten im Lebenslauf skizzieren. Beide wurden sie in Wien geboren – Heinz Politzer 1910 und Egon Schwarz 1922 – und wuchsen dort als Söhne aus der jüdischen, weitgehend assimilierten bürgerlichen Mittelschicht auf, gymnasial gebildet im Zeichen der deutschen Sprache und Kultur. Für den Studenten der Germanistik und Anglistik Heinz Politzer begann das Exil bereits 1932, als er angesichts des zunehmenden Antisemitismus in Wien „des Spießrutenlaufens durch die Korridore und Stiegenhäuser seiner *alma mater* müde geworden war"[1] und das Studium an der deutschen Universität in Prag fortsetzte. Dort befand er sich ab 1933 in Gesellschaft zahlreicher Emigranten aus dem nationalsozialistischen Deutschland. Nach dem Anschluss Österreichs im März 1938 emigrierte er mit einem Studentenvisum nach Palästina, wo er bis Juni 1940 an der Hebräischen Universität in Jerusalem eingeschrieben war und dann, wie er in einem späteren Lebenslauf schreibt, mit verschiedenen Jobs „als Beamter der Britischen Mandatsbehörde [s]ein Dasein fristete".[2]

In seiner Korrespondenz mit der *American Guild for German Cultural Freedom*[3], der Deutschen Akademie im Exil, die ihn durch Fürsprache Thomas Manns mit einem Arbeitsstipendium unterstützte, berichtet Politzer, der sich schon zuvor in Wien und Prag einen Namen als Dichter und, an der Seite von Max Brod, als Mitherausgeber von Kafkas Werken gemacht hatte, von seinen lyrischen und schriftstellerischen Arbeiten, seinen Kontakten mit Martin Buber in Jerusalem und seinen Erfahrungen mit dem Zionismus im Heiligen Land, die ihn allerdings zutiefst enttäuschten und ihm auch ein dauerhaftes Bleiben im Gastland unmöglich machten. Seine anfängliche Begeisterung für die Idee Palästinas als Judenstaat war bereits im August 1939 verflogen, nach der Veröffentlichung des britischen Weißbuches[4], das für den künftigen Staat Israel den Anteil der Juden auf ein Drittel der Gesamtbevölkerung beschränkte. „Ich denke, wir werden, wenn unsere Zeit gekommen ist, von hier fortgehen", schreibt er an die *American Guild*. „Der kulturelle Raum ist hier so eng und so okkupiert von allerlei Vorurteil und Aberglauben, dass kein Platz ist für einen, der nicht Kotau machen und sein Niveau bis auf seine Vorfahren herabsenken will."[5] Derart an den Rand der westlichen Zivilisation versetzt, erscheint ihm allein noch sein literarischer Beitrag zur deutschen Kultur bedeutsam, den er mit Unterstützung der *American Guild* zu leisten gewillt ist: „Man weiß dann auf einmal wieder wohin man gehört und wozu man da ist", und „dass es die Gemeinschaft des deutschen Geistes im Exil gibt und geben wird."[6] 1947 endlich kann er weiter in die USA emigrieren, wo er sich mit einiger Verzögerung erfolgreich in der amerikanischen Germanistik etabliert. Nach der Promotion 1950, dem Erwerb der amerikanischen Staatsbürgerschaft und dem Übertritt zur anglikanischen Episkopalkirche 1952, dem die Eheschließung mit der Amerikanerin Jane Horner vorausgegangen war,[7] erhielt er 1960 nach kürzeren Aufenthalten an verschiedenen Colleges einen Ruf nach Berkeley, an die *University of California*, wo er bis zu seiner Emeritierung 1978 lehrte, dem Jahr, in dem er auch starb. Seit 1958 war er häufiger Gast in Wien und an westdeutschen Universitäten. Zwei Jahre vor seinem Tod war er noch zum Katholizismus übergetreten und fand seinem Wunsch entsprechend seine letzte Ruhestätte auf dem St. Peter-Friedhof in Salzburg.

In einem Brief an einen Freund kommentierte er 1966 die Brüche und Verzögerungen in seiner Vita: „Denk ich an meine Geschichte zurück, Kindheit, Hitler, Palästina, geschiedene Ehe, Doktorat mit 40 Jahren und Schwierigkeiten im Beruf, so sehe ich schon, dass da Narben zurückgeblieben sind, die die Tendenz haben, bei jeder neuen Beanspruchung des Nervensystems wieder aufzubrechen."[8]

Mit dem zwölf Jahre jüngeren Egon Schwarz verbindet ihn die Exilerfahrung, ein Jahrzehnt gleichsam am Rande der westlichen Zivilisation verbracht zu haben und als Immigrant im fernen Aufnahmeland gescheitert zu sein. Auch Schwarz litt unter den Umwegen und Verzögerungen, die das Erreichen des angestrebten Ziels, das er für sich schon früh in der „Laufbahn eines europäischen Intellektuellen"[9] sah, lange Zeit fast aussichtslos erscheinen ließ. Egon Schwarz war als 16-jähriger Wiener Gymnasiast mit seinen Eltern nach dem Anschluss Österreichs im März 1938 auf gefahrvollen Wegen über Prag und Ungarn mit einem Visum nach Bolivien emigriert und verbrachte mehr als ein Jahrzehnt unter abenteuerlichen Umständen in Südamerika, bis auch ihm die zweite Emigration in die USA gelang, wo ihm eine jahrzehntelange erfolgreiche Karriere in der amerikanischen Germanistik beschieden sein sollte.

In der in seinem Marbacher Nachlass aufbewahrten Erstfassung seiner Autobiografie *Keine Zeit für Eichendorff. Chronik unfreiwilliger Wanderjahre*, die er unter dem Titel „Abenteurer wider Willen"[10] verfasste, setzt er sich, ausführlicher als in der späteren 1979 erstmals erschienenen Publikation, mit seinem Scheitern im südamerikanischen Aufnahmeland auseinander, den vielen fehlgeschlagenen Versuchen, sich eine Existenz in der Fremde der indianischen Andenwelt jenseits der Welt der *Western Civilization* aufzubauen.

Mein Scheitern in [...] Südamerika war meine eigene Schuld. Woran lag es? Viele Gründe bieten sich mir heute an [...]: die Unvereinbarkeit meiner Wesensart mit der des lateinamerikanischen Kontinents; eine unverarbeitete Verbundenheit mit der verloren gegangenen heimatlichen Kultur Europas.[11]

Auch Schwarz litt unter dem Gefühl der verlorenen Jahre in Südamerika:
Statt all der verhaßten Jobs wünschte ich mir nichts sehnlicher, als zu studieren. Als ich zwanzig wurde, zweiundzwanzig, schließlich vierundzwanzig, gesellte sich zu diesem vagen Wunsch eine furchtbare Panik, daß ich über all diesem Weiterrutschen und Fortwursteln mein eigentliches Leben versäumte, daß es zu spät werden könnte, etwas aus mir zu machen, was ich selbst als bedeutend und richtig anerkennen konnte.[12]

Und auch ihm bedeutete in diesen Jahren äußerster sozialer Desintegration das geistige Aufgehobensein in der Gemeinschaft der deutschen und europäischen Kultur Überlebenshilfe. So vermittelte ihm etwa die in New York erscheinende deutschsprachige Emigrantenzeitung *Der Aufbau* das „unentbehrliche Gefühl […], dass wir nicht bloß Ausgestoßene und Vergessene waren, sondern zu einer zwar bedrohten und verfolgten, aber keineswegs wertlosen Gemeinschaft gehörten."[13]

Generell sah Schwarz für ein „Kind jüdischer Abstammung" im von Antisemitismus geprägten Wien der zwanziger Jahre zwei Optionen zur „intellektuellen Bewältigung dieser verzwickten Umstände": „jüdische Religion und Zionismus auf der einen Seite, tieferes Eindringen in die traditionelle europäische Kultur und sozialistische Orientierung auf der anderen [...]. Ich wählte sozusagen auf lange Sicht die zweite Alternative."[14] Während Schwarz also trotz aller Hindernisse im Exil die Realisierung seines Lebensplans entschlossen verfolgte, waren die Zielsetzungen Heinz Politzers, die von der zionistischen Option zur Rückkehr in die „traditionelle europäische Kultur" führten, schwankend und von Unsicherheit geprägt. So gibt auch das autobiografische Schreiben auf unterschiedliche Weise Zeugnis ihrer Exilerfahrung.

Egon Schwarz veröffentlichte seine Autobiografie Ende der 1970er Jahre, aus der Distanz von dreißig Jahren, die er inzwischen als Germanist an amerikanischen Universitäten verbracht hatte. Das mehrfach aufgelegte Buch – 1979 erstmals publiziert und 2005 mit einem neuen Vorwort des Verfassers versehen – machte ihn weit über die Fachgrenzen hinaus bekannt. Schon mit dem Titel *Keine Zeit für Eichendorff. Chronik unfreiwilliger Wanderjahre*, der auf *Wilhelm Meisters Wanderjahre* von Goethe anspielt, stellt sich Schwarz zum einen in die klassische Tradition des deutschen Bildungsromans, macht aber zugleich mit der doppelten Verneinung deutlich, dass hier von einer Phase seines Lebens, der Zeit im südamerikanischen Exil, gehandelt wird, die diesem Muster eben nicht entsprach. Die Unfreiwilligkeit dieser Wanderjahre wird noch klarer durch den Titel der unpublizierten Erstfassung: „Abenteurer wider Willen". Die Phase des südamerikanischen Exils wird umspannt von einem Anfang, seiner Kindheit und Sozialisation in Wien, und einem Ende, dem „Weg zurück"[15], wie eine Kapitelüberschrift lautet, in die bürgerliche Gesellschaft der westlichen Welt.

In den Jahren als Exilant, in oftmals gefahrvollen, die europäische Identität bedrohenden Situationen, identifiziert er sich mit der Rolle des Abenteurers, des Schelms, des spanischen Pikaros, mit literarischen Vorbildern, die sich im Zeichen sozialer Desintegration trickreich, mit Schläue und Fantasie, durch die Wirren des Lebens schlagen. Für das vierte Kapitel seines autobiografischen Romans *Keine Zeit für Eichendorff* hat er den ursprünglichen Titel „Abenteurer wider Willen" übernommen, mit den Abschnitten „Der Emigrant als Pikaro" und „Der Held besteht weitere unglaubliche, nichtsdestoweniger wahrhaftige Abenteuer zu Wasser und zu Lande".

Nicht zuletzt mit der Episodenstruktur seiner Aventiuren stellt sich Schwarz hier in die pikareske Tradition. Der stets jugendliche Held trotzt letztlich allen Gefahren. So schildert er, wiederholt am Rande „bodenloser Armut"[16], seine zahlreichen vergeblichen Anläufe, sich den Lebensunterhalt zu verdienen. Vom über Land ziehenden Handelsvertreter, der seine Ware nicht absetzen kann, sodass er schließlich, wie *Hans im Glück*, alles verschenkt, bis zum

Arbeiter in den Minenbergwerken der einsamen steinernen Bergwelt der Anden, die für ihn Dantes *Purgatorium* heraufbeschwört, reichen die literarischen Topoi.

Die „unfreiwillige Schelmenexistenz"[17], die schließlich an ihr Ende kam, war keine echte Option für Schwarz, sondern die Folge der erzwungenen Emigration – eine Überlebensstrategie. In seinen späten Notizen zur Neuauflage des Buches 2005 findet sich ein Zitat des spanischen Autors Julio Camba, von Schwarz übersetzt:

Die abenteuerlichen Rassen sind es aus Mangel ... an Brot, aus Mangel an Freiheit. Man treibt die Juden, die Polen, die Armenier aus ihren Häusern und sobald man sie hinausgeworfen hat und man sie so in der Welt herumirren sieht, sagt man, sie hätten einen abenteuerlichen Geist. Den möge Gott ihnen bewahren, wenn sie ihn wirklich haben sollten, denn sie haben ihn dringend nötig.[18]

Immer wieder betont Schwarz in seinen autobiografischen Reflexionen die Gespaltenheit seiner Person zwischen der Rolle des Abenteurers und der des heranwachsenden jungen Mannes, der seine geistige Entwicklung unbeirrt vorantreibt. Das Schiff nach Südamerika nennt er seine „erste Universität"[19], die bolivianischen Jahre als Sekretär bei einem aus Wien stammenden, leicht verrückten Ethnologen[20], der über eine aus Europa mitgebrachte Bibliothek verfügte, seine zweite. Der Bedrohung der europäischen Identität in der fremden Welt der indianischen Anden – der drohenden „Verhiesigung", die er an verschiedenen Beispielen verwirrter Existenzen schildert – begegnete Schwarz in den frühen Nachkriegsjahren im südamerikanischen Ecuador mit dem Streben nach „bewußter Verbürgerlichung, deren gradueller Fortschritt [...] das rohe Außenseitertum und die krasse Nichtdazugehörigkeit beschwichtigte".[21]

Er holt die Matura nach und beginnt ein Jurastudium: „der Riß von 1938 war zugewachsen."[22] Schließlich gelingt ihm im Jahr 1948 mit Glück und Hartnäckigkeit die zweite Emigration in die USA. Nach zahllosen vergeblichen Bewerbungsschreiben an nordamerikanische Universitäten erhielt er eine Einladung des 1936 aus Deutschland emigrierten Germanisten Bernhard Blume, Professor an der Ohio State University, Columbus, der ihm zunächst eine Stelle als Deutschlehrer an einem nahe gelegenen College vermittelte. „Hier bin ich in den geistigen Beruf eingegangen, zu dem ich mich von Anfang an bestimmt fühlte und von dem mich nur der Kataklysmus zeitweilig weggeschleudert hatte"[23], schreibt er, und damit schließt sich gleichsam der Kreis.

Schwarz gelingt es im Rückblick, die südamerikanischen Exiljahre positiv in seine Lebensgeschichte zu integrieren und er bekennt, „dass mich Bolivien, Chile und Ecuador so geprägt haben, dass diese Erfahrungen von meinem Selbst gar nicht mehr ablösbar sind".[24] Sie haben vor allem zu seiner Haltung der fundamentalen „Desillusionierung"[25] beigetragen – im Gegensatz zu Politzer war Schwarz nicht religiös – und sein soziales und politisches Bewusstsein geprägt. Schwarz versteht sich als „Weltbürger".[26] Er war ein europäischer Humanist, und als solcher rechtfertigt er auch das Schreiben seiner Autobiografie und deren aufklärerische Botschaft. So sieht er sich, wie viele Exilbiografen, als Vertreter seiner Generation, schildert sein Leben in Form einer linearen Entwicklung und betont, „dass sich eben an diesem Einzelschicksal die Zeiterscheinungen mit persönlicher Genauigkeit ablesen lassen".[27]

Während es Schwarz gelang, von der Warte des gut etablierten amerikanischen Germanisten aus seine Biografie, mit dem Fokus auf den Jahren des Exils in Südamerika, in eine geschlossene Form zu fassen, ja, mit spürbarer Freude am Erzählen Momente der Verklärung seiner Pikaro-Existenz einzubauen, war dies Heinz Politzer nicht vergönnt. Es gab Ansätze zu einer Autobiografie in den Exiljahren in Palästina, wovon er der *American Guild* bald nach seiner Ankunft im Sommer 1938 berichtet: Von einem „Roman [...] autobiographischen Inhalts" habe er „das letzte Kapitel auch schon geschrieben, das den Titel ‚Die Flucht zu den Vätern' trägt".[28] Noch ganz erfüllt von der zionistischen

Idee, fehlte ihm jedoch bei der zeitlichen Nähe der Ereignisse die für das Schreiben nötige Distanz.

Dagegen fand er in der gebrochenen Sprache der Lyrik ein angemessenes Ausdrucksmittel eigener Selbsterfahrung. Das *lyrische Ich* gibt unmittelbar Zeugnis von Leid und Hoffnung im Exil. So wird in einer Reihe von Gedichten wie *Der Ahn*[29] oder *Vater Noah*[30] die Heimkehr in die religiöse Welt des Judentums thematisiert. Seine messianische Hoffnung gipfelt gleichsam in den *Messiasliedern*:

Zu einer Mitternacht werden die Armen aufstehen
[...]
Kommen ist endlich Messias, Messias ist kommen![31]

Diesen in den Kriegsjahren in Palästina entstandenen Gedichten, die nicht zuletzt Politzers ernstes Bemühen, in der jüdischen Welt anzukommen, bezeugen, stehen jene Aussagen des *lyrischen Ich* entgegen, die die Trauer über den Verlust von Heimat und sozialer Zugehörigkeit, das Ende der alten Existenz beklagen. In Gedichten mit so sprechenden Titel wie *Grenzübertritt*[32] oder *Mit einem Reisepass* („Du wie das Land, dem ich gehoer, Zerfetzter"[33]) wird der Riss in der eigenen Lebensgeschichte, analog zum Ende seiner Heimat Österreich, sichtbar. Daneben aber wird bereits in der Exillyrik jener Jahre das eigene Schicksal mythologisch überhöht: Im Bild der Irrfahrten des Odysseus klingt schon hier Politzers späteres literarisches Identifikationsmodell des „gelebten Mythus" an.

Wozu all die Inseln, Zauberinnen,
Traum die Rast und Tag die Ungeduld?
Lange schon zerbrach dein Schifflein innen
Und die See rollt ewig ohne Schuld.[34]

Neben dem Rückgriff auf die antike Mythologie wird aber auch schon in den Exiljahren in Palästina ein *nicht* von zionistischer Hoffnung getragenes, religiöses Motiv intoniert, das sich leitmotivisch durch Politzers autobiografisches Schreiben zieht: das des persönlichen Ausgeschlossenseins vom ewigen Heil, das sich für ihn mit seiner frühen Kafka-Rezeption verband. Noch in den Jahren des Prager Exils hatte Max Brod, Kafkas Freund und Nachlassverwalter, den Studenten Heinz Politzer als Mitarbeiter an der Ausgabe von Kafkas *Gesammelten Schriften*[35] gewonnen und die an der Deutschen Universität in Prag begonnene Dissertation über den Dichter bildete später das Fundament von Politzers bedeutender Kafka-Biografie *Kafka der Künstler*.

Im Vorwort der deutschen, beim Fischer Verlag 1965 erschienenen Ausgabe spricht Politzer von der religiösen Problematik Kafkas: „Einige von Kafkas Gedankensplittern spiegeln zwar den Abglanz des Lichtes wider, von dessen Dasein er überzeugt war; ebenso überzeugt wie von der Einsicht, dass nicht er es war, dem es leuchtete."[36] Doch schon lange zuvor hatte er sich das von Max Brod überlieferte Kafka-Wort: „Unendlich viel Hoffnung – nur nicht für uns"[37] zu eigen gemacht, das in seiner Exillyrik als Gedichtüberschrift wiederkehrt. Hier wird die Exilerfahrung des Ausgesetztseins und der Nichtdazugehörigkeit auf die religiöse Ebene übertragen:

Ich kann nur beten um Gebet.
Das Schweigen ist groß in der Wüste.
Und stiege selbst die Jakobsleiter hernieder,
Zu kurz, zu kurz und die Sprossen zerbrochen
Und die Engel zerschmetterte Adler![38]

Politzers Identifikation mit Kafka wird auch von Egon Schwarz reflektiert, in einer Hommage auf den 1978 verstorbenen Kollegen:
Heinz Politzer wirkte, als sei er selbst den Seiten von Kafka entstiegen. Wie Kafka hat er in Prag gelebt und war mit dem dortigen Milieu vertraut. Wie Kafka war er ein von schöpferischen, aber schweren Neurosen Heimgesuchter. Wie Kafka litt er schwer an seinem Judentum. [...] Wie Kafka war er ein

ewiger Zögerer, Unentschlossener und Zerrissener. [...] Es ist nicht falsch zu sagen, Politzer sei in den USA eine Art Stellvertreter Kafkas gewesen. [...] Vielleicht kultivierte er diese Identität auch.[39]

```
Heinz  P o l i t z e r            78 Freiburg i.Br., den 19.4.1967
                                  Jacob-Burckhardt-Str. 13


       Herrn
       Prof. Egon Schwarz

       Z ü r i c h
       Walchestr. 17
       Pension Tschannen
       Schweiz


       Lieber Egon,

       tausend Dank für Ihren freundschaftlichen Brief. Auch Jane und
       ich haben Dorles und Ihren Besuch aus vollen Zügen genossen und
       hätten nur gewünscht, daß er länger dauerte.
       Die Reise nach Prag war erschütternd. Ich beabsichtige, ein Buch
       zu schreiben des Titels "Kafka hat Prag nie gesehen". Die Häuser
       stehen noch, aber die Atmosphäre ist ausgewechselt, die Menschen
       zufriedener, der panische Schrecken bei aller Zwangswirtschaft
       vergangen. Versäumen Sie nicht, das Mütterchen zu besuchen; die
       Krallen sind gar nicht so scharf, wie Kafka, der Tepp, gemeint
       hat, und von allem anderen abgesehen, handelt es sich ja um eine
       der schönsten Städte der Welt.
       Höchstwahrscheinlich komme ich schon im Laufe des 17. Juni nach
       Innsbruck und hätte dann den ganzen 18., einen Sonntag, frei.
       Wie wäre mit einer kleinen Überlandpartie? Mein Bedürfnis, Sie
       beide zu sehen, ist nich unbeträchtlich. Bleiben wir also bitte
       im Benehmen. Schöne Grüße auch an Dorle, auch von Jane.


                              Stets der Ihre
```

Schreiben von Heinz Politzer an Egon Schwarz (Kopie)
(© Deutsches Literaturarchiv, Marbach)

Damit trifft Egon Schwarz tatsächlich den Kern der autobiografischen Selbstdarstellungen Politzers, der sich in seinen jeweiligen literarischen Protagonisten wiederfand. Der zwölf Jahre ältere Literaturwissenschaftler Heinz Politzer war stärker als Schwarz in der Alten Welt verwurzelt, in Wien und Prag, was auch in seiner Hinwendung zum „Habsburgischen Mythos" (Claudio Magris)[40], zu den großen Dichtern der Donaumonarchie – Grillparzer, Kafka, Freud – Ausdruck fand.

Nach dem Kafka-Buch erschien 1972 seine Grillparzer-Monografie, als zweite Publikation einer geplanten „österreichischen Trilogie"[41]. Reinhard Urbach, im Vorwort zum Grillparzer-Buch, erinnert sich an Politzers Seufzer: „Jetzt bin ich schon Kafka', stöhnte er zwischen ‚Kafka'- und ‚Grillparzer'-Buch, ‚jetzt muss ich auch noch Grillparzer werden.'"[42] Nicht zuletzt geprägt durch die Wiener Theater-Tradition mit ihren Attributen Maske und Kostüm, versuchte sich Politzer in immer neuen Rollen, und „zog" letztlich gleichsam auch noch „Freud an", um mit Paulus' Worten an die Römer zu sprechen („Ziehet an den Herrn Jesus Christus"[43]), – Freud, den Erfinder der Psychoanalyse, dem er sich in den 1970er Jahren in seinem letzten Lebensjahrzehnt zuwandte.

Gefunden hatte Heinz Politzer dieses für ihn zentrale Identifikationsmodell, das sein literaturwissenschaftliches und autobiografisches Schreiben künftig bestimmen sollte, bei Thomas Mann in seiner Rede zu Freuds 80. Geburtstag „Freud und die Zukunft"[44], die Mann am 8. Mai 1936 vor der Wiener Psychoanalytischen Vereinigung hielt. Mann bezieht sich hier zunächst auf einen unlängst erschienenen Aufsatz des Freud-Schülers Ernst Kris „Zur Psychologie älterer Biographik"[45], der seine These, dass „viele von uns […] auch heute einen biographischen Typus, das Schicksal eines Standes, einer Klasse, eines Berufes ‚leben'"[46], sich also oftmals mit einem entsprechenden Vorläufer identifizieren, ausgerechnet an Thomas Manns 1933 erschienenem Roman *Joseph und seine Brüder* exemplifiziert. Thomas Mann, in seiner Festrede auf Freud, stimmt Kris zu, geht dann aber über dessen Formulierung der „gelebten Vita"[47] noch hinaus und spricht vom „gelebten Mythos": vom „Leben als Nachfolge, als ein In-Spuren-Gehen, als Identifikation."[48] „Dies ‚Nachahmen' aber ist weit mehr als heut in dem Worte liegt", fährt Thomas Mann fort, „es ist die mythische Identifikation, die der Antike besonders vertraut war, aber weit in die neue Zeit hineinspielt und jederzeit möglich bleibt."[49] Thomas Mann nennt dann einige historische Beispiele für die Identifikation eines Nachfolgers mit seinem Vorläufer und verweist schließlich auf Napoleon, dessen Identifikation mit Karl dem Großen in der Äußerung gegipfelt habe: „Ich *bin* Karl der Große."'⁵⁰ – „Wohl gemerkt", kommentiert hier Thomas Mann, „nicht etwa: ‚Ich erinnere an ihn'; nicht: ‚Meine Stellung ist der Seinen ähnlich.' Auch nicht: ‚Ich bin wie er'; sondern einfach: ‚Ich *bin's*' Das ist die Formel des Mythos."⁵¹

Diese Passagen aus Thomas Manns Freud-Rede von 1936 zitiert Politzer nahezu wörtlich in seinen beiden Thomas Mann-Essays von 1954 (*Thomas Mann und die Forderung des Tages*⁵²) und von 1965 (*Thomas Mann – der Dichter und die Mächte*⁵³) und auch noch in seiner Sigmund Freud-Publikation von 1975 (*Sigmund Freud und die Tragik der Interpretation*⁵⁴), in der er gleich zu Beginn seines Beitrags das Konzept des „gelebten Mythos" anhand von Thomas Manns Freud-Rede nochmals erläutert. Im Thomas Mann-Essay von 1954 überträgt er in einem nächsten Schritt die Idee der „gelebten Vita" direkt auf Thomas Mann, dessen Werk „im Wesentlichen Autobiographie"⁵⁵ sei, und verweist im Zeichen der faschistischen Bedrohung der 1930er Jahre auf die künstlerischen und dichterischen Vorbilder, die sich Thomas Mann zur Identifikation anboten. „An die Stelle Richard Wagners, der ihm ein Vorbild gewesen war, trat eine andere Figur und wurde ihm zur Urgestalt. Vom deutschen Bürgertum verlassen, sicherte sich Thomas Mann durch die ‚gelebte Vita' Goethes."⁵⁶

Die Erfahrung von Heimat- und Schutzlosigkeit des Exilanten, die drohende Vernichtung hergebrachter Identität, erzwingt Überlebensstrategien, Sicherungen, neue Identifikationsmuster, wie sie Heinz Politzer hier exemplarisch an Thomas Mann wahrnimmt: „Nun hatte er in Goethe eine Art Urtypus gefunden; von ihm geschützt, in ihm geborgen, lebte er ihm nun nach."⁵⁷

Die „mythische Identifikation" mit *antiken* Vorbildern fand Politzer jedoch bei Sigmund Freud in dessen

Hinwendung zum griechischen Drama, insbesondere zu Sophokles' *König Oedipus*, dessen tragische Wahrheitssuche nach der eigenen Herkunft und Familienkonstellation bekanntlich zur Benennung des Ödipus-Komplexes führte. In seinem Essay *Sigmund Freud und die Tragik der Interpretation* (1975) weist er anhand von Äußerungen Freuds nach, dass dieser sich selbst zur Identifikation mit dem antiken König bekannte, und dies anlässlich des Geschenks seiner Schüler zu seinem 50. Geburtstag: einer Münze, die auf der einen Seite Oedipus, das Rätsel der Sphinx lösend, zeigte, und auf der anderen Seite ein Zitat des Sophokles: „Er, der die berühmten Rätsel löste, mächtig wie kein Mann."[58]

In der Anspielung auf Oedipus ehrten die Schüler Freud, den Entdecker des Unbewussten, als den Aufklärer eines anderen Menschheitsrätsels, und Freud bekannte sich zu diesem Vorbild, sah sich von seinen Schülern durchschaut, erkannt. Freud, so Politzer, habe auch sonst „zum griechischen Mythos gegriffen, weil er zu schwer an seiner jüdischen Erbschaft trug und zu schmerzlich unter seiner christlichen Nachbarschaft zu leiden hatte".[59]

Insbesondere in Sophokles' Tragödie *Ödipus auf Kolonos*, in der Exil, Verbannung, Alter und Tod des antiken Königs thematisiert werden, sieht Politzer das Schicksal des vertriebenen Wiener Juden Freud gespiegelt, wie er im gleichnamigen, schon 1972 in Alexander Mitscherlichs Zeitschrift *Psyche* erschienenem Aufsatz[60] deutlich macht. Dass Freud selbst aber den *Oedipus auf Kolonos* nie erwähnte, der ihm gewiss nicht unbekannt war, deutet Politzer als Tabuisierung Freuds, der sich im Bilde des vertriebenen alten Königs im Exil nicht sehen wollte. So stehe auch das mystisch verklärte Ende des verbannten Oedipus im Hain der Eumeniden im Widerspruch zum Rationalismus des Psychoanalytikers Freud, der immer wieder seine Abneigung gegen die Religion zum Ausdruck gebracht habe – ganz im Gegensatz zu Heinz Politzer, der zeitlebens ein religiös Suchender war. Politzer bezieht in diesem Essay das antike Drama in höchstem Maße auf sich selbst, sein Schreiben ist hier, in Entsprechung zu seiner Definition von Thomas Manns Werk, „im Wesentlichen Autobiographie und autobiographisch intendiert".[61] Er hielt, wie er 1969 an den befreundeten Psychiater Henry von Witzleben schrieb, dieses „Oedipus-Kapitel für das Herz-Kapitel des noch zu schreibenden Buches".[62]

Im Essay *Oedipus auf Kolonos* geht Politzer ausführlich auf das Thema der Verbannung ein. Er spricht hier aus eigener Erfahrung, indem er wiederholt den Plural „wir" setzt, berichtet von der „Panik, in die uns eine Identitätskrise, ein In-Frage-Stellen unserer gesamten Existenz, versetzt. Nichts aber ruft eine Identitätskrise so unweigerlich hervor wie das Schicksal der Verbannung. [...] In der Verbannung ist jeder Pass abgelaufen, ehe er noch ausgestellt ist, und wir sind es mit ihm."[63]

Besonders berührt Politzer das mystisch verklärte Ende des Oedipus auf Kolonos in der Sophokles-Tragödie, seine Entrückung im Hain der Eumiden: Ein Bote tritt auf und richtet an Oedipus die Worte:

Nun du da, du da, Oedipus, was säumen wir
Zu gehn? Du zögerst allzulang![64]

Diese Worte des Sophokles zitierend, schlägt Politzer die Brücke zum heimatlichen Wien und dessen Theatertradition. Die „wunderschöne Sprachgebärde"[65], mit der die Stimme des Boten Oedipus heimholt, erinnert ihn an das berühmte „Hobellied" in Ferdinand Raimunds *Verschwender*, in dem der Tischler Valentin dem Tod recht zu begegnen weiß:

Doch sagt er: Lieber Valentin!
Mach keine Umständ! Geh!
Da leg ich meinen Hobel hin
Und sag der Welt Adje.[66]

Beim Wiener Dichter Ferdinand Raimund findet Politzer „eine Höflichkeit des Herzens, die allen Schauder des Sterbens mit einer leichten Verbeugung (auch vor dem Publikum) überwindet".[67]

Politzer spielt hier im Überbrücken der Zeiten – im Verschmelzen von Vergangenheit und Gegenwart – nochmals mit dem Motiv der „mythischen Identifikation": Sophokles, selbst auf Kolonos geboren, lässt den verbannten König Oedipus hier seine letzte Ruhe finden: Der antike Dichter kehrt im Bilde des Oedipus gleichsam heim. Für Politzer, der in den 1970er Jahren gern die Salzburger Festspiele besuchte und zwei Jahre vor seinem Tod noch zum Katholizismus konvertierte, gewinnt die Sophokles-Tragödie geradezu „sakralen Charakter; das analytische Drama wird zur Mythographie, beinahe zum Bühnenweihfestspiel".[68] Dass er selbst erst im Tod endgültig in seine österreichische Heimat zurückkehrte, dass sein Grabstein auf dem St. Peter-Friedhof zu Salzburg die Inschrift „Heinz Politzer. Dichter" trägt, macht deutlich, dass er sich einmal mehr im „Habsburgischen Mythos" aufgehoben fand.

Anmerkungen

1 Heinz Politzer: Kafka, der Künstler. Frankfurt/Main: Fischer, 1978. Mit Vorwort Politzers vom 31. Dezember 1977, S. 9.
2 Heinz Politzer: Lebenslauf, 31. 12. 1964. (Nachlass Politzer, DLA Marbach).
3 Politzers Briefe an die „American Guild for German Cultural Freedom". In: Deutsche Intellektuelle im Exil. Ihre Akademie und die „American Guild for German Cultural Freedom". Eine Ausstellung des Deutschen Exilarchivs 1933–1945 der Deutschen Bibliothek, Frankfurt/Main, 1993, S. 156–166.
4 „The British White Paper" war ein von der britischen Regierung verfasstes Dokument zur Beschränkung der jüdischen Einwanderung in Palästina, das am 17. Mai 1939 veröffentlicht wurde. Siehe auch Deutsche Intellektuelle, ebd., S. 164, Anm. 3.
5 Politzer am 20. August 1939 an die „American Guild". In: Deutsche Intellektuelle, ebd., S. 164.
6 Politzer am 26. August 1939 an die „American Guild". In: Deutsche Intellektuelle, ebd., S. 161.
7 Politzer war in erster Ehe mit Ilse Schröter verheiratet. Vgl. auch zu Politzers Biografie: Wilhelm Hemecker: Heinz Politzer. In: Christoph König (Hg.): Internationales Germanistenlexikon 1800–1950, 2. Berlin, New York: de Gruyter, 2003, S. 1417–1420. Ferner Regina

Weber: Der Germanist Heinz Politzer und die „Austriazistik" in den USA. In: Wulf Koepke, Jörg Thunecke (Hg.): Preserving the memory of exile. Festschrift for John M. Spalek on the occasion of his 80th birthday. Nottingham: Edition Refugium, 2008, S. 194–226.

8 Heinz Politzer am 14. Juli 1966 an Unbekannt. Nachlass Politzer, DLA.

9 Egon Schwarz: Keine Zeit für Eichendorff. Chronik unfreiwilliger Wanderjahre. Königstein: Athenäum, 1979. – Ich zitiere nach der TB-Ausgabe: Egon Schwarz: Unfreiwillige Wanderjahre. Auf der Flucht vor Hitler durch drei Kontinente. Mit einem Vorwort von Egon Schwarz und einem Nachwort von Uwe Timm. München: C.H. Beck, 2005, S. 45.

10 Egon Schwarz: Abenteurer wider Willen. Typoskript, 265 Seiten. (Nachlass Schwarz, DLA Marbach).

11 Schwarz: Abenteurer wider Willen, S. 254.

12 Schwarz: Unfreiwillige Wanderjahre, S. 181.

13 Schwarz, ebd., S. 103.

14 Schwarz, ebd., S. 46.

15 Schwarz, ebd., S. 198.

16 Schwarz: Abenteurer wider Willen, S. 225.

17 Schwarz: Unfreiwillige Wanderjahre, S. 157.

18 Notizblatt im Nachlass Egon Schwarz: Konvolut: Abenteurer wider Willen. (DLA Marbach). – Das Pícaro-Motiv findet sich auch in Lion Feuchtwangers Roman „Goya" (1951), den Feuchtwanger im kalifornischen Exil verfasste. Dort heißt es: „der Picaro, der Unterprivilegierte, der Lump, der in ständigem unterirdischem Kampf gegen alle durch List, Betrug und Geistesgegenwart sein Leben fristete. […] Picaro und die Picara, das schlaue, nie verzagte, immer lustige, lebenstüchtige Gesindel der unteren Klassen." Lion Feuchtwanger: Goya oder Der arge Weg der Erkenntnis. Berlin: Aufbau, 2015, S. 253.

19 Schwarz: Unfreiwillige Wanderjahre, S. 82.

20 Es handelt sich um „Professor Arturo P." vom Instituto de Arqueología y Prehistoria, La Paz, Bolivien. Schwarz, ebd., S. 121.

21 Schwarz, ebd., S. 198.

22 Schwarz, ebd., S. 188.

23 Schwarz: Abenteurer wider Willen, S. 256.

24 Schwarz: Unfreiwillige Wanderjahre, S. 8.

25 Schwarz, ebd., S. 54. Schwarz schreibt an anderer Stelle: „Erst die Erlebnisse der letzten Wochen hatten mir jene Illusionslosigkeit eingeflößt, die ich bis heute nicht wieder verloren habe." Schwarz, ebd., S. 73.

26 Schwarz, ebd., S. 232.

27 Schwarz, ebd., S. 233.

28 Politzer am 8. Juli 1938 an die „American Guild". In: Deutsche Intellektuelle, ebd., S. 158 f.

29 Heinz Politzer: Fenster vor dem Firmament. Gedichte. Leipzig: Kittel, 1937, S. 34.
30 Politzer, ebd., S. 66.
31 Heinz Politzer: Gedichte. Jerusalem: Edition Peter Freund, 1941, S. 43.
32 Politzer, ebd., S. 29.
33 Politzer, ebd., S. 27.
34 „Ulysses". Politzer, ebd., S. 40.
35 Franz Kafka: Gesammelte Schriften. Band I–IV. Hg. von Max Brod in Gemeinschaft mit Heinz Politzer. Berlin: Schocken, 1935; Band IV.: Prag: Mercy, 1936.
36 Politzer: Kafka der Künstler. Frankfurt/Main: Fischer, 1965, S. 12.
37 Max Brod gibt folgenden Dialog mit Kafka wieder: „‚So gäbe es außerhalb unserer Welt Hoffnung?' Er lächelte: ‚Viel Hoffnung – für Gott – unendlich viel Hoffnung –, nur nicht für uns.'" Zitiert nach Max Brod: Über Franz Kafka. Franz Kafka – Eine Biographie. Frankfurt/Main: Fischer, 1966, S. 71.
38 Gedicht „Unendlich viel Hoffnung – nur nicht für uns". Zitiert nach Heinz Politzer: Die gläserne Kathedrale. Gedichte. Wien: Bergland, 1959, S 45.
39 Egon Schwarz: Heinz Politzer. Typoskript, 4 Seiten (o.P.). (Nachlass Schwarz, DLA Marbach).
40 Vgl. das viel rezipierte Buch des Triester Germanisten Claudio Magris, mit dem Politzer korrespondierte. Claudio Magris: Der Habsburgische Mythos in der österreichischen Literatur. Salzburg: Müller, 1966.
41 Heinz Politzer: Freud und das Tragische. Hrsg. mit einem einleitenden Essay von Wilhelm Hemecker. Wien: Edition Gutenberg, 2003, S. 9.
42 Heinz Politzer: Franz Grillparzer oder das abgründige Biedermeier. Wien: Molden, 1972. Zitiert nach der Neuauflage: Heinz Politzer: Franz Grillparzer oder das abgründige Biedermeier. Mit einem Vorwort von Reinhard Urbach. Wien, Darmstadt: Zsolnay, 1990, S. II.
43 Vgl. Römer 13, 14: „Ziehet an den Herrn Jesus Christus".
44 Thomas Mann: Freud und die Zukunft. In: Thomas Mann: Gesammelte Werke in zwölf Bänden IX. Reden und Aufsätze. Frankfurt/M: S. Fischer Verlag, 1960 ff., S. 478–501.
45 Ernst Kris: Zur Psychologie älterer Biographik. In: Imago. Zeitschrift für Anwendung der Psychoanalyse auf die Geisteswissenschaften. Hg. von Sigmund Freud. XXI (1935) 3. Zitiert nach: Kraus Reprint, Nendeln/Liechtenstein, 1965, S. 321–344.
46 Kris, ebd., S. 343.
47 Kris, ebd., S. 342.

48 Mann: Freud und die Zukunft, S. 492.
49 Mann, ebd., S. 496.
50 Mann, ebd., S. 496.
51 Mann, ebd., S. 496.
52 Heinz Politzer: Thomas Mann und die Forderung des Tages. In: Monatshefte 46 (1954) 2, S. 65–79, hier S. 70.
53 Heinz Politzer: Thomas Mann – der Dichter und die Mächte. In: Neue deutsche Hefte 106 (1965), S. 5–30, hier S. 13.
54 Heinz Politzer: Sigmund Freud und die Tragik der Interpretation. In: Walter Strolz, Oskar Schatz (Hg.): Dauer im Wandel. Aspekte österreichischer Kulturentwicklung. Wien: Herder, 1975, S. 85–114.
55 Politzer: Thomas Mann und die Forderung des Tages, S. 70.
56 Politzer, ebd., S. 71.
57 Politzer, ebd., S. 72.
58 Heinz Politzer: Sigmund Freud und die Tragik der Interpretation. In: Heinz Politzer: Freud und das Tragische, S. 25-58, hier S. 27.
59 Politzer, ebd., S. 54.
60 Heinz Politzer: Ödipus auf Kolonos. Versuch über eine Gemeinsamkeit von Psychoanalyse und Literaturkritik. In: Psyche 26 (1972), S. 489-519.
61 Politzer: Thomas Mann – der Dichter und die Mächte, S. 13-14.
62 Heinz Politzer an Henry von Witzleben, 25. April 1969 (Nachlass Politzer, DLA Marbach).
63 Politzer: Oedipus auf Kolonos, S. 495-496.
64 Politzer, ebd., S. 510.
65 Politzer, ebd., S. 510. („Wunderschön ist vor allem die Sprachgebärde").
66 Politzer, ebd., S. 511.
67 Politzer, ebd., S. 511.
68 Politzer, ebd., S. 513.

Kristina Mateescu
„Wien war gestorben"
Zum Exiltagebuch des österreichischen
Emigranten Oskar Jellinek

Während des im Oktober 1943 in Los Angeles stattfindenden Schriftstellerkongresses äußerte sich Lion Feuchtwanger in seinem Vortrag mit dem paradigmatischen Titel „Arbeitsprobleme des Schriftstellers im Exil" kritisch, wenn auch nicht ohne Empathie, zur literarischen Resignation seiner exilierten Kolleginnen und Kollegen:

[Sie sind] so von innen her gebunden an die Inhalte und Formen ihrer Jugend und ihrer Heimat, daß sie davon nicht loskommen und sich nach Kräften sträuben gegen ihre neue Umwelt. Dieses Sicheinschließen in die tote Vergangenheit, dieses Sichabsperren von dem wirklichen Leben ringsum, diese stolze Absonderung vermindert die Kraft der Dichter, macht sie trocken, dörrt sie aus; die exilierten Schriftsteller, die es so halten – es sind ihrer eine ganze Reihe, darunter Schriftsteller höchsten Formates – haben das schwerste Los gezogen, und ihre Bitterkeit ist die tiefste.[1]

Auf den zu diesem Zeitpunkt ebenfalls in Los Angeles wohnenden Schriftsteller Oskar Jellinek (1886–1949), der Anfang August 1938 aufgrund seiner jüdischen Herkunft aus seiner Heimatstadt Wien zunächst nach Brünn und 1939 schließlich über Paris in die USA fliehen musste, scheint diese Charakteristik in besonderem Maße zuzutreffen. Anders als der renommierte Lion Feuchtwanger, der – ähnlich wie der ebenso beim Kongress vortragende Thomas Mann – im Exil publizistisch erfolgreich blieb, dieses sogar zum Anlass für einen politischen Aufwind der eigenen Literaturproduktion nahm, wirkte sich die Emigration bei Jellinek, so ist es in den überschaubaren Forschungsbeiträgen zu ihm zu lesen[2] – „lähmend auf des Dichters Schöpferkraft aus"[3].

Tatsächlich konnte der im Alter von 54 Jahren in die Staaten emigrierte Autor, der im literarhistorischen Gedächtnis ohnehin eher eine Randstellung einnimmt,[4] in der „neuen Welt" zu Lebzeiten keinerlei „neue" Veröffentlichungen verzeichnen.[5] Neben der allgemeinen Altersresignation zählte man den Verlust seiner wichtigsten Inspirationsquelle, der österreichischen Landschaft und ihrer Menschen, die den Hauptstoff seines schriftstellerischen Werkes bilden, sowie die im Exil nur noch sehr eingeschränkten Möglichkeiten, für ein österreichisches Zielpublikum zu schreiben, zu den Hauptgründen für die ausgebliebenen Publikationen. Von Jellineks Schwierigkeiten, in der Fremde als Autor Fuß zu fassen, so ist immer wieder zu lesen, zeugen nicht nur Jellineks Korrespondenzen,[6] sondern insbesondere sein regelmäßig geführtes, bisher unveröffentlichtes Exiltagebuch, das in die Forschung lediglich als „traurige Dokumentation"[7] und „Kalendarium eines schriftstellerischen Abstiegs"[8] Einzug gehalten hat.

Inwiefern aber gerade die im Medium des Tagebuchs vollzogene literarische Verarbeitung der existentiellen Krisenerfahrung „Exil", die durch Heimatverlust, Vertreibung, lebensgeschichtliche Diskontinuität und Isolation charakterisiert ist, einen literarästhetischen Eigenwert hat und folglich ein Indiz für die bewältigenden Produktionskräfte der Literatur liefert, wurde bisher nicht untersucht.[9] Dabei scheint eine Auseinandersetzung mit Jellineks Exildiarium unter diesem Gesichtspunkt gleich aus mehreren Gründen nahezuliegen. Zum einen stellt die Textsorte Tagebuch innerhalb der ego-dokumentarischen Genres eine Grenz- und Übergangsform dar, die, bedingt durch ihre Textsortenmerkmale, mehrdimensionale Korrespondenzbeziehungen zu subjektiven Krisenerfahrungen aufweist.[10]

Beispielhaft ließen sich etwa die gattungstypische Introspektion, die segmentierte Entstehung und Fragmentarizität, aber auch die durch Datierung verbürgte historische Referenzialisierung anführen. Zum anderen drängt sich die Frage nach Form und Funktion des Emigrantentagebuchs gerade angesichts der allgemeinen exilliterarischen Präferenz[11] für autobiografische Formen auf.

Vor allem jedoch ist es das im DLA Marbach im Nachlass Jellineks befindliche und bislang wenig beachtete Material selbst, das das in Rede stehende Untersuchungsinteresse nahelegt. Bezeichnend ist jedenfalls, dass Jellinek, der schon vor der lebensgeschichtlichen Zäsur im Jahr 1938 Tagebuch führte, dem vertrauten, diaristischen Schreiben zur literarischen Bewältigung des lebensgeschichtlichen Bruchs treu blieb. Er verstummte also nicht, büßte seine Schaffenskraft nicht ein, konstruierte seine ego-dokumentarischen Reflexionen aber auch nicht durch ein Narrativ zu einer synthetischen Form, etwa einer Autobiografie oder Memoiren im engeren Sinne.

Diesen Befund in Rechnung stellend, möchte ich im Folgenden eine literaturwissenschaftliche Perspektive bemühen, um nach den spezifisch literarischen Verfahren zu fragen, die bei der im Tagebuch manifesten Verarbeitung von Jellineks Vertreibungs- und Isolationserfahrung zum Tragen kommen. Dies soll anhand des im Literaturarchiv Marbach befindlichen diarischen Materials und unter Berücksichtigung der hybriden und sehr intimen Textsorte erfolgen. Nach einer kurzen biografischen Skizze, die mir angesichts der relativen Unbekanntheit des österreichischen Autors Jellinek notwendig erscheint, werde ich ganz allgemein und kursorisch auf seine Diaristik, auf ihre Funktionen und ihren Inhalt eingehen, um schließlich dafür zu argumentieren, dass der Exilant Jellinek in seinem Exiltagebuch – bedingt durch das gattungsgebundene Schreiben – eine facettenreiche und differenzierte Erinnerungspraxis kultiviert.

Im Rahmen dieser Erinnerungspraxis wird neben einem erinnerten, sowohl ständestaatlichen als auch nationalsozialistischen Österreich, das seine literarische Ausgestaltung in etlichen Tagebucheinträgen selbst findet, auch ein idealisiertes und utopisches Österreich entworfen, dessen literarische Evokation in weitere, epische und lyrische Textformen überführt wird. Jellineks Exiltagebuch erschöpft sich dabei nicht, so weiter die These, in seiner therapeutischen oder dokumentarischen Funktion, sondern weist überdies Texteigenschaften auf, die ihm gewissermaßen einen für die Literaturgeschichte exemplarischen und literarästhetischen Wert verleihen. Dafür spricht nicht nur die poetische Codierung zahlreicher Einträge, sondern insbesondere das dem Œuvre Jellineks zugrundeliegende poetologische Programm, das sich im literarischen Entwurf unterschiedlicher, aber konstellativ zusammengehörender Österreich-Imaginationen verwirklicht. Daher erschöpft sich das vermeintliche Ego-Dokument kaum in einer bloß politisch-biografischen Lesart, wie sie in den bisherigen Forschungsbeiträgen vorliegt; es verlangt vielmehr eine Interpretation, die darüber hinaus auch die Literarizität etlicher Aufzeichnungen konzediert.

Zu Oskar Jellinek

Der auf das Jahr 1938 zu datierende „Bruch in der Kulturgeschichte Österreichs"[12] kann grundsätzlich als „historische Krisenerfahrung"[13] europäischer Dimension bezeichnet werden. Ablesbar ist die „Krisenerfahrung" besonders deutlich in ihren literarischen, oftmals autobiografischen Resonanzen, die der allgemeinen Geschichtsschreibung in korrigierender Weise einen persönlichen und existentiellen Erinnerungsdiskurs gegenüberstellen. Vornehmlich waren es jüdische Emigrantinnen und Emigranten, die sich „die Frage nach der emotionalen und geographischen Verortung von Heimat neu stellen und einen Neuanfang im Ausland wagen"[14] mussten. So auch Oskar Jellinek, dessen Biografie Aufschluss gibt über das Einzelschicksal „hinter" der allgemeinen „historischen Krisenerfahrung".

Bis zum Ausbruch des Ersten Weltkriegs ging Jellinek, der 1886 im mährischen Brünn geboren und in einer assimilierten Familie des jüdischen Bürgertums aufgewachsen war, seinem Beruf als Richter in den Landesgerichten Brünn und Wien nach. Den eigentlichen Beginn seiner schriftstellerischen Karriere, um die er sich spätestens 1919, nach Aufgabe seines Richterpostens ernsthaft zu kümmern begann, markierte die Veröffentlichung seiner Novelle *Der Bauern-*

richter (1925). Der Text erzielte bei einem Preisausschreiben des Velhagen und Klasing-Verlages den ersten Platz und verhalf Jellinek zu einigem Ansehen. Von nun an wurde er zumindest in der österreichischen Öffentlichkeit als Novellist wahrgenommen. 1926 beim Paul Zsolnay Verlag unter Vertrag genommen,[15] folgten etliche weitere Novellen.[16]

Während die österreichische Landschaft in seinen prosaischen Texten nahezu durchgehend die zentrale Kulisse bildet, rückt sie in seinem lyrischen Werk[17] zudem auch öfters thematisch ins Zentrum oder avanciert gar in anthropomorphisierter Form zum lyrischen Aussagesubjekt. So etwa in der dramatischen Exildichtung *Raacher Silberfeier* (1942). Jellineks Karriere als österreichischer Schriftsteller währte nicht lange. 1935 wurden die Publikationen des in seinem Leben und Werk stets heimatverbundenen Autors auf die *Liste I des schädlichen und unerwünschten Schrifttums* gesetzt. Knapp gelang Jellinek und seiner Frau Hedwig kurz nach dem Einmarsch der Nationalsozialisten im März 1938 aufgrund „glücklicher Umstände"[18] die Flucht über Brünn und Paris (1939) in die USA. Im amerikanischen Exil zog sich Jellinek weitgehend, die Korrespondenzen zu seinen Bekannten und Freunden ausgeschlossen, in die Zweisamkeit seiner Ehe zurück und bemühte sich auch kaum um Kontakte zu den sich organisierenden Exilautoren.

Er schrieb weiterhin deutsch, allerdings hauptsächlich für die Schublade. Nach seinem Tod 1949 erschienen 1950 und 1952 zwei Bände mit gesammelten Novellen, Gedichten und Erzählungen, von denen auch einige wenige Texte aus seiner Zeit im Exil stammen.[19] Von 1909 bis zu seinem Tod, also Zeit seines ganzen Schriftstellerleben, schrieb Jellinek Tagebuch.

Zu Jellineks Diaristik

Gemeinhin lässt sich behaupten, dass es sich bei Oskar Jellineks Tagebüchern, die insgesamt fünf handschriftlich beschriebene Hefte umfassen, um authentische Formen diarischen Schreibens handelt. Die mit römischen Zahlen nummerierten, von Jellinek selbst paratextuell als „Tagebücher" ausgewiesenen Hefte waren offensichtlich für den privaten Gebrauch, d.h. nicht zur Publikation vorgesehen. Zumindest liegen keinerlei Hinweise für einen Publikationswillen von Seiten Jellineks vor. In den Aufzeichnungen finden sich entsprechend kaum Spuren von Überarbeitungen, synthetische Überformungen oder stilistische Glättungen.

Auch formal weichen die Tagebücher selten vom zeitgenössischen Idealtypus der Textsorte ab und weisen generell die als Minimalbestimmung geltenden, gattungstypischen Merkmale, wie etwa Datierung in chronologischer Abfolge, segmentierte Entstehung, Unabgeschlossenheit und Subjektgebundenheit auf.[20] Sowohl inhaltlich als auch funktional entsprechen sie damit weitgehend dem in der Forschung aufgefächerten Spektrum diarischen Schreibens. So bildet meist der durch die Datierung referenzialisierte Tag den Stoff für die retrospektiv gestalteten Einträge, in denen sich Dokumentation, Introspektion und Reflexion – zuweilen auch in Gebetsform – verschränken.

Für das Autorentagebuch nicht untypisch, stellt Jellinek nicht nur sein Leben als Schriftsteller häufig in den Mittelpunkt der Einträge, sondern verwendet die Notate ebenso zum Ideenentwurf, zur Planung und Speicherung für seine literarischen Produktionen. In diesem Zusammenhang dienen ihm die Hefte, mal mehr und mal weniger intentional, zur Schreibübung, in der gelegentlich auch das Private literarisiert wird. Die Aufzeichnungen transzendieren damit stellenweise einen rein informativen Gehalt und weisen literarästhetischen Charakter auf.

Besonders eindrücklich zeigt sich die poetische Dimension in seinem letzten Tagebuchheft, also seinem Exiltagebuch, das im Folgenden ins Zentrum der Untersuchung rücken soll.

Zu Jellineks Exiltagebuch

Das unter der Bezeichnung „Tagebuch V." im Exil geführte Heft, das den Zeitraum vom 17. Mai 1939 bis zum 3. Juli

1949 umfasst, nimmt angesichts der außerordentlichen Lebensumstände eine Sonderstellung innerhalb Jellineks Diaristik ein. Im Vergleich zu dem vorangegangenen „Tagebuch IV." (17.1.1932 bis 13.3.1938) füllt das Exiltagebuch nicht nur mehr als doppelt so viele Seiten, sondern weist überdies regelmäßigere und längere Einträge auf. Nicht unbedeutend ist, dass Jellinek sein letztes, noch in Österreich geführtes „Tagebuch IV." nur zu einem Viertel beschreibt und es am 13. März 1938, also genau am Tag nach dem Einmarsch der deutschen Truppen, mit folgendem kurzen Eintrag plötzlich abbricht: „Ein Kapitel aus dem wunderbaren ‚Nachsommer' Adalbert Stifters gelesen, des Genies der Stille."[21]

Die Konfrontation von realweltlichem Geschehen und literarischer Lektüre spricht für sich. Erst ein Jahr später setzt Jellinek mit einem neuen Tagebuchheft im Exil das Schreiben fort. Die in diesem Fall bereits material exemplifizierte lebensgeschichtliche Zäsur wird sogleich im ersten Notat des neuen Heftes thematisch aufgegriffen und gibt – gewissermaßen programmatisch – den Hauptgegenstand der Exildiaristik Jellineks an, nämlich den Heimatverlust und die damit einhergehende Isolation:

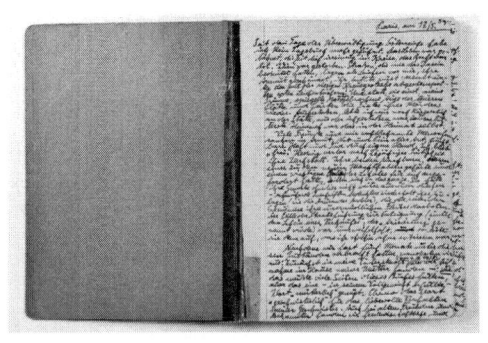

Insgesamt 125 beschriebene Seiten zählt Jellineks „Tagebuch V." (Jens Tremmel, DLA Marbach)

Seit dem Tage der Überwältigung Österreichs habe ich kein Tagebuch mehr geführt. Das Leben war gelähmt, die Zeit lief irrsinnig im Kreise, das Recht war tot. Wien war gestorben.

Straßen, die mir das Dasein bedeutet hatten, lagen als Leichen vor mir, ihre Anmut geschändet, ihr Antlitz wüst verzerrt unter den mit der riesigen Kreuzgroteske abgestempelten roten Leichentüchern. Und statt, wie einst, meine Träume, spiegelte das nun gebrochene Auge der teuren Plätze und Gärten die Fratze ihres Mörders wieder [sic]. Ausgestoßen, lebte ich nur noch körperlich an der Stätte, aus der ich gestoßen war, und das bitterste Heimweh war das in der Heimat selbst. Viele Freunde und mir wohlbekannte Menschen sanken in Armut, Not und Pein aller Art, furchtbare Haft und Tod durch eigene Hand [...].[22]

Das vorliegende Notat legt gleich mehrere Annahmen über Form und Funktion des Exiltagebuchs von Jellinek nahe. Offenkundig ist zunächst, dass der langjährige Diarist für die literarische Verarbeitung des von Vertreibung, Flucht und existentieller Bedrohung bestimmten Lebensbruchs auf die ihm vertraute autobiografische Form des Schreibens zurückgreift und durch die Praxis des Tagebuchführens, das in selbstreflexiver Weise im ersten Satz Erwähnung findet, Kontinuität herstellt. In diesem Sinne ließe sich, ohne weitergehend zu psychologisieren, die Praxis des Tagebuchführens als ein wesentliches Moment der literarischen Krisenbewältigung deuten.

Allerdings gestaltet Jellinek seinen ersten Exileintrag nicht in Form der textsortenspezifischen Introspektion, die gerade angesichts der Krisenerfahrung „Exil" naheliegen würde. Auch handelt es sich bei der „textierten Zeit"[23], gleicht man das referenzielle Datum mit dem Inhalt des Eintrags ab, nicht um die Ereignisse des angegebenen Tages. Stattdessen legt bereits die temporale Struktur nahe, dass eine erinnerte, weiter zurückliegende Vergangenheit thematisiert wird, in deren Zentrum das von den Nationalsozialisten okkupierte Wien steht. Aus der Perspektive eines erinnernden Ichs, das sich in eine Zeit kurz nach der nationalsozialistischen Besetzung Österreichs situiert, wird von der anthropomorphisierten Stadt erzählt, die gewaltsam ermordet wurde und ihre einstige, hier „anmutige", Existenz unwiderruflich und endgültig verloren hat. Eindrucksstark präsentiert sich der

Diarist als hinterlassener Angehöriger, der um den Verlust eines geliebten Ortes trauert.

Die Verschränkung von Anthropomorphisierung und Todesmetaphorik, die dem erzählten Stadtbild seine Drastik verleiht, hat überdies die Funktion, das zur „Heimat" erklärte Wien in zwei Bereiche zu zerfällen, einen des Lebens und einen des Todes, was die paradoxe Formulierung eines „Heimweh[s] [...] in der Heimat selbst" erlaubt. Symbolisch verdichtet findet sich dieses Heimweh-Paradoxon auch in einem bisher unveröffentlichten Gedicht, das Jellinek am 20.4.1946 in sein Tagebuch notiert. Ich möchte nur zwei Strophen daraus zitieren:

Oh Heimat, so befleckt, befleckt
Und doch so rein, so rein,
wie könnt ich bis ich hingestreckt,
dir je entfremdet sein?
[...]
Oh Heimat, deine Augen zwei:
Das eine sanft und licht,
das andere in Raserei,
daß mir das Herz zerbricht.[24]

Die Diskrepanz zwischen dem idealisierten Sehnsuchtsort und dem dämonisierten Unort eines erinnerten Österreich bildet nicht nur das Leitthema des Exiltagebuchs, sondern wird, wie das Gedicht demonstriert, zugleich zum Anlass für weitere literarische Produktionen, in denen Österreich sowohl zur rückwärtsgewandten Utopie verklärt, aber auch als gegenwärtige Utopie imaginiert wird. Beide Imaginationen stehen allerdings in einem konstellativen Zusammenhang zum Exildiarium, das die verschiedenen Erinnerungs- und Wunschbilder durch die literarische Ausgestaltung und Erzählung eines von den Nationalsozialisten überwältigten Wiens sowohl ergänzt als auch zusammenführt und überdies historisch verbürgt.

Zudem überschreitet die anthropomorphisierende und metaphorisierende Stadtbeschreibung, wie sie im angeführten Eintrag vorliegt, eine bloße Literarisierung des Privaten insofern, als sie typische Topoi[25] exilliterarischen Schreibens aufgreift, umgestaltet und damit jenseits der dokumentarischen Funktion zugleich einen exemplarischen Wert in literarhistorischem Sinne erhält. Die Berücksichtigung der augenfällig literarischen Faktur derartiger Einträge, die mit einer Aufwertung des Ego-Dokuments Tagebuch einhergeht, schließt jedoch keineswegs eine biografisch-psychologische Lesart aus. Vielmehr, so deutet der Begriff der Konstellation bereits an, ist die Lesart perspektivisch bedingt. Jellineks Diarium lässt sich im Hinblick auf seine im Exil verfasste Dichtung ebenfalls als Referenztext lesen. In einem Eintrag vom 20. Dezember 1942 reflektiert er:

Meine Heimatdreifaltigkeit Österreich – Mähren – Weimar ist von so blutigem Grauen der Verfolgung, Verschleppung und Ermordung belastet, daß die Rückkehr dorthin, auch nach der Wiederkehr menschlicher Lebensumstände, keine Heimkehr wäre. Wege, Straßen, Plätze, Berge, Täler, Wälder, Wiesen, Äcker und die teuren Bild- und Geistesstätten werden nicht mehr letzteres werden können ohne Begegnung mit den Gespenstern der Barbarei [...]. Nur in der <u>Erinnerung</u> an die Zeit freien Wandels in einer zu mir gehörigen Welt ist <u>unbelastete</u> Heimkehr möglich, die freilich immer, je atmender in Reinheit sie ist, mit um so größeren Verzweiflungsschmerz über das Bewußtsein nie mehr zu erreichender Wirklichkeit schließt. [...] Ein Stück Österreichs ist allerdings so viel ich weiß, unbefleckt geblieben: Südtirol. Der von mir einst schmerzlichst empfundene Umstand, daß das Bozener Land – sonnendurchwirktestes Österreich – zu Italien geschlagen wurde, hat es vor Hitlers Herrschaft bewahrt. Vielleicht wird dort ein Lebensabend möglich sein.[26]

Die Unmöglichkeit, in ein Österreich vor 1938 zurückzukehren, veranlasst Jellinek, in seinem Tagebuch über Alternativen einer Heimkehr zu reflektieren. Zwei Möglichkeiten zieht er dabei in Betracht: eine Rückkehr im übertragenen und eine im wörtlichen Sinne. Erstere scheint durch die virtuelle, poetische Ausgestaltung einer idealisierten Heimaterinnerung möglich, in der die jüngsten Negativ-Eindrücke ausgeblendet werden; Letztere in ein vom Nazifaschismus mutmaßlich unbeflecktes Österreich, das in Südtirol möglicherweise noch realiter existiere.

Beiden, hier in seinem Tagebuch explizit gemachten Wünschen verleiht Jellinek in jeweils zwei weiteren Dichtungen literarisch Ausdruck: Das dramatische Landschaftsgedicht *Raacher Silberfeier* (1942) stellt eine Hommage an ein „unverlierbares"[27], also erinnertes und idealisiertes Österreich dar, das nur noch im Raum der Dichtung evoziert und erhalten werden kann. Etwas anders ist dies in seinem Romanfragment *Das Dorf des 13. März*. In diesem 1943 begonnenen und aus wachsender Aversion gegen die zeitgenössische Realpolitik unvollendet gebliebenen alternativhistorischen Roman[28] erzählt Jellinek die ungewöhnliche Geschichte des – so die Zusammenfassung in der Forschungsliteratur – „fiktiven Tiroler Dörfchens Maria Stuben […], das wegen eines außergewöhnlichen Schneefalls in den Tagen vor dem Einmarsch der deutschen Truppen von der Umwelt abgeschnitten wird. Die ahnungslosen Einwohner des Dorfes schreiten zu der von Bundeskanzler Schuschnigg für den 13. März festgesetzten Abstimmung und entscheiden sich für ein freies, eigenständiges Österreich und gegen das Deutsche Reich."[29]

Von welcher Bedeutung dieses 820 Blatt umfassende Romanmanuskript[30], das als „einer der erstaunlichsten Romanversuche in der österreichischen Literatur dieser Jahre"[31] bezeichnet wurde, tatsächlich ist, konnte bisher wegen der schwierigen Materiallage nicht festgestellt werden.

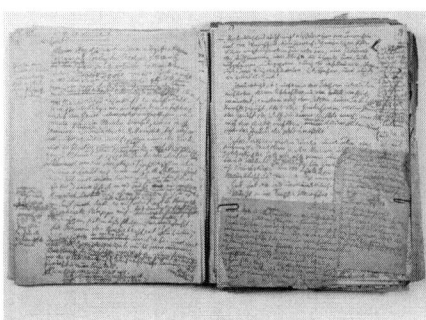

Nur einen Teil seines Romanfragments *Das Dorf des 13. März* überträgt Jellinek in Reinschrift. Größtenteils liegt das Manuskript in Kladde vor. (Jens Tremmel, DLA Marbach)

Im Nachlass Jellineks findet sich allerdings ein bisher unbeachtetes Dokument mit dem Titel „Zur Wahrung meines geistigen Eigentums"[32], in dem Jellinek 1946 den geplanten Plot seiner Romanidee zusammenfasste. Daraus geht hervor, dass das fiktive Dörfchen Maria Stuben, das am 13. März zur Wahl schreitet, um gegen die nationalsozialistische Fremdherrschaft zu votieren, durch Intrigen und diverse Handlungsverwicklungen schlussendlich doch von der S.A. überwältigt wird. Unversehrt bleibt nur eine Holzstatue, die die Bezeichnung „Austriae" trägt und nach dem Modell der weiblichen Protagonistin Anna Kristaller angefertigt wurde, deren sprechender Name auf die durch Reinheit und Ursprünglichkeit charakterisierte Idealvorstellung des österreichischen Menschen verweist.

Das Heimatideal wird in Jellineks Romanfragment demnach nicht mehr an einen realen Ort und eine bestimmte Zeit, sondern an die Kunst selbst gebunden, in der die Idee eines besseren Österreich Gestalt gewinnt. Dieser – wenn man so will – „poetologische turn" in der Heimatkonzeption Jellineks unterstreicht ein weiteres Mal den ästhetischen Eigenwert seines Exildiariums. Dieser Wert objektiviert sich in seinem Tagebuch sowohl inhaltlich und formal als auch material im werkimmanenten poetologischen Programm. Anders ausgedrückt: Jellineks diarisches Projekt transzendiert das Moment der subjektiven Erinnerung, indem es das Wissen um eine andere, bessere Welt als die zeitgenössische nicht nur medial, sondern auch poetologisch im Raum des diarischen Schreibens entstehen lässt. Wenn es also in einem Eintrag vom 9. Juli 1940 heißt, dass man angesichts der zeitgenössischen Barbarei „seine sittliche und ästhetische Welt" nicht nur „aufrecht", sondern sie dieser auch „entgegenhalten"[33] müsse, dann performiert Jellineks Exilwerk, zu dem man auch sein Tagebuch zählen muss, beides. Denn hier wird von Jellinek ganz bewusst sowohl an der „Welt" als auch an der „Sprache" von gestern weitergeschrieben.

Seine Tagebuchaufzeichnungen stellen demnach ein eindrückliches Beispiel dafür dar, dass gerade „authentische"

Ego-Dokumente nicht nur für die Geschichts- und Kulturwissenschaft eine relevante Textsorte darstellen, sondern auch ein dezidiert literaturwissenschaftliches Erkenntnisinteresse bedienen können und mithin eine entsprechende Aufwertung verlangen. Inwiefern die Maria Stubener „Austriae", verstanden als Heimatutopie, gerade auch im „Tagebuch V." ihr Sinnbild fand, machen die letzten, unbeschriebenen Seiten deutlich. Womöglich wählte der Diarist Jellinek die vertraute Textsorte für ein Weiterschreiben im Exil nicht zuletzt deshalb, weil deren formeigene Gattungspoetik die Möglichkeit eines persönlichen, geschriebenen „Happy Ends", also der Rückkehr in ein ausstehendes Österreich, nicht ausschloss. Seine für das Frühjahr 1950 geplante Europareise konnte der Novellist und Diarist Oskar Jellinek, der bereits im Oktober 1949 starb, allerdings nicht mehr antreten – dafür aber sein Exiltagebuch, das als materiales Zeugnis seines Lebens und als literarisch gestaltetes Werk bis heute im Archiv überdauert hat.

Anmerkungen

1 Zitiert nach:. Lion Feuchtwanger: Der Schriftsteller im Exil (1943). In: Ders.: Centum opuscula. Eine Auswahl. Hg. von Wolfgang Berndt. Rudolstadt: Greifenverlag, 1956, S. 550.
2 Vgl. etwa Richard Thieberger: Die unmögliche Heimkehr: Oskar Jellinek, Hermann Broch, Johannes Urzidil, Fritz Hochwälder. In: Johann Holzner, Sigurd Paul Scheichl, Wolfgang Wiesmüller (Hg.): Eine schwierige Heimkehr. Österreichische Literatur im Exil 1938–1945. Innsbruck 1991 (Innsbrucker Beiträge zur Kulturwissenschaft 40), S. 75–83, hier S. 80. Vgl. auch Karl-Markus Gauss: Oskar Jellinek oder Ich wandle im Schatten, der mich ergreift. In: Ders.: Tinte ist bitter. Literarische Porträts aus Barbaropa. Klagenfurt: Wieser Verlag, 1988, S. 137–148, hier S. 137. Zur allgemeinen Übersicht über die Forschungsliteratur zu Jellinek vgl. Handbuch österreichischer Autoren und Autorinnen jüdischer Herkunft. 18. bis 20. Jahrhundert. Band 2. Hg. von der Österreichischen Nationalbibliothek. Red. Susanne Blumesberger, Michael Doppelhofer, Gabriele Mauthe. München: Saur, 2002, S. 75f.
3 Thieberger: Die unmögliche Heimkehr, S. 80.
4 Zum vergessenen Autor Jellinek: Hans Heinz Hahnl: Vergessene Literaten. Fünfzig österreichische Lebensschicksale. Wien: Österrei-

chischer Bundesverlag, 1984, S. 151ff. Karl-Markus Gauss: Ein vergessener Novellist aus Mähren. Dringliche Erinnerung an Oskar Jellinek. In: Neue Zürcher Zeitung, 21. November 1987, S. 67f. Ingrid Runggaldier: „Das Dorf des 13. März". Utopie einer besseren Welt? Erinnerungen an Oskar Jellinek anlässlich seines 60. Todestages. In: Zwischenwelt. Zeitschrift für Kultur des Exils und des Widerstands (Wien) 26 (2009) 3/4 (Dezember), S. 37f.
5 Vorträge bilden eine Ausnahme, z.B. „Die Geistes- und Lebenstragödie der Enkel Goethes. Ein gesprochenes Buch" (1938), den Jellinek an der Universität von Los Angeles gehalten haben soll. Eine erweiterte Fassung des Vortrags wurde 1938 in der Schweiz veröffentlicht: Oskar Jellinek: Die Geistes- und Lebenstragödie der Enkel Goethes. Ein gesprochenes Buch. Zürich: Verlag Oprecht, 1938.
6 In einem unveröffentlichten Brief vom 21. März 1946 an Richard Thieberger etwa bezeichnet Jellinek „das Erlebnis der Emigration" als „Ertötnis", vgl. Thieberger: Die unmögliche Heimkehr, S. 80.
7 Runggaldier: „Das Dorf des 13. März", S. 37.
8 Gauss: Oskar Jellinek, S. 137.
9 Es liegen meiner Kenntnis nach, abgesehen von einigen Passagen in Karel Krejčís Dissertation, Oskar Jellinek. Leben und Werk. Brünn: Universita J. E. Purkyně, 1967, keine wissenschaftlichen Auseinandersetzungen mit seinen Tagebüchern vor.
10 Vgl. dazu etwa der einschlägige Sammelband von Heinz-Peter Preußer, Helmut Schmitz (Hg.): Autobiografie und historische Krisenerfahrung. Heidelberg: Winter, 2010 (Jahrbuch Literatur und Politik 5).
11 Jüngst Klaus Weissenberger: Die Gattungen der nicht-fiktionalen Kunstprosa im NS-Exil. Verkannte Formen literarischer Identitätsbestätigung. Berlin: Erich Schmidt, 2017 (Philologische Studien und Quellen 260). Vgl. auch Bernhard Spies: [Artikel] Exilliteratur. In: Reallexikon der deutschen Literaturwissenschaft. Neubearbeitung des Reallexikons der deutschen Literaturgeschichte. Band 1. Hg. von Klaus Weimar. Gemeinsam mit Harald Fricke, Klaus Grubmüller, Jan-Dirk Müller. Berlin, New York: de Gruyter, 1997, S. 539. Außerdem Winfried Adam: Strukturen des Autobiographischen in der Exilliteratur. Alexander Granach und Henry William Katz erinnern sich an ihre Heimat im altösterreichischen Galizien. In: Studia Minora Facultatis Philosophicae Universitatis Brunensis 10 (2005), S. 181–193. Auch Helmut Koopmann: „von der Unzerstörbarkeit des Ich. Zur Literarisierung der Exilerfahrung". In: Thomas Koebner, Wulf Köpke, Joachim Radkau (Hg.): Erinnerungen ans Exil – kritische Lektüre der Autobiographien nach 1933 und andere Themen. München: Ed. Text u. Kritik, 1984, S. 9–23. Philipp Reemtsma plädiert gar dafür, autobiografische Texte von Verfolgten und Überlebenden als eigene Gattung zu behandeln, vgl. Philipp Reemtsma: Die Memoiren Überlebender.

Eine Literaturgattung des 20. Jahrhunderts. In: Mitteilung 36 (1997), S. 20–39. Allgemeiner zum Tagebuch im Exil: Izabela Sellmer: „Warum schreibe ich das alles?" Zur Rolle des Tagebuchs für deutschsprachige Exilschriftsteller 1933–1945. Frankfurt/Main: Lang, 1997.
12 Konstantin Kaiser: Österreichische Exilliteratur im Überblick. In: Österreichische Literatur im Exil seit 1933. Online-Projekt der Universität Salzburg 2002, S. 11. (http://www.literaturepochen.at/exil/)
13 Robert Krause: Zwischen Flucht und Akkulturation. Spuren historischer Krisenerfahrung in Autobiografien exilierter Schriftsteller nach 1933. In: Preußer, Schmitz (Hg.): Autobiografie und historische Krisenerfahrung, S. 63–80, hier S. 63.
14 Vgl. Aleida Assmann: Der lange Schatten der Vergangenheit. Erinnerungskultur und Geschichtspolitik. München: Beck, 2006, S. 194, 64.
15 Vgl. Murray G. Hall: Der Paul Zsolnay Verlag. Von der Gründung bis zur Rückkehr aus dem Exil. Tübingen: Niemeyer, 1994, S. 348.
16 Bis auf sein letztes Werk für Zsolnay, der Novelle „Die Seherin von Daroschitz", die „knapp zwei Wochen vor den Bücherverbrennungen in einer Auflage von 3000 Exemplaren ausgeliefert werden" (Hall: Der Paul Zsolnay Verlag, S. 348) konnte, wurde das Judentum selten zum expliziten Thema seines schriftstellerischen Schaffens. In den meisten seiner Novellen stehen dagegen Schicksale gewöhnlicher, oftmals mährischer Menschen im Vordergrund, die meist von einem ungelösten Kriminalfall betroffen sind, der wiederum zum Anlass für tiefergehende Psychologisierungen und ethisch-moralische Fragen nach Recht und Unrecht wird. Vgl. dazu Gauss: Oskar Jellinek, S. 144f.
17 Jellinek zögerte wohl zeitlebens einen eigenen Lyrik-Band zusammenzustellen (vgl. Thieberger: Die unmögliche Heimkehr, S. 80), dennoch wurde posthum eine Zusammenstellung „Gedichte und kleine Erzählungen" (1952) vorgenommen.
18 Zitiert nach: Runggaldier: „Das Dorf des 13. März", S. 37.
19 Es handelt sich dabei hauptsächlich um Gedichte, von denen einige, wie etwa „An meinen Garten" (1946), „An Hedwig" (1949), „Es rufen Könige" (1946), „Entrückte Zeit" (1941), „Es schlafen in ruhetiefer Kammer..." (1944), „Tage kommen..." (1949), „Verwandlung im Abend" (1949), „Der Dichter II" (1945), „Es rührt der Urgrund aller Wesensdinge" (1944) und insbesondere das als „Heimwehdichtung" etikettierte dramatische Gedicht „Raacher Silberfeier" (1942), in die Ausgabe Oskar Jellinek: Gedichte und kleine Erzählungen. Mit einem Nachwort von Richard Thieberger. Wien: Zsolnay, 1952, aufgenommen wurden.
20 Vgl. dazu etwa den einschlägigen Beitrag von Michael Maurer: Poetik des Tagebuches. In: Astrid Arndt, Christoph Deupmann, Lars

Korten (Hg.): Logik der Prosa. Zur Poetizität ungebundener Rede. Göttingen: V&R Unipress, 2012, S. 73–89.
21 Oskar Jellinek: Tagebuch IV. Eintrag vom 13. März 1938 (Manuskript, Bestandssignatur A: Jellinek, DLA Marbach).
22 Oskar Jellinek: Tagebuch V. Eintrag vom 17. Mai 1939 (Manuskript, Bestandssignatur A: Jellinek, DLA Marbach).
23 Arno Dusini: Das Tagebuch. Möglichkeiten einer Gattung. München: Fink, 2005, S. 93. Dusini meint sicherlich mehr, wenn er von „textierter Zeit" spricht. Er versucht mit diesem Begriff eine beschreibbare Struktur für das Tagebuch herauszustellen, die zwar ausgesprochen komplex sei, sich aber in der starken Subjektgebundenheit an das referenzielle Datum ausdrückt und sich einem chronologischen Reihenprinzip gleichartiger Texteinheiten verpflichtet.
24 Oskar Jellinek: Tagebuch V. Eintrag vom 20. April 1946 (Manuskript, Bestandssignatur A: Jellinek, DLA Marbach).
25 Vgl. etwa Christina Thurner: Der andere Ort des Erzählens. Exil und Utopie in der Literatur deutscher Emigrantinnen und Emigranten 1933–1945. Köln, Weimar, Wien: Böhlau, 2003, S. 88. Dazu auch allgemein Thomas H. Macho: Todesmetaphern. Zur Logik der Grenzerfahrung. Frankfurt am Main: Suhrkamp, 1987.
26 Oskar Jellinek, Tagebuch V, Eintrag vom 20.12.1942 (Manuskript, Bestandssignatur A: Jellinek, DLA Marbach).
27 Vgl. Jellineks Widmung: Raacher Silberfeier. In: Jellinek: Gedichte und kleine Erzählungen, S. 269–331.
28 Soweit ich es beurteilen kann, stellt das Romanfragment die größte Arbeit Jellineks dar. Jellinek rechtfertigt in einem Brief sein unvollendet gebliebenes Werk: „Der politische Realismus, der seinen Hintergrund, wenngleich nicht seinen Wesenskern, bildet, ist mir unerträglich geworden, ich kann das Wort ‚Nazi', ohne dass ich in der äußeren Sphäre dieses Romans aber nicht auskomme, nicht mehr hinschreiben." (zitiert nach: Runggaldier: „Das Dorf des 13. März", S. 38).
29 Runggaldier: „Das Dorf des 13. März", S. 37.
30 Oskar Jellinek: Mappe I: Prosa-Manuskripte: „Das Dorf des 13. März", Roman-Entwürfe, 840 Bl. Jellineks „Zur Wahrung meines geistigen Eigentums", 3 Bl. (Manuskript, Bestandssignatur A: Jellinek, DLA Marbach).
31 Gauss: Ein vergessener Novellist aus Mähren.
32 Oskar Jellinek: Mappe I: Prosa-Manuskripte: „Das Dorf des 13. März", Roman-Entwürfe, 840 Blatt, Jellineks „Zur Wahrung meines geistigen Eigentums", 3 Blatt. Manuskript, Bestandssignatur A: Jellinek, DLA Marbach.
33 Oskar Jellinek: Tagebuch V., Eintrag vom 9. Juli 1940 (Manuskript, Bestandssignatur A: Jellinek, DLA Marbach).

Klaus Bruckinger
Der „verfremdende Blick" des zurückgekehrten Germanisten Paul Hoffmann (1917–1999)

Der aus Österreich stammende Germanist Paul Hoffmann musste 1938 vor den Nazis nach Neuseeland fliehen, remigrierte 1951 nach Wien, ging 1959 erneut nach Neuseeland und kehrte schließlich 1970, mit dem Ruf an die Universität Tübingen, in den deutschen Sprachraum zurück, allerdings nicht mehr nach Österreich. Am 5. April 2017 wäre Paul Hoffmann hundert Jahre alt geworden; das Deutsche Literaturarchiv in Marbach am Neckar, wo sich inzwischen der von Janet Dilger vorbildlich erschlossene Nachlass befindet – ein Bericht ist in der „Geschichte der Germanistik" erschienen[1] –, und seine letzte Wirkungsstätte als akademischer Lehrer, der Hölderlinturm in Tübingen, haben mit kleineren Ausstellungen und einer Gedenkstunde an ihn erinnert.[2]

Im Jahr seines runden Geburtstags ist er durch den vorliegenden Beitrag dann auch nach Österreich, nach Wien, in den Kreis der von ähnlichem Schicksal Getroffenen zurückgekehrt. An der Wiener Tagung „Zur Autobiographik von Exil, Widerstand, Verfolgung und Lagererfahrung" im November 2017 nahmen seine Tochter und sein Schwiegersohn, Elisabeth und Dr. Hakeem Khan teil, Zeugen in der zweiten Generation. Albert Lichtblau fragte am ersten Konferenztag sehr zurecht, was weitergegeben wird an die Kinder, an die Nachgeborenen, und auch die Fragen, wie das geschieht und in welcher Form die zweite Generation mit dem Mitgeteilten und Erfahrenen umgeht, sind von Interesse.

Exploration: Biographisches

Paul Hoffmann wurde am 5. April 1917 in Willendorf in der Wachau geboren, sein Vater, promovierter Agraringenieur, stammte aus einer alteingesessenen Wiener jüdischen Familie, die Mutter, eine ungarische Volksschullehrerin, war fromme Katholikin. In seinem Essay *Vom Dichterischen. Erfahrungen und Erkenntnisse*[3] schreibt Hoffmann:

Über die jüdische Herkunft wurde geschwiegen. Ich war sieben oder acht, als mich ein großer Junge „Judenbub" nannte. Ich wußte nicht, was ein Jude war, spürte aber an dem Ton, in dem das Wort mich traf, die verwundende Kränkung. Weinend lief ich nach Hause. Dort gab es Trost, aber keine Aufklärung. Mein Vater sagte verlegen lächelnd: „Ist es denn etwas Schlechtes, ein Jude zu sein?" Er tat mir plötzlich leid, denn meine Mutter warf ihm einen vorwurfsvollen Blick zu. Ich wußte lange nicht Bescheid, doch ahnte ich von da an, daß jüdische Erbschaft mein Schicksal war und daß dies Makel und Ausgrenzung bedeutete.[4]

Nach dem Gymnasium in Kremsmünster und der Matura in Krems beginnt er im Wintersemester 1935/36 an der Universität Wien ein Studium der Germanistik mit Geschichte als zweitem Hauptfach. Damit, dass die Deutschen 1938 nach Österreich einmarschieren würden, hat Paul Hoffmann nach eigenen Angaben nicht gerechnet:

So unglaublich es auch scheint, ich wurde von Hitlers Einmarschbefehl völlig überrascht. Ich hörte die Nachricht aus dem Lautsprecher in einem ungewöhnlich leeren Café, in dem ich an meiner Dissertation über Grillparzer schrieb. Aufgescheucht durch die Radiostimme hatte ich zunächst Schwierigkeiten, sie zu verstehen, spürte aber, worum es ging und wollte es zugleich nicht wahrhaben, bis im genaueren Zuhören kein Zweifel mehr möglich war. Ich war wie gelähmt. Dann packte ich meine Blätter zusammen und ging sehr langsam aus dem Café. Draußen am schon dunklen Märzabend auf der hell erleuchteten Straße die jubelnde Menge. [...] Es war wie Spießrutenlaufen. Ich kam mir vor wie der Einzige, der nicht jubeln durfte und konnte. [...] Ich wußte, daß mein bisheriges Leben zu Ende war.[5]

Die Familie verkauft in der Folge ihren Besitz. Mit der Hilfe eines niederländischen Studienfreundes des Vaters, Albert Egges van Giffen in Groningen, gelingt über Rotterdam – das Schiff verlässt die Hafenstadt am 2. August 1939 – die Flucht nach Neuseeland. Während der Zwischenlandung in Ceylon bricht der Krieg aus. In Neuseeland erfahren die Hoffmanns, dass der nationalistisch gesinnte Kapitän des Schiffes, das ihr Hab und Gut, auch eine mit Blick auf den künftigen Lebensunterhalt erworbene Obstpresse und Paul Hoffmanns kleine, aber geliebte Bibliothek, transportieren sollte, das Schiff versenkt hatte, damit es nicht in Feindeshand falle.

In Neuseeland musste schwere Farmarbeit die Existenz der Familie ermöglichen. Dennoch konnte Paul Hoffmann unter Verzicht auf Freizeit und Schlaf 1947 ein externes Studium an der Universität Auckland abschließen. „Mittelpunktsereignis"[6] dieser frühen Jahre im Exil war für ihn die Begegnung mit dem Dichter Karl Wolfskehl, den er erstmals 1940 in Auckland, dann von 1941 bis eine Woche vor Wolfskehls Tod über acht Jahre regelmäßig einmal in der Woche in seinen wechselnden Unterkünften aufsuchte. Die 47 Kilometer nach Auckland wurden anfangs mit dem Fahrrad, später mit dem Bus zurückgelegt – und vor den Besuchen mussten noch die Kühe gemolken werden. Wolfskehl, der Freund und enge Mitarbeiter Stefan Georges, sagte im Gedicht über sich: „Wo ich bin ist deutscher Geist."[7]

Die Besprechung althochdeutscher Texte, das Gespräch über Wolfskehls eigene Dichtung, die er Hoffmann Blatt für Blatt als Sachwalter anvertraute, waren, „auf Erdballs letztem Inselriff"[8], 18.000 Kilometer von der Heimat entfernt, das andere Deutschland, das es in Europa zu dieser Zeit nicht gab. In einem Brief an Robert Böhringer vom 12. März 1946 beschreibt Wolfskehl Hoffmann: „der einzige hier mir nahe gekommene Mensch, [ist] ein Österreicher, der weil halb-jüdisch, mit seiner Familie nach dem Einbruch der Verbrecher in sein Land hierher auswanderte."[9]

An Lichtmess 1948 heiratet Paul Hoffmann seine Jugendfreundin Eva Bichler, die ihm nach Neuseeland gefolgt war. Im selben Jahr stirbt Karl Wolfskehl. Die Farmarbeit, Milchwirtschaft und Ackerbau, wird im Familienverbund verrichtet: „Es ist harte, andauernde Arbeit gewesen. Niemand war weniger dafür begabt als ich, der es bis dahin nur mit Büchern zu tun gehabt hatte."[10] Von diesen Büchern sind nur drei, die die Packer vergessen hatten, in Neuseeland angekommen.[11] Paul Hoffmann musste also von jenen Gedichten leben, die er auswendig konnte und so für sich gerettet hatte. Sein gutes Gedächtnis half ihm, und bei der Arbeit auf dem Feld und mit den Kühen hatte er Zeit zum Memorieren.

Einer, der ihm wichtig war, schicksalsverwandt und im kreatürlichen mitmenschlichen Anspruch eines Sinnes, war Theodor Kramer. In dem Essay *Vom Dichterischen* zitiert Hoffmann die erste Strophe von *Andre, die das Land so sehr nicht liebten*[12] und schreibt:

Er hat den gesellschaftlichen Randfiguren in Dorf und Vorstadt, den Taglöhnern, Hausierern und Armenhäuslern eine Stimme gegeben. […] Den Gedichten, die ich über die Jahre hin im Gedächtnis behielt, war gemeinsam, daß sich in ihnen die sprachliche Suggestivkraft einer Folge von Wörtern mit dem Gewicht ihrer inhaltlichen Aussage verband. […] Den Außenseitern und Opfern der Gesellschaft, seiner alltäglichen Lebenserfahrung gehörte seine ganze Aufmerksamkeit und Zuneigung. Sie spiegelten ihm das Wesen der Welt.[13]

Eine Gruppe von Gedichten ist für Hoffmann von besonderer Bedeutung:

aber es gibt auch Gedichte, und darunter sind seine ergreifendsten, in denen Kramers persönliches Ich in eigener Sache spricht. […] das geschieht […] in den nach der Machtergreifung Hitlers geschriebenen Gedichten, die von der Verfemung im eigenen Land sprechen; sie sprechen vom ständigen Bedrohtsein, vom nicht mehr zu beschwichtigenden Anwachsen der Gefahr, von Angst und Verzweiflung.[14]

Als Paul Hoffmann senior nach dem Ende des Krieges der Wiedererwerb seines Besitzes in Willendorf angeboten wird, verzichtet er. Neben möglicherweise Unsicherheit hinsichtlich des Rückkaufpreises ist ein entscheidender Grund, dass die Menschen, die jetzt in dem Haus in Willendorf wohnen und die Äcker bewirtschaften, nicht vertrieben werden sollen.

1951 kehrt Paul Hoffmann mit Frau und zwei kleinen Kindern nach Wien zurück, arbeitet zum Broterwerb für den Rundfunk, beendet sein Studium und schließt eine Dissertation, seine zweite, über Wolfskehls religiöses Spätwerk ab. Es folgen 1959 die Rückkehr nach Neuseeland, der Aufbau der Germanistik in Wellington, schließlich der Ruf nach Tübingen 1970, wo er bis zu seinem Tod im Jahr 1999 als ein der Poesie verpflichteter akademischer Lehrer wirkt. Seinen Beruf betrachtet er als Teil seines Lebens. Walter Jens, der ihn beschrieb als „er, der zwei Vaterländer hat, also weniger als eins"[15] stellte fest: „Dichtung ist für ihn ein Mittel, um zu überleben."[16]

Metaebene: Reflexionen über die Sprache und das eigene Sprechen

Der Zufall will es, dass Paul Hoffmann auf seiner einzigen Vortragsreise in Neuseeland unterwegs ist, als ihn eine Einladung des Deutschen Literaturarchivs erreicht. Dort wird vom 2.–4. September 1991 ein Kolloquium mit acht Exilgermanisten abgehalten, an dem Hoffmann teilnehmen soll.[17] Selbst unter diesen acht, die in Amerika und Frankreich lehren, ist er als einziger Remigrant ein Exot. Sein Beitrag trägt den Titel *Der verfremdende Blick*[18]. Dem Anlass entsprechend umgearbeitet wird daraus 1994 ein Vortrag mit dem Untertitel „Als Germanist in Neuseeland – und zurück"[19]. Ein öffentlicher Vortrag im Studium generale der Universität Tübingen innerhalb der Reihe „Erlebte Geschichte" ist etwas anderes als ein Zusammentreffen unter Exilgermanisten mit vergleichbarem und verbindendem Schicksal und dem Austausch über die inhaltlichen Dinge des Faches in geschlossenem Kreis.

Anders als Hans Sahl, der noch drängte „Fragt uns aus"[20], ist Hoffmann zurückhaltender. Er stellt fest: „Wie es das biologische Faktum will, ist unsere Spezies schon recht reduziert. […] Man muß sich beeilen, sollen wir noch als Zeitzeugen aufrufbar sein."[21] In seinen Vorüberlegungen sieht Hoffmann den Zeitzeugen als Zeitgenossen einer anderen Zeit. Er notiert sich die geschichtlichen, das Private bedingenden Einschnitte und konstatiert die „Schwierigkeit, über sich zu sprechen".[22]

Notizen zur Zeitzeugenschaft, DLA Marbach

Erinnerungen kommen hoch, etwa unter der Überschrift „Antisemitismus", an die Auslagen der Buchhandlungen in der Zeit nach dem Anschluss, an „das Gift[,] anders verspritz[t], wohl dosiert, ironisch, in Parenthese; man nahm Rücksicht[,] doch einer wie ich, der nicht jüdisch aussah, wie man sagte, hörte ungeschützt alles mit".[23] Die Überlegungen zeigen eine eigenartige Scheu und eine durch den Gegenstand bedingte Sprachreflexion – also zweifach das Aufsuchen einer Metaebene:

Ich gestehe, Hemmungen zu haben, öffentlich von mir zu sprechen. Das Ich, das hier zu sprechen versucht, ist ein Punkt im Umkreis gewaltiger politischer Umbrüche mit grauenhaften Konsequenzen. Sein Schicksal ist eines der vielen Schicksale, bei weitem nicht eines der schrecklichen und spektakulären. Was es aber zu berichten hat, ist von jenem öffentlichen Geschehen nicht abtrennbar. [...] Wieviel Privates darf ich preisgeben, um nicht exhibitionistisch zu erscheinen? Wie muß ich meine Gefühle dosieren, um nicht sentimental zu wirken? Wieviel Distanz muß ich wahren, damit das Persönliche nicht überwuchert und sich als Funktion des Allgemeinen bewährt? Und doch wird das Allgemeine nur glaubwürdig und beweiskräftig durch die Evidenz des besonderen Falls.[24]

Und eine weitere Stelle: „Die Inflation der Wörter entwertet und entkräftet das eigene Wort. Es trifft auf Mißtrauen. Was zur Folge hat, daß der, der von sich selbst wahrheitsgemäß zu sprechen sucht, unsicher wird gegenüber seiner Sprache, unsicher in sich selbst."[25] Die Sorge um die Glaubwürdigkeit des Wortes geht auf die in der Diktatur gemachten Erfahrungen zurück: „Das Wort verlor an Glaubwürdigkeit, und die Bereitschaft und Befähigung achtsamer Hörer verkam. Die Situation eskalierte durch die systematische Vergiftung der deutschen Sprache im Hitlerreich."[26]

Hoffmanns Text in seinen verschiedenen Ausformungen, einmal für die Exilgermanisten, dann fürs große Auditorium, schließlich als Aufsatz in der Sammlung „Das erneute Gedicht" ist ohne Pathos, emotional beteiligt und zugleich zurückgenommen, damit der klare Blick auf die Bedingtheiten der Exilsituation erhalten bleibt.

Der verfremdende Blick

Was nun meint Paul Hoffmann, wenn er vom „verfremdenden Blick" spricht? Er formuliert wie folgt:

Damit ist erstens gemeint, daß ein seiner gewohnten Umwelt Entfremdeter, sich in seiner neuen Umwelt fremd Fühlender, die Welt anders betrachtet als die Eingesessenen um ihn.

Hinzu kommt zweitens, daß er seine mitgebrachten Erfahrungen anders sehen und begreifen muß als vorher. Denn diese, jetzt durch das Hinzutreten neuer Erfahrungen ergänzt und in Frage gestellt, stehen gewissermaßen auf dem Prüfstand, angeschaut mit ungewohntem Blick, der sie verfremdet.[27]

Dazu kommt ein drittes, das die besondere Situation des Remigranten beschreibt:

der Fortgegangene kommt nach einer langen Reihe von Jahren zurück in die Gegend, die er verlassen hat und die natürlich nicht mehr dieselbe ist, die er verließ. Aber er muß sie natürlich auch subjektiv anders sehen als die Menschen, die diese von ihm wahrgenommene Veränderung miterlebt haben, die nicht fortgegangen waren. Auch ist diese Veränderung in toto ja nicht als ein kontinuierlicher Prozeß zu begreifen, sondern sie impliziert den Zusammenbruch auf allen Ebenen als ihren Ausgangspunkt. Ein Jahrzehnte hernach Zurückgekommener, dem die Erinnerung an die verlassene Heimat allerorts wachgerufen wird, dazu das in der zweiten Heimat Gelernte immer im Hinterkopf, wird das ihm vor Augen Liegende gegen die doppelte Folie seiner Erinnerungsbilder sehen. Verfremdend. So wird er versuchen, sich neu zurechtzufinden.[28]

Folgen

Bedingt durch Studium und Lehrtätigkeit in zwei Sprachräumen haben Probleme des Übersetzens Paul Hoffmann durch sein ganzes Leben beschäftigt. Neben seinem Hauptinteresse, der Lyrik, galt sein besonderes Augenmerk Übertragungen von Gedichten in die jeweils andere Sprache: ihrem Vergleich, ihrer Zielsetzung und Methode. Solchem Engagement entsprangen seine eigenen Übersetzungen von Keats, Yeats, Hopkins und vor allem Shakespeare. Dabei war er darauf bedacht, die anvisierten Gedichte möglichst originalgetreu in ein Deutsch umzugießen, das den heutigen Leser unmittelbar ansprechen kann, ohne den Dichter aus seinem räumlichen und zeitlichen Umfeld zu lösen. Gerard Manley Hopkins hatte er schon mit Wolfskehl zusammen für sich entdeckt. Die Übersetzung *An Oxford* (unveröffentlicht) ist Michael Hamburger zugeeignet, dessen während des Zweiten Weltkriegs in England entstandene Hölderlin-Übersetzungen Hoffmann während des Exils in einer neuseeländischen Buchhandlung beglückend in die Hände geraten waren.

Unter der Keats-Übersetzung *An den Herbst* (unveröffentlicht) notiert er, Gottfried Benn zitierend: „Erste Fassung, Neuseeland 1947; in Tübingen, Juli 1993 ‚nach Maßgabe dessen vollendet, was mir zu erreichen möglich war'." Daran ist ersichtlich, über wie viele Jahrzehnte sich Hoffmanns übersetzerische Tätigkeit, die eine unmittelbare Folge des Exils war, erstreckte.

Im letzten Abschnitt seines Lebens als akademischer Lehrer hat Paul Hoffmann über annähernd 15 Jahre im Tübinger Hölderlinturm ein Oberseminar zur Besprechung zeitgenössischer Lyrik auch im Gespräch mit Autoren gehalten. Er stellte dankbar zur Arbeit dieses Seminars fest: „Nachdem ich jahrelang mit Gedichten allein gewesen war, wurde mir das Glück des gemeinsamen Lesens zuteil."[29] Nach einer Neuseelandreise im Mai und Juni 1991 wurde das Oberseminar im alternierenden wöchentlichen Wechsel um das Kolloquium „Zeitgenössische Lyrik in anderen Sprachen. Erkundungen und Übersetzungen" ergänzt.

Die eigenen Erfahrungen flossen immer mit in seine Einführungen des jeweiligen Gastes ein, so zum Beispiel, wenn er mit einer gewissen Freude in einem Gedicht Sarah Kirschs „zum erstenmal die Melkmaschine in der Lyrik"[30] entdeckte. Dann brach die Erinnerung durch: „Kühe gemolken, fast jeden Tag von zwölf Jahren. Ich kenne mich aus."[31] Und manche Wörter wie die „Paradeiser" unter anderem bei Robert Schindel (*Die Feldpredigt des Dennoch* / (*Pour Hölderlin I*)[32]) und erinnernd an Theodor Kramer (*Der böhmische Knecht*[33]) waren für ihn ein Moment von Heimat. Er hat niemanden bevorzugt, aber möglicherweise hat er sich mit den österreichischen Dichtern – und es waren wirklich alle da – am wohlsten gefühlt.

Mitunter war es auch ernster, etwa in der Einführung für Werner Söllner: „Das Gefühl des Fremdseins ist Werner Söllners nachhaltige Grunderfahrung. Der verfremdende Blick gehört wohl zur Grundausstattung jedes Dichters. Aber das ist hier radikalisiert. Es ist die Erfahrung des Emigranten, daß die Heimat zur Fremde und die Fremde nicht zur Heimat wird."[34]

Die Dichter sind gerne gekommen, nicht wegen des Turms, sondern wegen eines Menschen, der sich auf sie und ihre Werke in einzigartiger Weise einließ. Der Exilant und Remigrant wurde zum wunderbaren Gastgeber. Der Hölderlinturm war mit Paul Hoffmann nie nur eine Bühne wie jedes andere Lesepult, sondern immer ein Ort, an dem Fremde mit dem, was sie mitbrachten, gastlich aufgenommen wurden und deshalb nicht fremd blieben.

Anmerkungen

1 Janet Dilger: Der Nachlass von Paul Hoffmann (1917-1999) im Deutschen Literaturarchiv Marbach. In: Geschichte der Germanistik. Historische Zeitschrift für die Philologien. Hrsg. von Christoph König und Marcel Lepper. (Göttingen) H. 51/52 (2017), S. 167-170.
2 Die von Caroline Jessen und Janet Dilger eingerichtete Vestibül-Ausstellung im deutschen Literaturarchiv trug den Titel „Vom Physiognomischen der Sprache. Der Nachlass des Germanisten Paul Hoffmann." und zeigte u. a. Exponate aus der neuseeländischen Zeit. Die von mir konzipierte Vitrinenausstellung im Hölderlinturm dokumentierte vordringlich Hoffmanns Arbeit in den Tübinger Jahren. Bei der Feier zum 100. Geburtstag, die am 8. April 2017 im Hölderlinturm stattfand, sprachen Kurt Oesterle, Annette Gerok-Reiter und Klaus Bruckinger. Heino Schmull las aus Paul Hoffmanns Shakespeare-Übersetzungen.
3 Paul Hoffmann: Vom Dichterischen. Erfahrungen und Erkenntnisse. In: Dem Dichter des Lesens. Gedichte für Paul Hoffmann. Von Ilse Aichinger bis Zhang Zao. Hrsg. von Hansgerd Delbrück in Zusammenarbeit mit Wolfgang Zwierzynski. Tübingen: Attempto, 1997, S. 153-240.
4 Hoffmann: Vom Dichterischen, S. 159.
5 Hoffmann, ebd., S. 161.

6 Hoffmann, ebd., S. 169.
7 Karl Wolfskehl: Das Lebenslied. An die Deutschen. In: Karl Wolfskehl: Gesammelte Werke. Hrsg. von Margot Ruben und Claus Victor Bock. Bd. I (Dichtungen, Dramatische Dichtungen). Hamburg: Claassen, 1960, S. 216-219; hier S. 216. Die Erstausgabe des 1934 noch in Rom begonnenen und bis zur Fertigstellung 1944 vielfach erweiterten und abgeänderten Gedichts „An die Deutschen", Wolfskehls letzte Publikation zu Lebzeiten, erschien 1947 in einer auf 600 nummerierte Exemplare limitierten Auflage bei Origo in Zürich.
8 Karl Wolfskehl: Gesammelte Werke, Bd. I, S. 225.
9 Deutsches Literaturarchiv Marbach, A: Hoffmann, Paul (1917–1999) Wolfskehl, Karl. HS010502051.
10 Paul Hoffmann: Der verfremdende Blick. Als Germanist in Neuseeland und zurück. In: Paul Hoffmann: Das erneute Gedicht. Frankfurt am Main: Suhrkamp, 2001 (edition suhrkamp 2142), S. 143-163; hier S. 153.
11 Hoffmann, ebd.
12 Theodor Kramer: Gesammelte Gedichte. Hrsg. von Erwin Chvojka, Bd. I, Wien, München, Zürich: Europaverlag, 1984, S. 369.
13 Hoffmann: Vom Dichterischen, S. 164 f., S. 167.
14 Hoffmann, ebd., S. 166.
15 Walter Jens: Dichtung, um zu überleben. Zum siebzigsten Geburtstag des Germanisten Paul Hoffmann. In: Südwest Presse, 4. April 1987.
16 Jens, ebd.
17 Walter Schmitz (Hg.): Modernisierung oder Überfremdung? Zur Wirkung deutscher Exilanten in der Germanistik der Aufnahmeländer. Dokumentation eines Kolloquiums in Marbach a.N., 2.-4. September 1991. Stuttgart, Weimar: J.B.Metzler, 1994. Die anderen zum Kolloquium eingeladenen Exilgermanisten waren Richard Thieberger, Hans Reiss, Guy Stern, Egon Schwarz, Friedrich Georg Thiemann, Henry H. H. Remak und Hans Eichner.
18 Vgl. Paul Hoffmann: Der verfremdende Blick. In: Schmitz: Modernisierung oder Überfremdung?, S. 25-41.
19 Vgl. Paul Hoffmann: Der verfremdende Blick. Als Germanist in Neuseeland – und zurück. In: Jürgen Pfeiffer, Gerhard Fichtner (Hg.): Erlebte Geschichte. Zeitzeugen berichten in einer Tübinger Ringvorlesung. Tübingen: Schwäbisches Tagblatt, 1994, S. 25-39.
20 Am Beginn seines Gedichts „Die Letzten" (1973) stehen die Verse: „Wir sind die Letzten. / Fragt uns aus. / Wir sind zuständig." In: Hans Sahl: Die Gedichte. Hrsg. von Nils Kern und Klaus Siblewski. München: Luchterhand, 2009, S. 10.
21 Hoffmann: Der verfremdende Blick. In: Hoffmann: Das erneute Gedicht, S. 146.

22 Deutsches Literaturarchiv Marbach, A: Hoffmann, Paul (1917–1999). HS010454929.
23 Deutsches Literaturarchiv Marbach, ebd.
24 Hoffmann: Der verfremdende Blick. In: Hoffmann: Das erneute Gedicht, S. 144 f.
25 Hoffmann, ebda., S. 144.
26 Hoffmann: Vom Dichterischen, S. 183.
27 Hoffmann: Der verfremdende Blick. In: Hoffmann: Das erneute Gedicht, S. 143.
28 Hoffmann, ebd.
29 Hoffmann: Vom Dichterischen, S. 240.
30 Einführung zur Lesung von Sarah Kirsch im Hölderlinturm am 25. Oktober 1987. Deutsches Literaturarchiv Marbach, A: Hoffmann, Paul (1917–1999)/Hölderlinturm. HS010448799.
31 Ebd.
32 Robert Schindel: Im Herzen die Krätze. Gedichte. Frankfurt am Main: Suhrkamp, 1988 (edition suhrkamp 1511), S. 65.
33 Theodor Kramer: Vom schwarzen Wein. Ausgewählte Gedichte. Hrsg. von Michael Guttenbrunner. Salzburg: Otto Müller, 1956, S. 33.
34 Einführung zur Lesung von Werner Söllner im Hölderlinturm am 2. Mai 1996. Deutsches Literaturarchiv Marbach, A: Hoffmann, Paul (1917–1999)/Hölderlinturm. HS010452826.

Joseph W. Moser
Erinnerungen an die Vertreibung der Juden aus dem Burgenland und Exil in Ungarn in Jonny Mosers autobiographischen Aufzeichnungen

Jonny Mosers Autobiographie *Wallenbergs Laufbursche. Jugenderinnerungen 1938–1945* (Picus, 2006) behandelt ein fast vergessenes Kapitel österreichisch-jüdischer Geschichte, nämlich das der Burgenländer Juden und deren Vertreibung innerhalb der ersten Monate nach der Machtübernahme der Nazis im Jahre 1938. Die überraschend schnelle Raubenteignung des elterlichen Geschäfts in Parndorf durch die burgenländischen Nazis sowie die versuchte Abschiebung der Parndorfer Juden über die grüne Grenze nach Ungarn ausgerechnet zum Pessachfest prägen den damals zwölfjährigen Buben. Jonny Mosers Vater, der nach dem Ersten Weltkrieg zum Judentum konvertiert war, wurde 1938 ein sogenannter *Ariernachweis* mit dem Vermerk der mosaischen Glaubenszugehörigkeit ausgestellt, ein Kuriosum der Zeit, aber es ermöglichte ihm, den Parndorfer Bürgermeister sowie den Eisenstädter Gestapo-Chef Otto Koch wegen Plünderungen in die eigene Tasche anzuzeigen. Um den Vater als Zeugen zu entfernen, wurde dieser von der Gestapo nach Ungarn verschickt und auch Jonny Mosers Mutter und Schwester wurden im Oktober 1940 illegal von der Gestapo über die grüne Grenze nach Ungarn geschleust. Es folgte eine Zeit als illegale Einwanderer in Ungarn, Ende 1941 wurde die Familie jedoch entdeckt und in ein Arbeitslager für ausländische Juden in Ricse, im Osten Ungarns, verschickt. Nach der Entlassung aus dem Lager im Frühling 1944 und dem Einmarsch der Deutschen gelang es der Familie nur knapp, sich in Békásmegyer, einem Vorort von Budapest, der Deportation nach Auschwitz zu entziehen. Letztlich ermöglichte die Bekanntschaft mit dem schwedischen Diplomaten Raoul Wallenberg, der ihnen schwedische Schutzpässe ausstellte, ihr Überleben der letzten Kriegsmonate in Budapest. Im Alter von achtzehn Jahren lernte Jonny Moser Raoul Wallenberg näher kennen und zählte bis zu seinem Lebensende zu den wichtigsten Zeitzeugen von Wallenbergs Arbeit. Gemeinsam mit seinen Eltern und seiner Schwester kehrte Moser bereits im Juni 1945 aus dem Exil nach Wien zurück, wobei man dies wohl eher als Neuanfang in einer neuen Umgebung sehen muss, denn ins Burgenland kehrten die Mosers nicht zurück.

Als Germanist gilt mein Augenmerk der Entstehungsgeschichte der Autobiographie meines Vaters, die ich als Kind zum Teil mitverfolgen durfte und die durch dessen aus den Jahren 1944 und 1945 stammenden Aufzeichnungen belegt werden kann. Im Gegensatz zu vielen Überlebenden der Schoah hat sich Jonny Moser sein ganzes Leben täglich mit der Geschichte der in seinen ersten Aufzeichnungen bereits so benannten „Judenverfolgung" auseinandergesetzt. Schon in seinem Notizbuch aus den Jahren 1944 und 1945 hat er einen Aufsatz mit dem Titel „Die Budapester Judenverfolgung" verfasst. In diesem mehrseitigen Text befasst Moser sich mit dem Zeitraum vom 15. Oktober 1944 bis 15. Jänner 1945, in dem die Nyílas, die Pfeilkreuzler, ihr mörderisches Unwesen in den Straßen der Stadt trieben.[1] Dieses Notizbuch bot Moser die Möglichkeit, sich mit der Realität in Budapest auseinanderzusetzen, indem er die Geschehnisse genauestens aufzeichnete. Das rote Notizbuch schildert Ereignisse von 1944 bis 1945. Ein zweites Notizbuch wurde im Juni 1945 in Wien für RM 1,50 erworben – die Rechnung liegt noch bei – und schildert die drei Rückfahrten nach Wien. Jonny Moser wollte sich erinnern und nichts verdrängen; das Aufschreiben war für ihn ein wichtiger Bewältigungsmechanismus. Im roten Notizbuch befindet sich auch eine Chronologie der Jahre 1945 bis 1938 rückwärtsschreitend, wobei er ab den Jahren 1942 bis 1938 im Nachhinein Ausbesserungen an den genauen Daten vornahm. Wahrscheinlich ist, dass er mit seinen Eltern und seiner Schwester Herma über diese Zeit gesprochen hat und sich dadurch an gewisse Daten besser erinnern konnte.

Er hatte ein kalendarisches Gedächtnis und sammelte sein Leben lang Kalender, wobei man sich vorstellen muss, dass er wohl keine alten Kalender mit sich führte, als er diese Notizen aufzeichnete. Es ist aber durchaus möglich, dass sich in Wallenbergs Büros auch alte Kalender befanden. Diese Chronologie half ihm auch Jahrzehnte später, seine Autobiographie zu verfassen. Obwohl zwischen den Aufzeichnungen des Jahres 1945 und den Arbeiten an seiner Autobiographie in den Jahren 1997 bis 2006 an die fünfzig Jahre vergingen, standen diese Erlebnisse aus der Zeit der Schoah im Mittelpunkt seines Lebens. So wusste ich als sein Sohn Anfang der 1980er Jahre in der Volksschule in Wien bereits mehr über den Holocaust als die meisten Erwachsenen, egal ob sie jüdisch oder nichtjüdisch waren. Er war einer der ersten Historiker, der sich mit dem Holocaust auseinandersetze, was auch durch sein Büchlein *Die Judenverfolgung in Österreich 1938-45*, das 1966 im Europa Verlag erschien, belegt ist.[2] Die Unwissenheit vieler Österreicher über ihre jüngere Vergangenheit vor der Waldheim-Affäre 1986 war bei uns zu Hause auch immer ein großes Gesprächsthema. Zahlreiche HistorikerInnen aus dem In- und Ausland waren in unserer Wohnung zu Gast, auch der berühmte Holocaustforscher Raul Hilberg besuchte uns einmal. An diese Begegnung erinnerte ich mich vor einigen Jahren wieder, als ich ein Interview mit Raul Hilberg in Claude Lanzmanns Dokumentarfilm *Shoah* (1985) sah. Ich war damals vier Jahre alt und hatte das Gespräch zwischen Raul Hilberg und meinem Vater gestört.

Das Notizbuch meines Vaters habe ich vor dessen Ableben nur einmal in die Hand bekommen, und zwar nach Erscheinen seiner Autobiographie. Ich hatte ihn gebeten, es für ein paar Stunden einsehen zu dürfen, damit ich ihm dann Fragen dazu stellen konnte. Er hat es mir aber tatsächlich nur für wenige Stunden überlassen und es dann wieder eingefordert. Seine Aufzeichnungen sind ganz besonders gut leserlich in einer schönen Handschrift verfasst und weisen neben der Chronologie auch literarische Aufzeichnungen und kurze Essays zur Gegenwart in Budapest auf. Ganz besonders interessant sind auch detaillierte Skizzen von den Orten, an denen er sich während der Shoah aufgehalten hat.

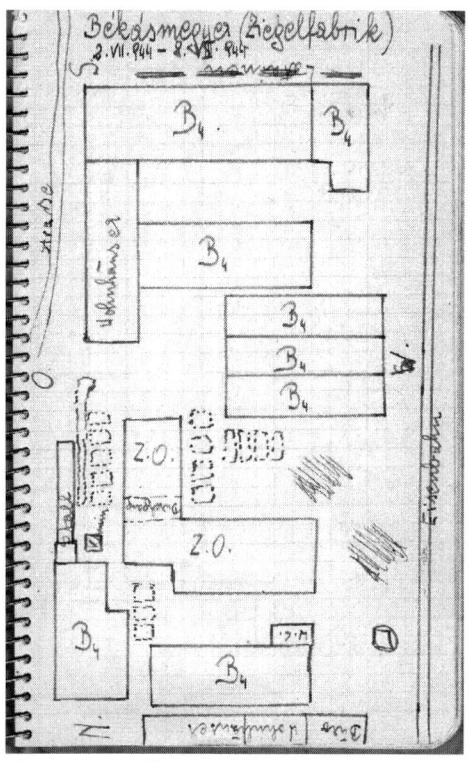

Skizze der Ziegelfabrik in Békásmegyer

So zum Beispiel die Skizze der Ziegelfabrik in Békásmegyer, an der Vorortebahn nach Szentendre gelegen, von der aus die Budapester Juden vom 2. bis zum 8. Juli 1944 in Züge nach Auschwitz verfrachtet wurden. Mosers Familie entging nur knapp dem letzten Transport nach Auschwitz, indem Moser sich einem der befehligenden deutschen Nazis dort als Nichtjude ausgab. Diesem gefiel Mosers burgenländischer Dialekt und so konnten er und seine Familie nach Budapest zurückkehren, um ihre Identität im Schubhaus der Polizei in der Mosonyi utca 9 überprüfen zu lassen. Nach ihrer Rückkehr nach Békásmegyer tags darauf war die Ziegelfabrik leer – sie waren den letzten Transporten aus Ungarn nach Auschwitz entkommen.

Mein Vater besaß keine Aufzeichnungen aus der Zeit vor dem Sommer 1944, weil ihm und seiner Familie kurz vor der Überstellung in die Ziegelfabrik in Békásmegyer alles abgenommen wurde. Vom 15. Mai bis 1. Juli 1944 waren sie von den Ungarn auf der Insel Csepel südlich der Stadt in der Tsuk-Fabrik eingesperrt worden. Das war die Zeit der ersten schweren Bombenangriffe und manche Ungarn glaubten, dass die Alliierten Gebäude, in denen sich Juden aufhielten, nicht bombardierten. In diesen sechs Wochen musste er in dem Industriegebiet während der Bombenangriffe mit einer Gruppe von Juden oberirdisch eingesperrt ausharren. Einen Bombentreffer hätten sie alle nicht überlebt. Der Zufall wollte es, dass die Tsuk-Fabrik erst in der Nacht vom 1. auf den 2. Juli bombardiert wurde, als sie schon mit einem Schiff auf dem Weg von Csepel auf der Donau durch das gespenstisch verdunkelte Budapest nach Békásmegyer waren. Der antisemitische Aberglaube mancher Ungarn sah sich aber darin bestätigt, dass die Alliierten nur Gebäude trafen, in denen sich keine Juden aufhielten. Mein Vater hat sich danach sein ganzes Leben davor gefürchtet, eingesperrt zu sein. Unsere Wohnung war nachts nie versperrt, denn die Angst vor Einbrechern war für ihn geringer als jene, im Notfall nicht schnell genug die Wohnung verlassen zu können, was mich als spätes Nachkriegskind stets verstörte. Nichtsdestotrotz zeichnete er in dem Büchlein auch Skizzen von Orten, an denen er sich vor dem Sommer 1944 aufgehalten hatte. So zum Beispiel das ungarische KZ für ausländische Juden in Ricse in Ostungarn und das *Zsidókorház* (das jüdische Krankenhaus) in der Szábolcs utca 39, in dem er sich mehrmals wegen einer Rippenfellentzündung aufgehalten hatte.

Ein Schlüsselereignis im Leben Jonny Mosers war die Bekanntschaft mit Raoul Wallenberg im Haus der Familie

Molnar in der Minerva utca 1a, das sich neben der schwedischen Botschaft in einem Villenviertel auf einem steilen Hügel oberhalb des berühmten Gellért Hotel befand. Am 12. August 1944 suchten Moser und seine Schwester Herma die Molnars auf, eine wohlhabende, nach den nazistischen Rassengesetzen jüdische Familie, die ihnen schon vorher geholfen hatte. Mici Molnar war eine geborene Zwack und beherbergte in ihrem Keller in jener Zeit die Zwack-Familie, die berühmten Spirituosenproduzenten, bekannt für den Kräuterschnaps *Unicum*. Die Molnars waren glücklich, Jonny und meine Tante wiederzusehen, denn nach den Deportationen nach Auschwitz waren sie überrascht, diese mittellosen ausländischen Juden wiederzutreffen. Die Molnars baten ihn und Herma, auf Wallenberg zu warten, der in die Villa eingezogen war, da sich diese gleich neben der ehemaligen schwedischen Botschaft befand. Als Wallenberg gegen 22 Uhr kam, fragte er sie, ob sie einen Bezug zu Schweden hatten. Mein Vater sah keinen, aber Herma erwähnte spontan ganz geistesgegenwärtig, dass sie früher Spielzeug aus Schweden erhalten hatten. Das war dann Grund genug für Wallenberg, der Familie Schutzpässe auszustellen. Fünf Tage nach der Begegnung mit Wallenberg erhielten sie ihre Schutzpässe am 17. August 1944.

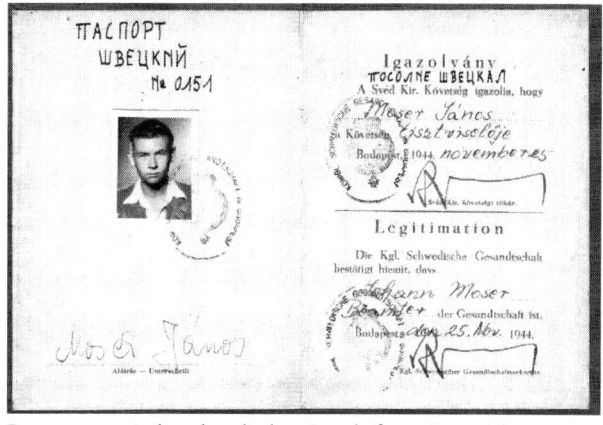

Beamtenausweis der schwedischen Botschaft von Jonny Moser

Der Schutzpass meines Vaters trägt die Nummer 151. Bemerkenswert sind der deutsche Durchreisesichtvermerk vom 21. November 1944 sowie das ungarische Ausreisevisum. Sie haben die Reise nach Schweden wegen der Kriegswirren und der Angst vor einer Reise durch Nazideutschland nie angetreten, aber sie zählten zu einer kleinen Gruppe von Menschen mit Schutzpässen, denen die Reise von den Nazis hochoffiziell genehmigt wurde. Die Hakenkreuzstempel auf dem deutschen Sichtvermerk beeindruckten auch die Pfeilkreuzler, die die Schutzpässe sonst nicht respektierten.

Die Befreiung durch die Rote Armee erlebten die Mosers auf der Pester Seite, die zwei Monate vor Buda befreit wurde. In sein Notizbuch zeichnete mein Vater eine Skizze der Keller, die auf Grund einer Luftschutzverordnung durch das Durchbrechen von Mauern miteinander verbunden waren. Der vordere Teil des Blocks wurde im Krieg völlig zerstört und erst Ende der 1990er Jahre wieder aufgebaut. Man war hier erheblichen Gefechten ausgesetzt, vor denen man Schutz suchen musste, während die Deutschen und Sowjets selbst um diesen Häuserblock kämpften. Den genauen Verlauf der Kampfhandlungen beschrieb mein Vater in seinem Notizbüchlein sowie in seiner Autobiographie.

Interessanterweise war diesem Notizbüchlein auch ein kleiner Zettel von Frau von Rásó beigelegt, auf dem sie den damals noch Achtzehnjährigen bittet, sich am Morgen an einer bestimmten Adresse einzufinden. Er sollte helfen, Betten für das von Wallenberg organisierte Kinderheim zu besorgen. Margit von Rásó, geborene Zwack und Schwester von Mici Molnar, war ebenfalls in dieser Zeit in der Minerva utca 1 untergebracht. Der Zettel ist heute eine Erinnerung daran, wie mein Vater als Laufbursche Erledigungen für Wallenberg und für andere in dessen Kreis ausführte.

Der Titel der Autobiographie, in der sich mein Vater als Laufbursche ausgibt, drückt eine gewisse Bescheidenheit aus, denn er hat in dieser Zeit mehr Erledigungen durchgeführt als man von einem gewöhnlichen Laufburschen erwarten würde. Als mittelloser Flüchtling aus Österreich war er stets zu Diensten und begab sich dafür auch bereitwillig in die Höhle des Löwen, indem er nach der Machtergreifung der Pfeilkreuzler Botschaften ins ungarische Außenministerium überbrachte, was für einen Juden nicht ungefährlich war. Er bat für solche Erledigungen um ein Auto mit einem Chauffeur, das vor dem Außenministerium vorfuhr und auf ihn wartete. Das beeindruckte die Pfeilkreuzler, außerdem erhob er den rechten Arm zum Gruß und so hielten ihn die einfältigen ungarischen Faschisten nicht für einen Juden. Er begleitete Wallenberg, Per Anger und Vilmos Langfelder am 23. November 1944 auch an die Grenze nach Hegyeshalom, um dort Menschen, die von den Nazis auf einem Todesmarsch zur deutschen Grenze geführt wurden, zurück nach Budapest zu bringen. In Hegyeshalom half er Wallenberg, Blanko-Schutzpässe an Menschen zu verteilen, die dann auf drei bereitstehende LKWs stiegen und zurück nach Budapest gebracht wurden. Diese Szene findet sich auch in dem US-TV-Film *Raoul Wallenberg. A Hero's Story* (1985), in dem Wallenberg von Richard Chamberlain gespielt wurde. Die österreichische Ausgabe von *Hörzu* interviewte meinen Vater, als die Fernsehserie gedreht wurde und veröffentlichte die Szene in Hegyeshalom und ein Foto von meinem Vater mit dem Untertitel „Mitarbeiter von Wallenberg".[3] Die Bezeichnung „Mitarbeiter" ist vielleicht zu hoch gegriffen, aber für einen Laufburschen hat er in dieser Zeit fast zu viel von Wallenbergs Arbeit miterlebt.

Jonny Mosers Autobiographie unterscheidet sich von anderen Holocaust-Autobiographien, da er als Historiker die Chronologie der historischen Ereignisse, die sein Überleben sowie das seiner Eltern und seiner Schwester beeinflussten, genau aufarbeitet und dokumentiert. Er stützt sich dabei nicht nur auf seine persönlichen Aufzeichnungen, sondern auch auf archivalische Forschungen, die er Jahrzehnte hindurch neben seiner hauptberuflichen Tätigkeit als Trafikant in der Novaragasse im 2. Wiener Gemeindebezirk sowie seiner leidenschaftlichen, über dreißig Jahre währenden Tätigkeiten als SPÖ Bezirksrat der Inneren

Stadt vorantrieb. Hinzukommt, dass er sich sowohl mit der Sekundärliteratur zu Wallenberg als auch mit der politischen Geschichte Ungarns in den Jahren 1940 bis 1945 intensiv auseinandergesetzt hat und so seinen Lesern die komplexen Veränderungen in Ungarn während der Nazizeit genauestens präsentiert. Es ergibt sich das Bild, dass die pro-deutschen, vornehmlich antisemitischen Ministerpräsidenten unter der Regentschaft des Admirals Miklós Horthy zum Thema der Ermordung der Juden Ungarns und dem sich daraus abzeichnenden Genozid unterschiedliche Auffassungen vertraten. Dieses Wechseln zwischen völliger Kollaboration mit den deutschen Nazis und zögernder Zurückhaltung ermöglichte einen Zeitgewinn, der vielen Budapester Juden das Leben rettete. Horthy stoppte die Deportationen nach Auschwitz zwar erst nachdem über 400.000 jüdische Ungarn aus den Landregionen in den Tod geschickt worden waren, aber ohne Horthys Rückzieher hätten noch viel weniger Budapester Juden überlebt. Die mörderischen Pfeilkreuzler trieben ihr Unwesen erst nach der Absetzung Horthys am 15. Oktober 1944, knapp drei Monate vor der Befreiung Pests durch die Rote Armee. Viele Horthy-treue Gendarmen und Beamte waren bereits seit Juli 1944 kriegsmüde und nicht mehr daran interessiert, die Agenden der nazideutschen Besatzer und derer ungarischen Gefolgsleuten zu unterstützen. Auch das ermöglichte das Überleben: Horthy-treue Polizisten und Militäroffiziere befreiten Juden, so auch meinen Vater und dessen Familie im Dezember 1944, nachdem sie von einer Gruppe von Pfeilkreuzlern entführt worden waren. Die Komplexität der Geschichte der Shoah in Budapest und Ungarn ist nicht zu unterschätzen.

Das Manuskript meines Vaters wurde für die Publikation seiner Autobiographie gekürzt, wobei die Kürzungen hauptsächlich die historischen Ausführungen zur ungarischen Geschichte betrafen. Als Historiker war er der Ansicht, dass man ohne diesen Kontext die Geschichte seines Überlebens nicht verstehen könne. Er hatte damit nicht

Unrecht, denn wer kennt sich schon in der ungarischen Innenpolitik der Jahre 1940 bis 1945 aus – allerdings kann man sich heute allein über Wikipedia auf Deutsch und Englisch rudimentär darüber informieren, ganz zu schweigen von den zahlreichen wissenschaftliche Publikationen, die auch auf Englisch zugänglich sind.[4] Sein Buch ist eine monographische Annäherung. Die Perspektive der Erzählung fokussiert auf den Teenager Jonny Moser sowie seinen Vater Josef Moser. Die Mutter Katharina und die Schwester Herma stehen eher am Rand der Erzählung. Das liegt daran, dass in den Lagern die Männer von den Frauen getrennt wurden, aber auch daran, dass er sich als Teenager besser mit seinem Vater verstand, mit dem er auch eine Aussprache haben konnte. Er erwähnt nicht, dass er sich im Jahre 1953 aufopfernd um seine Mutter kümmerte, nachdem sein Vater gestorben war und sie langsam einer schweren Krankheit erlag. Mit seiner Schwester Herma gab es geschwisterliche Meinungsverschiedenheiten, aber trotzdem unterhielt er mit ihr und ihrem Mann Wilhelm Krell, der von 1947 bis 1971 Amtsdirektor der IKG war, einen regen Gedankenaustausch zum Thema der Schoah, zu einer Zeit, als sich sogar in der kleinen jüdischen Gemeinde nur wenige für die wissenschaftliche Aufarbeitung der schmerzvollen Geschichte interessierten.

Die Autobiographie endet am 28. Juli 1945, als die Familie vollständig nach Wien zurückkehrt. „Wir waren wieder zurück in Österreich, konnten neu beginnen"[5], lautet der letzte Satz. Nur im Nachwort von Eleonore Lappin und Albert Lichtblau finden sich Hinweise darauf, wie sich Jonny Mosers Leben in der Nachkriegszeit gestaltete.[6] Sein Leben nach 1945 war durchaus interessant, aber für ihn stand es im Schatten des nur mit großer Mühe und durch viel Glück erreichten Überlebens der Schoah. Vielleicht ist das auch ein Ansporn für mich, die Autobiographie meines Vaters auf Englisch zu überarbeiten und einem englischsprachigen Publikum näher zu bringen, indem die Geschichte der ungarischen Innenpolitik zu Gunsten der

Erzählung über die Rückkehr eines österreichischen Juden in das Nachkriegsösterreich, in dem er dann auch blieb, hervorgehoben würde.

Anmerkungen

1 Die Pfeilkreuzlerbewegung ist ein Sammelbegriff für ungarische Nationalsozialisten, die unter ihrem Anführer Ferenc Szalási nach der Abdankung des Reichsverwesers Miklós Horthy am 15. Oktober 1944 die Macht in Ungarn bis zur Befreiung durch die Rote Armee (ab Dezember 1944) ausübten, und in diesem kurzen Zeitraum Juden in den Straßen von Budapest ermordeten. Nyílas ist die Abkürzung für Nyilaskeresztes Párt (Pfleikreuzlerpartei), die Jonny Moser in seinem Buch *Wallenbergs Laufbursche* verwendet.
2 Jonny Moser: Die Judenverfolgung in Österreich 1938-1945. Wien: Europa Verlag, 1966.
3 Hörzu (Österreich Ausgabe). 45/84 Programm vom 10.-16. Nov., S. 4-5.
4 Siehe Randolph Braham: The Politics of Genocide. The Holocaust in Hungary. New York: Columbia UP, 1994. Und Randolph Braham: The Holocaust in Hungary. A Selected and Annotated Bibliography, 1984–2000. New York: Columbia UP, 2001.
5 Jonny Moser: Wallenbergs Laufbursche. Jugenderinnerungen 1938–1945. Wien: Picus, 2006, S. 360.
6 Moser, ebd., 2006, S. 377-384.

Ralf Georg Czapla
Exil und Innere Emigration aus der Perspektive einer Daheimgebliebenen.
Paul Schrecker in den Tagebuchaufzeichnungen seiner Frau Claire Bauroff

Die Direktive, die Paul Schrecker, seit Juni 1940 im amerikanischen Exil lebend, seinem ältesten, noch aus gemeinsamen Wiener Zeiten stammenden Freund Hermann Broch in einem Brief vom Januar 1947 gab, war unmissverständlich: Dass Broch auf ein Schreiben von Schreckers Ex-Frau Claire Bauroff geantwortet habe, sei für ihn unverzeihlich. Angesichts der Opfer, die der Nationalsozialismus gefordert habe, müsse er jeden Kontakt zu ihr abbrechen, anderenfalls sehe er, Schrecker, sich nicht imstande, die Freundschaft zu ihm aufrecht zu erhalten.[1]

Schrecker, Broch und Bauroff – diese Namen stehen für eine erotisch-intellektuelle *menage à trois*, die den Schriftsteller, den Philosophiehistoriker und die Tänzerin seit 1922 verband. Hermann Broch und Paul Schrecker kannten sich bereits seit der gemeinsamen Zeit im Wiener Café Herrenhof, wo sie 1916/1917 mit Franz Blei, Robert Musil, Alfred Polgar und anderen regelmäßig verkehrten. Schrecker stammte aus einer Familie jüdischer Möbelfabrikanten. Anstatt jedoch die Firma zu übernehmen, wie die Eltern es vorgesehen hatten, studierte er zunächst Jura, dann Philosophie. Beide Studiengänge schloss er mit der Promotion ab. Seine doppelte Qualifikation ließ die Preußische Akademie der Wissenschaften auf ihn aufmerksam werden, die kurz nach der Jahrhundertwende mit der Leibniz-Edition ein Langzeitunternehmen auf den Weg gebracht hatte, für dessen Mitarbeiterstab sie neben Philologen und Mathematikern auch Philosophen und Juristen benötigte.[2] 1929 trat Schrecker in ihren Dienst.

Mit Broch teilte Schrecker die austromarxistische, insbesondere Max Adler verpflichtete Überzeugung, dass der Egoismus der eigentliche Geist, um nicht zu sagen: der

Ungeist der Wirtschaft sei. Auch Broch hatte die zweimal sich ihm bietende Gelegenheit, als Fabrikant in gesicherten finanziellen Verhältnissen zu leben, ungenutzt gelassen. Die Nachfolge seines Vaters als Leiter einer florierenden Textilfabrik übernahm der approbierte Textilingenieur nur vorübergehend, da ihn die geistige Enge seines Elternhauses bedrängte; die Ehe mit Franziska von Rothermann, der Tochter eines wohlhabenden und in den Ritterstand erhobenen Zuckerfabrikanten aus Wiener Neustadt, opferte er seinen literarisch-philosophischen Interessen sowie seiner Neigung, Affären insbesondere mit Frauen und Mädchen aus niederem sozialen Stand einzugehen, in der Hoffnung, in einer von ihnen die „mythische Idealfrau" zu finden, die ihm sexuelle Erfüllung versprach, ohne ihn in seinem geistigen Leistungsvermögen zu beeinträchtigen.[3]

Eine solche „Idealfrau" erblickte Broch vermutlich in der Tänzerin Claire Bauroff, die er am 5. September 1922 im böhmischen Karlsbad kennenlernte, wo er sich seit dem 18. August wegen eines Magenleidens behandeln ließ. Sie dagegen hatte den mondänen Kurort aufgesucht, um das Scheitern ihrer Ehe mit dem ungarischen Grafen Istvan Zichy zu bewältigen, der sich am 14. Juni 1921 das Leben genommen hatte, aus Gram darüber, dass seine junge Frau ihn nach nur sechs Monaten schon wieder verlassen hatte. Broch muss unmittelbar nach Bauroffs Ankunft in Karlsbad – beide logierten im Esplanade-Palace Hotel an der Alten Wiese – um sie zu werben begonnen haben. Zwei Gedichte, die er in ihr Poesiealbum eintrug und von denen das erste, datierend vom 6. September, von Zurückweisung, das zweite, datierend vom 8. September, von der Erfüllung amouröser Nähe spricht, machen dies wahrscheinlich.[4]

Wie Broch so fand sich auch die Bauroff schnell bereit, sinnlichem Verlangen nachzugeben, wenn das Gegenüber ihren Vorstellungen von Intelligenz und Kultiviertheit entsprach, und das war bei Broch zweifellos der Fall. Bestehende Bindungen spielten dabei allenfalls eine untergeordnete Rolle. Claire Bauroff nahm sich in einer

Beziehung Lizenzen und gestattete ihrem Partner ebensolche. „Rein körperliche Untreue an sich hat für mich nie viel gegolten; deshalb war ich auch darin nie eifersüchtig", notiert sie am 2. Januar 1934 in ihr Tagebuch, nicht ohne zugleich festzuhalten, dass „Mulli" dies anders sehe, sei für ihn doch die Eifersucht eine „natürliche Begleiterscheinung der Liebe"[5].

Dieser „Mulli" ist niemand anderes als Paul Schrecker. Nicht sein Freund Broch, sondern er war 1923 der Mann an der Seite der attraktiven Tänzerin geworden, obwohl er zu diesem Zeitpunkt noch gebunden war. 1914 hatte er in Wien Leonie Sobotka geheiratet, im Jahr darauf war der gemeinsame Sohn Anton zur Welt gekommen.[6] Todesanzeigen für seine Eltern dokumentieren den Wechsel an Schreckers Seite. Während auf der Todesanzeige für Vater Theodor vom 10. September 1921 noch Leonies Name zu finden ist,[7] firmiert auf derjenigen für Mutter Berta vom 27. Juni 1931 bereits Claire als Gattin.[8]

Nach einer vierjährigen Liaison ohne Trauschein hatten die beiden am 30. März 1927 in Berlin-Schöneberg standesamtlich geheiratet. Dass Claire Bauroff bereits Schreckers „Geliebte" gewesen sei, als Broch mit ihr in Karlsbad eine Affäre begann, wie in älteren Broch-Biografien zuweilen zu lesen ist,[9] dafür gibt es keinerlei Anhaltspunkte. Da Schrecker im Unterschied zu Broch, der 1909 seiner Frau Franziska und ihrer Familie zuliebe zum Katholizismus konvertiert war, Jude blieb und seine Frau Katholikin, gab es von religiöser Seite keine Bestätigung ihrer Zivilehe.

Ein interreligiöser Lebensbund, wie Paul Schrecker und Claire Bauroff ihn eingingen, wurde während des ‚Dritten Reiches' zur Hypothek für beide Ehepartner, wie zahlreiche prominente Beispiele insbesondere aus dem Schauspieler- und Künstlermilieu bezeugen. Kraft des ‚Gesetzes zum Schutze des deutschen Blutes und der deutschen Ehre', des sog. ‚Blutschutzgesetzes', wurde die ‚Mischehe' mit Wirkung vom 15. September 1935 verboten und von staatlicher Seite zugleich auf die Auflösung bereits geschlossener

Ehen hingewirkt, sofern der nicht-jüdische Partner dies wünschte.[10] Heinz Rühmann, Liebling des deutsch-österreichischen Filmpublikums wie des autokratisch über sein Ressort herrschenden Filmministers Joseph Goebbels, kam dem nach und ließ sich 1938 von seiner Frau Maria Bernheim scheiden,[11] Hans Moser dagegen widersetzte sich vehement und wandte sich sogar in einem persönlichen Brief an Hitler.[12]

In Claires Familie war Paul Schrecker zwar ebenso respektiert wie akzeptiert, dennoch aber wurde er als fremd wahrgenommen, wie ein Brief von Claires Mutter zeigt, den diese nach einem Besuch bei dem Paar in Wien am 3. November 1924 an Friedrich, das älteste ihrer sechs Kinder, richtete. Wenn Amélie Baur darin u.a. schreibt: „Dr. Schrecker ist von außen ein ganzer Jude, aber wenn man mit ihm spricht, vergißt man dies ganz über seinen schönen Augen u. sein geistvolles Gesicht",[13] dann reproduziert sie nicht nur eine allzu bekannte, auf die semitische Physiognomie Schreckers abhebende Stereotype, sondern identifiziert das Jüdische zugleich auch – entlarvend ist in diesem Zusammenhang der Gebrauch der adversativen Konjunktion „aber" – als etwas grundsätzlich Abstoßendes, worüber auch ihre Schwärmerei für die geistigen und körperlichen Vorzüge des künftigen Schwiegersohns nicht hinwegtäuscht. Dass Friedrich Baur sich bei der Gründung seines Versandhandels, des Baur Versands, von Schrecker juristisch beraten ließ, zeugt immerhin von Vertrauen in dessen fachliche Kompetenz.[14]

Im Sommer 1932 trennte sich Claire Bauroff von Paul Schrecker, der Ende 1933 emigrierte. Schreckers Vermutung, seine Frau habe sich den Nationalsozialisten angeschlossen, klang für die Forschung so plausibel, dass sie seitdem annahm, die Bauroff gehöre zum Kreis jener Frauen und Männer, die sich von ihren jüdischen Ehepartnern und -partnerinnen getrennt haben, weil sie dem gesellschaftlichen Druck nicht gewachsen waren. Aufgrund der personenbezogenen Unterlagen des ehemaligen Berlin

Document Centers sowie der – allerdings nicht vollständig überlieferten – NSDAP-Mitgliederkartei, die vom Bundesarchiv in Berlin verwaltet werden, konnte für Claire Bauroff allerdings weder eine Mitgliedschaft in der NSDAP noch in einer ihrer Verbände oder Gliederungen nachgewiesen werden, was umso erstaunlicher ist, als sie in den dreißiger Jahren regelmäßig als Hörspielautorin für den Rundfunk arbeitete.

Auftritte vor der Truppe, die sie ab Juni 1943 an verschiedene Abschnitte der Westfront führten, wurden vom Reichssicherheitshauptamt mit Hinweis auf den vorliegenden Abstammungsnachweis, jedoch nicht auf eine etwaige Parteizugehörigkeit genehmigt. Bauroffs Tagebucheinträgen, in denen sie persönliche Erlebnisse und Eindrücke von ihrer Tournee festhält, geht ein „Nobiscum Deus" voraus, kein „Heil Hitler".[15] Ihr Bekenntnis zu einem ultramontanen Katholizismus, der nach dem Zweiten Weltkrieg ihre Lebensführung noch entschiedener prägte als ehedem, schloss einen Beitritt zur NSDAP offenbar ebenso aus wie anlässlich ihrer Eheschließung die Konversion zum Judentum.

Folgt man Claires Tagebüchern, denen aufgrund des enormen Anteils an individueller Reflexion ein hohes Maß an Authentizität zugestanden werden darf, so war ihre Trennung von Paul Schrecker nicht weltanschaulich motiviert, sondern das Resultat fortgesetzter Erniedrigungen, Demütigungen und Verwerfungen seinerseits. Immer wieder klagt sie über seine Versuche, ihre Freiheit zu beschneiden, immer wieder bedeutet seine Geringschätzung sowohl für den Tanz als solchen als auch für Unterhaltungsformate wie Varieté und Revue für sie eine schmerzvolle Zurücksetzung. Andererseits gefällt er sich in der Rolle des Pygmalion, der seine Partnerin geschaffen, geformt und zu dem gemacht habe, was sie ist. Dass Schrecker mit seinen vielfältigen gesellschaftlichen Kontakten Bauroffs *personal branding* entscheidend gefördert hat, lässt sich nicht bestreiten. Claires fehlende „Befangenheit über [das] Unbekleidetsein"[16] wurde nicht nur zu ihrem Markenzeichen und damit zu einem Teil ihrer individuellen künstlerischen Identitätsbildung, sondern begründete auch einen Stil tänzerischer Performance.

„Körperplastik" nannte sie das als Weiterführung des *tableau vivant* entworfene künstlerische Programm, bei dem sie zwar hüllenlos auf der Bühne zu sehen war, im Unterschied zu den Nacktänzerinnen ihrer Zeit aber – und darin lag das innovative Moment ihrer Darbietung – bewegungslos verharrte und antike Statuen nachahmte.[17] Entsprechend würdigte der Filmkritiker Béla Balázs 1925 in einem Porträt für eine Berliner Illustrierte Claires Nacktheit als poetische Ausdrucksform,[18] während Franz Blei im selben Jahr ihren Auftritt in Paul Cassirers Salon zum Anlass nahm, auf der Titelseite seines Wochenmagazins *Roland* für sie zu werben.[19] Die Fotografin Trude Fleischmann lieferte mit Aktaufnahmen von Claire Bauroff affektstimulierende Illustrationen für die beiden Artikel.[20] Dass Paul Claires Bühnenerfolge allein auf das brillante Marketingkonzept arrivierter Publizisten und Kritiker seines Kreises zurückführt, will diese allerdings nicht gelten lassen:

Wenn eine Saat schön im Felde steht hat nicht auch der Bauer, der hart geackert u. seine Boden fruchtbar gehalten hat, seinen [sic] Verdienst an der schönen Frucht? Nur Wind und Wetter, Samen u. Herrgott? Mulli macht mir zum Vorwurf: „alles, ausschliesslich alles, was ich sei"[,] verdanke ich ihm. Ja, er hat gesät, das verdanke ich ihm. Aber einen Vorwurf lehne ich energisch ab; denn verantwortlich ist ein Mensch nur für die Fruchtbarhaltung seines Bodens. Erst dann kann er durch die Saat die Kraft hervorbringen, die er im Boden bereithält: erst dann kann er das werden, was er eigentlich schon ist.[21]

Die Verständigung zwischen den Eheleuten wurde zunehmend schwerer. Claire haderte mit Pauls Lieblosigkeit und beklagt in ihren Tagebucheinträgen wiederholt die pathologische, ja „verblendete Starrheit" seines Ichs,[22] an dessen „starre[m] Panzer"[23] sie zu zerbrechen droht:

Armer Mulli! Wohin wird Dich Deine Überheblichkeit noch führen. Du bist gekränkt, beleidigt, zutiefst verletzt, wenn sich jemand erlaubt, Dir nicht bedingungslos beizupflichten, nicht in allem, was Du tust, das einzig Richtige zu erblicken.[24]

Weihnachten 1931 war Claire erstmals aus der ehelichen Wohnung zu ihrer Mutter nach München geflohen. Bis Ostern 1932 blieb sie dort. Ständig wechselten in diesen Monaten Briefe zwischen Paul und ihr hin und her, ohne dass es jedoch zu einer Annäherung gekommen wäre. Ein Versöhnungsversuch, den beide anlässlich von Claires Tanzabend in Weißenfels unternahmen, schlug fehl, obwohl Paul zunächst nichts unversucht gelassen hatte, Claire seine Zuneigung zu zeigen. Dünnhäutig und reizbar, wie er war, kam es jedoch zu Missverständnissen:

An die Bahn kam er mit einem Maiglöckchen-Sträusschen u. zuhause zum Nachtessen machte er ½ Flasche Sekt auf, die er gekauft hatte. Wir waren recht glücklich, hatten beide die Kraft alles Schwere, was doch so drückend zwischen uns hing, als nicht existent zu betrachten u. uns wie junge Liebende uns hinzugeben. Ach, es war so schön! Aber die Wahrheit bricht sich unerbittlich Bahn. Sie lässt sich leider nicht wegwischen, ausradieren. Und den Moment, da sie durchbrach, werde ich nie vergessen. Es war nach ganz wenig Tagen schon nach dem Tanzabend. Ich stand auf der Leiter und räumte etwas oben im Schrank im Übungsraum. Ein kostbares Bild stand immer noch an die Wand gelehnt; – es sollte mal verkauft werden, aber es gelang nie – wo wir es hinstellen sollten, besprachen wir u. ich sage: „stelle es doch hinauf auf den Speicher." Ich bedachte nicht, dass es dort mit Bestimmtheit zugrunde gehen müsse; ich glaubte ehrlich, dort könne keiner hinstoßen u. uns sei es aus dem Wege. Die Reaktion meiner Worte auf Mulli war katastrophal. Die innere Ablehnung und Mauer gegen mich war im selben Moment aufgerichtet. Er sprach den ganzen Nachmittag u. Abend nicht mehr recht mit mir, nachdem er mich kurz zurechtgewiesen hatte, wie ich ihm so etwas zumuten könnte, dass er sein wertvollstes Bild auf den Speicher zum Aufheben geben sollte. Scheinbar verband Mulli mit meiner Bemerkung eine Lieblosigkeit gegen ihn selbst, was aber ganz unberechtigt war. Mulli war von diesem Tag ab wieder wie vor meiner Abreise: unzugänglich, wortkarg, ohne alles das, was zwischen den Liebenden immer pulsiert u. was ich oft u. immer wieder so schmerzhaft vermissen musste. Das Vertrauen zu unserer Liebe war wieder so völlig erschüttert.[25]

Claires Bemühungen, auf Paul zuzugehen, fruchten nicht, sondern bestärken diesen nur in seiner Überzeugung, ihr gegenüber im Recht zu sein. Schließlich wird der Druck für sie unerträglich. Am 6. April verlässt sie die gemeinsame Wohnung und flüchtet zu Else Mendelssohn, die sie eigentlich erst für den 8. April erwartet hatte und bei der sie die drei Nächte bis zur Abfahrt nach Rudolstadt verbringen wollte. Dort war für den 11. April ein Tanzabend angekündigt. Als Claire am späten Abend des 9. April von einem Besuch im Wintergarten zu den Mendelssohns zurückkehrt, überrascht Else sie mit der Nachricht, dass Paul angerufen habe. Da er offenbar einen Herzanfall erlitten hat, fährt Claire zu ihm, sorgt sich um ihn nach Kräften, entschließt sich nach intensiven Gesprächen aber, sich von ihm zu trennen:

Diese Nacht vom 9. auf den 10. April 32 war die an innerem Erleben sonderbarste meines Lebens. Wir redeten miteinander, viel, von meiner Seite offen bis ins tiefe leidvolle Herz hinein – nur unterbrochen zwei mal durch Teekochen, so um 3 Uhr u. morgens gegen 6 Uhr. Bis 9 Uhr redeten wir! Ich kam in alter Gutfraulichkeit u. Liebe, setzte mich gleich ganz nah zu ihm u. streichelte seine Hände in Erwartung dessen, was er mir sagen wolle. Mein Inneres schwieg vollkommen. Er tat mir nur maßlos leid, aber ich konnte ihm nicht mehr helfen! Ich war ein ausgebrannter Krater. Ich konnte u. wollte nicht mehr leiden u. hatte nur den einen Wunsch: die Qual soll ein Ende haben, das Leid, die unglückliche Liebe zu diesem Mann soll mich loslassen, die ewige Bedrückung soll weichen – ich will wieder ein Mensch werden, der atmen kann![26]

Das erlösende Wort der Liebe, das sie sich sehnlichst von Paul erhofft hatte – es kam nicht. Mehr als drei Monate sollten noch vergehen, ehe Claire am 15. Juli 1932 die

Trennung endgültig vollzog. So notwendig und so wichtig dieser Schritt für sie auch war, so konsterniert ließ er Paul zurück, der in ihrem Weggang einen Verstoß gegen die „Moralität"[27] erblickte: „Bei ihm bleiben und in grauer Verzweiflung enden – auf alle Fälle enden – oder fliehen und damit eine Chance ergreifen zum Weiterleben. Nur diese zwei Möglichkeiten gab es für mich. Ich floh", notiert sie am 21. September 1933 in ihr Tagebuch.[28] Es war der jüdische Neujahrstag.

Nach Inkrafttreten des ‚Gesetzes zur Wiederherstellung des Berufsbeamtentums' am 7. April 1933 nehmen die Schikanen gegen Paul Schrecker und gegen andere jüdische Wissenschaftler der Preußischen Akademie zu. Obwohl er einer befristeten Weiterbeschäftigung zu schlechteren finanziellen Konditionen zugestimmt hatte, zog das Ministerium sein Angebot im September 1933 zurück und legte ihm ein noch ungünstigeres vor. Schrecker lehnte ab und verließ im Dezember mit Hermann Brochs finanzieller Unterstützung Berlin in Richtung Paris,[29] von wo er Claire „in einem Satz" seine neue Adresse mitteilte: „Hoffentlich findet er wenigstens Arbeit", kommentiert sie seine lapidare Nachricht ganz ohne Bitternis und Groll, „[e]r ist ja in Paris zuhause, auch in der Sprache und bereute schon immer, statt nach Berlin, 1924 nicht gleich nach Paris gegangen zu sein! Ob Broch ihm geschrieben hat, er solle mir mitteilen, wo er lebt? Wenigstens antwortete mir Broch nicht auf die Frage, wo eigentlich Mulli stecke; stattdessen kam die Nachricht aus Paris."[30]

Claires Hoffnung sollte sich schon bald erfüllen. In Abstimmung mit der französischen Regierung betraute die Académie Française Schrecker mit der Edition der Werke des Philosophen und Oratorianers Nicolas Malebranche, einem Unternehmen, das wie zuvor die Leibniz-Edition als Desiderat der Frühneuzeitforschung galt. Was zunächst nach einer neuen Lebensaufgabe für den deutsch-jüdischen Philosophiehistoriker aussah, erwies sich jedoch als Chimäre. Nach dem Einmarsch der deutschen Truppen im Juni

1940 floh Schrecker erneut, diesmal in die USA. Wieder blieb ein großes wissenschaftliches Projekt, das er verantwortlich geleitet hatte, ein Torso. Ihre Ehe hatten Claire und er am 8. Januar 1935 vom Bezirksgericht Innere Stadt in Wien scheiden lassen.[31]

Die Kosten für Schreckers Fahrt über den Atlantik übernahm die Rockefeller Foundation, die mit einem großzügigen Stipendium auch dafür sorgte, dass der Gelehrte im Sommer 1943 das Land bereisen konnte, um sich ein Bild von den dortigen Bibliotheken und Museen zu machen und Anschluss an wissenschaftliche Kreise zu finden. Schrecker führte bei dieser Gelegenheit ein Tagebuch, das er zwischen Juli und September 1944 in überarbeiteter Form in *Harper's Magazine* veröffentlichte,[32] einer Zeitschrift, die seit 1850 literarische Texte und Reportagen für ein vornehmlich bildungsbürgerliches Publikum bereitstellte. Die chronikalische Anordnung gab er zu Gunsten einer geografischen auf, die sich weitgehend an seiner Reiseroute orientierte.

Zu den Inhalten der wissenschaftlichen Debatten, die er mit Kollegen über die Geschichte und Struktur der amerikanischen Gesellschaft, über die Rolle und finanzielle Ausstattung der Universitäten oder den Stellenwert der *humanities* angesichts ihrer fehlenden ökonomischen Verwertbarkeit führte, bietet Schrecker kulturgeschichtliche Porträts von jenen Städten, in denen er sich aufhielt. Den Formen religiöser Praxis gilt dabei sein Interesse nicht minder als den „burlesque theaters", die den Soldaten und ihren Mädchen „the cheapest kind of happiness" bereiten[33] und ihn wohl an die Revuen erinnerten, in denen seine Frau für die Unterhaltung eines ihm zweifelhaft erscheinenden Publikums gesorgt hatte. In diesem Sinne scheint Claire Schreckers Ausführungen zu verstehen, wie sie am 10. November 1946 Broch mitteilt: „Auch von Mulli hörte ich wieder durch die amerik. Rundschau und las seine Tagebuchberichte über seine Reise zu den Universitäten. Ach, was war da nicht alles zwischen den Zeilen zu lesen!"[34]

Wiederholt kommt Schrecker auf die Unterschiede zwischen den USA und Europa zu sprechen, dessen Wurzeln er in der neuen Welt verzweifelt nachspürt. Die Gleichförmigkeit der amerikanischen Städte fasziniert und befremdet ihn zugleich:

In all the countries of Europe I have visited there is a patent difference between metropolises and smaller towns. In the provinces of France, or Austria, or Germany you notice the difference in every shop window, in every coffee house, in the universities themselves. [...] Nothing from this kind distinguishes Madison from, let us say, New York or Chicago. Here you see just the same merchandise in the windows as in New York, the same neon lights, the same pictures in the same movie theaters, you read the same columns and comics in the local papers as in those of New York, and the university with its splendid installations, its rich library, its almost luxurious Students' Union certainly does not fall behind any university I saw in New York, though it is smaller.[35]

War dies das Land, in dem ein Emigrant eine neue Heimat finden konnte, ein Emigrant, der leidvoll hatte erfahren müssen, wie aufgrund willkürlicher Kategorien wie ‚Rasse' oder ‚Klasse' Unterschiede zwischen den Menschen festgeschrieben wurden? Leider erfährt man aus Schreckers Feder darüber weniger, als man sich erhofft. Immerhin scheint sich für ihn in der amerikanischen Gesellschaft trotz der dort allenthalben spürbaren Reserve gegenüber marxistischen Erlösungstheorien eine Form der Klassenlosigkeit realisiert zu haben, nach der er sich Zeit seines Lebens gesehnt hatte:

[C]ompared with European conditions there are no economic classes in America; in Europe you are born into a class without any chance to get out or fit by your own efforts. The hole economic history of America proves that nothing of this quasi-natural determination of your life by the economic conditions under which you are born exists here.[36]

Bis 1945 unterrichtete Paul Schrecker als Gastprofessor für Philosophie an der École Libre des Hautes Études, die der New School for Social Research in New York angegliedert war, einer nach dem Vorbild europäischer Volkshochschulen 1919 gegründeten Universität für Erwachsene. Bereits 1933 war innerhalb der New School die University in Exile gegründet worden. Sie bot verfemten Wissenschaftlern eine Anlaufstelle und verhalf ihnen zu Visen und Arbeitserlaubnissen in den USA. Deutsche Intellektuelle wie Max Wertheimer oder die Broch-Vertraute Hannah Arendt profitierten davon. Zwischen 1947 und 1950 lehrte Paul Schrecker als Philosophieprofessor an verschiedenen Colleges in Pennsylvania, ehe er von 1950 bis 1960 an der University of Pennsylvania in Philadelphia seine wissenschaftliche Heimat fand. Dort avancierte er zu einem der renommiertesten, freilich bis heute nicht vollends rehabilitierten Philosophiehistoriker.[37]

1950/1951 gehörte kein Geringerer als Martin Luther King Jr. zu den Hörern seines Kant-Seminars.[38] Nur drei Jahre nach seiner Emeritierung erlag Paul Schrecker am 25. Dezember 1963 in der Universitätsklinik von Philadelphia einem Herzleiden. Zwei Tage später wurde er im Rosedale Memorial Park in Bensalem, PA beigesetzt.[39]

Ob Claire ihrem Mann ins Exil gefolgt wäre, wenn ihre Ehe kein „entsetzlich böses, wortkarges Nebeneinanderleben"[40] gewesen wäre, ist fraglich. In Deutschland hatte sie sich einen Namen gemacht, sich aber in Frankreich oder in Amerika eine neue Existenz aufzubauen, besaß sie nicht die Kraft. Schon 1923 hatte Regisseur Max Reinhardt vergeblich versucht, sie zu einem Engagement in New York zu bewegen.[41] Hinzu kam, dass sie ihre Mutter, die sie auf vielen Reisen begleitet hatte und zu der sie in einem innigen Verhältnis stand, nicht alleine in Deutschland zurücklassen wollte, da sie möglicherweise in Sippenhaft genommen worden wäre. Wie richtig Claire mit dieser Einschätzung lag, zeigt nicht zuletzt das Schicksal der Familie ihres Freundes Hermann Broch. Broch hatte, bevor er 1938 über England und Schottland in die USA emigrierte, seine Mutter bei Ea von Allesch untergebracht, da er sie bei einer Arierin, noch dazu einer adligen, in Sicherheit glaubte. Dennoch wurde die alte Frau im Mai 1942 nach Theresienstadt deportiert, wo sie fünf Monate später verstarb – an Altersschwäche, wie es offiziell hieß.[42]

Die Trennung von Paul verfolgt Claire bis in ihre Träume. Ein ums andere Mal zeichnet sie nach dem Erwachen ihre nächtlichen Gesichte auf, um sie denkend und schreibend zu bewältigen, auf Briefbögen zuweilen, dann wieder auf den Rückseiten von Programmen und Einladungen oder auf Zetteln, die gerade greifbar waren. Bis zu ihrem Tod am 7. Februar 1984 bewahrt Claire sie auf. Pauls Vorwurf, sie habe ihn verlassen, weil er Jude sei, lastet schwer auf ihr, wie ein Traumprotokoll aus dem Jahr 1935 exemplarisch zeigt:

Samstag/Sonntag, 26. Mai 35 in Neuaubing geträumt von Mulli, dessen Einsamkeit, in die ich ihn begleite, aber nicht bei ihm bleiben kann: Insel „Sclavos"!! Schön und fremd ist dort alles, weit, Eingeborenenkultur eigener Art. – Ich weine bei ihm, an seiner Brust, ob er auch gewiss wisse, dass ich niemals deshalb von ihm gegangen sei, weil er Jude ist und somit Leute[n] verpönt. Und ob er wisse, dass ich nie den Judenhass in Deutschland mitgemacht hätte.[43] Zwei Tage später fügt sie ihren Traumbildern kommentierend hinzu: *(Wie bezeichnend für das Verhältnis zu Mulli! Es war wirklich so, dass ich ihm weinend Dinge versichern musste, die er von mir hätte wissen müssen! Er sprach mir ja Dinge ab, die mein Herzblut waren, so meine ganze Liebe zu ihm.)*[44]

Paul Schrecker brach nach seiner Flucht aus Deutschland mit Claire völlig und verhängte über sie eine *damnatio memoriae*. In seinem Nachlass, der an der University of Pennsylvania aufbewahrt wird, taucht ihr Name nicht auf. Angehörigen ist er unbekannt oder scheint keiner Erwähnung wert. Schreckers Beschuldigung, seine Frau sei Parteigängerin der Nationalsozialisten gewesen, hat sich indes gehalten und belastet sein Ansehen weniger, als das Eingeständnis, dass zwischenmenschliche Probleme für das Scheitern der Ehe verantwortlich gewesen seien, es getan hätte. Wie fragwürdig ein solches Verhalten sei, gab bereits Hermann Broch zu bedenken, dem Schrecker mit Verweis auf die Toten der Shoa und mit der Androhung des Entzugs seiner Freundschaft jeglichen Kontakt zu Claire untersagte. Ungehalten, wie man ihn nur höchst selten erlebte, wandte sich Broch in einem Brief vom 18. Januar 1947 gegen Schreckers Inanspruchnahme der NS-Opfer. Sie als eine Art Totschlagargument zu instrumentalisieren, halte er für unmoralisch, solange man nicht mit Gewissheit sagen könne, wo Claire während des ‚Dritten Reiches' politisch gestanden habe:

Summum ius, summa iniuria. Und ich bin nicht würdig, mit Dir im gleichen ‚moralischen Raum' zu leben: Du Trottel. Hoffentlich siehst Du die Groteskheit, die darin liegt, doch einmal ein. Daß jedoch hiefür die sechs Millionen erschlagener Juden bemüht werden, halte ich, gelinde gesagt, für blasphemisch [...]. In unserem Alter steht man an jener Weggabelung, von der aus es einerseits ins bissige, andererseits ins (eigentlich wünschenswertere) weise Greisentum führt. Weisheit ist aber ohne Güte und tätige Hilfsbereitschaft kaum denkbar. [45]

Schrecker jedoch beharrte auf seinem Standpunkt, so dass es zum Zerwürfnis mit Broch kam, das sich bis zu dessen Tod am 30. Mai 1951 nicht mehr beheben ließ. Ob Schrecker Trauer empfand, als das Herz des langjährigen Weggefährten mitten in den Vorbereitungen zu einer Europareise plötzlich aufhörte zu schlagen, darüber ist nichts bekannt. „Unsere letzte Verständigung scheint uns nicht mehr in diesem Leben bestimmt zu sein"[46], hatte Claire am 10. November 1946 Broch geschrieben, dem eine klärende Aussprache mit Schrecker ebenso versagt blieb wie ihr. Auch wenn Schrecker Brochs Namen im Unterschied zu dem Claires nicht aus seiner Erinnerung tilgte, so ist anzunehmen, dass ihn die Verbitterung über den vermeintlichen Verrat seines engsten und ältesten Freundes 1947 in eine existenzielle Heimatlosigkeit gestürzt hat, die er tiefer noch empfand als die von 1933.

Anmerkungen

1 Der Briefwechsel zwischen Paul Schrecker und Hermann Broch ist bislang unveröffentlicht und wird hier wie im Folgenden zitiert nach: Paul Michael Lützeler: Hermann Broch. Eine Biographie. Frankfurt/Main: Suhrkamp,²1986, S. 315f. Claire Bauroffs Brief an Hermann Broch stammt vom 10. November 1946 und ist ediert in: Ralf Georg Czapla: „nach Maß gearbeitet". Hermann Brochs Gedichte für die Tänzerin Claire Bauroff. Mit einer Edition des Briefwechsels Bauroff – Broch und von Auszügen aus der Korrespondenz Bauroff – Burgmüller. In: Jahrbuch zur Kultur und Literatur der Weimarer Republik 12 (2008), S. 69–113, hier S. 100f.

2 Zur Geschichte der Leibniz-Edition vgl. Hans Poser: Langzeitvorhaben in der Akademie. Die Geschichte der Leibniz-Edition zwischen Kaiserreich und geteiltem Deutschland. In: Wolfram Fischer (Hg.): Die Preußische Akademie der Wissenschaften zu Berlin 1914–1945. Berlin: Akademie-Verlag, 2000 (Berlin-Brandenburgische Akademie der Wissenschaften. Forschungsberichte 8), S. 375–389.

3 Hermann Broch: Psychische Selbstbiographie. Hg. von Paul Michael Lützeler. Frankfurt/Main: Suhrkamp, 1999, S. 29f., 34.

4 Zur Interpretation dieser Gedichte vgl. Czapla: „nach Maß gearbeitet", S. 77–82. Ders.: Die ungleichen Geschwister. Der Unternehmer Friedrich Baur und die Tänzerin Claire Bauroff. Biografie. München, Berlin, Zürich: Piper, 2015, S. 84–89.

5 Claire Bauroff: Tagebuch (1. Januar 1993–27. März 1935), 2. Januar 1934 [Privatbesitz], Bl. 27^V-28^r.

6 Leonie Schrecker, geb. Sobotka, wurde am 29. Februar 1892 in Wien geboren und starb am 4. Juni 1985 im Altenheim Osmond House in Hendon bei London; vgl. The Association of Jewish Refugees. Informations 40 (1985), H. 7, S. 10. Der gemeinsame Sohn von Leonie und Paul Schrecker, Anthony (Anton) Wolfgang Schrecker, geb. am 15. Februar 1915 in Wien, starb am 27. Februar 1993 in San Diego, Calif. 1951 heiratete Schrecker Anne Martin (9. Mai 1907–Januar 1978). Der gemeinsame Sohn Theodore (*13. Juli 1953) lehrt als Professor für globale Gesundheitspolitik an der Durham University in England.

7 Vgl. Neue Freie Presse (Wien), 10. September 1921, S. 14.

8 Vgl. Neue Freie Presse (Wien), 27. Juni 1931, S. 20. Paul Schreckers Eltern, Theodor (*20. Dezember 1854) und Berta Schrecker, geb. Neurath (*9. Juni 1861), haben am 25. Februar 1883 in der Synagoge Tempelgasse, auch Leopoldstädter Tempel genannt, geheiratet. Der Vater stammte aus Goltsch-Jenikau, die Mutter war gebürtige Wienerin. Aus der Ehe gingen acht Kinder hervor: Elsa Politzer, geb. Schrecker (6. April 1884–1959), Martha Weiß, geb.

Schrecker (3. Dezember 1885–Juni 1968), Clara Troll, geb. Schrecker (11. Juli 1887–23. April 1918), Paul Schrecker (31. Oktober 1889–25. Dezember 1963), Robert Schrecker (16. November 1893–7. Dezember 1954), Franz Schrecker (21. März 1897–?) und Carl Schrecker (29. März 1899–?).

9 Lützeler: Hermann Broch, S. 92.

10 Vgl. Marius Hetzel: Die Anfechtung der Rassenmischehe in den Jahren 1933–1939. Die Entwicklung der Rechtsprechung im Dritten Reich: Anpassung und Selbstbehauptung der Gerichte. Tübingen: Mohr Siebeck, 1997 (Beiträge zur Rechtsgeschichte des 20. Jahrhunderts 20), S. 149–161.

11 Vgl. Felix Moeller: Der Filmminister. Goebbels und der Film im Dritten Reich. Mit einem Vorwort von Volker Schlöndorff. Berlin: Henschel, 1998, S. 414f.

12 Vgl. Oliver Rathkolb: Führertreu und gottbegnadet. Künstlereliten im Dritten Reich. Wien: ÖBV, 1991, S. 38.

13 Amélie Baur: Brief an Friedrich Baur, München, 3. November 1924 [Archiv der Friedrich-Baur-Stiftung, Altenkunstadt, o. Sign.], S. 4.

14 Vgl. Czapla: Die ungleichen Geschwister, S. 70–74.

15 Abbildung bei: Czapla, ebd., S. 215.

16 Edward Lucie-Smith: Erotik in der Kunst. Aus dem Englischen von Käthe H. Fleckenstein. München: Lichtenberg, 1997, S. 133.

17 Vgl. Czapla: Die ungleichen Geschwister, S. 147–149.

18 Béla Bálasz: Claire Bauroff. In: „Wissen Sie schon?" (Berlin) 5 (1925) 3 (März), S. 14f.

19 Roland. Gesellschaft, Kunst, Finanz (Berlin) 23 (1925) 20 (14. Mai), S. 5; vgl. dazu: Ralf Georg Czapla: An die Nachgeborenen. Notizen der Tänzerin Claire Bauroff. In: Marcel Atze, Volker Kaukoreit (Hg.): „Gedanken reisen, Einfälle kommen an." Die Welt der Notiz. Wien: Praesens, 2017 (Sichtungen. Archiv – Bibliothek – Literaturwissenschaft, 16/17), S. 356f.

20 Zur Komposition und Ästhetik von Fleischmanns Akt-Zyklus vgl. Frauke Kreutler: Trude Fleischmann and Claire Bauroff. The Naked Female Body as a Staged Nude. In: PhotoResearcher 16 (2011), S. 36–45. Frauke Kreutler: Skandal in Berlin. Trude Fleischmanns Inszenierung der Tänzerin Claire Bauroff. In: Anton Holzer, Frauke Kreutler (Hg.): Trude Fleischmann. Der selbstbewusste Blick. Katalog zur Ausstellung im Wien-Museum, Wien, 27. Jänner–29. Mai 2011. Ostfildern: Hatje Cantz, 2011, S. 104–114. Czapla: Die ungleichen Geschwister, S. 120–126.

21 Bauroff: Tagebuch (1. Januar 1933–27. März 1935), 4. Januar 1933, Bl. 4^r-4^v.

22 Bauroff, ebd., 12. Oktober 1933, Bl. 21^v.

23 Bauroff, ebd., 27. Dezember 1933, Bl. 26^r.

24 Bauroff, ebd., 12. Oktober 1933, Bl. 21^r–21^v.
25 Bauroff, ebd., 24. Januar 1933, Bl. 7^v–8^v.
26 Bauroff, ebd., 10. Februar 1933, Bl. 13^r–13^v.
27 Bauroff, ebd., 19. Januar 1933, Bl. 7^r.
28 Bauroff, ebd., 21. September 1933, Bl. 20^r.
29 Vgl. Jens Thiel: Leibniz-Tag, Leibniz-Medaille, Leibniz-Kommission, Leibniz-Ausgabe – Die Preußische Akademie der Wissenschaften und ihr Ahnherr im ‚Dritten Reich'. In: Wenchao Li, Hartmut Rudolph (Hg.): „Leibniz" in der Zeit des Nationalsozialismus. Stuttgart: Steiner, 2013 (Studia Leibnitiana. Sonderhefte 42), S. 41–73, hier S. 57–59. Lützelers Annahme, Schrecker sei bereits Anfang 1933 emigriert, ist unzutreffend; vgl. Lützeler: Hermann Broch, S. 168.
30 Bauroff: Tagebuch (1. Januar 1933–27. März 1935), 27. Dezember 1933, Bl. 26^r.
31 Scheidungsakte Dr. Paul Schrecker/Claire Schrecker Bauroff [Stadt- und Landesarchiv Wien, Bestand Landesgericht für Zivilrechtssachen, 5 Nc 296/34].
32 Paul Schrecker: American Diary. The Observations of a European Philosopher. In: Harper's Magazine 189 (1944) 7 (Juli), S. 117–125, 8 (August), S. 274–282, 9 (September), S. 379–386.
33 Schrecker, ebd., S. 379.
34 Claire Bauroff: Brief an Hermann Broch, Ramertshofen, 10. November 1946. In: Czapla: „nach Maß gearbeitet", S. 100f., hier S. 100.
35 Schrecker: American Diary, S. 117f. [In allen Ländern Europas, die ich besucht habe, gibt es einen offensichtlichen Unterschied zwischen Metropolen und kleineren Städten. In den Gebieten Frankreichs, Österreichs oder Deutschlands merkt man den Unterschied in jedem Schaufenster, in jedem Kaffeehaus, in den Universitäten selbst. […] Nichts dergleichen unterscheidet Madison von, sagen wir, New York oder Chicago. Hier sieht man die gleichen Waren in den Fenstern wie in New York, die gleichen Neonlichter, die gleichen Bilder in den gleichen Kinos, man liest die gleichen Spalten und Comicstrips in den lokalen Zeitungen wie in denen von New York, und die Universität mit ihrer prächtigen Anlage, ihrer reichen Bibliothek, ihrem fast schon luxuriösen Studentenwerk fällt sicherlich hinter keiner Universität zurück, die ich in New York gesehen habe, mag sie auch kleiner sein.]
36 Schrecker, ebd., S. 118. [Verglichen mit europäischen Verhältnissen gibt es in Amerika keine ökonomischen Klassen; in Europa wirst du in eine Klasse hineingeboren, ohne die Möglichkeit, sie aus eigener Kraft zu verlassen oder sich an sie anzupassen. Die gesamte Wirtschaftsgeschichte Amerikas beweist, dass hier nichts von dieser quasi-natürlichen Bestimmung deines Lebens durch die wirtschaftlichen Bedingungen, unter denen du geboren wirst, existiert.]

37 Paul Schrecker fehlt in den einschlägigen Personallexika. Bausteine zu einer Rekonstruktion seiner Biografie und der Formation seines wissenschaftlichen Denkens bieten neben Schreckers Nachlass (Paul Schrecker papers, 1921–1964, Kislak Center for Special Collections, Rare Books and Manuscripts, University of Pennsylvania; Paul Schrecker collection of Austrian World War I ephemera and publications, 1914–1922, Ms. Coll. 1337, ebd.) die Studien, Nachrufe und Notizen von: Glenn R. Morrow: Paul Schrecker 1889-1963. In: *Proceedings and Addresses of the American Philosophical Association* 37 (1963–1964), S. 123f. Werner Berthold, Brita Eckert, Frank Wende (Hg.): Deutsche Intellektuelle im Exil. Ihre Akademie und die „American Guild for German Cultural Freedom". Eine Ausstellung des Deutschen Exilarchivs 1933-1945 der Deutschen Bibliothek, Frankfurt am Main. München, London, New York u.a.: Saur, 1993 (Die Deutsche Bibliothek. Sonderveröffentlichungen 18), S. 522–525. „In solitude, for company". W. H. Auden after 1940. Unpublished prose and recent criticism. Ed. by Katherine Bucknell and Nicholas Jenkins. Oxford: Clarendon Press, 1995, S. 85, Anm. 3. Zoran Mimica: Rechtsphilosophische Probleme der politischen Repräsentation unter besonderer Berücksichtigung der Ständevertretung. Funktionalität bei Hobbes, Legalität und Legitimität bei Kant, Solidarität bei Schrecker, Legitimität bei Voegelin. Wien: WUV, 1999, S. 71–93, bes. S. 71f. Patrick Riley: Paul Schrecker's Defense of Leibniz' Platonic Odealism Against the Dangers of Cartesian Voluntarism. In: Li, Rudolph: „Leibniz" in der Zeit des Nationalsozialismus, S. 171–184. Erika Kustatscher: „Berufsstand" oder „Stand"? Ein politischer Schlüsselbegriff im Österreich der Zwischenkriegszeit. Wien, Köln, Weimar: Böhlau, 2016 (Veröffentlichungen der Kommission für Neuere Geschichte Österreichs 113), passim.
38 Patrick Parr: The Seminarian. Martin Luther King Jr. Comes of Age. Foreword by David J. Garrow. Chicago: Chicago Review Press, 2018, S. 184. Vgl. dazu Parr in einem Interview mit Lauren Hertzler vom 4. April 2018 anlässlich des Erscheinens seines Buches: „It would have been the deepest dive into Kant that King had taken to that point." https://penntoday.upenn.edu/news/martin-luther-king-jrs-time-studying-penn (31. August 2018).
39 Aus den Angaben eines Nachrufs, der am 26. Dezember 1963 im „Philadelphia Inquirer" erschien, ergibt sich der 24. Dezember als Todestag Paul Schreckers, der jedoch von familiärer Seite nicht bestätigt wird; vgl. N.N.: Dr. Paul Schrecker, Educator, Dies at 74. In: Philadelphia Inquirer, 26. Dezember 1963, S. 28.
40 Bauroff: Tagebuch (1. Januar 1933–27. März 1935), 24. Januar 1933, Bl. 9^r.
41 Vgl. Salzburger Volksblatt. Unabhängige Tageszeitung für Stadt und Land Salzburg, 2. November 1923, S. 3: „Reinhardts Newyor-

ker Mirakel-Aufführung. Max Reinhardt verhandelt gegenwärtig in Wien mit der bekannten Tänzerin Claire Bauroff, um sie für die Hauptrolle in Vollmöllers ‚Mirakel' zu gewinnen." Die amerikanische Uraufführung des Stücks fand schließlich ohne Claire Bauroff im Century-Theater statt und war überaus erfolgreich; vgl. Salzburger Wacht, 25. Januar 1924, S. 4.
42 Vgl. Lützeler: Hermann Broch, S. 226f. und 279f.
43 Claire Bauroff: Träume nach Poldis Tod. Loseblattsammlung, 26. Mai 1935 [Privatbesitz].
44 Bauroff, ebd.
45 Hermann Broch: Brief an Paul Schrecker, Princeton, 18. Januar 1957; zitiert nach: Lützeler: Hermann Broch, S. 315f.
46 Claire Bauroff: Brief an Hermann Broch, Ramertshofen, 10. November 1946: In: Czapla: „nach Maß gearbeitet", S. 100f., hier S. 100.

Sarah Knoll
Franz Marek (1913–1979). Ein österreichischer Kommunist im französischen Widerstand aus dem Blickwinkel seiner Lebenserinnerungen

Franz Marek war ein Widerstandskämpfer und linker österreichischer Intellektueller.[1] Seine Anfang der 1970er Jahre verfasste autobiographische Schrift zeigt die zahlreichen Umbrüche in der Geschichte des 20. Jahrhunderts auf und bildet somit eine interessante Quelle für die österreichische Zeitgeschichte. Die Erinnerungen handeln von seiner Kindheit im Wien der Zwischenkriegszeit, vom Widerstandskampf gegen das Dollfuß-Schuschnigg-Regime und das NS-Regime, vom stalinistischen Kommunismus und den Reformkommunismen in Westeuropa. Er wirft darin einen kritischen Blick auf Konflikte im Widerstand, Fehlentwicklungen in der Sowjetunion, den sozialistischen Staaten und der Kommunistischen Partei Österreichs (KPÖ). Dabei gesteht er sich auch ein, dass er zum jeweiligen Zeitpunkt zu verblendet war, um diese Missstände zu erkennen, und reflektiert sein Leben selbstkritisch und selbstironisch.

Einen großen Teil seiner Erinnerungen widmet Marek seinen Erfahrungen im französischen Exil und dem Widerstandskampf in der französischen Résistance. Dieser Lebensabschnitt wird im Mittelpunkt dieses Aufsatzes stehen, der sich auch konkret mit den Problemen und Herausforderungen, die bei der Bearbeitung und der Herausgabe von autobiographischen Texten entstehen können, auseinandersetzt. Dargestellt werden diese an Hand der Lebenserinnerungen Franz Mareks, die 2017 erschienen sind.[2]

Zu Mareks Lebenserinnerungen und der Bedeutung autobiographischer Schriften

Trotz des Erkenntnisgewinns für die Widerstandsforschung und die Kommunismusforschung, blieben die Erinnerungen Franz Mareks weitgehend unberücksichtigt. Sie genossen eine Art Dornröschenschlaf im *Dokumentationsarchiv des österreichischen Widerstandes* (DÖW), wo der Text im Original aufbewahrt wird. Nur drei kurze Passagen aus den Lebenserinnerungen – zu Mareks Jugend und seiner Zeit im Widerstand – wurden posthum in der Monatszeitschrift *Wiener Tagebuch*, dessen Chefredakteur er bis zu seinem Tod war, abgedruckt.[3] Einige Passagen der Erinnerungen zum Exil in Frankreich und zu seiner Zeit im Widerstand finden sich zudem auch in Publikationen des DÖW.[4]

Doch nicht nur um den Text, sondern auch um die Person Franz Marek wurde es nach dessen plötzlichem Ableben im Juni 1979 recht still, und dies obwohl er in linksintellektuellen Kreisen, auch über Österreichs Grenzen hinaus, durchaus bekannt ist. Selbst der renommierte britische Historiker Eric Hobsbawm bezeichnete ihn 2009 in der Zeitung *The Guardian* als seinen Helden des 20. Jahrhunderts und widmete ihm einige Seiten seiner Autobiographie.[5] Michael Graber verfasste anlässlich seines 100-jährigen Geburtstags 2013 ein zweiseitiges Porträt in den *Mitteilungen der Alfred Klahr Gesellschaft*. In diesem führt er aus, dass Mareks Biographie auf Grund der Tatsache, dass er als „,Dissident' und als ‚Revisionist' abgestempelt" war, „dem Vergessen anheimgestellt" wurde.[6] Marek wurde 1970 wegen seiner reformkommunistischen Ideen, die nicht der Moskau-treuen Parteilinie der KPÖ entsprachen, aus der Partei ausgeschlossen. Seine Witwe Barbara Coudenhove-Kalergi widmete der „Liebe ihres Lebens" ein Kapitel in ihren 2013 erschienenen Memoiren.[7]

Es war also an der Zeit, sich nun näher mit der Persönlichkeit Franz Mareks auseinanderzusetzen. Dementsprechend hatte das durchgeführte Forschungsprojekt zum Ziel, mit Hilfe seiner Erinnerungen die Person Franz Marek, sein Denken und seine Geschichte dem Vergessen zu entreißen. Der autobiographische Text wurde in Form einer wissenschaftlichen Edition einem breiteren Publikum zugänglich gemacht. Dazu waren umfangreiche editorische Maßnahmen notwendig, um die Erinnerungen für ein heutiges Publikum lesbar zu machen. Insbesondere musste der Text kommentiert werden, um Personen, Ereignisse und Begrifflichkeiten, die heute nicht mehr Teil der Alltagssprache bzw. in Vergessenheit geraten sind, einer breiteren Leserschaft näher zu bringen bzw. verständlich zu machen.

Erschwerend kam hinzu, dass Mareks autobiographische Schrift bis zu einem gewissen Grad Fragment geblieben war. Das Typoskript ist mit einigen handschriftlichen Korrekturen und Ergänzungen versehen, die es zu entziffern galt. Dies gestaltete sich nicht immer einfach, insbesondere wenn Formulierungen verwendet wurden, die in der heutigen Alltagssprache nicht mehr geläufig sind. Marek fügte zudem Textzeilen oder Wörter in Französisch, Italienisch oder Russisch, die von den HerausgeberInnen übersetzt wurden, ein. Zudem enthält der Text Auslassungen, die inhaltlich rekonstruiert wurden. Bei der Umarbeitung des Typoskripts für die Buchpublikation mussten dementsprechend Mareks Korrekturen und die Ergänzungen der Herausgeber nach einem einheitlichen editorischen Schema sichtbar gemacht werden. So wurden beispielsweise handschriftliche Korrekturen Mareks im Fließtext kursiv gesetzt und Ergänzungen der Herausgeber, auch jene, die getätigt wurden, um den Text sprachlich lesbarer zu machen, in eckiger Klammer geschrieben.

Hinzu kam, dass Marek sein letztes Lebensjahrzehnt, die 1970er Jahre, in den Erinnerungen kaum thematisierte. Aus diesem Grund haben wir uns als HerausgeberInnen entschieden, die Erinnerungen durch eine ausführliche biographische Skizze einzuleiten. Diese sollte drei Zwecke erfüllen: Zum Ersten kontextualisierte sie die an manchen Stellen knapp gehaltenen bzw. Fragment gebliebenen Erinnerungen und gibt Mareks Lebensgeschichte einen zeitlichen Rahmen. Zum Zweiten waren die HerausgeberInnen bestrebt, die Lücke vom Abbrechen der Erinnerungen Anfang der 1970er Jahre bis zu seinem Tod 1979 zu schließen. Drittens sollten die Brüche und Wandlungen in Mareks Biographie herausgearbeitet werden. Es ist jedoch festzuhalten, dass es sich bei den einleitenden biographischen Ausführungen nur um eine Skizze handelt, in der nicht alle Fragen zur Person und zum Wirken Franz Mareks restlos geklärt werden konnten. Viele komplexe Entwicklungen und Ereignisse im Widerstand und in der kommunistischen Weltbewegung konnten hier nur angedeutet werden. In einer umfangreichen Biographie wurde der Versuch unternommen, diese Lücken zu schließen.[8]

Um die biographischen Wandlungen sichtbar zu machen, griffen wir vor allem auch auf Mareks umfangreiches Schrifttum zurück. Die zeitgenössischen Texte wurden mit den Erinnerungen abgeglichen, um so Veränderungen in der Haltung Mareks sichtbar zu machen. Ein besonderes Augenmerk lag dabei auf den Jahren zwischen 1956 und 1968, in welchen er sich vom Stalinisten zum Reformkommunisten entwickelte. Um diese Wandlung insbesondere im publizistischen Schaffen zu verdeutlichen, sind – neben den Erinnerungen und der einleitenden biographischen Skizze – auch zwölf ausgewählte Schlüsseltexte im Buch abgedruckt.

Ein wesentlicher Grund, auf publizierte Texte als Quelle für die Sichtbarmachung der Brüche in der Biographie Mareks zurückzugreifen, ist, dass es keinen wirklich aussagekräftigen Nachlass gibt. Zum Zeitpunkt seines Todes passte nach übereinstimmenden Bekundungen sein gesamter Besitz in zwei Koffer.[9] Der Verzicht auf irdische Güter lässt sich mit den Entbehrungen im Widerstand erklären. Ein kleiner, aus lediglich zwölf Mappen bestehender Nachlass befindet sich heute im DÖW.[10] Dieser enthält unter anderem einige handschriftliche Notizen und Manuskripte, die jedoch vom publizierten Material kaum abweichen, Rezensionen der von ihm veröffentlichten Bücher und persönliche Dokumente wie Schulzeugnisse oder Bestätigungen der Universität Wien.

Dementsprechend war es notwendig, sich auch über andere Wege der Biographie Franz Mareks zu nähern. Neben seinem publizistischen Schaffen griffen wir darum auch auf

Quellen aus Archiven im In- und Ausland[11] zurück, um auf diese Weise über die Lebenserinnerungen hinausgehende Erkenntnisse zu Mareks Zeit als Widerstandskämpfer in Österreich und Frankreich, als Akteur in der kommunistischen Bewegung und zu seinem Schaffen als linker Intellektueller zu gewinnen. Außerdem wurden autobiographische Texte von Wegbegleitern Mareks als Quellen herangezogen.[12] Einige ebenfalls aus der KPÖ ausgeschlossene Kommunisten wie Leopold Spira, Ernst Fischer oder Theodor Prager berichteten in ihren eigenen Autobiographien unter anderem über das Leben und Wirken von Franz Marek.[13] All diese Hinweise galt es im zeithistorischen Kontext zu verorten – eine wesentliche Herausforderung bei der Bearbeitung autobiographischer Texte bzw. bei an autobiographischen Texten orientierten biographischen Darstellungen.

Über die zeitliche Verortung können die Biographie einer Person und die Hintergründe, die bestimmten Handlungen und Haltungen zu Grunde liegen, anhand der Erinnerungen dargestellt werden. Dazu ist es notwendig, sowohl über profunde Kenntnisse des historischen Geschehens als auch der zeitgenössischen Texte und Korrespondenzen zu verfügen. Dabei müssen zwei Ebenen mitgedacht werden: Zum einen muss der historische Kontext berücksichtigt werden, in dem die biographischen Ereignisse stehen. Zum anderen muss der Zeitkontext beachtet werden, in welchem der autobiographische Text verfasst wurde. Bei Franz Marek waren dies die beginnenden 1970er Jahre. Zu diesem Zeitpunkt war er bereits aus der kommunistischen Partei ausgeschlossen worden.

Nachdem er sich zwischen 1956 und 1968 vom glühenden Stalinisten zum Reformkommunisten von internationalem Ruf entwickelt hatte, strebte er auch innerhalb der KPÖ eine Veränderung der bis dahin Moskau-treuen Linie an. Ein von ihm angestoßener Reformkurs scheiterte jedoch an der tatsächlichen Verfasstheit der Partei, in der die unkritischen Stimmen gegenüber der Sowjetunion überwogen. Die parteiinterne Auseinandersetzung wurde durch den „Prager

Frühling", ein Reformprojekt der tschechoslowakischen kommunistischen Führung, das weitreichende Reformen und eine Demokratisierung des politischen Lebens in der Tschechoslowakei anstrebte, und den Einmarsch einer Koalition des Warschauer Pakts am 21. August 1968 maßgeblich verstärkt. Schließlich gewannen die Reformgegner und die KPÖ orientierte sich wieder an dem unter der Führung der Sowjetunion stehenden Realsozialistischen Lager.

Marek, der im „Prager Frühling" eine bedeutende Lektion für die Umsetzung eines demokratischen Sozialismus sah,[14] wurde im November 1970 aus der KPÖ ausgeschlossen. Bereits 1969 hatte er der Partei den Rücken gekehrt und kritisierte sie öffentlich. Bei der Analyse seines autobiographischen Textes ist dieser Hintergrund unbedingt zu beachten. Es ist naheliegend, dass sein Bruch mit der Partei seine kritischen Betrachtungen der Fehlentwicklungen in der kommunistischen Bewegung sowie die selbstkritische Einschätzung seiner eigenen Verblendung mitbeeinflusst hat.

Der Anspruch der Objektivität gebietet es zudem, dass man sich von der Position des Verfassers nicht zu sehr vereinnahmen lässt. Die Reflexion der eigenen Handlungen als HerausgeberIn ist ein wesentlicher Bestandteil bei der Bearbeitung eines autobiographischen Textes. Eine kritische Distanz zum Text ist essentiell. Ein Grundprinzip der literarischen Gattung „Autobiographie" ist es, dass die Darstellung das eigene Leben nicht exakt wiedergibt, sondern vielmehr auch von der Autorin oder dem Autor „gestaltet" wird, sei es durch die Ausklammerung bestimmter Lebensabschnitte bzw. Hintergründe oder durch die sprachliche Ausformung.[15] Erinnerungen sind immer nur partiell und müssen als Rekonstruktionen betrachtet werden.[16] Zugleich bieten sie vielfältige Einblicke, die andere Quellengattungen nicht zu vermitteln vermögen. Der persönliche Zugang ermöglicht es, dass historische Handlungsverläufe anschaulich aus der Perspektive der daran Beteiligten erzählt werden können, und eröffnet neue Einsichten zu geschichtlichen Themen.[17]

Anhand seiner eigenen Erinnerungen wird im Folgenden Mareks Biographie bis 1945 dargestellt, wobei der Schwerpunkt auf seiner Zeit im Exil und in der französischen Résistance liegt. Wie eingangs ausgeführt, wird sie mit dem historischen Hintergrund kontextualisiert. Die notwendigen Erklärungen von Begriffen werden, wie bei den publizierten Erinnerungen, in Fußnoten gesetzt.

Franz Marek aus der Perspektive seiner Erinnerungen

Franz Marek war Kommunist „von Beruf und Berufung", wie Eric Hobsbawm in seinem Nachruf im *Wiener Tagebuch* 1979 schrieb.[18] Früh entwickelte er sich zum politischen Aktivisten, der nicht nur die marxistische Theorie vertrat, sondern auch den aktiven Kampf für politische Ziele anstrebte.

Marek wurde am 18. April 1913 im galizischen Przemyśl als Ephraim Feuerlicht geboren. Bereits zu Beginn seines Lebens war er mit Migration konfrontiert. Seine Familie zog bald nach seiner Geburt in die Wiener Leopoldstadt. Ärmliche Lebensverhältnisse und das Bekenntnis der Familie zum Judentum prägten seine Kindheit ebenso wie die Umgebung des Zweiten Bezirks. Dieser zog traditionell jüdische Einwanderer aus dem Osten an. Unter den nicht-orthodoxen jüdischen BewohnerInnen konkurrierten die Ideen des Zionismus und des Sozialismus. Mareks politische Sozialisierung hin zum Kommunisten erfolgte über zionistisch geprägte Jugendorganisationen und durch sein kurzzeitiges Studium an der Universität Wien, hier durchaus als Reaktion auf das in jener Zeit vorherrschende deutschnationale und nationalsozialistische Gedankengut unter den Studierenden und Lehrenden.[19]

Unter dem Eindruck des Bürgerkriegs im Februar 1934 trat er im selben Jahr der KPÖ bei und engagierte sich sogleich im Widerstandskampf gegen das Dollfuß-Schuschnigg-Regime. Aus dem jüdisch und marxistisch orientierten Studenten Ephraim Feuerlicht wurde der kommunistische

Widerstandskämpfer Franz Marek, jener Name, den er als *nom de guerre* wählte. In seiner Autobiographie bezeichnet er seine ersten Jahre im Widerstand als „Lernjahre". „Ich genoß die Romantik der Illegalität, fuhr mit falschem Paß nach Prag, organisierte Kurierdienste und illegale Konferenzen, lernte Koffer mit doppeltem Boden machen und sonstige Tricks der Illegalität, wie Chiffrierbriefe usw. Was ich vor allem bei den Genossen lernte, die ja schon Jahrzehnte illegal waren: strikte Konspiration"[20], so Marek in der Rückschau. Er stieg rasch in der Hierarchie der kommunistischen Partei auf. Bereits 1936 war er Leiter der illegalen Agitation und Propaganda, eine zentrale Funktion innerhalb des kommunistischen Widerstands. Nach dem „Anschluss" Österreichs an das Deutsche Reich 1938 emigrierte Marek nach Frankreich. In Paris arbeitete er in der Betreuung von politischen EmigrantInnen und war an der Herausgabe der Zeitung *Nouvelles d'Autriche – Österreichische Nachrichten* beteiligt.

Frankreich war bereits ab 1933/34, bedingt durch die Machtübernahme der NSDAP 1933 in Deutschland und die Repressionen des Dollfuß-Schuschnigg-Regimes in Österreich ab 1933/34, ein Land verstärkter Immigration. Nach dem „Anschluss" flüchteten erneut rassistisch oder politisch verfolgte Personen aus Österreich nach Frankreich. Mit dem Ende des Spanischen Bürgerkriegs gelangten mit der Demobilisierung der Internationalen Brigaden 1939 weitere politische Flüchtlinge zusammen mit Hunderttausenden spanischen Republikanern ins Land. Die Situation für Flüchtlinge aus dem Deutschen Reich war auf Grund zahlreicher Restriktionen der französischen Regierung problematisch. Aufenthaltsgenehmigungen zu erhalten war ein schwieriger Prozess, auch für Marek, der hierzu festhielt:

Paris, Emigration, unter Pariser Emigranten. Nach kurzem Aufenthalt mit dem falschen Paß legalisierte ich mich, bekam zunächst kurz befristeten Aufenthalt, dann Refus de séjour[21]*, schließlich Refoulement*[22]*, den ich alle 8 Tage bangend verlän-*

gern mußte. Vor 8 Uhr am Tor der Préfecture wartend, ging es im rasenden Galopp in einen letzten Start, wo das lange Warten begann. Immer wieder mußte man sich vor der Polizei verstecken, dann wieder 8 Tage Aufenthalt – so ging es bis zur Internierung.[23]

Nach Kriegsausbruch im September 1939 ging Frankreich dazu über, alle Angehörigen des Deutschen Reiches zu internieren. Alle betroffenen Männer hatten sich bei den zuständigen Behörden zu melden. Marek hatte sich im Fußballstadion von Colombes, einer Stadt rund zehn Kilometer vor Paris, einzufinden. Nach mehreren Tagen Aufenthalt in dem Sammellager wurde er in das Lager Meslay du Maine im Departement Mayenne im Nordwesten Frankreichs gebracht. Das Lager war ein Provisorium und ausschließlich von Personen österreichischer oder deutscher Herkunft sowie Personen aus dem Saarland belegt. Ein Spezifikum der französischen Lager war, dass ausnahmslos alle Angehörigen des Deutschen Reiches interniert wurden. Aus diesem Grund trafen hier KommunistInnen, Jüdinnen und Juden und NationalsozialistInnen aufeinander.

Nach einem mehrmonatigen Aufenthalt im Lager folgte Mareks Eingliederung in eine „Prestataire"-Kompanie, einen halbmilitärischen Hilfsdienst. Seine Arbeitsgruppe wurde der britischen Armee für Befestigungsarbeiten zur Verfügung gestellt. Aus der Kompanie wurde er 1940, nach dem Rückzug der britischen Armee in den Monaten Mai und Juni, entlassen. Im Juni 1940 nahm die Wehrmacht Paris ein und das Deutsche Reich und Frankreich schlossen am 22. Juni 1940 ein Waffenstillstandsabkommen, in dem die Aufteilung des Landes in unbesetzte und besetzte Gebiete festgelegt wurde. Marek ging in das zu diesem Zeitpunkt noch unbesetzte, unter der Kontrolle des Vichy-Regimes stehende Südfrankreich. „Es begann richtiges Emigrantenleben, Essen in Ausspeisungen, Wohnung in einem verwanzten chambre meublée, moroser Haushalt und morose Emigration"[24], schrieb Marek im Rückblick. Umso glücklicher war er, als er Anfang 1942 wieder die Möglichkeit hatte, sich in Paris aktiv am Widerstandskampf zu beteiligen.

Diese Rückkehr zur illegalen Arbeit – noch dazu unter Bedingungen, denen gegenüber die Illegalität in Österreich als ein Kinderspiel erscheinen mußte – verschaffte mir wieder, ja im gesteigerten Maß, jenes Glücksgefühl, das mich schon in Österreich erfaßt hatte: Jeder Tag schien mir ein gewonnener Tag, als ein geglückter Dienst, der mich immer mehr und jeden Tag überzeugender sagen ließ: Auch wenn es heute aus ist, ist mein Pensum bereits zufriedenstellend, meine Arbeit bereits sinnvoll gewesen.[25]

Ins Exil nach Übersee zu gehen, stellte für ihn keine Option dar. Seine Autobiographie bezeugt vielmehr Unverständnis gegenüber jenen Funktionären, die ins Exil gingen, um sich dort „aufzuheben". „Wofür? Wozu leben sie eigentlich, fragte ich mich. Und was ist das für eine internationale Solidarität, die die Franzosen alleine bluten läßt?"[26], fragte sich Marek in seinen Erinnerungen. Angemerkt muss hier werden, dass, hinsichtlich der Frage, wer sich z.B. nach England in Sicherheit begeben sollte, Parteibeschlüsse gefällt wurden. Ob sich Franz Marek zum damaligen Zeitpunkt einem Parteibeschluss widersetzt hätte, bleibt dahingestellt.

In der französischen Résistance arbeitete Marek im Auftrag des Parti communiste français (PCF) im Bereich des *Travail Allemand* (TA). Der PCF betrachtete es als zielführend, antifaschistische Aufklärung auch unter den deutschsprachigen Soldaten durchzuführen. Aus diesem Grund richtete sie innerhalb der französischen Résistance einen Sektor für die Arbeit deutschsprachiger KommunistInnen ein. Ziel der TA war es, durch mündliche und schriftliche Agitation der Kriegspropaganda des NS-Regimes entgegenzuwirken. Insbesondere deutsche und österreichische Soldaten sollten zum Umdenken bewegt werden. Marek gehörte der Führungsspitze der TA an. Neben ihm waren daran Otto Niebergall für die Kommunistische Partei Deutschlands (KPD) und Arthur London für die Komunistická strana Československa (KSČ) beteiligt.

Nominell war Franz Marek erneut für den Bereich Agitation und Propaganda hauptverantwortlich. Damit gehörte die Herausgabe der deutschsprachigen Zeitung *Soldat im Westen* zu einer seiner Hauptaufgaben. Zwecks gezielter Gegenpropaganda trug sie den gleichen Namen wie die von der Wehrmacht hergestellte Zeitung und wurde vornehmlich an deutsche und österreichische Soldaten verteilt. Persönlich hatte sich Franz Marek zu diesem Zeitpunkt bereits ganz der kommunistischen Weltbewegung verschrieben und kämpfte in diesem Sinne gegen den Faschismus und für die Unabhängigkeit Österreichs. Wie viele andere WiderstandskämpferInnen der KPÖ, die der Herkunft nach jüdisch waren und deren Kindheit, wie auch jene Mareks, jüdisch geprägt war, verstanden sie sich nun weder im nationalen noch im religiösen Sinn als Jüdin oder Jude.

Durch die Darstellung seiner Zeit im französischen Widerstand lässt sich nachvollziehbar die Motivation eines überzeugten Kommunisten, im Widerstand tätig zu sein, erkennen. Er war ein Berufsrevolutionär, der sich dem Widerstandskampf mit ganzem Elan verschrieben hatte und er kämpfte in der vollen Überzeugung, der „richtigen Sache", dem Kommunismus, zu dienen. Der Kampf sollte sein weiters Leben prägen. „Heute scheint es mir gewiß, daß mein ganzer Habitus, mein ganzer Lebensstil, weitgehend durch die Tatsache geprägt worden ist, daß die Jahre der Illegalität die glücklichste Zeit meines Lebens waren."[27] In jener Phase seines Lebens war er im Sinne der kommunistischen Ideologie überzeugt, einen absolut notwendigen Beitrag zur Veränderung der Welt, hin zum Besseren, zu leisten. Auch Jahre später unterstrich er den Nutzen des Kampfes: „Noch immer bin ich der Ansicht, daß wenn der unmittelbare ‚Nutzen' nicht immer sehr groß, auch kaum wägbar war – es war immerhin ein kleiner Sektor eines großen Kampfes, der den deutschen SD beschäftigte [...]".[28]

Angesichts größerer Verhaftungswellen, denen Franz Marek selbst nur knapp entgangen war, schränkte er ab November 1943 seine Tätigkeiten im Widerstand immer mehr ein. Im August 1944 kam es dennoch zu seiner Verhaftung. Vorausgegangen waren Ermittlungen der Gestapoleitstelle in Wien. Dieser war seit Mai 1943 bekannt, dass KPÖ-Funktionäre, getarnt als französische FremdarbeiterInnen, in Österreich aktiv waren.[29] Seit Anfang 1943 kehrten KPÖ-Funktionäre nach Österreich zurück und versuchten dort, die durch Verhaftungswellen der Gestapo zerschlagenen Parteistrukturen wiederaufzubauen. Franz Marek wurde im Militärgefängnis Fresnes bei Paris inhaftiert. Das über ihn verhängte Todesurteil wurde auf Grund der nahenden Befreiung von Paris und des überstürzten Rückzugs des NS-Personals nicht mehr vollzogen.

Für Marek war der Widerstandskampf nun vorbei, er war wider Erwarten am Leben, aber zurück in der ihm verhassten Emigration. „Und dann begann auch bald der Alltag – wieder Emigrant. Problem einer Wohnung, notwendige Legalisierung [...] wieder nur beschränkter Aufenthalt, damals drei Monate – soll die Vorkriegszeit wieder beginnen? Die Frage stellte ich mir, wenn ich darüber nachdachte, ob ich in Frankreich bleiben oder wieder nach Österreich zurückkehren sollte."[30] Marek dachte fast ein Jahr über diese Frage nach, bis ihm schließlich die Partei die Entscheidung abnahm. Der Parteiauftrag lautete, nach Österreich zurückgehen und dort den Sozialismus aufzubauen.[31] Und so kehrte Marek im Mai 1945 nach Wien zurück. Der damals noch glühende Stalinist und Berufsrevolutionär Franz Marek wurde nun Parteifunktionär der KPÖ.[32]

Dieser kurze Abriss seiner Lebensjahre bis zum Kriegsende 1945 verdeutlicht bereits, dass Mareks autobiographischer Text ein eindrucksvoller Zeitzeugenbericht eines Menschen ist, der zahlreiche Umbrüche des 20. Jahrhunderts miterlebt und auch mitgestaltet hat. Seine Erinnerungen enden jedoch nicht 1945, sondern haben auch Mareks Zeit als Funktionär der KPÖ und später auch Kritiker derselben zum Inhalt. Dabei lässt sich Markes Wandlungsprozess vom „gläubigen Stalinisten" zum späteren Reformkommunisten nachvollziehen.

Während seiner Zeit im Widerstand bewunderte er Stalin als unfehlbaren Führer der siegreichen kommunistischen Bewegung. Damit war Marek nicht alleine. Die Sowjetunion kämpfte auf Seiten der Alliierten gegen das Deutsche Reich und die Verbrechen des nationalsozialistischen Regimes waren gegenwärtig. Sich die Verbrechen des stalinistischen Regimes einzugestehen, brauchte Zeit und macht seine Erinnerungen nach 1945 ebenfalls zu einem spannenden Zeitdokument.

In einer Zeit, in der die Diskussion um das „Verschwinden" der ZeitzeugInnen immer präsenter wird, ermöglichen autobiographische Texte das Bewahren persönlicher Eindrücke aus der NS-Zeit und machen für die jüngeren Generationen die persönlichen Schicksale, Eindrücke und Motive sichtbarer. Die Lebenserinnerungen Franz Mareks sind hierfür ein beeindruckendes Beispiel.

Anmerkungen

1 Unterstützt durch Fördergelder des Jubiläumsfonds der Österreichischen Nationalbank (Projekt Nr. 17492 „Franz Marek: Vom Widerstandskämpfer über den Apparatschik zum europäischen Reformkommunisten").
2 Maximilian Graf, Sarah Knoll (Hg.): Franz Marek. Beruf und Berufung Kommunist. Lebenserinnerungen und Schlüsseltexte. Wien: Mandelbaum, 2017.
3 Wiener Tagebuch (1979) 9 (September), S. 16–19. Wiener Tagebuch (1979) 11 (November), S. 22–25. Wiener Tagebuch (1980) 1 (Januar), S. 25–28. Die im „Wiener Tagebuch" veröffentlichten Passagen zur Jugendzeit finden sich auch in Ruth Beckermann (Hg.): Die Mazzesinsel. Juden in der Wiener Leopoldstadt 1918–1938. Wien: Löcker, 4. Auflage, 1992, S. 100–109.
4 Vgl. hierzu Dokument 99. In: Dokumentationsarchiv des Österreichischen Widerstandes (Hg.): Österreicher im Exil – Frankreich 1938–1945. Eine Dokumentation. Wien, München: Österreichischer Bundesverlag, 1984, S. 181–183.
5 Eric Hobsbawm: My hero Franz Marek. In: The Guardian, 12. Dezember 2009. Ders.: Interesting Times. A Twentieth Century Life. New York, London: Pantheon Books, 2002, S. 141–143.

6 Michael Graber: Franz Marek (1913–1979). In: Alfred Klahr Gesellschaft. Mitteilungen 20 (2013) 2 (Juni), S. 21.
7 Barbara Coudenhove-Kalergi: Zuhause ist überall. Erinnerungen. Wien: Zsolnay, 2013, S. 172–190. Das Kapitel trägt die Überschrift „Die Liebe meines Lebens" und bietet vor allem Einblicke in die Lebenswelten der Wiener ReformkommunistInnen und die internationale Vernetzung Franz Mareks.
8 Maximilian Graf, Sarah Knoll, Ina Markova, Karlo Ruzicic-Kessler: Franz Marek. Ein europäischer Marxist. Die Biografie. Wien, Berlin: Mandelbaum, 2019.
9 Hobsbawm: Interesting Times, S. 143; Coudenhove-Kalergi: Zuhause ist überall, S. 174.
10 Dokumentationsarchiv des Österreichischen Widerstandes (DÖW), Nachlass Marek, Mappe 20.226/1/1, 20.226/1/2, 20.226/1/3, 20.226/1/4, 20.226/1/5, 20.226/1/6, 20.226/1/7, 20.226/1/8, 20.226/1/9, 20.226/1/10, 20.226/2.
11 Beispielhaft werden an dieser Stelle genannt: das Zentrale Parteiarchiv der KPÖ (ZPA der KPÖ), das DÖW, das Archiv der Österreichischen Gesellschaft für Zeitgeschichte, die Fondazione Instituto Gramsci, das Archivio del Partito Comunista Italiano oder die Archives du Parti communiste Français (Paris).
12 U.a. Peter Weinberger: Örtliche Gleichgültigkeit. Weißenkirchen in der Wachau: Österr. Literaturforum, 2014, S. 116–117.
13 Ernst Fischer: Das Ende einer Illusion. Erinnerungen 1945–1955. Wien, München, Zürich: Molden, 1973, S. 163–167. Leopold Spira: Das Jahrhundert der Widersprüche. Eine Wiener-jüdische Familienchronik. Mit einer Nachbemerkung von Elizabeth T. Spira. Wien, Köln, Weimar: Böhlau, 1996, S. 127–133. Ders.: Kommunismus adieu. Eine ideologische Biographie. Wien: Europaverlag, 1992. Theodor Prager: Bekenntnisse eines Revisionisten. Mit einem Nachwort von Georg Eisler. Wien: Europaverlag, 1975.
14 Franz Marek: Begründung für eine Begrüßung. In: Weg und Ziel 25 (1968) 9 (September), S. 401–402. Abgedruckt in: Graf, Knoll (Hg.): Marek. Beruf und Berufung, S. 323–324 (Schlüsseltext Nr. 10).
15 Verzeichnete Erschütterung. Autobiographie und Exil. In: Exilograph 24, Frühjahr 2016, S. 1–3, hier S. 1.
16 Aleida Assmann: Wie wahr ist Erinnerung? In: Harald Welzer (Hg.): Das soziale Gedächtnis. Geschichte, Erinnerung, Tradierung. Hamburg: Hamburger Edition, 2001, S. 103–122.
17 Anja Tippner, Christopher F. Lafer: Einleitung. In: Dies. (Hg.): Texte zur Theorie der Biographie und Autobiographie. Stuttgart: Reclam, 2017, S. 9.

18 Eric Hobsbawm: Franz Marek. In: Wiener Tagebuch (1979) 9 (September), S. 5–6, hier S. 6.
19 Siehe weiterführend zur Situation an der Universität Wien Werner Hanak-Lettner (Hg.): Die Universität. Eine Kampfzone. Wien: Picus-Verlag, 2015.
20 Franz Marek: Erinnerungen. In: Graf, Knoll (Hg.): Marek. Beruf und Berufung, S. 138–139.- Marek bezieht sich dabei auf rumänische KommunistInnen, deren Partei schon seit 1924 verboten war.
21 „Refus de séjour" bedeutet Aufenthaltsverweigerung.
22 „Refoulement" bedeutet vorläufige Ausweisung.
23 Marek: Erinnerungen, S. 147.
24 Marek, ebd., S. 150.
25 Marek, ebd., S. 151.
26 Marek, ebd., S. 152.
27 Marek, ebd., S. 151.
28 Marek, ebd., S. 157.
29 Zur Tätigkeit der Gestapo-Leitstelle Wien in Frankreich siehe weiterführend Brigitte Bailer: Tatort Frankreich. Widerstand von ÖsterreicherInnen und ein „Experte" der Gestapoleitstelle Wien. In: Lucile Dreidemy u.a. (Hg.): Bananen, Cola, Zeitgeschichte. Oliver Rathkolb und das lange 20. Jahrhundert. Wien, Köln, Weimar: Böhlau, 2015, S. 397–406.
30 Marek: Erinnerungen, S. 164.
31 Vgl. hierzu auch Coudenhove-Kalergi, Zuhause ist überall, S. 176.
32 Siehe weiterführend zu Franz Mareks Biographie Graf, Knoll, Markova, Kessler: Franz Marek.

Françoise Kreissler
Als das kurze Leben des Henri Lebrun in der Biographie von Felix Kreissler (1917–2004) abhanden kam

Im Laufe seiner akademischen Karriere an der Universität Rouen verfasste Felix Kreissler zahlreiche Publikationen, die sich thematisch schwerpunktmäßig mit der österreichischen Nation, der Geschichte der Ersten Republik Österreich, dem österreichischen Widerstand auseinandersetzen, und alle eine stark autobiographische Komponente aufweisen. Dennoch können diese zum Teil Ego-Texte die von Kreissler nie geschriebene Autobiographie nicht ersetzen. Auch wenn Kreissler in seinen letzten Lebensjahren, nachdem er über 50 Jahre geschwiegen hatte, die für seine Vita wahrscheinlich prägendsten Jahre (Exiljahre, Lager- bzw. Gefängniserfahrung in Frankreich, Widerstand bzw. *Résistance*, KZ-Erfahrung) zwar mehrmals erwähnte und in einigen kurzen Texten offenlegte[1], so blieben doch viele Leerstellen ungeklärt, und zwar insbesondere die fast zwei Jahre (Herbst 1943-Sommer 1945), die er unter der Identität des Henri Lebrun lebte und überleben konnte.

In folgendem Beitrag, basierend auf bisher unerforschten Quellen, wird versucht, eine – wenn auch noch unvollständige – Chronik des Henri Lebrun zu rekonstruieren.

Der gaullistische Widerstandskämpfer Henri Lebrun (Herbst 1943–März 1944)

Als Vichy-Frankreich (Frankreichs unbesetzte Südzone[2]) von der Wehrmacht im November 1942 besetzt wurde, entstand in Lyon eine *TA*-Widerstandsgruppe[3] unter Leitung von Oskar Grossmann (1903–1944)[4] und Paul Kessler (1899–1987)[5], der sich Felix Kreissler Ende 1942 anschloss. Kurz darauf bekam er von der KPÖ und der *TA*-Leitung den Auftrag die *TA*-Arbeit in Nîmes auszubauen, doch die Verhaftung von Paul Jellinek (1910–1985) im

April 1943 in Nîmes, dessen *TA*-Verbindungsmann er war, veranlasste ihn, sich wieder nach Lyon abzusetzen, bevor er von der *TA*-Leitung Mitte Juni 1943 nach Grenoble, in die italienisch besetzte Zone, beordert wurde und für mehrere Monate aus der *TA*-Arbeit ausschied.[6]

Nachdem Kreissler in Grenoble durch Zufall französische Kameraden aus Toulouse getroffen hatte, die ihn zur aktiven Mitarbeit in der gaullistischen Widerstandsbewegung *MRPGD* (*Mouvement de Résistance des Prisonniers de Guerre et des Déportés*[7]) aufforderten, wurde er mit Genehmigung der KPÖ-Leitung in Frankreich im Spätherbst 1943 Mitarbeiter der *MRPGD*[8]. Nach der Besetzung von Grenoble und der gesamten italienischen Zone durch die Wehrmacht im Herbst 1943 kehrte Kreissler nach Lyon zurück und betätigte sich sowohl in der *MRPGD* als auch an der *TA*-Arbeit. Es ist anzunehmen, dass er die Identität des Henri Lebrun seit Spätherbst 1943 trug, als er sich der *MRPGD* anschloss[9], nachdem er Michel Cailliau (1913–2000), den Verantwortlichen der gaullistischen Widerstandsorganisation, in Lyon getroffen hatte[10]. Anhand von zeitgenössischen Dokumenten aus dem Familienarchiv Kreissler und von einigen Briefen, Dokumenten und Publikationen aus der Nachkriegszeit kann die Widerstandstätigkeit des Henri Lebrun im Rahmen der *MRPGD* in den Monaten zwischen Ende 1943 und dem 31. März 1944, dem Tag seiner Verhaftung, teilweise rekonstruiert werden.

Einer der Hauptverantwortlichen der *MRPGD* in Vichy-Frankreich war Edgar Morin (geb. 1921), der insbesondere in der Region von Toulouse tätig war, aber auch in Lyon und Grenoble, bevor er Ende 1943 nach Paris beordert wurde. Laut Edgar Morin hatte er für Kreissler, den er bereits aus Toulouse kannte, den Kontakt zur *MRPGD* hergestellt. Über Felix Kreissler, der Morin mit seinem *TA*-Verantwortlichen in Verbindung setzte (vermutlich Oskar Grossmann), konnte dieser der isolierten und mittellosen KPÖ einige Dienste erweisen, indem er der „österreichischen kommunistischen Gruppe, die den *Soldat am Mittelmeer* für die Wehrmachtssoldaten herausgab"[11], finanzielle Unterstützung und falsche Identitätspapiere zukommen ließ. Wie andere eingebaute KommunistInnen nutzte Lebrun den gut strukturierten Organisationsapparat der *MRPGD* für seine Tätigkeit in seiner kommunistischen Widerstandsgruppe, und konnte somit die *TA*-Arbeit ausbauen.

Kurz nachdem Kreissler-Lebrun und seine Lebensgefährtin Denise Dordor (1920–2009) in die *MRPGD* integriert wurden, bekamen sie von ihren gaullistischen Verantwortlichen den Auftrag, in Marseille die *Front intérieur allemand* (*F.I.A.*) der *MRPGD* auszubauen, die im wesentlichen antinationalsozialistische, Vichy-feindliche und pro-gaullistische Propaganda betrieb.[12] Als regelmäßige Widerstandskämpfer der *MRPGD* wurden Henri Lebrun und Denise Dordor von der gaullistischen Gruppe finanziert.

Nachdem Lebrun bereits einige Erfahrung in Bezug auf Propagandaarbeit besaß, stieg er relativ schnell im *F.I.A.*-Apparat auf und wurde bald zu einem ihrer Verantwortlichen, bevor er Anfang 1944, kurz vor seiner Verhaftung, die Verantwortung der *F.I.A.* für die gesamte Südzone übernahm.[13] Die Propagandaarbeit innerhalb der gaullistischen Organisation richtete sich nicht nur gegen die deutschen Besatzer in Frankreich, sondern bestand auch darin, pro-gaullistische Propagandaschriften in die Kriegsgefangenenlager zu verschicken, wo sich noch über eine Million französische Gefangene befanden. Mit Genehmigung seiner französischen Vorgesetzten in der *MRPGD* nutzte Lebrun auch die Möglichkeit, *TA*-Flugschriften in deutscher und französischer Sprache mitzuschicken.[14] Die Verantwortlichen beider Widerstandsgruppen waren natürlich über seine doppelte Tätigkeit informiert. Die Monate, während derer Lebrun in der *Front intérieur allemand* der gaullistischen Bewegung aktiv war, wobei er gleichzeitig der *TA*-Arbeit nachging, waren mit zahlreichen Reisen in die südfranzösischen Städte verbunden, mit dem Aufbau neuer *TA*-Stützpunkte und mit intensiver Propagandaarbeit. Diese Widerstandstätigkeit endete am 31. März 1944 mit der Verhaftung von Lebrun in Lyon, kurz nach seiner Rückkehr aus Paris, wo er als einer der Verantwortlichen der Südzone an einer *MRPGD*-Sitzung teilgenommen hatte.

Henri Lebruns Verhaftung in Lyon und Deportation nach Buchenwald (31. März 1944–12. Mai 1944)

Als Henri Lebrun, den die Widerstandskämpfer seiner Gruppe meist nur unter dem Pseudonym „Jacques" kannten, wurde Lebrun zusammen mit seiner Lebensgefährtin Denise Dordor am 31. März 1944 am Place Morand[15] in Lyon verhaftet. Die Milizionäre[16] kannten bereits sein Pseudonym „Jacques", das ein am selben Tag verhafteter junger gaullistischer Widerstandskämpfer preisgegeben hatte. Dass sich „Jacques" als Henri Lebrun ausweisen konnte, änderte nichts an der Lage, denn die Milizionäre, die sich als *police allemande* (deutsche Polizei) ausgaben, waren bereits durch den verhafteten Widerstandskämpfer informiert, dass sie es mit einem Verantwortlichen der gaullistischen Widerstandsgruppe zu tun hatten. Henri Lebrun wurde zusammen mit Denise Dordor in die Militärsanitätsschule der Avenue Berthelot[17] überführt, in die sich seit Anfang 1943 die Gestapo einquartiert hatte, und dort mehreren Verhören unterzogen.[18] Trotz grausamster Folter gab Lebrun weder seine wahre Identität preis, noch Namen oder Adressen seiner Kameraden aus der gaullistischen Widerstandsbewegung.

Hier muss ein weiterer ausschlaggebender Faktor angeführt werden, der bisher in allen biographischen Texten zu Kreissler unberücksichtigt blieb und dazu führte, dass seine Identität von der Gestapo-Lyon nicht aufgedeckt wurde. Seine Lebensgefährtin Denise Dordor, die Lebrun bereits mehrere Jahre vor ihrer Verhaftung als Felix Kreissler kennenlernte, gab bei ihrem Verhör durch die Gestapo die wahre Identität des Henri Lebrun nicht preis.

Nach den Verhören und Folterungen durch die Miliz und die Gestapo in der Militärsanitätsschule wird Lebrun in das Gefängnis von Montluc in Lyon überstellt und Ende April 1944 von dort in das Polizeihaftlager Royallieu bei Compiègne (Frontstalag 122)[19] transportiert, wo man Henri Lebrun als Häftling Nr. 34103 registrierte, was der Legalisierung seiner falschen Identität gleichkam.

Am 12. Mai 1944 wird Lebrun im Rahmen der „Aktion Meerschaum"[20] von Compiègne in das Konzentrationslager Buchenwald deportiert, zusammen mit über 2000 anderen männlichen Gefangenen, unter denen sich einige wenige Nichtfranzosen befinden[21]. Wieviele von den Häftlingen wie Henri Lebrun unter einer falschen Identität deportiert wurden bleibt schwer einzuschätzen, mit Sicherheit war Lebrun jedoch keine Ausnahme. Im Transport vom 12. Mai aus Compiègne, der zu über 98 Prozent aus Franzosen zusammengesetzt ist, befinden sich einige Widerstandskämpfer, die mit Lebrun in der gaullistischen Gruppe in Lyon zusammengearbeitet hatten. Darüber hinaus werden in diesem Transport nicht nur engagierte Gaullisten, Sozialisten und Kommunisten deportiert, sondern auch eine Anzahl von Strafgefangenen, die von den Besatzungsmächten verhaftet worden waren, als Geiseln, Schwarzhändler, oder weil sie sich der Zwangsarbeit entzogen hatten.[22]

Die entwürdigenden Bedingungen unter denen die Reise ins Ungewisse verlief, wurden für alle Deportierten zum Schockerlebnis.[23] Trotz alledem kam es wie in allen anderen Transporten aus Compiègne zu Fluchtversuchen bevor der Deportationszug die französische Grenze passierte. Laut Guy Ducoloné (1920–2008) – bis zu seiner Verhaftung einer der Verantwortlichen der kommunistischen Jugendorganisation in Paris – war im Transport vom 12. Mai 1944 von den Kommunisten ein kollektiver Fluchtversuch vereinbart und geplant worden, der schließlich dann doch misslang; nur einigen wenigen gelang die Flucht während dieses Transports.[24]

Als der Zug am Abend des 14. Mai in Buchenwald eintrifft, werden die Häftlinge mit größter Brutalität von der SS aus den Viehwaggons ins Lager getrieben.[25] Nachdem sich die über 2000 „Neuzugänge", wie es in der NS-Sprache hieß, dem KZ-Aufnahmeprozess (Entkleidung, Desinfektion, usw.) unterzogen hatten, wurden sie zunächst im sogenannten „Zeltlager" innerhalb des „Kleinen Lagers" untergebracht, dessen Quarantäne-Baracken seit Frühjahr 1944 wegen der zahlreichen eingetroffenen Transporte überbesetzt waren.[26]

Für die französische Häftlingsgemeinschaft in Buchenwald tritt ein Ereignis von entscheidender Bedeutung ein: am Morgen desselben 14. Mai 1944 war bereits ein Transport aus Auschwitz eingetroffen, in dem sich ungefähr 1600 zur großen Mehrheit nicht-jüdische Deportierte aus Frankreich befanden, die am 27. April von Compiègne nach Auschwitz deportiert worden waren, unter ihnen eine nicht geringe Anzahl von langjährigen Widerstandskämpfern aller politischen Orientierungen. Somit treffen am 14. Mai insgesamt über 3500 französische Häftlinge ein, darunter etwa 500 Kommunisten[27], die ab Juni 1944 eine effiziente Organisation der französischen Häftlingsgemeinschaft aufbauen.[28]

Henri Lebrun in Buchenwald (14.Mai 1944–Ende April 1945)

Nachdem Lebrun sich wie alle seine Mithäftlinge den ersten Aufnahmeprozeduren unterzogen hatte, galt es, sich einige Tage später den Fragen der KZ-Bürokratie zu stellen, deren Unterlagen uns die ausführlichsten biographischen Angaben zu Lebruns Identität liefern, da die Buchenwald-Unterlagen größtenteils erhalten geblieben sind.[29] Henri Lebrun wird als französischer politischer Häftling Nr. 51410 registriert, geboren am 1. August 1917 – dies ist eine der wenigen Angaben, die in Lebruns Lebenslauf mit der Identität des Felix Kreissler übereinstimmen –, in Brétignolles, einer Kleinstadt an der französischen Westküste. Als „zuletzt ausgeübter Beruf" gibt Henri Lebrun „Sprachenlehrer" an, doch als „erlernten Beruf" „Professor". Lebrun projeziert sich bereits in eine noch sehr ungewisse Zukunft. Aus den verschiedenen

Karteikarten, welche die Buchenwald-Bürokratie auf den Namen Henri Lebrun ausstellt, kann man entnehmen, dass er ledig und kinderlos ist. Und in der Rubrik „Religion" scheint „röm.-katholisch" auf. Die KZ-Verwaltung hält auch noch seinen letzten Wohnsitz in Lyon fest.

Für Lebrun ist es natürlich ausgeschlossen, dass er in die Rubrik „Adresse der Angehörigen" die Namen und Anschrift seiner aus Wien vertriebenen Familienangehörigen eintragen lässt. Der Funktionshäftling in der Schreibstube notiert also: „keine Angehörigen" und fügt als Adresse hinzu, jene der „Mutter der Gelobten", also Lebruns zukünftiger Schwiegermutter in Frankreich, welche er damals noch nicht kannte, außer natürlich aus den zahlreichen Erzählungen und Beschreibungen von Denise. Somit war die Identität von Henri Lebrun für die Dauer der Haftzeit festgelegt, mit einem plausiblen sozialen Status und einem, wenn auch nur spärlichen, Familiennetzwerk. Der Österreicher bzw. *ex-Autrichien*[30] Felix Kreissler, Kommunist, Jude, Widerstandskämpfer der *TA*, war zum Franzosen Henri Lebrun, Gaullist, Katholik, Widerstandskämpfer der *MRPGD* geworden. Diese Identität galt es nun für die Dauer der KZ-Haft zu wahren.

Über die Haftzeit selbst bleiben die Informationen kontextbedingt äußerst dürftig. Auf einer von der SS-Verwaltung am 2. Juni 1944 aufgestellten „Namensliste der im Zeltlager untergebrachten 2052 Neuzugänge" scheint auch der „Schutzhäftling LEBRUN, Henri" auf. Einige Tage später wird er gemeinsam mit vielen anderen französischen Häftlingen seines Transports in Block 57 im „Kleinen Lager" untergebracht. Einen Monat später, Mitte Juli 1944, verlässt Lebrun endgültig das berüchtigte „Kleine Lager" und wird in einen Steinblock des sogenannten „Großen Lagers" eingewiesen. Somit ist Lebrun fürs Erste der Zuteilung in eines der gefürchteten Außenkommandos von Buchenwald entgangen. Nach seiner Überweisung ins „Große Lager" scheint Lebrun Kontakt zu österreichischen kommunistischen Häftlingen gesucht zu haben[31], gleichzeitig nutzt er aber auch die Möglichkeit, mit der Außenwelt wieder Kontakt aufzunehmen, denn sobald die Häftlinge ins „Große Lager" überstellt wurden, unterlagen sie der allgemeinen „KZ-Lagerordnung", die u.a. festlegte, dass „jeder Häftling [...] im Monat 2 Briefe oder 2 Postkarten empfangen und auch absenden [darf]".

Bereits im Juli 1944 – zwei Monate nach seiner Inhaftierung in Buchenwald – wird Lebrun diese Möglichkeit wahrnehmen, um einen ersten Brief nach Frankreich, an seine zukünftige, ihm persönlich noch unbekannte Schwiegermutter zu schreiben. Der Brief, so verlangt es die Lagerordnung, muss in deutscher Sprache verfasst werden, was für Lebrun als Sprachenlehrer, der die „Lagersprache" beherrschte, keine Schwierigkeit darstellte, denn laut Häftlingskartei verfügte er auch über Deutschkenntnisse. In seinem Schreiben stellt er sich nur kurz vor, da er annimmt, dass Denise ihrer Mutter sicher von ihm erzählt hatte, und er bittet dringendst um Nachricht und wenn möglich um die Adresse von Denise, von der er wusste, dass sie ebenfalls deportiert worden war. Lebruns erster Brief sowie der zweite Brief, den er wenige Wochen später nach Frankreich abschickt, bleiben beide unbeantwortet.

Und Lebrun wird bis zur Befreiung von Buchenwald keine weiteren Briefe an seine zukünftige Schwiegermutter schicken, denn schon im Herbst 1944 kommt es zum Abbruch des Postverkehrs zwischen dem Deutschen Reich und dem großteils befreiten Frankreich. Doch in der Zwischenzeit hatte ihn im Sommer 1944 ein Brief von seiner Lebensgefährtin Denise erreicht, die Mitte Mai 1944 nach Ravensbrück deportiert worden war. Mit Hilfe einiger französischer KZ-Kameradinnen, deren Ehemänner ebenfalls in Buchenwald inhaftiert waren, und nach mehreren misslungenen Versuchen, hatte Denise die Häftlingsnummer von Lebrun in Buchenwald eruieren können. Ab Spätsommer 1944 ist der Kontakt zwischen Henri Lebrun und Denise Dordor hergestellt, sie werden einander nun monatlich schreiben, bis im März 1945 der Kontakt aufgrund der Kriegsvorgänge wieder abbricht.

Wie alle Häftlinge ist Lebrun den Gewalttaten der SS, mancher Kapos usw. ausgeliefert, aber auch seine illegale Identität birgt Gefahren in sich, denn Lebrun wird im KZ Österreichern begegnen, die ihn als Felix Kreissler aus Wien kannten, aber auch französischen Kommunisten, die ihn noch in den Vorkriegsjahren (1937–1939) als Felix Kreissler kennengelernt hatten, sowie Franzosen aus der *Résistance*, für die Henri Lebrun (oder Jacques) als Gaullist verhaftet worden war. Einer drohenden Gefahr sieht sich Lebrun im Sommer 1944 ausgesetzt, als in der zweiten Augusthälfte einer der letzten Transporte aus Frankreich eintrifft. Der Transport vom 15. August 1944, der zehn Tage vor der Befreiung von Paris abfährt, trifft am 20. August in Buchenwald ein, mit über 1600 Häftlingen, darunter einige Österreicher, die an der *TA*-Arbeit in Frankreich teilgenommen hatten. Lebrun begegnet ihnen im Lager, doch hat er bei ihrer Ankunft keine Kenntnis davon, dass zwei von ihnen beim Verhör durch die Gestapo Geständnisse abgelegt hatten, die zur Verhaftung mehrerer österreichischer *TA*-Widerstandskämpfer in Frankreich und Österreich führten. Noch fast fünfzig Jahre später bleibt dieses Ereignis in Felix Kreisslers Gedächtnis sehr präsent:

Und da kommt eines Tages einer, den ich gekannt habe, ein Verantwortlicher der TA-Arbeit, nach Buchenwald, sieht mich und spricht mich mit meinem Namen an, bringt mich also ungeheuer in Gefahr, weil man hat ja auch in Buchenwald nicht gewusst, wer da alles zuhört. „Felix!" hat er gesagt, „ich hab gespien!"[...] Das war das Erste, das er mir gesagt hat, nur hat er mich damit in eine furchtbare Gefahr gebracht. [...] Und zur gleichen Zeit wie er ist ein anderer gekommen, der auch gespien hat und der nichts davon gesagt hat. [...] Das hat man erst nachher erfahren.[32]

Mehrere Quellen deuten darauf hin, dass es sich bei dem Verantwortlichen der *TA*-Arbeit um Leopold Hagmüller (1894–1974) handelt, den Henri Lebrun – damals noch Felix Kreissler – bereits aus dem Lager Meslay-du-Maine kannte, wo sie zusammen mit über tausend anderen Österreichern ab Mitte September 1939 inhaftiert waren.[33] Nachdem seine von der Gestapo in Paris schwer misshandelte Lebensgefährtin Paula Draxler (1902–1944) die Adresse von Hagmüller in Lyon angegeben hatte, konnte die Gestapo auch ihn verhaften. Bei Hagmüller fand sie eine von ihm aufgestellte Liste aller ihm bekannten österreichischen Widerstandskämpfer mit deren vollem Namen und Decknamen. Diese Missachtung aller Regeln der Illegalität führte zu mehreren Verhaftungen in Wien, Lyon und Paris.[34]

Welchen Arbeitskommandos Lebrun im Laufe der Monate zugeteilt wurde, bleibt zum Teil eine offene Frage. Feststeht, dass er Büroarbeit im Kommando der „Arbeitsstatistik", sowie in der DAW (Deutsche Ausrüstungswerke) geleistet hat.[35]

Ende Dezember 1944 beginnt Lebrun in Buchenwald Tagebuch zu führen. Der erste Eintrag ist mit Weihnachten 1944 datiert und es entsteht in den folgenden Monaten ein langer Brief an Denise, dem Lebrun alles anvertraut, was er in den Briefen an sie nicht schreiben kann. Der stille Dialog mit seiner Lebensgefährtin enthält zahlreiche Erinnerungen an die gemeinsamen Erlebnisse und liest sich wie eine Reise in die Vergangenheit, wobei Lebrun jede Anspielung auf die gemeinsame Widerstandstätigkeit meidet, keine Namen und nur wenige Vornamen erwähnt. Die österreichische Vergangenheit und die Wiener Familie bleiben natürlich unerwähnt. Hingegen erinnert sich Lebrun insbesondere an die zahlreichen kleinen Restaurants, die er in Lyon gemeinsam mit Denise aufgesucht hatte, und die trotz der kärglichen Kriegsspeisen, von Buchenwald aus gesehen, fast wie gastronomische Lokale erscheinen.

Henri Lebrun ist sich dessen völlig bewusst, dass er immer wieder diese in den Restaurants von Lyon gemeinsam eingenommenen Mahlzeiten beschreibt, Beschreibungen, die ihm gleichzeitig dazu verhelfen, den täglichen Hunger zumindest zeitweise zu überwinden und manchmal sogar zu vergessen. Über Monate hindurch versetzt sich Lebrun in seinem Tagebuch in diese so glückliche Vergangenheit zurück, obwohl er auch ab und zu – und zwar nicht ohne Selbstironie – die Alltagsrealität von Buchenwald anspricht. Immer wieder zweifelt er an seiner Zukunft, verzweifelt daran, dass er es in seinem Leben noch zu nichts gebracht hat und hofft darauf, dass Denise ihm zur Seite stehen wird, um ein gemeinsames Leben aufzubauen. Das regelmäßige Tagebuchschreiben ermöglicht ihm in Gedanken den Ausbruch aus dem KZ, und lässt ihn auf ein Überleben hoffen. Bis zu seiner Abfahrt aus Buchenwald Ende April 1945 führt Lebrun Tagebuch.

Die Befreiung von Buchenwald und Henri Lebruns Rückkehr nach Frankreich (April–August 1945)

Im Jänner und Februar 1945 treffen in Buchenwald Transporte aus Auschwitz ein, mit Tausenden jüdischen Häftlingen, die im „Kleinen Lager" untergebracht werden. In seinem Tagebuch erwähnt Lebrun mehrmals die „Transporte aus dem Osten", das „Kleine Lager" bietet mit seinen Kranken, Toten und Halbtoten eine *vision apocalyptique*.[36] Mit einem dieser Transporte trifft auch Paul Jellinek ein, der bereits im April 1943 in Nîmes verhaftet worden war, die beiden *TA*-Widerstandskämpfer treffen sich in Buchenwald wieder.[37] Nach und nach kommen auch zahlreiche Transporte aus den Außenkommandos nach Buchenwald zurück. In den ersten drei Monaten des Jahres 1945 werden über 40000 neue Häftlinge in Buchenwald registriert.[38]

Mit Herannahen der US-Armee plant nun die SS-Lagerleitung die Evakuierung des KZs oder zumindest dessen Teilevakuierung. „Wir wußten, Evakuierung bedeutet für jeden zweiten Mann von uns den Tod", schreibt der deutsche Häftling Ernst Thape in seinem Tagebuch.[39]

Am 3. April 1945 findet in Buchenwald der letzte Appell durch die SS statt. Die Situation im Lager scheint außer Kontrolle zu geraten.

Heute (4. April 1945) sind wieder einige tausend Zugänge gekommen. Sie können nicht mehr desinfiziert werden. In jeden Block, in dem jetzt schon doppelt soviel Leute liegen als normalerweise untergebracht werden können, wurden nochmals über 25 Prozent des vorhandenen Bestandes zugefügt. In zwei Betten liegen oft fünf Menschen und zwar drei Schichten übereinander.[40]

Bis zur Befreiung von Buchenwald am 11. April 1945 gelingt es der SS-Lagerleitung mehrere Zehntausend Häftlinge zu evakuieren. Henri Lebrun kann der Evakuierung und dem Todesmarsch entgehen.

Während die überlebenden Deportierten in Buchenwald die Befreiung erwarten, versuchen im befreiten Frankreich die verschiedenen Widerstandsorganisationen bereits seit mehreren Monaten sich über ihre verhafteten und deportierten Kameraden zu informieren, meist über das Rote Kreuz. Auch die Österreichische Freiheitsfront (ÖFF) zieht Bilanz und in einer vermutlich Anfang 1945 publizierten Broschüre listet sie eine Anzahl von österreichischen Opfern der Gestapo in Frankreich auf, unter ihnen befindet sich auch „der Lehrer Felix Kreisler" (sic), der „in den Reihen des Mouvement National des Déportés et Prisonniers de Guerre" gefallen ist.[41] Es ist anzunehmen, dass diese Publikation der ÖFF in Frankreich auch nach England gelangte und dort von österreichischen Exilanten zur Kenntnis genommen wurde. Eine nach England emigrierte Schwester von Felix Kreissler erhält Anfang 1945 durch einen österreichischen Bekannten die Nachricht vom Tode ihres Bruders. Der österreichische Widerstandskämpfer Felix Kreissler galt somit für seine österreichischen Genossen und seine Wiener Familie als verschollen.

In Frankreich war die Mutter von Denise nicht untätig geblieben, obwohl sie auf Henri Lebruns Briefe nicht geantwortet hatte. Sobald Anfang September 1944 Besançon, die Stadt, in der die zukünftige Schwiegermutter von Lebrun lebte, befreit wurde, setzt sie alles daran, um Näheres über ihre Tochter und Henri Lebrun zu erfahren, denn die Briefe aus den KZs sagten natürlich nichts über die reale Situation der beiden Häftlinge aus. Und ab Anfang 1945 überstürzen sich die Informationen zu Lebrun, als das Büro der ÖFF in Lyon über eine Drittperson Nachricht erhält, dass die Mutter von Denise von ihrer Tochter und „Monsieur Lebrun" im August (1944) angeschrieben worden war. Die ÖFF in Lyon schreibt umgehend an die Mutter von Denise: „[…] da wir angenommen hatten, dass M. Lebrun von den Deutschen hingerichtet worden war, können Sie sich gut vorstellen, wie groß unsere Freude war, als wir erfuhren, dass er deportiert worden war und Ihnen im August 1944 ein Lebenszeichen gab."[42]

Die ÖFF verspricht alles zu unternehmen, um weitere Informationen über die beiden Häftlinge, sei es über das Rote Kreuz oder die gaullistische Widerstandsorganisation, einzuholen und ihnen Pakete zukommen zu lassen. Kurz darauf schaltet sich auch das Pariser Büro der ÖFF ein und telegraphiert Mitte März 1945 nach England an die jüngere Schwester von Kreissler: „Felix lebt, in einem Lager in Deutschland."[43] Auf das Telegramm folgt einige Tage später ein Brief, dem die ÖFF die „Abschrift der Briefe, die Felix und seine junge Frau an deren Mutter geschrieben haben"[44] beilegt. Das Pariser Büro der ÖFF bittet Kreisslers Schwester sich mit der Mutter von Denise in Verbindung zu setzen. Ohne Wissen von Henri Lebrun haben die beiden Familien miteinander Kontakt aufgenommen. Auch wenn die Nachrichten aus Buchenwald schon mehrere Monate zurückliegen, so erfährt die Wiener Familie nach und nach durch die Mutter von Denise Dordor Näheres über das Los von Lebrun.

Inzwischen wurde Buchenwald befreit und Lebrun wird sofort wieder politisch aktiv, nimmt an Versammlungen der Österreicher teil und notiert in sein Tagebuch, dass am 16. April die erste legale Parteisitzung stattgefunden hat.[45] Am 18. April schreibt Lebrun nochmals einen Brief – diesmal in französischer Sprache – an seine zukünftige Schwiegermutter, den er als Henri Lebrun unterzeichnet, natürlich Buchenwald als Adresse angibt, der er – wahrscheinlich mit einiger Genugtuung – „*Allemagne occupée*" (besetztes Deutschland) hinzufügt.[46]

Am 19. April 1945 wird am Appellplatz eine Gedenkfeier abgehalten für die über 50000 Häftlinge, die in Buchenwald seit 1937 ermordet wurden. Zusammen mit den österreichischen Kameraden geht der Franzose Henri Lebrun hinter der rot-weiß-roten Fahne zum Appellplatz. Für ihn stellt sich nun die Frage nach seiner Rückkehr nach Wien oder nach Frankreich. Am 21. April, nach tagelanger Überlegung, entschließt er sich zur Rückkehr nach Frankreich, denn bevor er sich wieder seiner „Pflicht" zuwendet, wie er es in seinem Tagebuch formuliert, d.h. seine politische Tätigkeit mit den kommunistischen Genossen in Wien aufnimmt, muss er alles daran setzen, um Denise wiederzufinden, falls sie überlebt haben sollte.[47]

Am 22. April 1945 schließt sich Henri Lebrun seinen französischen Kameraden an und fährt Richtung Paris, wo er am 29. April ankommt. Bei den Repatriierungsbehörden, welche die Personalien der Rückkehrer aufnehmen, meldet sich Henri Lebrun unter seiner illegalen Identität. Die Behörden stellen ihm eine provisorische Identitätskarte aus, unter dem Namen Henri Lebrun, französischer Staatsbürger, in Brétignolles geboren, usw. Nach dem Namen bzw. Vornamen seiner Eltern gefragt, macht Lebrun falsche Aussagen, als Kontaktperson in Frankreich gibt er „M. Nahoum" in Paris an. Monsieur Nahoum (i.e. Edgar Morin), Mitglied derselben gaullistischen Widerstandsgruppe, der auch Henri Lebrun und Denise Dordor angehört hatten, von dem Lebrun aber nicht wusste, ob er nach März 1944 der Verhaftung entgangen war, schien seine einzige französische Kontaktperson in Paris zu sein. Und wie es der Zufall wollte, nahm ihn Monsieur Nahoum in seine Pariser Wohnung auf und pflegte ihn dort zwei Wochen lang. Für Henri Lebrun beginnt nun in Paris das Warten auf Denise, die mehrere Wochen lang in Deutschland gepflegt werden muss, bevor sie in den ersten Junitagen zu ihrer Familie nach Besançon zurückkehrt, von wo sie ein Telegramm an Henri Lebrun unter der Adresse der MNPGD nach Paris schickt. Auch sie hat überlebt und erwartet ihn nun in Besançon.

Aus welchen Gründen auch immer, führt Lebrun (bzw. Kreissler) nach seiner Rückkehr nach Frankreich eine halb legale Identität. Denn bei den verschiedenen staatlichen Behörden meldet er sich als Henri Lebrun, während er sich von den Widerstandsorganisationen, denen er vor seiner Verhaftung angehörte, Bestätigungen auf den Namen Félix Kreissler ausstellen lässt.

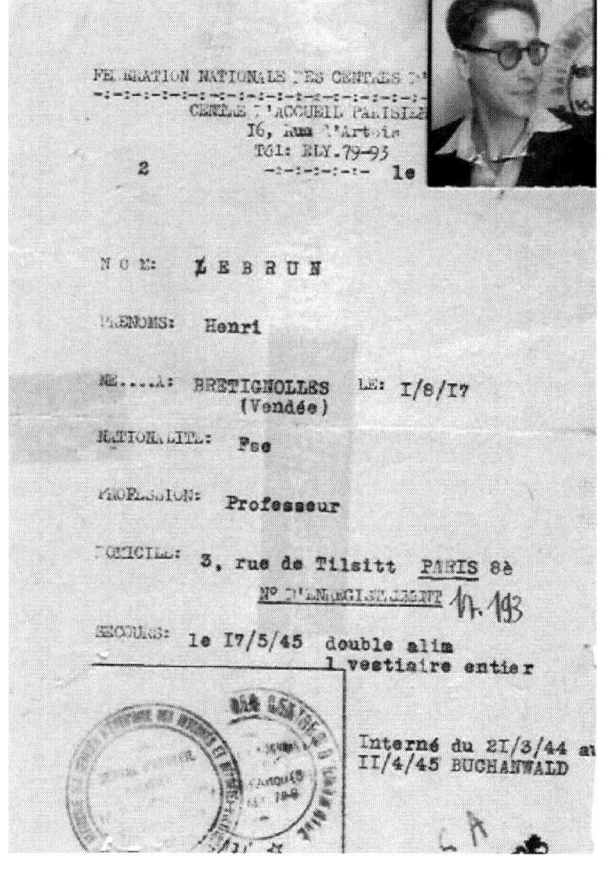

Bescheinigung des Nationalen Verbands der Hilfskomitees, Mai 1945

Es vergehen über drei Monate, bevor er wieder zu seiner legalen Identität zurückfindet, denn erst Mitte August 1945 meldet Henri Lebrun seine wahre Identität bei den französischen Behörden und lässt seine Papiere auf Félix Kreissler umschreiben. Dass diese Entscheidung unvorhergesehene Folgen mit sich brachte, konnte Kreissler nicht voraussahnen. Nach seiner Flucht aus dem Lager Récébédou im Spätsommer 1942 hatte die Vichy-Polizei in Toulouse einen Haftbefehl gegen ihn ausgestellt, der nun in Paris wieder auftauchte, wo Kreissler im August 1945 inhaftiert wird. Dank seiner französischen Netzwerke kommt er nach einigen Stunden wieder frei[48], so dass Denise Dordor und Felix Kreissler Ende August 1945 in Paris heiraten können.

Sobald er wieder zu seiner Identität als „österreichischer Patriot" – wie er sich zu definieren pflegte – und Kommunist zurückgefunden hat, gilt es für ihn, die eben erlebte Vergangenheit hinter sich zu lassen. Seine Distanzierung zum von Henri Lebrun Durchlebten und Erlittenen klingt bereits in einem Brief durch, den Felix Kreissler im Sommer 1945 an seine Wiener Familie schreibt: „Was meine Geschichte anbelangt, so ist sie vielleicht ein wenig zu lange, als dass ich sie Euch in einem Briefe erzählen könnte; vielleicht sehen wir uns wieder einmal, und dann, wenn es sein muss, kann ich ja Verschiedenes erzählen."[49] Ab Sommer 1945 gerät Henri Lebrun nach und nach in Vergessenheit ...

Anmerkungen

1 Es handelt sich um folgende Texte: Felix Kreissler: L'exil autrichien aux temps des fascismes. In: Paul Pasteur, Félix Kreissler (Hg.): Les Autrichiens dans la Résistance. Rouen: Université de Rouen, 1996, S. 21-32. Felix Kreissler: Österreicher in Buchenwald. In: Die Gründung des KZ Buchenwald. Ursachen, Funktionen, Wirkungen. Eine internationale Konferenz in Weimar, 3.–5. Oktober 1997. Der Vortrag erschien im Jahrbuch 1998. Wien: Dokumentationsarchiv des österreichischen Widerstandes (DÖW), 1998, S. 30-45, http://www.doew.at/cms/download/3mev1/web_Jahrbuch_1998.pdf 31. Oktober 2019). Félix Kreissler: L'audacieux défi du « Travail anti-Allemand ». In: Le Patriote

résistant 768 (2003, Oktober). Félix Kreissler: De camp en camp, retour en Autriche. In: Austriaca 56 (2003), S. 13-26.
2 Zur deutschen Besatzungspolitik in Frankreich (1940–1944) und Aufteilung Frankreichs in verschiedene Zonen siehe Michel de Boüard: La répression allemande en France de 1940 à 1944. In: Revue d'histoire de la Deuxième Guerre mondiale (Paris) 14 (1964) 54 (April), S. 63-90.
3 Die „Travail allemand" (TA-Arbeit) wurde Ende 1941 in Paris aufgebaut. Ernst Schwager definiert sie folgendermaßen: „Vom ZK der KPF wurde in der französischen Résistance ein besonderer Sektor für die deutsche Arbeit gebildet, kurz ‚TA' (= Travail Allemand) genannt. Ziel der ‚TA' war es, in die faschistische Kriegsmaschine einzudringen, die faschistische Ideologie durch schriftliche und mündliche Agitation zu bekämpfen sowie Hitlers Kriegsziele möglichst zu durchkreuzen." Ernst Schwager: Die österreichische Emigration in Frankreich 1938–1945. Wien, Köln, Graz: Böhlau, 1984, S. 97. Siehe auch die Definition der „TA" von Denis Peschanski: Travail allemand. In: François Marcot (Hg.): Dictionnaire historique de la Résistance. Paris: Laffont, 2006, S. 214-215.
4 Zur Biographie von Oskar Grossmann, 6. 2. 1903–1944 (?): http://www.klahrgesellschaft.at/KaempferInnen/Grossmann.html (31. August 2019).
5 Nach seiner Verhaftung durch die Gestapo in Lyon im Juni 1944 wurde Paul Kessler nach Paris überstellt und am 17. August mit dem letzten Transport aus dem Lager Drancy in Richtung Buchenwald deportiert. Mit dreizehn seiner Mithäftlingen gelang ihm am 21. August die Flucht aus dem Transport und die Rückkehr in das eben befreite Paris. http://www.ajpn.org/commune-Morcourten-1939-1945-2525.html (31. August 2019).
6 Felix Kreissler: Notizen 1946. Familienarchiv Kreissler. Siehe Kurzbeschreibung des Familienarchivs Kreissler. In: Françoise Kreissler: Zur Biografie eines Illegalen im französischen Exil. Felix Kreissler (1917–2004). In: Österreichische Zeitschrift für Geschichtswissenschaften 29 (2018) 3, S. 219-220.
7 Die Bewegung „MRPGD" betätigte sich in Frankreich ab 1942 als gaullistische Widerstandsorganisation namentlich unter den entlassenen französischen Kriegsgefangenen, pflegte aber weiterhin Kontakte zu in Deutschland inhaftierten Kriegsgefangenen und betrieb unter ihnen aktive Vichy-feindliche und anti-deutsche Propaganda. Die Bewegung war auch Anlaufstelle für die aus den deutschen Gefangenenlagern entflohenen Kriegsgefangenen, sobald diese wieder französischen Boden betraten. Neben der „MRPGD" entstanden zwei weitere Widerstandsbewegungen, die sich insbesondere an ehemalige Kriegsgefangene richteten. Mitte März 1944 schlossen sich die

verschiedenen Bewegungen zusammen und bildeten die „MNPGD" (Mouvement national des Prisonniers de guerre et Déportés). Yves Durand: Mouvement national des prisonniers de guerre et déportés. In: Marcot: Dictionnaire historique, S. 131-132.

8 Die Einschleusung von KommunistInnen in nichtkommunistische Widerstandsgruppen (sogenannte U-Boote) wurde in den Kriegsjahren von der französischen kommunistischen Partei gefördert.

9 Seit seiner Flucht aus Toulouse im Spätherbst 1942 hatte Kreissler im Rahmen der „TA"-Arbeit in Lyon bereits verschiedene französische Identitäten angenommen.

10 Michel Cailliau war ein Neffe von Charles de Gaulle.

11 Edgar Morin: Mes démons. Paris: Stock, 1994, S. 91. Edgar Morin: Autocritique. Paris: Le Seuil, 2012 [1959], S.77. Felix Kreissler: Mes rencontres avec Edgar Morin. In: Arguments pour une méthode (autour d'Edgar Morin). Paris: Le Seuil, 1990, S. 50-53.

12 Die „F.I.A." war einer der Betätigungsbereiche der „MRPGD" und betrieb gleichzeitig in Frankreich und in den Kriegsgefangenenlagern in Deutschland Propaganda gegen den Nationalsozialismus und das Régime von Pétain in Vichy. Hier sei noch hinzugefügt, dass innerhalb jeder der Widerstandsbewegungen der ehemaligen Kriegsgefangenen eine „F.I.A." aufgebaut wurde.

13 Laut Michel Cailliau sollte Lebrun Anfang 1944 nach Paris übersiedeln, um auch in der besetzten Zone die „F.I.A."-Arbeit zu übernehmen. Michel Cailliau: Histoire du « M.R.P.G.D. ». Paris: M. Cailliau, 1987, S. 101.

14 Felix Kreissler: Notizen 1946. Familienarchiv Kreissler.

15 Heute trägt der Platz den Namen Place Maréchal Lyautey.

16 Die „Milice française" (französische Miliz) wurde im Jänner 1943 als paramilitärische Polizeitruppe der Vichy-Regierung gebildet.

17 Im Gebäude der früheren Militärsanitätsschule (École du service de santé militaire) befindet sich seit 1992 u.a. das Zentrum für die Geschichte des Widerstands und der Deportation (Centre d'Histoire de la Résistance et de la Déportation). Auf die Geschichte der Militärsanitätsschule während der deutschen Besetzung in Lyon (November 1942–September 1944) verweist heute eine Tafel, die darauf hinweist, dass „1943 und 1944 die nazistische Gestapo mit Hilfe von Verrätern tausende Widerstandskämpfer und Geiseln gefoltert hat, vor ihrem Tode oder ihrer Deportation. Ihre Aufopferung ermöglichte die Befreiung Frankreichs" (Übersetzung aus dem Französischen).

18 Die in den Kellern der Gestapo erlittenen Folterungen hat Kreissler in späteren Jahren nur kurz angedeutet, doch in seinen unpublizierten Notizen wurden sie von ihm ausführlich beschrieben. Felix Kreissler: Notizen 1946. Familienarchiv Kreissler.

19 Zur Geschichte des Lagers Royallieu bei Compiègne siehe insbesondere André Poirmeur: Compiègne 1939–1945. Compiègne: Telliez, 1968, S. 104-164. Dominique Orlowski (Hg.): Buchenwald par ses témoins. Histoire et dictionnaire du camp et de ses Kommandos. Paris: Belin, 2014, S. 160-164.

20 Mitte Dezember 1942 erließ Himmler einen Geheimbefehl, der die Deportation von arbeitsfähigen Häftlingen in die deutschen Konzentrationslager anordnete. In Frankreich lief die „Aktion Meerschaum" ab Mitte des Jahres 1943 an. Thomas Fontaine: Déporter. Politiques de déportation et répression en France occupée: 1940 à 1944. Universität Paris-Sorbonne, 2013, S. 581 ff. https ://tel.archives-ouvertes.fr/tel-01325232/document (30. Oktober 2017).

21 Die Transportlisten der politischen Deportierten aus Frankreich können auf der Homepage der Fondation pour la mémoire de la déportation (http://www.bddm.org/liv/recherche.php) abgefragt werden. Es muss hier hervorgehoben werden, dass die französische Nachkriegsgesetzgebung zwischen „déporté résistant" (deportiertem Widerstandskämpfer) und „déporté politique" (politischem Deportierten) unterscheidet, insofern als bis heute letzterer Begriff sich auf die Opfer der antisemitischen Politik bzw. Maßnahmen bezieht, welche von den NS-Besatzungsmächten und der Vichy-Regierung vertreten und betrieben wurden. Es besteht demnach ein wesentlicher Unterschied zwischen der französischen und der deutschen Terminologie bezüglich der Begriffe „déportés politiques" und „politische Deportierte". Diese terminologische Grundfrage kann jedoch hier nicht näher untersucht werden.

22 Bei der Ankunft in Buchenwald wurden jedoch alle französischen Häftlinge mit dem roten Winkel der politischen Häftlinge gekennzeichnet, auch wenn sie nicht aus rein politischen Gründen deportiert worden waren.

23 Orlowski: Buchenwald, S. 505-507.

24 https://entretiens.ina.fr/memoires-de-la-shoah/Ducolone/guy-ducolone/video (25. August 2018). Zum Transport vom 12. Mai 1944 aus Compiègne siehe auch Vanina Brière: Les Français déportés à Buchenwald. Exemple du convoi du 12 mai 1944. In: Bulletin trimestriel de la Fondation Auschwitz/Driemaandeliks Tijdschrift van de Auschwitz Stichting (Brüssel) 84 (2004, Oktober-Dezember), S. 77-103.

25 Orlowski: Buchenwald, S. 130-132, S. 253.

26 Folgende Zahlen verdeutlichen die Entwicklung der Häftlingszahl in Buchenwald: 1943: 42177 „Zugänge"; 1944: 97866 „Zugänge". Orlowski, ebd., S. 382. Zum „Zeltlager", „Kleinen Lager" bzw. „Großen Lager" siehe u.a. Orlowski, ebd., S. 100, S. 261-262, S. 403-404, S. 474-476.

27 https://entretiens.ina.fr/memoires-de-la-shoah/Ducolone/guy-ducolone/video (25. August 2018). Der Transport vom 27. April 1944 von Compiègne nach Auschwitz, wo er am 30. April eintraf, ist in die französische Geschichtsschreibung als „transport des tatoués" (Transport der Tätowierten) eingegangen, nachdem diese Häftlinge bei ihrer Ankunft in Auschwitz tätowiert wurden. Fast alle dieser über 1600 Häftlinge aus Frankreich wurden am 12. Mai 1944 von Auschwitz nach Buchenwald überstellt, von denen allerdings über 1000 schon wenige Tage später von Buchenwald nach Flossenbürg weitertransportiert wurden. Orlowski: Buchenwald, S. 471-472.

28 Im Juni 1944 kommt es zur Bildung des „Comité des intérêts français" (Komitee für französische Interessen) und der „Brigade française d'action libératrice" (Französische Brigade der Befreiungsaktion), geleitet von Frédéric Manhès (1889–1959) und Marcel Paul (1900–1982), welcher am 14. Mai aus Auschwitz in Buchenwald eingetroffen war.

29 Die hier angeführten Informationen stammen aus der Häftlingskartei des KZ-Buchenwald und wurden der Autorin von der Stiftung Gedenkstätten Buchenwald und Mittelbau-Dora, bzw. Von den Arolsen Archives mitgeteilt.

30 Nach der Annexion Österreichs optierten österreichische ExilantInnen in Frankreich für den Status des „ex-Autrichien", um nicht als Staatsbürger des „Dritten Reichs" registriert zu werden.

31 Felix Kreissler: Notizen 1946. Familienarchiv Kreissler.

32 Barbara Lambauer: Über das österreichische Exil in Frankreich. Verflechtung von persönlichem und allgemeinem Kampf. Österreicher im französischen Exil und Widerstand am Beispiel Felix Kreisslers. Magisterarbeit. Karl-Franzens-Universität Graz, 1994, Anhang S. 42-43.

33 Archives départementales de la Mayenne, 1J690.

34 Hans Landauer: Les Autrichiens des Brigades Internationales dans les maquis français. In: Pasteur, Kreissler: Les Autrichiens dans la Résistance, S. 36. Hans Landauer: Retour d'exil pour résister. In: Ebd., S. 112. Franz Marek: Lebenserinnerungen. In: Maximilian Graf, Sarah Knoll: Franz Marek. Beruf und Berufung Kommunist. Wien: Mandelbaum „kritik und utopie", 2017, S. 158. Irene Filip: Anna Peczenik. Biographische Skizze einer Spanienfreiwilligen und Widerstandskämpferin. In: Dokumentationsarchiv des österreichischen Widerstandes, Vereinigung österreichischer Freiwilliger in der Spanischen Republik 1936–1939 und der Freunde des demokratischen Spanien (Hg.): 80 Jahre Internationale Brigaden. Neue Forschungen über österreichische Freiwillige im Spanischen Bürgerkrieg. Redaktion Irene Filip. Wien: DÖW, 2016. www.doew.at/cms/download/c1g1o/web-span-filip.pdf (14. Juli 2018). Irene Filip führt in ihrem Beitrag an, dass Leopold Hagmüller nach Dachau deportiert wurde. Ebd.

S. 61, Fußnote 51. Im Transport vom 15. August 1944 befand sich auch Eduard Uitz (1909–1981), der laut Franz Marek die Schuld an seiner Verhaftung in Paris trug. Marek: Lebenserinnerungen, S. 160-161. Sowohl Leopold Hagmüller als auch Eduard Uitz gingen nach ihrer Befreiung aus Buchenwald für mehrere Jahre nach Frankreich.
35 Zur „Arbeitsstatistik" siehe Orlowski: Buchenwald, S. 53-54.
36 Tagebuch. Familienarchiv Kreissler.
37 Paul Jellinek: Wo ist die Rue Pasteur? In: Franz Richard Reiter (Hg.): Unser Kampf. In Frankreich für Österreich. Interviews mit Widerstandskämpfern. Wien, Köln, Graz: Böhlau, 1984, S. 180.
38 Orlowski: Buchenwald, S. 382.
39 Manfred Overesch: Ernst Thapes Buchenwalder Tagebuch von 1945. In: Vierteljahrshefte für Zeitgeschichte (München) 29 (1981) 4 (Oktober), S. 639.
40 Overesch, ebd., S. 640.
41 Die österreichische Freiheitsfront in Frankreich. In: Drei Jahre Österreichische Freiheitsfront. Paris: ÖFF, o.J.
42 Brief der ÖFF in Lyon an Madame Dordor (Besançon) vom 18. Jänner 1945. (Übersetzung aus dem Französischen).
43 Telegramm der ÖFF in Paris an Elisabeth Kreissler vom 14. März 1945. Familienarchiv Kreissler.
44 Brief der ÖFF in Paris an Elisabeth Kreissler vom 28. März 1945. Familienarchiv Kreissler.
45 Tagebuch. Familienarchiv Kreissler.
46 Brief von Henri Lebrun an Mme Dordor vom 18. April 1945. Familienarchiv Kreissler.
47 Tagebuch. Familienarchiv Kreissler.
48 Denise und Félix Kreissler, Interview (Montreuil), 1995. Familienarchiv Kreissler.
49 Familienarchiv Kreissler.

Sonja Alfons Moseley
**Bilder der Vergangenheit
und die Wirklichkeit des Alltags**
Mein Vater Anton Alfons (1898–1982)
im norwegischen und schwedischen Exil

Wenn längst versunkene Bilder der Vergangenheit auftauchen, lasse ich mich in die Arme von damals sinken und gebe mich den Erinnerungen hin... Woher kommen sie, diese Augenblicke aus der Vergangenheit, die mich erfassen und überwältigen? Was weckt sie, diese zarten und gleichzeitig doch überzeugenden Andeutungen von früher? Ich erahne ein Bild, sehe verblasste Gesichter von Familie und Freunden vor mir; ich höre den vertrauten Klang einer Sprache, eine Stimme, ein Lied, entdecke ein Buch wieder. Ich beobachte Gesten von Freunden, finde einen Brief, sehe Farben, eine Landschaft, die sich vor mir ausbreitet, und erkenne Gerüche wieder, die an mir vorbeiziehen. Andeutungen an eine frühere Zeit halten mich gefangen und lassen mich nicht entkommen. Und ich suche und suche nach ihren Quellen.

Während meiner Kindheit und Jugendjahre war mir das frühe Leben und die politische Wirksamkeit meines Vaters nicht gegenwärtig. Ich hörte nie etwas von Verfolgung, Kämpfen und Internierung. Sein Leben wurde vor uns Kindern geheim gehalten, Worte nur geflüstert, Türen geschlossen, mein Bruder und ich zu Bett geschickt. Wollte man uns vor der grausamen Wirklichkeit seiner Erfahrungen schonen? Und doch drangen Bruchstücke von Gesprächen durch Türen und Wände, wenn Freunde und Familie versammelt waren und man eifrig und laut diskutierte, ohne an die Gegenwart von uns Kindern zu denken. Wir hörten Teile der Diskussionen, voll von Lücken, die uns rätseln ließen und die wir mit der eigenen Wirklichkeit unserer kindlichen Erfahrungen füllten.

Erst als ich älter wurde, viel später in meinem Leben, drängten sich verschwommene Erinnerungen in mein Bewusstsein, die immer deutlicher wurden und werden. Sie überqueren gleichsam Berge, Grenzen und Gewässer, um nach vielen Jahren in mein Bewusstsein vorzudringen. Meine Gedanken entwickeln ein Eigenleben und werden zur Wirklichkeit. Auf einem Spaziergang in einer Kleinstadt hier im Westen Nordamerikas, Eugene im Staat Oregon, entdecke ich Gänseblümchen, die in einer sanften, hügeligen und saftig grünen Wiese wie ausgestreut vor mir wachsen, ihre Köpfchen sind kaum sichtbar im hohen Gras. Die zarten Blumen bringen mich in die Stadt meiner Kindheit, Baden bei Wien, zurück, wo Gänseblümchen ein Zeichen des Frühlings waren, der Sommer und Ferien versprach.

Damals saß ich in der Sonne und konnte lange Ketten knüpfen, die ich stolz um den Hals trug, oder einen Kranz flechten, der zur Krone wurde. Wenn meine damals zweijährige Tochter Sarah auf einen verblühten Löwenzahn pustet und vor Freude aufschreit, während die Samen um sie herumfliegen, dann bin ich selbst wieder in unseren Garten in Baden bei Wien versetzt und freue mich, die Samen in der Luft schweben zu sehen. Wenn ich als Erwachsene eine Waldwanderung mache und die Stille vom lauten Schreien eines Vogels, der über mir fliegt, unterbrochen wird, dann denke ich an meine Wanderungen mit meinem Vater in den 1950er Jahren. Wenn ich im Winter meine Skier anschnalle und zwischen Waldbäumen außerhalb von Uppsala durch den Schnee gleite, dann erlebe ich wieder die wilden Schlittenfahrten meiner Kindheit mit meinem Vater und meinem Bruder durch unsere Nachbarschaft in Baden.

Wenn ich Österreich besuche, an einer Bäckerei vorbeigehe und mir Gerüche der österreichischen Küche begegnen, wenn der Duft von Zimt und Vanille in der Luft liegt und ich tief einatme, dann bin ich in meine Kindheit zurückversetzt. Ich sehe die Bäckerei meiner Kindheit neben dem Blumengeschäft, nahe dem Bahnhof, vor mir. Die Schwechat, ein Fluss, der durch Baden fließt, gibt in der Sommerwärme einen Hauch von Schwefel ab. Ich bin mir selbst gegenwärtig und zweifle nicht daran, wo und wer ich bin: ein siebenjähriges Mädchen, das durch die Stadt Baden läuft und dessen Aufgabe es ist, für Mutter und Vater und die Gäste Kaffee einzukaufen. Wenn ich meine Erinnerungen weiter schweifen lasse und tiefer in die Vergangenheit vordringe, dann laufe ich mit meiner besten Freundin an der Bäckerei vorbei und wir sammeln unsere gesparten Groschen und kaufen einen einige Tage alten Striezel. Der Weg von unserer Schule nach Hause führt beim Bahnhof vorbei, wo immer ein kaum merkbarer Gestank von Urin in der Luft hängt, und wir überqueren daher schnell die Schienen, um von dort wegzukommen.

Heute höre ich jeden Tag Nachrichten über Flüchtlinge, die Armut und politischer Verfolgung im Jemen, in Syrien, Afrika und Südamerika entfliehen. Ich kann nicht anders und erschaudere, wenn ich an die Schmerzen und den Kummer denke, die Mütter und Väter ertragen, wenn sie Kinder, Familie und Eigentum aufgeben, und ihre Hoffnung, je in ihre Heimat zurückzukehren, verloren geht. Mir graut heute bei dem Gedanken an die Verfolgung von Juden, Sozialisten und Kommunisten Anfang der 1920er Jahre. Als politischem Aktivisten drohten meinem Vater täglich Verhaftung, Folter und Exil. Was ich heute sehe und höre, bringt mich zurück zu den Albträumen meiner Kindheit und Jugend, in denen ich meinen Vater ständig als Opfer von Verfolgung sah. Wird es denn niemals enden?, frage ich mich.

In den Nachkriegsjahren hörten wir oft von unseren Freunden Berichte über Mangel an Nahrungsmitteln und Heizmaterial. Und wenn ich heute von Armut und Not höre und mich Zeitungsberichte und Fernsehprogramme zu diesen Erzählungen zurückbringen, dann erinnere ich mich an Geschichten, in denen Kinder im Heimatdorf meines Vaters Wilddieberei betrieben, damit man Essen für die Familie auf den Tisch stellen konnte.

Ganz unerwartet stolpere ich über ein Buch, das – solange ich mich erinnern kann – ein Teil meiner Buchsammlung gewesen ist: *Ditte Menschenkind* von Martin Andersen

Nexø. Meine deutsche Ausgabe wurde 1948 publiziert,[1] das Buch ist mir von einem Land ins nächste gefolgt. Ich kann mich nicht mehr erinnern, wann und wie es in meinen Besitz kam. Lange vergessen, eingezwängt zwischen Büchern in schwedischer, englischer, russischer und französischer Sprache, hat es plötzlich wieder meine Aufmerksamkeit geweckt. Der Leinenumschlag zeigt ein paar Wasserflecke; den Seiten, staubig und braun, entströmt ein Geruch von altem Papier. Das Buch ist schwer und dick, über 776 Seiten. Es ist eines der wenigen Bücher, das lange im Besitz meiner Familie gewesen ist. Warum wurde dieses Buch so geschätzt, dass es mich mein ganzes Leben begleitet hat? Heute verstehe ich, wie wichtig Nexøs Roman für meinen Vater und später für mich war. Das tragische Schicksal eines Kindes, eines Mädchens, einer jungen Frau wird vor dem Leser ausgebreitet und zieht ihn in die sozialpolitische Tragödie in einer Gesellschaft, in der Armut und mangelnde Ausbildung die Chance auf ein besseres Leben nehmen. Ditte ist selbst ein uneheliches Kind und bekommt ebenso unverheiratet zwei Kinder, für die sie alleine sorgen muss. Das Buch hat mich sehr beeinflusst, weil genau dies meinen Vater und viele andere dazu verpflichtet hat, für eine sozialpolitische Veränderung in einer unterdrückten Gesellschaft zu kämpfen.

Wenn ein Lied leise Erinnerungen hervorruft, dann resigniere ich und lasse mich in eine vergangene Zeit hineinziehen. Mein Vater summt ein traditionelles Weihnachtslied, das die Erinnerung an Licht, Freude und Gemeinschaft in meinen Gedanken hervorruft. Die Melodie von „Stille Nacht, Heilige Nacht" hält ihn gefangen, nicht als Symbol einer Wiedergeburt oder Erneuerung, sondern als eine Rückkehr in seine Kindheit, in der es seiner Mutter trotz Armut gelang, während der Feiertage Licht und Wärme in den Alltag ihrer Kinder zu bringen. Er feiert Weihnachten mit dem Lied „Stille Nacht, Heilige Nacht", teilt seine Freude und seine Erinnerungen mit mir und meinem Bruder. Wir erkennen die Bedeutung dieses Liedes für ihn und setzen eine Familientradition fort, die schon lange ihre religiöse Bedeutung verloren hat. Die Melodie weckt blasse Erinnerungen an feierliche Vorbereitungen, an denen wir Kinder gerne teilnahmen. Wenn ich heute die vertraute Melodie höre, dann werden vergangene Augenblicke wieder wach, die mich mit Licht und Wärme füllen.

Als ich mich 2002 für einen Umzug nach Eugene in Oregon vorbereite, muss ich ausrechnen, wie viel Platz ich im Lastwagen für die vielen Kartons aus unserem Keller brauche. Ein Schuhkarton, den ich beinahe übersehen hätte, da er versteckt in einer Ecke steht und mit altem Papier verdeckt ist, enthält Briefe meines Vaters, die er in den 1970er Jahren regelmäßig an mich schrieb. Der überraschende Fund macht mich neugierig. Wie kann ich diese Briefe nur vergessen haben? Eifrig taste ich mich im Karton vor, achte darauf, vorsichtig zu sein, damit ich die spröden blauen Flugpostkuverts nicht beschädige. Viele der Briefe kleben zusammen, als ob sie so zusammengefügt Stärke und Bestand hätten. Langsam löse ich sie voneinander und erkenne seine Handschrift: Sie ist steif, nach rechts geneigt und die Wörter sind eng zusammengedrängt. Die blaue Tinte ist verblasst, und seine Schrift ist schwer zu entziffern. In den Briefen erzählt mein Vater von seinen Versuchen, Fische zu fangen, von der Suche nach Pilzen und – ich kann sein Schmunzeln sehen – seinen Bemühungen als Koch in der Küche. (Meine Mutter war bereits verstorben.) Er klagt dabei auch, wie immer, über die politische Weltsituation, den Kalten Krieg und die Hetze gegen die Sowjetunion.

Wenn ich später Archive besuchen werde und dort Formulare in seiner Handschrift sehe, in denen er seine politischen Tätigkeiten rechtfertigen musste oder einen Antrag stellte, das Lager[2] verlassen zu dürfen, dann sehe ich ihn vor mir, stolz und unnachgiebig: seine hohe Stirn, das graue Haar, das er oft mit seinen Fingern zurückkämmt, und die blaugrauen Augen, die ohne Furcht in die Zukunft blicken. Seine Stimme, die ich zuerst nur als ein Flüstern höre, wird lauter, als ich ein Foto entdecke, auf dem er vor einer Gaststätte außerhalb von Baden steht, umgeben von einer kleinen Gruppe von Zuhörern, und diese zur Unterstützung der Arbeiterbewegung auffordert.

Viele, viele Jahre später – ich bin bereits im Ruhestand – ergibt sich für mich die Gelegenheit, Südfrankreich zu besuchen. Das kleine Dorf Cassis, unweit von Chalais, das vier Wochen mein Zuhause ist, hat seinen ländlichen Charakter trotz des Zustroms von Touristen beibehalten: enge, mit Steinen gepflasterte Straßen, gesäumt von alten Häusern mit bröckelnden Fassaden; schwere Holztore ermutigen nicht gerade zum Eintritt in die Wohnhäuser. Wenn ich an diesen Gebäuden vorbeigehe, bin ich plötzlich nach Wampersdorf in Niederösterreich versetzt, wo eine Bäuerin, neugierig und misstrauisch, mir und meinem Vater mit den Augen folgt, die fragen: Was tun denn die beiden hier im Dorf?

Ich spaziere weiter in das französische Dorf hinein, zeitlich fern von meiner Kindheit, gehe an einer Bäckerei vorbei, die mich mit dem Geruch ihres süßen Gebäcks anlockt. Beim Eintritt werde ich mit einem freundlichen und sanften „Bonjour" begrüßt, das sich merkwürdigerweise für mich wie ein „Grüß Gott" anhört. Melodisch, nasal und weich gesprochen, höre ich den Klang des österreichischen Grußes. Ich bin hier zu Hause.

Woher kommen sie, diese Erinnerungen? Sie tauchen unerwartet auf, beiläufig, willkürlich und unklar. Viele sind in Familiengeschichten verwurzelt, einige werden durch Fotos wiedergeweckt, ein Lied, ein Musikstück verstärken noch die Erinnerung. Natur und Landschaften, die mich umgeben, versetzen mich Jahre zurück und bringen unklare und lückenhafte Eindrücke hervor. Dies hat mein Bedürfnis, das Leben meines Vaters besser zu verstehen, angespornt und mich veranlasst, tiefer in seine Vergangenheit einzudringen und mehr über die Wirklichkeit seiner Wirksamkeit zu lernen.

Die Erinnerungen, die als Bilder der Vergangenheit auftauchen, verknüpft mit den Sinneswahrnehmungen meines

Alltags, erscheinen mir sanft, beinahe tröstlich. Dazu steht die kalte, stechende Wirklichkeit des Alltags meines Vaters während seiner illegalen Tätigkeit in krassem Gegensatz. Er verbrachte seine Kindheit in Armut und kämpfte im Ersten Weltkrieg an der italienischen Front, wo er in den Schützengräben Kälte und Hunger ausgesetzt war. Bereits während seiner Kindheit und Jugendjahre geriet er mit amtlichen Behörden in Konflikt. Als Erwachsener nahm er am illegalen Kampf gegen den Faschismus teil.[3] Demütigungen und Verhöre durch die Polizei zählten zu den täglichen Herausforderungen. Seine Erfahrungen überzeugten ihn früh, dass soziale Gerechtigkeit ökonomisch bedingt war. Aufgrund seines politischen Wirkens musste er immer auf der Flucht sein.[4] Diese Unsicherheit erlaubte ihm nicht, sich an einem festen Wohnsitz niederzulassen. Die Gefahr, verfolgt und verhaftet zu werden, bedrohte lange seine Freiheit und sein Leben.

Er wuchs in einem vaterlosen Haushalt auf, sein Vater hatte Selbstmord begangen,[5] die Kinder und die Mutter mussten alleine für ihren Unterhalt sorgen. Wilddieberei bei Kleinbauern brachte ihn und seine Geschwister früh in Konflikt mit den örtlichen Behörden. In der Schule wurde verlangt, dass alle Schüler am Religionsunterricht teilnahmen und sonntags bei der Messe anwesend waren. Die Familie war jedoch gezwungen, sonntags zu arbeiten, und daher verhindert, bei diesen kirchlichen Zeremonien anwesend zu sein. Die Demütigungen und Rügen, die die Kinder vom Pfarrer deswegen erleiden mussten und die vor der ganzen Klasse erfolgten, legten den Grundstein für die Ablehnung meines Vaters von religiösen Glaubenssystemen.

Als er am Ende des Ersten Weltkrieges nach Hause zurückkehrte, erwartete ihn eine hungrige und frierende Familie, ohne Hoffnung auf eine mögliche Besserung dieser Situation. Als er als ehemaliger Frontkämpfer versuchte, für sich und seine Familie Nahrungsmittel zu bekommen, wurde er von den Behörden abgewiesen, sogar verhöhnt, da die politischen Aktivitäten einzelner Familienmitglieder bekannt waren.

1919 trat Anton Alfons der neu gegründeten KPÖ (Kommunistische Partei Österreichs) bei. Die 1920er Jahre verbrachte er in Deutschland, wo er Mitglied der KPD (Kommunistische Partei Deutschlands) war und die Arbeiterbewegung aktiv unterstützte. Er engagierte sich als Leiter von Jugendgruppen. Von 1929 bis 1930 besuchte er das Lenininstitut in Moskau.[6] In den 1930er Jahren setzte Alfons seine politische und nach dem Verbot der KPÖ illegale Wirksamkeit in Österreich eifrig fort und war folglich dauernden Bedrohungen durch Verfolgung, Verhaftung, Vertreibung und Flucht ausgesetzt, die schließlich ins Exil führen sollten.

1927 wurde er als kommunistischer Agitator in den Industriegebieten um Wien angeklagt und beschuldigt, Flugschriften herausgegeben zu haben, die er in der Pottendorfer Spinnerei und in Wohnhäusern verteilt hatte. 1933 wurde er im Bezirksgericht Ebreichsdorf als Herausgeber der illegalen Flugschrift „Die rote Spinne" angeklagt, in der er zum Massenkampf und dem Sturz der Dollfuß-Regierung aufrief und für die Einrichtung einer Arbeiter- und Bauernmacht unter Führung der kommunistischen Partei plädierte. Man konnte ihm allerdings nichts nachweisen.[7]

Nahm er Zuflucht bei seiner Familie, brachte er damit seine Mutter und seine Geschwister in Gefahr. Unangekündigte Hausdurchsuchungen, bei denen Kästen und Schubladen durchstöbert und Garderoben sowie Keller durchsucht wurden und man sogar Kinder zwang, Aussagen über den Verfolgten zu machen, kamen öfters vor. Brüder und Neffen meines Vaters engagierten sich ebenfalls im Widerstand. So gelang es beispielsweise einem jungen Neffen, Flugblätter in Zeitungen hineinzulegen, in denen die Gemeinde über geplante Versammlungen informiert wurde. Jemand im Dorf bekam davon Kenntnis, ein Gendarm folgte dem Buben und verschaffte sich Eintritt in die Wohnung von Mutter Alfons, der es jedoch gelang, die Flugblätter rechtzeitig zu verstecken. Man fand nichts, aber Kinder und Erwachsene blieben danach lange vor Angst zitternd zurück. Mutter Alfons unterstützte ihre Söhne. Wenn sich die jungen Männer im Wald verstecken mussten, brachte sie ihnen Lebensmittel in die verschiedenen geheimen Unterschlüpfe.

Einem Bericht aus dem Oberösterreichischen Landesarchiv zufolge wurde Anton Alfons im Juli 1935 zu 18 Monaten schweren Kerker verurteilt.[8] Als kommunistischer Landesleiter in Oberösterreich hatte er die Aufgabe, die illegale kommunistische Partei wiederaufzubauen. Er stellte Flugzettel her, verteilte sie und wurde deswegen wegen Hochverrats verhaftet.[9] Es gelang ihm nicht, sich gegen die Anklage zu wehren, da dreißig in Linz in Haft befindliche Kommunisten ihn erkannten und seiner Aussage widersprachen. Einen Teil seiner Strafzeit verbrachte er in einem Steinbruch in Garsten, Oberösterreich, wo er schwere körperliche Schäden erlitt. Am 28. Juli 1936 wurde er bedingt entlassen. Er musste Österreich verlassen und verlor seine Staatsbürgerschaft.

Dies war ein kritischer Wendepunkt in seinem Leben. Am 25. Oktober 1937 gelangte Anton Alfons über Prag in der Tschechoslowakei und weiter via Danzig in Polen nach Oslo. Seine Gefährtin Paula erreichte Norwegen kurz nach ihm. Alfons war staatenlos, ohne Pass, ohne ein Zuhause, ständig in Gefahr, mittellos und ohne Kenntnisse der Landessprache. In Norwegen unterstützten Hilfsorganisationen und einzelne Personen die politischen Flüchtlinge, die Unterkunft in einem Lager in Lørenskog, außerhalb von Oslo, fanden. Ein kleines Landhaus, versteckt in den nordischen Wäldern, blieb während mehr als zwei Jahre ihr Zuhause. Die Ortsbevölkerung versorgte die Flüchtlinge mit Lebensmitteln. Die Exilanten und die Einwohner schienen eine Gemeinschaft zu bilden, die es den Flüchtlingen erlaubte, für kurze Zeit Ruhe zu finden. Doch führte man oft Gespräche über die politische Unsicherheit in Europa und die Entwicklungen in der Sowjetunion. Die deutsche Wehrmacht bedrohte auch Länder wie Schweden, Dänemark und Norwegen. Die Unruhe nahm zu, bis es zu einer

Entscheidung kam: Die Wehrmacht marschierte im April 1940 in Norwegen ein. Eine Flucht nach Schweden stand unmittelbar bevor.

Zweifel und Hoffnungslosigkeit trübten die Zuversicht der Flüchtlinge, die um ihre Sicherheit in Norwegen und ihre mögliche Zukunft in Schweden fürchteten. Anton und Paula machten sich getrennt im April 1940 auf die Flucht über die Grenze. Anton fuhr mit einer Gruppe von Flüchtlingen in einem geschlossenen Lastwagen durch Wälder und über Berggelände, das mit Schnee und Eis bedeckt war. Paula gelang es, mit Zug und Boot die Grenze zu überschreiten und ihr Ziel in Stockholm sicher zu erreichen. Sie hatte ein acht Monate altes Baby, ihre Tochter Sonja, zu beschützen und ruhig zu halten, um nicht die Aufmerksamkeit auf die Flüchtlingsgruppe und sich selbst zu ziehen.

Norwegische Grenzpolizisten, Sympathisanten der Flüchtlinge, unterstützten sie, boten ihnen heißen Kaffee an und fanden für sie eine Unterkunft in der Nähe der Grenze, wo sie sich ausruhen und wieder neuen Mut fassen konnten. Vielen der österreichischen und deutschen politischen Flüchtlinge gelang es, die Grenze nach Schweden zu überqueren. Juden, die sich in der Gruppe befanden, wurden allerdings festgehalten, später nach Osten deportiert und in Konzentrationslagern interniert.[10]

Im Mai 1940 erreichten die Flüchtlinge das Lager Långmora in Långshyttan, in der schwedischen Provinz Dalarna gelegen, zirka 100 km nordwestlich von Stockholm.[11] Die Anlage bestand aus Baracken, die von einem hohen Stacheldraht umzäumt waren. Bevor die erschöpften Exilanten das Internierungslager betreten durften, wurden sie untersucht, entlaust und geimpft. Das Lager stand unter der behördlichen Leitung des schwedischen Sozialamtes (socialstyrelsen). Dieses legte fest, dass Flüchtlinge auf unbestimmte Zeit und ohne Angabe von Gründen dort festgehalten werden konnten.[12] Die Inhaftierten hatten keine Rechte; als Antifaschisten aus dem Ausland galten sie als gefährlich und konnten sich gegen Anklagen nicht verteidigen. Vom Lager aus wurden sie auf verschiedene Arbeitsplätze aufgeteilt, wo sie als Wald- oder Landarbeiter unter strenger Aufsicht der verantwortlichen Behörde arbeiteten. Besuch von Familienmitgliedern war untersagt. Um das Lager zu verlassen, mussten die Häftlinge schriftliche Anträge stellen, die selten genehmigt wurden. Ein Ansuchen meines Vaters, seine Lebensgefährtin in Stockholm zu besuchen, wurde abgelehnt.[13] Bei einer Gelegenheit verließ er das Lager ohne Genehmigung, man legte ihm Handschellen an und er wurde zum Lager zurückgebracht. Zur Strafe wurden ihm u. a. seine Ration an Zigaretten sowie die Teilnahme an Gruppenaktivitäten gestrichen.[14]

Aus Alfons' schriftlichen Anträgen um Erlaubnis, das Lager zu verlassen, kann man Ungeduld, Demut, Hoffnungslosigkeit und Trotz gleichermaßen heraushören. Die Formulare auf Schwedisch füllt er auf Deutsch aus, vielleicht um seine Unabhängigkeit, seine Hartnäckigkeit und seine Verpflichtung zu betonen. Er ist hartnäckig und fühlt sich weiterhin verpflichtet, sich Widerstandskämpfen zu widmen. Die Enttäuschung, diesen Kampf nicht weiterführen zu können, quält ihn.

Nach neun Monaten unter der strengen Aufsicht der schwedischen Behörden wurden die Häftlinge in kleine Gruppen auf- und Kleinbauern und Landeigentümern als Hilfsarbeiter zugeteilt. Als Bezahlung erhielten sie lediglich Unterkunft und Verpflegung. Während dieser Zeit lernte Alfons einen Maurer kennen, der ihm anbot, ihn nach Uppsala zu bringen und in seiner Maurergruppe arbeiten zu lassen. Uppsala war der Aufenthaltsort seiner Gefährtin und ihrer zwei gemeinsamen Kinder.[15] 1942 verließ Alfons das Lager und wurde wieder mit seiner Familie vereint.

Alfons und seine Gefährtin waren Fremde in Schweden, Flüchtlinge, Vertriebene, deren Schicksal vom politischen Wirbelwind der Weltgeschichte entschieden wurde. Die Kriegssituation verschärfte sich täglich. Obwohl Schweden versuchte, seine Neutralität zu wahren, verbreiteten sich Gerüchte, wonach Deutschland sich auf eine Offensive gegen Schweden vorbereite. Alfons und seine Gefährtin Paula lebten in Uppsala, gaben aber die Hoffnung nicht auf, bald nach Hause zurückkehren zu können.

Paula fand Arbeit als Näherin in einer Mantelfabrik, Alfons als Maurer; die beiden Kinder besuchten einen Kindergarten. Bis 1946 genoss die Familie ein ruhiges und gewöhnliches Familienleben. Aber die Nachrichten von den Zerstörungen und Vernichtungen in anderen Ländern erweckten in ihnen Unruhe, dass es vielleicht niemals zu einer Heimkehr kommen könnte.

Alfons durfte sich als Exilant nicht politisch in Schweden engagieren, wurde aber Mitglied der im Juni 1944 gegründeten „Österreichischen Vereinigung in Schweden", später in der „Freien Österreichischen Weltbewegung" und war als Gewerkschafter aktiv.[16] Möglicherweise hielten ihn auch seine unzureichenden Sprachkenntnisse und seine Absicht, Schweden nach dem Krieg zu verlassen, zurück, sich intensiv politisch zu engagieren. Der Wunsch, nach Österreich zurückzukehren und zum Aufbau des Landes beizutragen, zwang ihn, sich von Aktivitäten, die seine Rückkehr gefährdeten, fernzuhalten.

Das Ende des Krieges im Mai 1945 brachte Erleichterung und erneut Hoffnung, aber auch Zweifel angesichts einer unsicheren Zukunft. Was war in Österreich während des „Anschlusses" und des Krieges geschehen? Nach dem Krieg war Österreich als Staat wiederhergestellt und in vier Besatzungszonen aufgeteilt. Für Alfons gab es keine Wahl: Er musste zurück in seine Heimat. Mitte 1946[17] verließ er Uppsala, seine Familie folgte ihm ein paar Monate später.

In Baden bei Wien sah Anton Alfons eine Möglichkeit, sich mit seiner Familie niederzulassen. Als Lazarettstadt und Hauptquartier der russischen Besatzungsmacht blieb Baden trotz der schweren Kämpfe zwischen der sowjetischen Armee und der deutschen Wehrmacht gegen Ende des Krieges von den schwersten Kriegsschäden verschont. Von hier war es nicht weit zu den Industriegebieten in der Nähe von Wien, wo er hoffte, wieder politisch und gewerkschaftlich tätig zu sein.[18] Baden lag auch in der Nähe jener Dörfer, in denen er seine Kindheit und Jugend verbracht hatte.

Nach jahrelangem Wandern war er endlich wieder zu Hause. Hatte er Gefangenschaft, Vertreibung, Flucht, schwere physische Arbeit, seine heimliche politische Tätigkeit, die sein Leben bedrohten, hinter sich gelassen? Konnte er wieder mit Gleichgesinnten diskutieren, deren vertraute Sprache ihm erlaubte, Fragen der sozialen, politischen und ökonomischen Gerechtigkeit in Angriff zu nehmen? Er hatte Zuversicht in die Zukunft. Seine Heimat brauchte ihn.

Als zurückgekehrter Widerstandskämpfer und politischer Flüchtling genoss Alfons gewisse Privilegien. Seiner Familie und ihm wurde eine Unterkunft in einem unbeschädigten Haus im Zentrum und später außerhalb der Stadt angeboten. Seine Anstellung als Personalchef in einer Maschinenfabrik in Leobersdorf, einem USIA-Betrieb unter sowjetischer Verwaltung, versorgte die Familie mit dem Nötigsten. Sachgüter, die die Familie von Schweden nach Österreich hatte schicken können, tauschte man gegen Lebensmittel ein. Familienmitglieder, die über Grundstücke außerhalb der Stadt verfügten, trugen mit Gemüse, Kartoffeln und Obst zur Versorgung bei. Hasen- und Schweinefleisch sowie Hühner boten eine willkommene Abwechslung zu Kartoffel- oder Krautsuppe. Die Bevölkerung litt unter Nahrungsmittelknappheit und Mangel an Heizmaterial. Plünderungen und Misshandlungen durch die Besatzungstruppen verstärkten Angst und Hoffnungslosigkeit. Dazu kam eine spürbare Unzufriedenheit unter den Arbeitern; was das Fass möglicherweise zum Überlaufen brachte, war ein missglücktes Lohn- und Preisabkommen.[19]

Im Oktober 1950 brachen Protestkundgebungen gegen Preiserhöhungen aus, während die Löhne unverändert blieben. Die Streikbewegung, die in Wien begann, breitete sich auf Oberösterreich und Niederösterreich aus, unterstützt von den kommunistischen Gewerkschaftern, die Lohnerhöhungen forderten, die in Übereinstimmung mit den Preiserhöhungen standen. Der Österreichische Gewerkschaftsbund (ÖGB) widersetzte sich jedoch den Forderungen der kommunistischen Gewerkschafter: Die kommunistische Streikbewegung brach zusammen, ein Abkommen für ein günstiges Lohnabkommen wurde niedergeschlagen.

Anton Alfons verfolgte die Streikverhandlungen[20] aufmerksam. Er nahm an Demonstrationen teil, hielt Reden in Baden und Umgebung[21], verfasste und verteilte Flugblätter, die den internen politischen Konflikt erklärten und in deren Folge viele KP-Vertreter aus dem Österreichischen Gewerkschaftsbund (ÖGB) und der KPÖ ausgeschlossen und als Vertreter der Arbeiter in den USIA-Betrieben entlassen wurden. Anton Alfons verlor seine Position als Personalchef in Leobersdorf. Das war sicherlich eine politische Enttäuschung, aber keine persönliche Niederlage!

Wieder standen mein Vater und unsere Familie vor einem Wendepunkt: Wie sollte es weitergehen? Obwohl sich Österreich in den frühen 1950er Jahren wirtschaftlich erholte, war es doch schwer für Alfons, als Maurer Arbeit zu finden. Er war viele Jahre nicht in diesem Beruf tätig gewesen, aufgrund seines Alters – er war zweiundfünfzig Jahre alt – gelang es ihm nicht mehr, mit seinen jüngeren Kollegen Schritt zu halten. Auch seine politische Vergangenheit konnte dazu beigetragen haben. Eine kurze Zeit widmeten sich Anton und Paula einem selbstständigen Unternehmen, der Zucht von Backhühnern, das – so hofften sie – die Familie unabhängig machen sollte. Das Geschäftsvorhaben scheiterte jedoch bereits nach einem Jahr.

Im Frühjahr 1956 erreichte sie ein Brief aus Schweden. Nach einem kurzen Briefwechsel erhielt Alfons von einem ehemaligen Maurerkollegen und Freund aus dem Umfeld der Gewerkschaft aus Uppsala die Einladung, sich einem Maurerteam anzuschließen: Er nahm an. In Uppsala herrschte zu dieser Zeit aufgrund des großen Zustroms aus der Landbevölkerung eine Hochkonjunktur in der Baubranche.

Das sollte das letzte Exil werden, dieses Mal in einem Land, das er und seine Gefährtin freiwillig wählten, wenn auch die Entscheidung ökonomisch begründet war. Wie so viele seiner Zeitgenossen wanderte er durch das Chaos des frühen 20. Jahrhunderts und zwang sich, physische und psychische Herausforderungen zu überwinden; wie nur wenige hatte er Glück, und es gelang ihm – scheinbar unbeschädigt –, der Verwüstung und der Vernichtung des frühen 20. Jahrhunderts zu entkommen.

Mit dem zweiten Umzug nach Uppsala gab er seine politischen Ambitionen auf, unterstützte aber in seiner Haltung weiter die Arbeiterbewegung, international und in Schweden. Seine zwei Kinder, eine Tochter und ein Sohn[22], folgen in bescheidenem Umfang seinem Engagement für Gerechtigkeit: Die Tochter lebt heute mit ihrer Familie in den USA und hat seinem Leben sowie seinem Kampf eine Stimme gegeben, der Sohn setzt sich für Pensionisten in seiner schwedischen Gemeinde durch Informationsaustausch für ein gesundes und sicheres Leben ein.

Anmerkungen

1 Das Buch erschien im Berliner Dietz Verlag. Die dänische Originalausgabe mit dem Titel „Ditte menneskebarn" kam in fünf Bänden von 1917 bis 1921 heraus. [Dieser Beitrag wurde von I. Nawrocka kommentiert].
2 Anton Alfons war vom Frühjahr 1940 bis 1942 im Lager Långmora interniert. Die hier erwähnten Anträge befinden sich im schwedischen Riksarkivet (Kunglia Socialstyrelsen, Utlänningsbyrån).
3 Am 2. Januar 1929 berichtete beispielsweise die „Arbeiter-Zeitung" unter dem Titel: „Wieder eine Heimwehrprovokation!" von einer „Wirtshausrauferei" in Wampersdorf, in die Anton Alfons verwickelt war: „Sehr merkwürdig ist es, daß der Arbeiter Anton Alfons und sein Bruder verhaftet wurden, während die provozierenden Heimwehrleute unbehelligt blieben." (S. 4)
4 Am 21. September 1933 berichtete die „Salzburger Chronik" über die „Verhaftung eines langgesuchten Kommunistenführers": „In St. Pölten wurde der Maurer und ehemalige Sekretär der kommunistischen Partei, Anton Alfons, der in St. Pölten unter dem Namen Karl Frühstück auftrat, verhaftet. Alfons, der schon seit langem wegen des Verbrechens des Hochverrates gesucht wird, ist schon im Juli d. J. in Eggenburg verhaftet worden, doch gelang ihm während der Eskorte nach Wiener-Neustadt die Flucht." (S. 2)

5 Franz Alfons beging 1902 Selbstmord, nachdem er beim Kartenspiel sein Wohnhaus verlor, und hinterließ seine Ehefrau Maria und fünf Kinder, Maria, Mathilde, Josef, Anton und Ludwig, mittellos.
6 Julia Köstenberger: Kaderschmiede des Stalinismus: Die Internationale Leninschule in Moskau (1926–1938) und die österreichischen Leninschüler und Leninschülerinnen. Wien: Lit Verlag, 2016, S. 331, 401.
7 Archiv der Niederösterreichischen Landesregierung, St. Pölten. Gerichtsunterlage Vr 623/34 (jetzt 616/35), Bezirksgericht Ebreichsdorf, Pottendorf, 13. Dezember 1933, Enr. 3012.
8 OÖ. Landesarchiv, Bezeichnung: Sondergerichte Linz, Schachtel 965, Zahl 1345/35. Alfons wurde mit Urteil vom 16. Juli 1935 zu 18 Monaten schweren Kerker verurteilt und am 26. Juli 1935 zum Strafantritt in die Strafanstalt Garsten überstellt. Laut Protokoll der Strafanstalt Garsten: „Stammbuch Nr. 1797, Anton Alfons, geb. 17.1.1898, Wampersdorf 65, Mödling, ein Maurer, Vorstrafen: Verbrechen 2, Übertretung 2, im Auslande; Strafbeginn 16.7.1935 mit 1 Fasttag ¼ jährig; bedingt entlassen 28.7.1936."
9 Das „Salzburger Volksblatt" berichtete am 19. Juli 1935: „Anfangs (sic) Februar bemerkte man in Oberösterreich eine verstärkte kommunistische Propaganda. Bald war die Zelle, die diese staatsgefährliche Tätigkeit entfaltet hatte, ausgehoben. Der führende Mann war der 38-jährige in Wampersdorf bei Baden geborene Maurer Anton Alfons, der der Landesleiter der verbotenen Partei war. Alfons trat unter den verschiedensten Namen und in den verschiedensten Gegenden auf. Einige Zeit war er in Deutschland, Ungarn und Jugoslawien tätig. Der Herr Landesleiter biederte sich insbesondere Eisenbahnern an. Er hatte auch bald ein paar willfährige Genossen gefunden, die ihm bei der Herstellung und Verbreitung der Hetzschriften und des Propagandamaterials halfen." (S. 8)
10 Die norwegische Polizei war bei den Deportationen von Juden aktiv beteiligt. Während des Zweiten Weltkrieges wurden 772 in Norwegen lebende Juden deportiert, nur 34 überlebten. Vgl. taz (online), 26. November 2012 http://www.taz.de/!5078625/ (19. Juni 2020); weiters Karin Kvist Geverts: Ett främande element i nationen. Svensk flyktingpolitik och de judiska flyktingarna 1938–1944. Uppsala: Historiska institutionen & Programmet för studier kring Förintelsen och folkmord, 2008, S. 184–194.
11 Das Lager Långmora wurde im Frühjahr 1940 angelegt und blieb bis 1945 in Verwendung.
12 Zu den Internierungslagern in Schweden siehe auch Tobias Berglund, Niclas Sennertag: Svenska konzentrationsläger i Tredje rikets skugga. Stockholm: Natur & Kultur, 2010.
13 Am 7. Mai 1942 stellte Alfons ein Ansuchen an die Ausländer-

behörde (Kungliga Socialstyrelsen, Utlänningskomissionen), seine erkrankte Lebensgefährtin in Stockholm besuchen zu dürfen, das abgelehnt wurde. (Riksarkivet, Stockholm)

14 Vgl. dazu auch Jan Peters: Exilland Schweden. Deutsche und schwedische Antifaschisten 1933–1945. Berlin: Akademie Verlag, 1984.

15 Paula und Anton Alfons heirateten erst 1949 in Baden.

16 Antons Ansuchen vom September 1944 an die Kungl. Socialstyrelsen, Utlänningsbyrån, an der Gewerkschaftskonferenz der österreichischen Gewerkschaften in Stockholm vom 29. September bis 1. Oktober 1944 teilzunehmen, wurde bewilligt. Kopie im Archiv der Niederösterreichischen Landesregierung, St. Pölten.

17 Möglicherweise kam Anton Alfons im August 1946 mit dem ersten „Rückkehrertransport", der von der Österreichischen Vereinigung in Schweden (ÖVS) organisiert wurde, nach Österreich. Im Mai 1947 fand der dritte Transport mit 35 Personen, darunter Frauen und Kinder, statt. Vgl. Irene Nawrocka: „Das große Erlebnis einer funktionierenden und lebendigen Demokratie". ÖsterreicherInnen im schwedischen Exil und die Frage der Rückkehr in autobiographischen Texten. In: Katharina Prager, Wolfgang Straub (Hg.): Bilderbuch-Heimkehr? Remigration im Kontext. Wuppertal: Arco Verlag, 2017, S. 277.

18 Anton Alfons war u. a. Betriebsrat der Papierfabrik Wampersdorf gewesen.

19 Das erste von der Regierung beschlossene Lohn- und Preisabkommen wurde im August 1947, das vierte im Oktober 1950 beschlossen.

20 Das vierte Lohn- und Preisabkommen führte massive Preiserhöhungen mit gleichzeitig geringen Lohnerhöhungen mit sich und löste eine vom 26. September bis 6. Oktober 1950 dauernde Streikbewegung aus. 2015 wurden 78 GewerkschaftsfunktionärInnen, die wegen des Putsch-Vorwurfes vom ÖGB 1950 ausgeschlossen wurden, rehabilitiert.

21 Anton Alfons hielt u. a. im Januar 1947 im Rahmen von Lenin-Gedenkfeiern der Gesellschaft zur Pflege der kulturellen und wirtschaftlichen Beziehungen zur Sowjetunion, Zweigstelle Baden, in Leobersdorf eine Rede. Österreichische Zeitung, 23. Januar 1947, S. 3.

22 Tochter Sonja wurde im September 1939 in Oslo, Sohn Harald im August 1941 in Stockholm geboren.

Irene Nawrocka
Der König des schwedischen Films, Harry Schein aus Wien (1924–2006)

Harry Schein beginnt seine Autobiografie wie einen Krimi. Am Morgen des 23. Dezember 1978 betritt er die Küche seines Hauses in Danderyd, einem Stadtteil von Stockholm, und findet seine Haushälterin am Boden liegend, tot. Detailliert beschreibt er ihre Haltung: Sie liegt auf dem Rücken, die Beine sind gespreizt und leicht angewinkelt, ihr graues Kleid war die Schenkel raufgerutscht. „Die Haltung war obszön."[1] Ihre Augen sind geöffnet, ihr Blick starrt an die Zimmerdecke. Ihr Kinn hängt in Richtung Hals, denn sie war gerade dabei gewesen, ihre Zahnprothese zu reinigen. Ihre Lippen sinken in den zahnlosen Mund.

Harry Schein geht in ihr Zimmer, holt ein paar Kissen und legt sie ihr unter den Kopf, während er gleichzeitig sich selbst die Frage stellt, ob er damit ihren Tod verschönern wolle. Wörtlich lauten die ersten Sätze seiner Autobiografie: „Meine Haushälterin, Elna Söderling, starb heute Morgen, am 23. Dezember 1978. Meine Einsamkeit ist nun konkret, physisch."[2]

Als seine Autobiografie, die er nach sich selbst betitelt, *Schein*, 1980 im renommierten schwedischen Verlag Bonnier erscheint, ist Harry Schein 56 Jahre alt, Millionär und ein „Super-Promi". Auf ihn gehen die Gründung des Schwedischen Filminstitutes (Svenska Filminstitutet), die erste schwedische Filmschule und die schwedische Filmreform 1963 zurück. Danach gingen zehn Prozent der Einnahmen durch den Kinoticketverkauf an das Schwedische Filminstitut zur Förderung schwedischer Filme. Damit leitete Schein einen Höhenflug des schwedischen Films ein.[3]

Harry Schein galt als kluger Kopf, selbstbewusst bis arrogant und war beides, beliebt und äußerst unbeliebt zugleich. In Schweden sehr bekannt, bezeichnete ihn das österreichische Außenministerium im Frühjahr 2017 auf seiner Homepage als „Schwedens einflussreichsten

nichtösterreichischen Österreicher aller Zeiten"[4]. Das Wort
„nichtösterreichisch" mag eine Anspielung auf Scheins Versuch sein, sich seiner – vor allem jüdischen – Identität entledigen zu wollen.

In einem Interview erzählte Harry Schein einmal vor laufender Kamera, er wolle in seinem Leben zwei Dinge erreichen: Millionär zu werden und die schönste Frau Schwedens zu heiraten. Beides war ihm gelungen. Durch ein Patent für Wasserreinigung[5] wurde er reich und finanziell unabhängig. 1956 heiratete er die bekannte Schauspielerin Ingrid Thulin, die für Regisseure wie Luchino Visconti, Alf Sjöberg und Ingmar Bergman Filme drehte. Harry Schein war ein sehr eifersüchtiger Ehemann und reiste seiner Frau zu den Filmsets hinterher, bis man ihn schließlich als Statist in den Dreh mit einband.[6]

Ingmar Bergman zählte wie die späteren schwedischen Ministerpräsidenten Olof Palme oder Ingvar Carlsson zu Scheins Freunden und war auch der Erste, der das Manuskript zur Autobiografie *Schein* vor dem Druck las. Bergman merkte kritisch an, dass Schein wenig von seinem Elternhaus und seiner Kindheit erzähle. Schein reagierte darauf mit einer Ergänzung in seinem Buchmanuskript: „Deshalb kommt völlig unmotiviert und zusammenhangslos plötzlich die Beschreibung einiger Möbel in der Wohnung meiner Eltern in Wien vor."[7]

> „Nicht einfach irgendjemand kommt als österreichisches
> Flüchtlingskind nach Schweden und darf mit dem
> Staatsminister Tennis spielen ..."[8]

Noch auf Seite 1 seiner Autobiografie spricht Schein nach der toten Haushälterin von einem weiteren Toten, seinem Vater. Harry Schein war als Jugendlicher eines Abends Anfang Januar 1936 mit seiner Mutter im Theater in der Josefstadt gewesen und hatte dort – wie ein Omen auf seine weitere Zukunft – die schwedische Schauspielerin und Sängerin Zarah Leander in der Operette *Axel an der Him-*

melstür gesehen. Als Mutter und Sohn heimkommen, ist der Vater tot.

Man weinte. Das Milieu meiner Kindheit war, im Verhältnis zu seiner Umgebung – Wien und Österreich in den Zwanziger und Dreißiger Jahren – nicht besonders emotional. Jedoch zeigte man seine Gefühle mehr als es in Schweden angemessen erscheint. Inzwischen zeige ich, dass ich Schwede bin, indem ich meine Gefühle nicht zeige.[9]

Das zieht sich wie die Einsamkeit gleichsam als roter Faden durch die Biografie: der Wunsch, ein richtiger Schwede zu sein und als solcher angesehen zu werden. Vor allem das Gefühl der „Aufbruchsstimmung", oder vielmehr das Bedürfnis nach Aufbruch, gab es, so Schein, schon immer in seinem Leben.[10] Gerade im Januar 1978, wenige Monate, bevor die Autobiografie entstand, war es besonders stark, als die neue schwedische Regierung Harry Schein nach fünfzehn Jahren als Chef des Filminstitutes kündigte. Das Filminstitut war mehr als seine Arbeit gewesen: „Ich verließ Mitarbeiter, Freunde, eine Kunstform, eine Lebensweise, die Öffentlichkeit, vielleicht sogar die schwedische Gesellschaft."[11]

Nachdem Harry Schein ratlos ist, was er nun tun soll, beginnt er zu schreiben. Jedoch „hatte ich nichts zu sagen"[12]. Schein konnte schreiben, war Filmkritiker gewesen, hatte für große schwedische Zeitungen wie *Aftonbladet*, *Dagens Nyheter* und über Jahre für das renommierte *Bonniers Litterära Magasin*, in dem bereits große deutschsprachige Autoren wie Hermann Hesse und Thomas Mann publiziert hatten, geschrieben und Bücher veröffentlicht.

Das meiste war in seiner Freizeit geschehen. Doch wolle man das Schreiben nicht als Freizeitbeschäftigung sehen, sondern als Arbeit, so Schein, erfordere dies Disziplin, einige Seiten täglich zu verfassen. Schreiben, auch wenn man keine Lust dazu hat. Besser, die Seiten zu verwerfen und wegzuschmeißen als nicht zu schreiben. In Scheins Worten ausgedrückt, heißt das: „Ich habe viel darüber geschrieben, dass ich nichts habe, worüber ich schreiben kann."[13] Das meiste davon ist „bludder", zu deutsch: Geschwafel, Unsinn.

Es muss eine bessere Weise geben, die Zeit und das Papier zu verwenden. Ich konnte eine einfache Frage nicht vermeiden. Warum so viel Unsinn schreiben anstatt darüber, was mich wirklich betrifft, gerade jetzt? [...] Eine Autobiografie kann keine Antwort auf meine Frage geben. Ich will wissen, wie es ist, nicht wie es gewesen ist. [...] Meine Absicht ist nicht, die Wahrheit von gestern zu berichten, sondern die Wahrheit von heute. Lügen, Missverständnisse, Verdrängung der Vergangenheit bilden die Wahrheit von heute.[14]

Schreiben ist für Harry Schein eine Art zu denken. Beim Schreiben – so Schein – formt sich das Chaos zum Gedanken, zu einem Zusammenhang. „Romanautoren berichten davon, wie die Personen in ihren Romanen ein Eigenleben bekommen. Es besteht also das Risiko, wenn ich anfange, über mich selbst zu schreiben, dass auch ich ein Eigenleben bekomme."[15]

Harry Schein schreibt über seine Freundschaft zu Olof Palme, mit dem er regelmäßig Tennis spielt. Die Autobiografie ist vor dem Palme-Mord im Jahr 1986, „Schwedens größter Wunde"[16], wie ihn ein *Spiegel*-Journalist 2016 bezeichnet hat, verfasst worden. Schein schreibt über Politik, die schwedische Sozialdemokratie, über Kultur- und Filmpolitik und ein wenig über sein Privatleben. Aber – worüber schreibt er *nicht*?

Vermutlich beginnen die meisten Autobiografien in irgendeiner Form mit der Kindheit und setzen chronologisch fort; so auch Harry Schein. Das erste Kapitel nach der Einleitung beginnt er mit den Worten: „Ich habe keinen Familiensinn."[17] Kurz werden der Vater Marcel, der früh starb[18], als Harry 12 Jahre alt war, und die Mutter Ida abgehandelt. Zur Mutter äußert sich Harry: „Sie stand im Weg, beschützend, ständig aufgebracht." Ihren Tod erwähnt er beiläufig: „Meine Mutter, Ida, geboren 1884, wiederverheiratet, nachdem ich Wien verlassen hatte, starb 1940."[19] Er erwähnt allerdings auch in der Folge nicht, dass sie deportiert und ermordet wurde.[20] Dann gab es noch eine ältere Schwester: „Eine Schwester, Elisabeth, drei Jahre älter. Ich habe sie nie gemocht."[21]

Über seine Heimatstadt schreibt er: „Ich bin in Wien geboren, wohnte dort vom 13. Oktober 1924 bis zum 9. April 1939.[22] Trotzdem kenne ich Wien nicht."[23] Harry Schein berichtet von Kinobesuchen, vom ersten Opernbesuch, vom Fußballspielen im Prater, vom weltberühmten österreichischen Essen. Die Flucht, die Umstände, das „wie" bleiben jedoch unerwähnt. Harry Schein äußert sich ganz knapp zu den Umständen seiner Flucht aus Österreich im Frühjahr 1939: „Ich kam im April 1939 nach Schweden, arbeitete in einer kleinen Familienlandwirtschaft in der Nähe von Kåremo, zwischen Kalmar und Oskarshamn. Es gab den Bauern, seine Frau, seine Tochter."[24] Die jüdische Abstammung seiner Familie findet keine Erwähnung. Vieles bleibt in der Autobiografie ungesagt, das schlechte Gedächtnis wird dafür verantwortlich gemacht, das Wort „Verdrängung"[25] fällt.

Schein oder Wahrheit? Quellen zum österreichischen Flüchtling Harry Schein im Stockholmer Riksarkivet

Ich gehe Harry Scheins Spuren in Stockholm nach, um dort Hinweise auf das ungesagt Gebliebene in Harry Scheins autobiografischen Texten im schwedischen Reichsarchiv (Riksarkivet) zu finden. Am Standort in Arninge, wo Unterlagen der Sicherheitspolizei aufbewahrt werden, u.a. Überwachungsprotokolle aus der Kriegszeit zu Flüchtlingen, erhalte ich im Oktober 2017 die Auskunft, es gebe einen Personenakt zu Harry Schein. Doch sei dieser im Augenblick nicht auffindbar.

Am Tag danach suche ich das Stockholmer Archiv der Arbeiterbewegung (Arbetarrörelsens arkiv och bibliotek) auf, um die Antworten Harry Scheins auf eine Umfrage zu lesen, die der Germanist Helmut Müssener Ende der 1960er Jahre unter deutschsprachigen Emigranten in Schweden durchführte, u.a. mit der Frage nach der Selbstbezeichnung („Exulant", „Emigrant" etc.).[26] Harry Scheins ausgefüllter Fragebogen ist in der online-Datenbank des Archivs erfasst, fehlt allerdings in seiner Personenmappe.

Im dritten Archiv, der Dependance des Riksarkivet in Marieberg, einem zentral gelegenen Stadtteil von Stockholm, bekomme ich zum ersten Mal das bestellte und gewünschte Material. Es sind dies Harry Scheins Anträge auf Aufenthaltsverlängerung bis hin zum Antrag auf die schwedische Staatsbürgerschaft. Diese Unterlagen, die Auskunft über Scheins erste Zeit in seinem Fluchtland Schweden und über persönliche Schwierigkeiten wie seine jüdische Identität und sein ausländisch klingender Name geben, lesen sich – wieder (bin ich noch überrascht?) – fast wie ein Krimi.

Harry Schein, so entnehme ich in den dortigen Unterlagen, kam im April 1939 mit Hilfe des Hilfskomitees der mosaischen Gemeinde in Stockholm nach Schweden. Diese hatte am 13. Februar 1939 den Einreiseantrag gestellt, der bereits am 28. Februar vom Schwedischen Konsulat in Wien für sechs Monate (März – August 1939) für acht Personen, darunter auch Friedrich Schächter, den späteren Entwickler des Ballographen-Kugelschreibers, bewilligt worden war.[27] Auf der Karteikarte der schwedischen Fremdenpolizei, die für Harry Schein angelegt wurde, steht neben seinem Namen in handschriftlicher Ergänzung „Israel" und ein Buchstabe in roter Schrift, „m" – für „mosaisch".[28] Im Gesuch um ein Visum am 13. September 1945 gibt Schein als Religionszugehörigkeit römisch-katholisch an. Zu diesem Zeitpunkt hatte Schein bereits die Absicht, die schwedische Staatsbürgerschaft zu erwerben, und er galt als politischer Flüchtling, wie es schriftlich in seinem Antrag festgehalten ist.

In Schweden arbeitete Schein wie viele junge männliche Flüchtlinge zunächst in der Landwirtschaft, in der Männer aufgrund der Grenzsicherung längs des später von den Deutschen im April 1940 besetzten Nachbarlandes Norwegen fehlten. Diese Tätigkeit sollte zur Vorbereitung einer Emigration nach Kanada dienen. Im November 1939 kam Schein in ein Kinderheim in Uppsala, wo er ein Jahr lang wohnte. In dieser Zeit war er vier Monate lang als Laufbursche in einer Apotheke tätig und anschließend sechs Monate als Laborassistent in der Landwirtschaftshochschule in Ultuna beschäftigt. Danach erhielt er eine Anstellung im Stockholmer Wenner-Gren-Institut bei Paul Kallós, einem 1902 in Budapest geborenen Allergologen, der 1934 nach Schweden emigrierte und seit 1937 im Wenner-Gren-Institut für experimentelle Biologie arbeitete.[29] Dort blieb Schein bis zum April 1942.

Im März 1942 suchte er um einen schwedischen Fremdenpass an, nachdem das deutsche Konsulat im Zuge der allgemeinen Ausbürgerung von im Ausland lebenden jüdischen Staatsangehörigen im November 1941[30] seinen deutschen Reisepass eingezogen hatte. Mit Hilfe der mosaischen Glaubensgemeinde besuchte Harry Schein Abendkurse im Stockholmer Technischen Institut, wo er sich zum Wasserreinigungsexperten ausbilden ließ und in diesem Bereich arbeitete. Im Sommer erhielt er eine Stelle im Merkantila Ingenjörsbyrån als Wasserreinigungsexperte, die der Beginn einer rasanten Karriere sein sollte. Gleichzeitig war er als Literaturkritiker, u.a. bei der Tageszeitung *Aftonbladet*, tätig.[31]

Seine Tätigkeit als Ingenieur führte ihn u.a. bereits im Sommer 1946 in die USA, wo er auch seine Schwester und ihre Familie in Hollywood besuchte und Kontakte zur *Screen Writers Guild* und zu Hollywoods *Independent Committee of Arts, Sciences and Professions* knüpfte. Er war zu diesem Zeitpunkt 22 Jahre alt und galt in seiner Firma bereits als unentbehrlich. Wenige Jahre später übernahm er das Unternehmen.

Im Februar 1947 teilte Schein der Staatlichen Ausländerbehörde mit, dass er während seines Aufenthalts in den USA wenige Wochen zuvor seinen Namen von Harry L. Schein auf Harry Martin geändert habe.[32] Einen Monat später beantragte er einen schwedischen Fremdenpass mit dieser Namensänderung und fügte seinem Antrag die Bestätigung des Gerichts des US-Bundesstaates von Nevada[33] bei. Um der Dringlichkeit Nachdruck zu verleihen, suchte er einige Wochen später die Ausländerbehörde persönlich auf und gab bei dieser Gelegenheit zu Protokoll, dass er

1939 mit falschen Papieren nach Schweden eingereist sei. Sein richtiger Nachname sei nämlich nicht Schein, sondern Breitenfeldt, so behauptet er gegenüber den schwedischen Behörden, und er sei auch nicht 1924 geboren, sondern einige Jahre früher. Und außerdem sei er nicht – wie er bei seiner Einreise angegeben habe – jüdischer Abstammung, sondern römisch-katholisch.

Daraufhin verlangte die schwedische Kriminalpolizei eine ausreichendere Erklärung für seine Namensänderung und die genauen Umstände derselbigen. Es schaltete sich in der Folge auch die staatliche kriminaltechnische Anstalt in die Angelegenheit mit ein. Schein erklärte seine in den USA vollzogene Namensänderung damit, dass er bei Geschäften in England, Frankreich und den USA einen neutralen Namen haben wollte, der nicht seine Herkunft verriet. Wörtlich gab er zu Protokoll: ein neutraler Name, der nicht seine Herkunft „ausplauderte" (schwedisch: *skvallrade*)[34]. Beim Verhör gab er an, Leonard von Breitenfeldt zu sein, am 13. Oktober 1919 – an seinem Geburtstag, nur fünf Jahre früher – in Wien geboren und Sohn des österreichischen Staatsbürgers Oberst Marcell von Breitenfeldt und seiner Frau Maria, geborene Novak, zu sein; beide seien, so Schein, verstorben.

Der Anlass, warum er die Identität einer anderen Person angenommen habe, sei der gewesen, dass er wegen der unruhigen Verhältnisse in Österreich 1939 das Land verlassen wollte. Unter seinem richtigen Namen hätte er die Möglichkeit dazu nicht gehabt, weshalb ihm seine Mutter eine Geburtsurkunde vom Sohn einer Freundin besorgte. Damit erhielt er einen deutschen Pass mit rotem „J" auf den Namen „Harry Leo Schein", wohlgemerkt: Leo, nicht Israel.[35] Der echte Harry Schein sei bei einer Razzia gegen Juden im November 1938 umgekommen. Frau Schein, die Mutter des Toten, war damit einverstanden gewesen, dass er die Identität ihres Sohnes annahm. Als Jude gelang ihm die Ausreise, er selbst sei aber arischer Abstammung und gehöre der katholischen Kirche an.

Die schwedischen Behörden bewilligten die Namensänderung von Schein in Martin nicht, da sie vom amerikanischen Konsulat erfuhren, dass das Urteil des Staates Nevada nur in Nevada selbst Gültigkeit besaß. Außerhalb von Nevada war ein Beschluss des Obersten Gerichts in Washington für eine derartige Namensänderung erforderlich. In den im Riksarkivet in Marieberg aufbewahrten Unterlagen der schwedischen Behörden liest sich das so: „Bei Nachfrage bei der mosaischen Glaubensgemeinde, die von der geänderten Identität des Ausländers wohl erfahren sollte, zeigte man große Verwunderung und äußerte die Vermutung, dass Schein in einem Anfall von geistiger Verwirrung seinen jüdischen Namen und seine jüdische Herkunft los werden wollte."[36] Man vermutete dort, dass Schein tatsächlich Schein hieß, seine später erfolgten Angaben stellte man in Zweifel. Sollte sich allerdings herausstellen, dass seine wahre Identität tatsächlich Breitenfeldt sei, kündigte die mosaische Glaubensgemeinde rechtliche Schritte an. Im Polizeibericht liest sich das ungewöhnlich emotional: „Schein selbst – eine offensichtlich arrogante Person – war beim Gespräch mit der Kriminalabteilung hochnäsig und hielt die Polizei für vollkommen machtlos, weil ein mögliches Vergehen bereits gemeldet worden war."[37]

Allerdings, so hielt man fest, hatte Schein auch keine Beweise dafür, dass er Breitenfeldt hieß. Laut dem *Wiener Adreßbuch* von 1938[38] wohnte übrigens zu diesem Zeitpunkt keine Familie namens Breitenfeldt in Wien. Dies gibt dem Argwohn der Beamten in Stockholm recht. Die schwedischen Behörden wandten sich in der Folge an den Polizeipräsidenten in Wien und Anfang April 1947 auch an das FBI in Washington, um seine Identität abzuklären. Dann passierte Schein ein folgenschwerer Fehler: Er gab beim amerikanischen Konsulat in einem Visumsantrag an, seine Schwester Mrs. Elisabeth Gottlieb in Hollywood besuchen zu wollen.

Im Juli 1947 traf die Antwort des FBI aus Washington in Stockholm ein: Man hatte den Ehemann von Scheins

Schwester, Theodore Gottlieb, verhört, der Schein auf dem mitgeschickten Foto identifizierte. Er sagte aus, dass beide Eltern, Chaim Moses Schein – in seiner Autobiografie nennt Schein seinen Vater Marcel – und Ida Schein, Juden gewesen seien (ein Eintrag in den Matriken der Israelitischen Kultusgemeinde in Wien belegt, dass sie im dortigen Stadttempel 1920 geheiratet hatten) und Harry Leo Schein somit „Volljude" wäre. Ida Schein sei vermutlich tot. D.h. die Familie wusste zu diesem Zeitpunkt offenbar noch nicht, dass sie ermordet worden war. Ida Schein, wiederverheiratete Langbank, lebte zuletzt in der Rotensterngasse im 2. Wiener Bezirk und wurde am 5. Juni 1942 kurz vor ihrem 58. Geburtstag gemeinsam mit ihrem zweiten Ehemann Ludwig Langbank nach Izbica im Generalgouvernement deportiert.[39]

Bei seinem Besuch bei den Gottliebs hatte Schein erzählt, dass er aus beruflichen Gründen rund um den Globus reise, in der Schweiz gewesen sei und einmal sogar in Moskau. „Moskau" ist in den Unterlagen der schwedischen Behörden rot unterstrichen, fürchtete man im damaligen Schweden die Kommunisten mehr noch als die Nationalsozialisten.

Der Schwager legte zwei Briefe Scheins an seine Schwester vor. Einer enthielt die Anweisung, sie solle eine Erklärung abgeben, wonach sein richtiger Name Harry Leonard von Breitenfeldt und er römisch-katholisch sei. Schein hätte, so schrieb er, von einem Breitenfeldt gehört, der im Krieg in Norwegen umgekommen war. Der Schwager und Scheins Schwester ließen diese Briefe unbeantwortet, weil sie vermuteten, dass er etwas Unrechtmäßiges vorhatte, und da die Gottliebs gerade in den USA ihre Einbürgerung vorbereiteten, wollten sie keine Schwierigkeiten haben. Der Schwager gab laut FBI-Bericht an, Schein lebe in ständiger Angst vor Antisemitismus und Judenverfolgungen und sei überzeugt, ein viel glücklicheres und erfolgreiches Leben führen zu können, wenn er kein Jude wäre. Dieser Bericht des FBI war unterzeichnet von Direktor John Edgar Hoover persönlich.[40]

In einem schwedischen Polizeibericht vom 9. August 1947[41] hielt man nochmals fest, Schein wünsche diese Namensänderung auf Martin, da sein Name in Schweden fremdländisch klinge, was ihm beruflich von Nachteil sein könnte. Auch sein Arbeitgeber befürwortete dieses Anliegen. Welches Geburtsjahr, ob 1919 oder 1924, sei ihm – Schein – gleichgültig. Als frühere Nationalität wünsche er anstatt der Angabe „deutsch" lieber „österreichisch". Und noch ein Nachsatz folgte: Seinen Titel möge man ändern, auf „överingenjör" (Oberingenieur).

Die ganze Angelegenheit in Sachen Namensänderung führte letztlich dazu, dass Harry Schein Harry Schein blieb. Aber nachdem das Misstrauen der schwedischen Behörden geweckt war, konnte er vorerst keinen Antrag auf die schwedische Staatsbürgerschaft stellen. 1950 wurde Harry Schein schließlich schwedischer Staatsbürger.

Im Nachwort seiner Autobiografie *Schein* schreibt ebendieser:

Heute, Sonntag der 1. Juli 1979, sind es genau 190 Tage her, dass Elna Söderling starb. Ich habe heute Morgen gelesen, was ich damals schrieb, die ersten Seiten dieses Buches. Sie waren da wahr. Sie sind es heute nicht ganz. […] Ich habe gelernt, mit dem Staubsauger umzugehen und die Waschmaschine zu bedienen. […] Das (hier) wurde mehr als ich dachte, als ich zu schreiben begann, wie eine konventionelle Autobiografie. […] Sie handelt nicht von meinem Leben, sondern von mir in diesem Augenblick, so wie ich alles verstanden oder missverstanden habe, dessen Resultat ich bin. […] Nichts in diesem Text wurde überprüft, keine Jahreszahl oder die Schreibweise eines Eigennamens.[42]

Abschließend und endend wendet er sich an uns:

Den Wissenschaftlern oder anderen, die sich seriös mit der im Buch geschilderten Wirklichkeit befassen, will ich also sagen, dass sie jede Angabe in diesem Text nicht anders auffassen sollen als einen Ausdruck dafür, was ich zu wissen glaube. Das meiste wird wohl stimmen, jedenfalls das wichtigste. Aber alles sollte man überprüfen. Das ist nicht schwer, nur unbequem.[43]

Anmerkungen

1 Harry Schein: Schein. Stockholm: Bonniers, 1980, S. 9. Die Übersetzung der schwedischen Zitate stammt von Irene Nawrocka. Harry Scheins zwei Autobiografien, „Schein" und „Sluten. 5 oktober till 15 november 1994", wurden bislang nicht ins Deutsche übersetzt.
2 Schein: Schein, S. 9.
3 Zu Scheins Biografie siehe auch Per Vesterlund: Schein. En biografi. Stockholm: Albert Bonniers Förlag, 2018.
4 Ankündigung einer Veranstaltung für den 27. April 2017 auf Einladung der Schwedisch-Österreichischen Vereinigung und der Österreichischen Botschaft im Stockholmer Goethe-Institut, die Vorführung des schwedischen Dokumentarfilmes „Citizen Schein" in Anwesenheit der Regisseurin Maud Nycander.
5 Lars Ilshammar: Ingenjören som kom in från kylan. In: Lars Ilshammer, Pelle Snickars, Per Vesterlund (Hg.): Citizen Schein. Stockholm: Kungliga bibliioteket, 2010, S. 113. Schein war vermutlich bereits um 1945 Chef der Firma Mibis, eines Familienunternehmens.
6 In dem Film „Nattlek" in der Regie von Mai Zetterling mit Ingrid Thulin aus dem Jahr 1966 trat Harry Schein als Gast auf einem Fest auf.
7 Harry Schein: Sluten. 5 oktober till 15 november 1994. Stockholm: Bonniers, 1995, S. 9.
8 Zitat aus dem Film „Citizen Schein". Regie: Maud Nycander, Jannike Åhlund, Kersti Grunditz Brennan, 2017.
9 Schein: Schein, S. 9.
10 Schein, ebd., S. 12.
11 Schein, ebd., S. 12.
12 Schein, ebd., S. 13.
13 Schein, ebd., S. 14.
14 Schein, ebd., S. 14 f.
15 Schein, ebd., S. 15.
16 Niels Reise: Mord an Olof Palme. Schwedens größte Wunde. Spiegel online, 28. 2. 2016 https://www.spiegel.de/geschichte/mord-an-olof-palme-1986-ein-raetsel-ohne-aufloesung-a-1079047.html (16. November 2017).
17 Schein: Schein, S. 19.
18 Laut Mosaiska Församlingen in Stockholm wurde der Vater am 31. März 1881, Scheins Mutter Ida am 16. Juni 1884 geboren (laut der Opferdatenbank des Dokumentationsarchives des österreichischen Widerstandes war ihr Geburtsdatum der 10. Juni 1884).
19 Schein, Schein, S. 19. Ida Langbank starb vermutlich nach ihrer Deportation 1942.
20 In einem Verhör mit der Kriminalpolizei gibt Schein an, seine Mutter seit seiner Abreise aus Wien nicht mehr gesehen und nach

1941 keinen Kontakt mehr mit ihr gehabt zu haben. Durch Frau Schein (gemeint ist hier die Mutter jenes Buben, dessen Identität er vorgab, angenommen zu haben) hätte er gehört, dass seine Mutter, eine Halbjüdin, deportiert worden sei. Deshalb ging er davon aus, sie sei tot. Vermutlich 1942 war Schein von Pastor Jellinek von der Schwedischen Israelmission davon informiert worden, dass seine Mutter wieder geheiratet hatte und verstorben sei. Bericht der Stockholmer Polizei, Kriminalabteilung, 9. August 1947. Personenmappe Harry Schein. Riksarkivet, Stockholm.
21 Schein: Schein, S. 21.
22 Laut behördlichen Unterlagen war Schein am 6. April 1939 nach Schweden gekommen.
23 Schein: Schein, S. 21.
24 Schein, ebd., S. 41.
25 Schein, ebd., S. 19. Schein war Ende der 1940er und/oder Anfang der 1950er Jahre in Psychoanalyse gegangen. Vgl. Schein: Sluten, S. 10.
26 Siehe auch Helmut Müssener: Exil in Schweden. Politische und kulturelle Emigration nach 1933. München: Carl Hanser Verlag, 1974.
27 Zu jüdischen Kindern wie Harry Schein und Friedrich Schächter, die u.a. mit Hilfe der Schwedischen Israelmission und dem Hilfskomitee der mosaischen Gemeinde in Stockholm nach Schweden kamen, siehe u.a. den Beitrag von Merethe Aagaard Jensen: Die Rettung jüdischer Kinder und Jugendlicher aus Österreich nach Schweden – betrachtet aus dem skandinavischen Blickwinkel. In: Olaf Glöckner, Helmut Müssener (Hg.): Deutschsprachige jüdische Migration nach Schweden 1774 bis 1945. Oldenbourg: De Gruyter, 2017, S. 307–322, hier S. 319 f.
28 Zur schwedischen Flüchtlingspolitik siehe u.a. Klas Åmark: Schwedens Flüchtlingspolitik und die Flüchtlinge aus dem Deutschen Reich 1938–1945. In: Irene Nawrocka (Hg., unter Mitarbeit von Simon Usaty): Im Exil in Schweden. Österreichische Erfahrungen und Perspektiven in den 1930er und 1940er Jahren. Wien: mandelbaum, 2013, S. 26–45.
29 1954 sollte Paul Kallós das Collegium Internationale Allergologicum in London mitbegründen.
30 § 2 der 11. Verordnung zum Reichsbürgergesetz vom 25. November 1941.
31 Bericht der Stockholmer Polizei, Kriminalabteilung, 9. August 1947.
32 Dieses Dokument vom 3. Februar 1947 liegt Scheins Akt in Marieberg bei.
33 The Second Judicial District Court of The State of Nevada In and For The County of Washoe.

34 Statens kriminaltekniska Anstalt, Stockholm, Schreiben an Statens utlänningskommission, eingelangt am 8. Juli 1947 (Stempel), S. 1. Personenmappe Harry Schein. Riksarkivet, Stockholm.
35 Ebd.
36 Ebd., S. 2.
37 Ebd.
38 Wiener Adreßbuch Lehmanns Wohnungsanzeiger 1938. Wien: Österreichische Anzeigen-Gesellschaft A. G., 1938.
39 Dokumentationsarchiv des österreichischen Widerstands, Opferdatenbank. www.doew.at/result (5. Juni 2020)
40 United States Department of Justice, Federal Bureau of Investigation, Washington, D.C., 11. Juni 1947. Personenmappe Harry Schein. Riksarkivet, Stockholm.
41 Personenmappe Harry Schein. Riksarkivet, Stockholm.
42 Schein, Schein, S. 522.
43 Schein, ebd. Anzumerken ist, dass Harry Schein, nachdem Ingmar Bergman am Manuskript seiner Autobiografie „Schein" kritisiert hatte, dass er nichts über seine Kindheit preisgegeben habe, mit „Sluten: 5 oktober till 15 november 1994" 1995 eine zweite Biografie veröffentlichte.

Marlen Eckl
"Ich schreibe um herauszufinden, was ich weiß."
Die Bedeutung des autobiographischen Schreibens im Werk von Gerda Lerner

"Ich schreibe um herauszufinden, was ich weiß."[1] Mit dieser Feststellung erklärt Gerda Lerner ihren Entschluss, mit *Feuerkraut* „eine politische Autobiografie", deren englische Originalausgabe 2002 erschien, zu schreiben. Doch steht die Aussage zugleich für das gesamte Schaffen der Historikerin und Schriftstellerin, das zeitlebens in vielfältiger Weise autobiographisch bestimmt war. So nimmt es nicht wunder, dass sie wiederholt in *Feuerkraut* auftaucht.

Seit Gerda Lerner sechzehn Jahre alt war, hatte sie sich als Schriftstellerin gefühlt. Kurz nach der Emigration begann sie 1940 mit dem Schreiben, „das zunehmend wichtig wurde für mein Leben, und das schließlich zu meinem Hauptschwerpunkt und zum Mittel meiner Selbstdefinition werden würde"[2]. Ihre Mutter in Frankreich ließ sie damals wissen:

Das Schoenste ist aber was mit mir passiert ist: Ich habe begonnen zu schreiben, und zwar auf englisch und mir sind z[w]ei wirklich ausgezeichnete Gedichte gelungen. [...] die Leute, die sie gelesen haben, halten sie fuer ganz hervorragend. [...] das ist das erste Zeichen eines vollendeten Weges und der Anfang fuer einen neuen breiten Weg.[3]

Die Familie im fernen Europa und ohne Habe, wandte sie sich der Literatur als dem Einzigen zu, was ihr aus dem alten Leben geblieben war. Viele der zur Emigration Gezwungenen erlebten Verfolgung, Vertreibung, Flucht und Exil als eine existenzielle Zäsur. Das Schreiben wurde zum therapeutischen Prozess, zur Selbstvergewisserung, „zur Suche nach dem eigenen Ich ‚als dem einzigen Real-Wert', der noch zu behaupten war"[4]. Der Wahl des Autobiographischen, der Subjektivierung der Erlebnisse, lag demgemäß das Bedürfnis nach Sicherheit und Geborgenheit in einer zerrütteten unsicheren Zeit und Welt zugrunde.[5] Die Entscheidung, eine amerikanische Schriftstellerin zu werden, ließ das Schreiben für Gerda Lerner auch Teil ihrer Annäherung an die neue Heimat werden, in deren Verlauf sie sich mit der Sprache und mit dem Land vertraut machte.

Ich begegnete Amerika mit offenen Armen, ließ mich dankbar und fasziniert auf das Land und seine Sprache ein. […] Ich war jung genug für einen Neuanfang. Dieser Wechsel der Perspektive bringt manche Vorteile […]. Aber der Neubeginn fordert auch seinen Preis, und der ist weit höher, als ich es mir selbst je eingestehen wollte.[6]

Obwohl es das schmerzliche Aufgeben der Muttersprache und damit einhergehend eines Stücks der eigenen Kultur bedeutete, war Gerda Lerner von Beginn an entschlossen, nicht zu den Flüchtlingen gehören zu wollen, die als stete Europäer die verlorene Welt verklärten und im neuen Leben entweder ein vorübergehendes Exil oder eine unvermeidbare Notwendigkeit sahen. Dennoch zeugen die ersten literarischen Gehversuche Gerda Lerners von einer Zerrissenheit zwischen zwei Welten. Einerseits assimilierte sich Gerda Lerner in kurzer Zeit sprachlich vollkommen an das Zufluchtsland. Andererseits waren viele der frühen Arbeiten vom Geschehen in dem von Krieg und Naziterror erschütterten Europa beherrscht. Wie stark sie die Vorgänge in Europa und ihr eigenes Schicksal als jüdischer Flüchtling geprägt hatten, zeigen vor allem die auf Deutsch verfassten Gedichte. Im Gedicht *Kinder dieser Zeit* schildert sie mit großer Klarheit das vom Krieg bestimmte Leben ihrer Generation:

Es war Krieg auf der Welt
als unsere Muetter mit uns schwanger gingen.
[…]
Unsere Kinder jedoch werden anders leben –
unsere Kinder wachsen frei und gross –
[…]
Wir haben genug lang auf Bessrung [sic] gewartet –
heute wissen wir, dass in unsrer Hand
die Zukunft steht.
Die Zukunft ohne Krieg und ohne Elend.[7]

Neben der Selbstvergewisserung stellt die Selbstbehauptung eine wichtige Antriebskraft für die literarische Arbeit der Emigranten dar. Die Exilanten waren sich ihrer Rolle als Zeugen eines wichtigen historischen Momentes und Ereignisses bewusst. Der Lebensabschnitt sollte als politisches Exempel einer Wiederholung einer ähnlichen politischen Entwicklung entgegenwirken. Ihre autobiographischen Texte sind folglich als „menschliche Dokumente der schreibenden Selbstbehauptung, des Widerstands"[8] zu betrachten. Vor diesem Hintergrund erstaunt es auch nicht, dass die Beschäftigung mit dem Zeitgeschehen in Gerda Lerners frühen Texten großen Raum einnimmt und sie sich mit der autobiographischen Ausrichtung ihres literarischen Schaffens in die Reihe der exilierten Schriftsteller einfügt, für die das Festhalten des durchlebten Leids und Schreckens der Verhinderung des Vergessens diente. Die in englischer Sprache geschriebenen, unveröffentlichten Gedichte *Refugees* und *Concentration Camps* vermitteln ein eindringliches Bild von der Situation der vom Nationalsozialismus verfolgten Juden, die zur Flucht gezwungen in der ganzen Welt auf verschlossene Türen stoßen und, selbst wenn die Emigration geglückt ist, sich unter schwierigsten Umständen eine Existenz aufbauen müssen:

> *They sleep on the doorsteps in Shanghai.*
> *They sit in the cafes in Lisbon.*
> *They walk the streets of Stockholm.*
> *They wait behind barbed wires in France*
> *Poland, Germany, Hungary, Trinidad,*
> *Switzerland – everywhere, every land:*
> *There is no room for them.*[9]

Ihre Kurzgeschichten sind ebenfalls stark autobiographisch grundiert. Das darin behandelte Themenspektrum reicht von Kindheitserfahrungen des Andersseins, der letzten Begegnung mit ihrer Mutter bis zur Entfremdung vom Partner in unglücklichen Liebesbeziehungen.[10] *The Prisoners*, einer der wenigen veröffentlichten Texte aus dieser frühen Zeit[11], basiert auf den Erlebnissen der Gestapo-Haft, die Gerda Lerners Leben „einen unwiderruflichen Stempel aufgedrückt"[12] hat. Kurz nach dem Einmarsch der Nationalsozialisten in Wien wurden sie und ihre Mutter inhaftiert. Die Gestapo hielt die beiden als Geiseln fest, um die Arisierung der Apotheke ihres Vaters zu erzwingen. *The Prisoners* erzählt die Geschichte von vier Frauen in Nazi-Haft nach dem sogenannten „Anschluss" im März 1938. Schlechtes und weniges Essen, Schlafmangel, körperliche Misshandlung und die Ungewissheit ihres Schicksals führen sie an die psychischen und physischen Grenzen der Belastbarkeit. Indem Gerda Lerner den Willen zum Widerstand, die Solidarität und die Verantwortung füreinander, die Kraft der Frauen aufzeigte, brachte sie bereits an dieser Stelle Themen zur Sprache, die später ihre Sicht auf Frauen in der Geschichte prägen sollten.[13]

Ebenso wie von den ersten Tagen der Nazi-Herrschaft erzählte sie von den Bürgerkriegskämpfen in Wien.[14] In Anbetracht der Themen mag Gerda Lerner die englische Sprache wie einen „Schild gegen den Andrang der Erinnerung" empfunden haben, um mit Ruth Klüger zu sprechen.[15] Die Verwendung der Fremdsprache diente gleichsam als „eine Art Sicherheitsabstand gegen den Tumult primitiver Emotionen", die von Worten in der Muttersprache hätten hervorgerufen werden können.[16]

Die Erlebnisse in den Bürgerkriegstagen und in den Jahren des Austrofaschismus sowie insbesondere in der Zeit der Herrschaft der Nationalsozialisten nach dem „Anschluss" waren für Gerda Lerner sehr traumatisch und schmerzhaft, sodass sie sich nur unter bestimmten Voraussetzungen damit in ihren literarischen und wissenschaftlichen Arbeiten auseinandersetzen konnte und nicht gerne davon sprach. Wie sehr die Vorkommnisse in Wien in Gerda Lerner nachwirkten, verdeutlichen die Zeilen aus einem Brief, in dem sie ihrer Mutter im August 1939 offenbarte:

Jeder von uns hat ganz verzweifelte Momente – da kommen die Feinde von innen – Zweifel, Angst, Verachtung. Daneben die ruhigen klaren Momente, wenn man es ueberwunden hat, wenn man die Loesung gefunden hat, einen Entschluss gefasst. Erinnerst Du dich: am 13. Maerz 1938 habe ich einen totalen Kollaps gehabt – da konnte ich nur weinen – spaeter habe ich fast ein Jahr nicht mehr geweint.[17]

Nachdem sie einige ihrer Texte publizieren konnte[18], entschied sich Gerda Lerner, einen Roman zu schreiben. Von Liechtenstein aus verfolgte der Vater mit großem Interesse ihre literarische Entwicklung: „[Der] Weg von einer Chokoladenverkäuferin [sic] zu einer Schneideragentin und schliesslich zu einer anerkannten Schriftstellerin wäre echt amerikanisch."[19] Von Viola Brothers Shore, deren Schreibkurse Gerda Lerner besuchte, war sie darin bestärkt worden, über das zu schreiben, was sie weiß. So entstand *No Farewell*, in dem sie ausgehend von den Februarkämpfen 1934 in Wien veranschaulicht, wie der Bürgerkrieg Feindbilder förderte und Lagerdenken festigte. Unter den Werken über den Bürgerkrieg und seine politischen Auswirkungen stellt der Roman eine Besonderheit dar, weil er einerseits von einer jungen, österreichisch-jüdischen, kommunistisch engagierten Emigrantin in Englisch für ein amerikanisches Lesepublikum geschrieben wurde.

Andererseits erzählt er, fundiert auf den Erlebnissen der Autorin als politisch aktive Jugendliche in Wien, die Vorgänge in Österreich bis zum „Anschluss" und nimmt auf diese Weise den Zeitraum von 1934 bis 1938 in den Fokus. Denn es war Gerda Lerner ein Anliegen, ein vielschichtiges Stimmungsbild der Zwischenkriegsgeneration und ein anschauliches Porträt Wiens in jenen entscheidenden Jahren des politischen Wandels von der Demokratie zum Austrofaschismus bis hin zum nationalsozialistischen Regime zu zeichnen, weil sie mit dem Schreiben eine Mission verband, die ihr den Antrieb für diese Arbeit gab. „Ich muss über meine eigene Erfahrung schreiben, weil meine Erfahrung eine politische Lektion beinhaltete. Wenn ich nur gut genug schrieb, dann würden die Leute diese politische Lektion mitbekommen, während sie dabei unterhalten wurden."[20]

In der Tat prägten die Ereignisse im Februar 1934 das Leben der damals 13-jährigen Gerda nachhaltig:

Damals wurde ich politisch aktiv, weil sie auf Zivilisten schossen – die Regierung. [...] Es war gleich um die Ecke von dort, wo ich wohnte. Ich hörte die Artillerie und Maschinengewehre ratata, ratata, ratata, und gleichzeitig spielte das Radio der Regierung Wiener Walzer und die ganze Zeit sagten sie uns im Radio, dass es keine Schießereien mehr gebe.[21]

Gerda Lerner entwickelte damals ein politisches Bewusstsein. Sie begann, eine Untergrundzeitung zu lesen und zu verteilen, und beteiligte sich an einem Projekt der Roten Hilfe, in dessen Rahmen Geld für den Unterhalt von Familien von Opfern der Februarkämpfe gesammelt und bereitgestellt sowie den betroffenen Familien soziale Betreuung angeboten wurde.

In ihrem Roman schildert Gerda Lerner die unterschiedlichen Reaktionen angesichts des erstarkenden Faschismus. Der Leser erhält sowohl Einblick in die Lebenswelten von überzeugten Sozialdemokraten und Nationalsozialisten der ersten Stunde als auch in die Realität verschiedener sozialer Schichten – von Arbeitslosen bis zu Industriellenfamilien. Mittels der Gedanken und Dialoge von Menschen unterschiedlicher sozialer Milieus und politischer Richtungen ist es Gerda Lerner möglich, eine eindrückliche Vorstellung von ihren damaligen Erlebnissen und Empfindungen sowie ihrer retrospektiven Einschätzung zu vermitteln.

Am Sonntag hatte Leni so wie alle Österreicher die Hitlerrede angehört [...] „Die Situation scheint ernst zu sein", gab Onkel Albert zu. „Meine Arbeiter reden vom Generalstreik. Anderseits stellen die Nazi schwarze Listen zusammen ..." [...] „Ich bin optimistisch", erklärte der Vater energisch. „Die Leute von der Vaterländischen Front sind heute zu mir gekommen [...]. Schuschnigg wird uns schon aus der Patsche ziehen, ich bin davon überzeugt. [...]" Leni hörte schweigend *zu. Sie waren wie die Fische, die blind im Wasser herumschlagen, weil sie das Netz spüren, aber nicht wissen, daß sie gefangen sind.*²²

In der Figur von Leni Lederer, die unverkennbar Züge Gerda Lerners trägt, in deren Entwicklung, deren Wachsen an den Herausforderungen und Erlangung von Selbstvertrauen und Eigenständigkeit hat die Historikerin den eigenen Reifeprozess und die politische Bewusstwerdung in eine literarische Form gekleidet. Ebenso wie die junge Gerda engagiert sich Leni in der Roten Hilfe. Zwar bleibt sie als Bürgerstochter eine Außenseiterin unter den Aktivisten und kann die Fesseln der sozialen Herkunft nicht abstreifen. Doch gerade weil sie mit der Not der Arbeiterfamilien und der vorhandenen Kluft zu ihrem bourgeoisen Heim hadert, möchte sie ihren Beitrag zur Veränderung der Gesellschaft leisten. Mithilfe von Leni zeigt Gerda Lerner, wie Frauen zu Akteurinnen werden können. Sie überwinden eigene Ängste und Bedenken, weil sie in anderen couragierten und furchtlosen Frauen wie Marie und Magda starke Vorbilder finden.

Die Tatkraft der Frauen und der Zusammenhalt unter ihnen, die Gerda Lerner in der Roten Hilfe und in der Nazi-Haft in Wien kennengelernt hatte, fand sie in den USA in ihrer Arbeit in Nachbarschaftsvereinen und im Congress of American Women wieder. Als Symbol einer unzerstörbaren Lebenszuversicht, mit der man sich dem Schicksal aller Gefahren und Widrigkeiten zum Trotz entgegenstellte, ließ sie diese in den Roman mit einfließen. Es war diese kämpferische Haltung, die den Emigrantinnen die gerade in der schwierigen Anfangszeit besonders erforderliche Kraft und Hoffnung auf ein besseres Leben verlieh.

Ungeachtet der zukunftsorientierten Haltung seiner Protagonistin Leni spiegelt der Roman auf mehreren Ebenen den inneren Zwiespalt wider, den Gerda Lerner während des Entstehungsprozesses in den 1940er Jahren durchlebte. Sie setzte sich darin mit dem erlittenen Nazi-Terror in einem Maße auseinander, wie sie es in wenigen anderen

Texten zuvor getan hatte und später tun sollte. Im Unterschied zu der als Erstes erschienenen, deutschen Fassung des Romans mit dem Titel *Es gibt keinen Abschied* (1953), die mit der Verabschiedung von Leni und ihrem Freund Gustl endet, bei der sich die beiden einander der Gewissheit eines Wiedersehens in einem freien Wien versichern, zeichnet Gerda Lerner im Schlusskapitel von *No Farewell* (1955) die Beseitigung von Briefen, Büchern, Bildern, die Leni und Gustl in Gefahr bringen könnten, und das Antlitz Wiens nach, das unter den neuen Machthabern nicht mehr ihrer geliebten Stadt gleicht.

Uniforms, German and Austrian, brown shirts and black shirts and the insignia in everyone's lapel. German tanks, trucks and motorcycles, flags everywhere and the Fuehrer's picture, brutally stupid, staring at them from every store window. Up and down the streets the chalk mark JUDE on shops and walls and windows and doors. It was as though the city had overnight become a stage with the props for the new show just barely moved into place.[23]

Dennoch bleibt Leni gefasst, als die Gestapo am nächsten Morgen vor der Tür steht, um die Wohnung der Familie Lederer zu durchsuchen. Als sie und ihre Mutter verhaftet werden und ein Verhör durch Nazi-Schergen bevorsteht, verliert sie auch nicht die Zuversicht:

„Wipe that grin off, you swine." Someone struck her in the face. You can't touch me, Leni thought. You can threaten and rant, you can outlaw thought and torture the bodies of men, but you can't reach what's important. [...] The truth, the knowledge of the heart, what I've learned, what I've loved – you can't take that. [...] You can't destroy us, she thought. We're stronger.[24]

Die autobiographische Grundlage des Romans begünstigte eine identifikatorische Rezeption des Werks, da sie ihm eine große Authentizität zuteil werden lässt. Die Authentizität rührt von dem Trauma her, „der Verletzung, [...] dem Schmerz, [...] der nicht mehr rückgängig zu machenden Beschädigung". Der Leser empfindet ihn als so unverfälscht und wahrhaftig, „weil er spürt, daß hier [...] die Autorin mit einer Erfahrung ringt, mit der [...] sie auch im Schreiben nicht fertig geworden ist"25.

Darüber hinaus bewirkte die damalige politische Entwicklung in den USA, dass sich Gerda Lerner nicht nur auf den Manuskriptseiten ihres Romans, sondern auch in ihrer alltäglichen Realität in die Vergangenheit zurückversetzt fühlte. Als sie den Roman ausarbeitete und darin beschrieb, wie infolge der Hetzpropaganda in den 1930er Jahren die Stimmung in Wien zunehmend antisemitischer wurde und es zu Übergriffen und Tätlichkeiten gegenüber Juden kam, sahen sie, ihr Mann und ihre Freunde, sich in den USA den Verfolgungen der Kommunisten von staatlicher Seite ausgesetzt.

*Nun ging ich durch amerikanische Straßen [...] und die Schlagzeilen an den Zeitungsständen schrien mir genauso kreischend ins Gesicht wie damals. Nun waren die Kommunisten die leibhaftigen Teufel, die Ausgestoßenen, die Abnormalen. [...] Diesem Irrsinn entkommen, davon hatten wir in Wien geträumt. Amerika ... Nun war ich in Amerika, und hier gab es kein Entrinnen. Das System der Hexenjagd und der Schwarzen Listen gründete sich auf alte Fundamente.*26

Es war Ende der 1940er Jahre und die McCarthy-Ära hatte begonnen. Die besonderen Entstehungsumstände bedingten, dass die Distanz zwischen dem eigenen realen Leben und der im Werk geschaffenen Wirklichkeit nur schwerlich bewahrt werden konnte. Der Roman stand nicht abseits der Zeitgeschichte und brachte Gerda Lerners Beschäftigung mit gesellschaftlichen und politischen Faktoren und Prozessen zum Ausdruck. Als Exilliteratur ist er daher „am Schnittpunkt zwischen Geschichte und Literatur [...] und ebenfalls am Schnittpunkt zwischen dem persönlichen und dem öffentlichen Dokument"27 zu verorten. Der Rezensent des *National Guardian* Albert Maltz erkannte die Verbindung zwischen den dargestellten Ereignissen und der damaligen Realität. Er wies seine Leser darauf hin, dass „it is a book not to be missed by thoughtful readers. What it offers is illumination of people and the world – of our world as well as that of Austria 20 years ago. The author writes of people with compassion. She is an author of integrity and quality."[28]

No Farewell ist Gerda Lerners „‚Gesellenstück' als amerikanische Schriftstellerin"[29]. Bedingt durch den intensiven langjährigen Arbeitsprozess ist er ein Sinnbild ihrer Identität als Amerikanerin, die sich im Laufe dieser Zeit gefestigt hatte. Mit dem Werk hatte sie sich in die englische Sprache eingeschrieben, die amerikanische Literatur für sich erobert und ein wichtiges Fundament für den weiteren Werdegang in den USA gelegt. Die positiven Kritiken und ermutigenden Reaktionen der Leser bestärkten Gerda Lerner, den Weg als Schriftstellerin fortzusetzen.

Die Arbeit an einem Roman über das Leben der Schwestern Sarah und Angelina Grimké, der Töchter eines Plantagenbesitzers aus South Carolina und Vorreiterinnen im Kampf gegen die Sklaverei und für die Frauenrechte, mündete schließlich in eine erfolgreiche Karriere als Historikerin und ließ sie zur Pionierin der Frauengeschichtsforschung werden. Die Wahl fiel nicht zufällig auf Sarah und Angelina Grimké.

What attracted me to the sisters was not only their dramatic life story and their often heroic actions, but the fact that I identified with their outsider status.[30] *As the only Southern women of the planer class who became abolitionist agents in the North, they were not only emigrants, but also exiles from the own class.*[31]

Ebenso wie sie selbst hatten die beiden politisches Bewusstsein in einem oppressiven System erlangt, mit dem sie sich nicht abfinden wollten. Ihr Schicksal machte Gerda Lerner deutlich, dass ein solcher Kampf ein lebenslanges Engagement erfordert. Mit ihrer Biographie über die Grimké-Schwestern schuf sie ein Referenzwerk und stellte Weichen in der Frauengeschichtsforschung.

Dieses Werk führte Gerda Lerner zu ihrem nächsten bahnbrechenden Projekt. Weil sie bei den Forschungen für die Grimké-Biographie Dokumente und Zeugnisse von

Aktivitäten afroamerikanischer Frauen in der Bewegung gegen die Sklaverei entdeckt hatte, fasste sie den Entschluss, die Geschichte der schwarzen Frauen in Amerika in einer Quellensammlung zu dokumentieren. Da sie wusste, was Ausgrenzung und Diskriminierung durch Staat und Gesellschaft bedeutete, gehörte sie zu denjenigen jüdischen Emigranten, die sich mit den Afroamerikanern identifizierten. „[I]m Großen und Ganzen war die Stellung der Juden in Europa sehr ähnlich jener der Afroamerikaner in Amerika. Sie waren die überwiegende Außenseitergruppe, die jeder hassen konnte, wann immer sich eine Gelegenheit dazu ergab."[32] Die 1972 erschienene historische Quellensammlung *Black Women in White America. A Documentary History* machte die große Bandbreite der Fragestellungen der Lebenswirklichkeit afroamerikanischer Frauen sichtbar und enthielt ausgehend vom 19. Jahrhundert erschütternde Schilderungen unbekannter Frauen über die Gewalttaten des Ku-Klux-Klans ebenso wie kämpferische Reden, aufrüttelnde Streitschriften und wirkungsmächtige Texte führender Aktivistinnen in der Bürgerrechtsbewegung.

Auch in der Folge sollte Gerda Lerner immer wieder Lebenswege einzelner Frauen aus unterschiedlichen Jahrhunderten und verschiedenen Kontinenten erforschen, um dadurch Frauen ihren rechtmäßigen Platz in der Geschichte einzuräumen. In ihren Arbeiten verwendete sie nicht nur autobiographische Quellen wie Memoiren, Tagebücher oder Briefe. Ihre eigenen autobiographischen Erfahrungen machte sie dabei ebenfalls zum Gegenstand ihrer Werke und betrat Neuland, indem sie dem Aufsatzband *Frauen finden ihre Vergangenheit*, dessen englische Originalausgabe 1979 erschien, einen langen autobiographischen Essay statt einer Einführung voranstellte

at a time when such a practice was not only unheard of, but discouraged by respectable historians. That essay was the most popular part of the book and has been more frequently reprinted and taught than have the other essays. It has also opened the way for other historians to dare to inject themselves into a book of serious academic scholarship and to make their „standpoint" clear, thereby challenging the myth of historians' neutrality in regard to their research.[33]

Indem sie in dieser Einführung Überlegungen zur Frauengeschichte mit der Darlegung ihres eigenen Werdegangs als Historikerin verband, zeigte sie, dass ihre persönliche intellektuelle Entwicklung als Frauenhistorikerin Teil einer Bewegung war, in der sich viele andere Frauen ähnliche Fragen stellten. Zu diesem Zeitpunkt hatte Gerda Lerner neben ihrer wissenschaftlichen Tätigkeit als Frauenhistorikerin mit *Ein eigener Tod* (1979) ein autobiographisches Werk verfasst, in dem sie das Sterben ihres an einem unheilbaren Gehirntumor erkrankten Mannes Carl schilderte. Als Schriftstellerin hatte sie im Schreiben einen Weg gesucht, mit dem Schicksalsschlag fertig zu werden. Die Entscheidung der Publikation des Werkes fiel ihr allerdings nicht leicht. Mit der Dokumentation des 18-monatigen Krankheitsverlaufs bis zum Tod wollte sie den Lesern verständlich machen, dass es möglich ist, selbst in Hoffnungslosigkeit und Schmerz die eigene Würde und Authentizität zu bewahren und einen selbstbestimmten Tod zu sterben, auch wenn man nicht weiß, wie dieser im Einzelnen für einen aussehen wird. In der Formulierung „einen eigenen Tod" aus Rainer Maria Rilkes *Die Aufzeichnungen des Malte Laurids Brigge*[34] fand sie ihre Erfahrungen und den Leidensweg ihres Mannes in einer angemessenen Weise in Worte gefasst, sodass sie ihr zum Leitfaden wurde. Im Zuge der intensiven, vielschichtigen Auseinandersetzung mit dem Verlust ihres Mannes, der in Gerda Lerners Leben nach der Emigration eine tiefgreifende Veränderung darstellte, suchte sie Trost und Stärke in der eigenen schmerzhaften Vergangenheit. „Es zeigte sich immer deutlicher, daß die Vergangenheit heraufgeholt werden mußte, um die Gegenwart zu überleben. Die Stücke mußten mit geduldigen, oft blinden Fingern aus Erinnerungen, der Asche der Zerstörung, der plötzlich enthüllten Bedeutung zusammengefügt werden."[35]

So persönlich wie kaum an anderer Stelle gedachte sie in diesem Buch nahestehender Verwandter, die sie in dem von Nationalsozialisten besetzten Europa hatte zurücklassen müssen. Da war zum einen ihre Mutter, die die nationalsozialistische Verfolgung in Frankreich überlebte, aber nach dem Ende des Krieges an den Folgen einer Multiple Sklerose-Erkrankung starb, ohne dass Gerda Lerner sie hatte wiedersehen können. Als Jugendliche hatte Gerda Lerner erlebt, wie ihre Familie auseinandergerissen wurde. Früh musste sie sich daher Strategien aneignen, die sie trotz dieser Ausnahmesituation zum Weiterleben befähigten:

Wenn man überleben will, muß man lernen, so zu handeln, als ob man überleben könnte; das ist die einzige Möglichkeit. Ich erinnere mich an meine Überfahrt nach Amerika […] als an sechs Tage voller Tränen, Seekrankheit und Angst. Egal, was ich zu sagen und wie ich mich zu verhalten versuchte, ich trauerte tief im Innern. Es war ein Herausreißen, eine gewaltsame Entwurzelung, eine Todesreise.[36]

Und da waren zum anderem Dr. Alexander Mueller und seine Frau Klari, Gerda Lerners Onkel und Tante, die während des nationalsozialistischen Regimes zunächst in Holland, später in Budapest Zuflucht gefunden hatten, wo Alexander Mueller mit Tausenden von Juden gefangengenommen wurde und in einem der Todesmärsche nach Wien gehen sollte. Es gelang ihm, zu entkommen und zu seiner Frau, die kurz in Haft war, nach Budapest zurückzukehren. Nach dem Ende des Krieges ließen sie sich in Zürich nieder. In dieser Zeit lernte Gerda Lerner die beiden besser kennen und sie als Ersatzeltern zu betrachten. Da beide in jenen Jahren an Krebs erkrankten, standen die Begegnungen „immer sozusagen unter dem Schatten des Todes"[37]. Alexander Mueller wurde eine zentrale Figur und Vorbild in Gerda Lerners Umgang mit dem Tod. Er lehrte sie eine fundamentale Lektion des Abschieds, die ihr bei der Begleitung ihres Mannes in den letzten Lebensmonaten zugutekommen sollte.

[E]r verließ das Zimmer nicht, bevor er sich nicht versichert hatte, daß ich mit einem Minimum an aufwendigem Getue gegangen war. Mit nicht mehr als einem Kuß und einer Umarmung, die angemessen waren für einen Besuch, den man am nächsten Tag wiederholen würde. Nur dies war ein Abschied für immer. Muellers Lektion über Absonderung. Ich habe oft an die Eleganz dieses Abschieds gedacht, die feine Diskretion seiner Disziplin. [...] Als die Zeit gekommen war, da ich mich von Carl trennen mußte, war ich zu derselben Art von Rückzug imstande. [...] Ich half ihm dabei, sich Stück für Stück zurückzuziehen, wie Mueller es mich gelehrt hatte.[38]

Während sie die plötzliche und tödliche Krankheit ihres Mannes als eine existenzielle Erfahrung vergleichsweise zeitnah mithilfe einer autobiographischen Aufzeichnung verarbeitete, sollte es Jahrzehnte dauern, bevor sie ihr eigenes Leben in einer politischen Autobiographie niederzuschreiben begann. Als Schriftstellerin und Historikerin war sie sich „der Schwierigkeiten und Einschränkungen eines solchen Unternehmens völlig bewusst"[39]. Hinsichtlich der Frage von Fakten und Fiktion nahm sie ähnlich wie Ruth Klüger eine Doppelrolle ein. Als praktizierende Autobiographinnen und Wissenschaftlerinnen, die Autobiographien untersucht und über das Genre geschrieben haben, sind die beiden sozusagen „Paradeexempel"[40], wie es Ruth Klüger bezeichnete. In ihrem Aufsatz „Zum Wahrheitsbegriff in der Autobiographie" legte Ruth Klüger dar, dass die Autobiographie „dank der Subjektivität der Gattung" Ausführungen enthält,

die für die Leser zwar nicht verifizierbar sind, wohl aber für die Schreibende. In der Autobiographie darf ich die privatesten Regungen wiedergeben, denn ich bin ja diesbezüglich die einzige Autorität, die es überhaupt gibt. Und in dieser Beziehung steht die Autobiographie dem Roman näher als der Biographie. [...] insofern als Erinnerung ungenau ist, beeinflußt von Wünschen und Verdrängungen, erwarten wir keine absolute Gleichsetzung von Erinnerung und Wirklichkeit. Eine Autobiographie kann von Phantasien durchsetzt sein.[41]

Das Zusammenfallen von Autor, Erzähler und Protagonist erlaubt literarische Mittel, die in der Geschichtsschreibung nicht gestattet sind. Wie Gerda Lerner in ihrem Aufsatz „Autobiography, Biography, Memory, and the Truth" bekräftigte: „Autobiographers tell the story of their own life; the subject of the story being also its object. This genre lies across the boundaries of literature and history, and part of its fascination for the reader consists in the challenge to sort out the literary, the fictional, from the historic and verifiable."[42] Nach Ansicht von Ruth Klüger stellt die Autobiographie als „Geschichte in Ich-Form"[43] Geschichtsschreibung dar, wenn auch in sehr subjektiver Art. Aus dem Selbsterlebten, oder im Fall der Exilanten Selbsterlittenen, ergibt sich ein Authentizitäts- und Wahrheitsanspruch. Dahinter steht die Intention, etwas Gültiges auszusagen und Zeugnis abzulegen, wie Gerda Lerner offenbarte. „Es gibt noch einen anderen Grund, es zu tun: unsere Verbindung mit den Toten und unsere Verantwortung ihnen gegenüber."[44] Auch für Egon Schwarz spielte das Element der Zeugenschaft eine wichtige Rolle in der Entscheidung, eine Autobiographie zu schreiben: „Zu zeigen, wie es jemand erging, dessen Leben aus der Bahn geworfen wurde, weil diese Mitläufer, diese halben oder ganzen Nazis eine Zeitlang die Dinge lenken konnten, liefert mir jedenfalls einen starken Antrieb."[45]

Tatsächlich zeigen Autobiographien von Emigrantinnen und Emigranten, dass sie „von subjektiven Eindrücken und Wertungen" bestimmt sind, „die im Rahmen jeweiliger Lebensstationen vorgeführt werden"[46]. Gerade wenn man als Kind und Jugendlicher den politischen Ereignissen ohnmächtig ausgesetzt gewesen war und die Familie und man selbst Opfer des nationalsozialistischen Terrors geworden war, bedeutete der Schreibprozess noch einmal die Konfrontation mit den „Albträume(n), die nie abflauen, auch heute nicht", wie Georg Stefan Troller in seiner *Selbstbeschreibung* klarstellt.[47] Gerda Lerner sah in der Verschriftlichung des Erlebten die Möglichkeit, „Ordnung in das Chaos zu bringen"[48] und das Unbegreifliche vielleicht auch ein Stück weit begreiflicher zu machen. Dies soll nicht darüber hinwegtäuschen, dass die eigene Erinnerung als Quelle eine komplizierte Arbeitsgrundlage und Bezugspunkt ist. Nicht ohne Grund sprach Ruth Klüger „(f)alsches, inadäquates, von der Subjektivität geprägtes Erinnern" in ihrer Autobiographie an.[49] Hinzu kommt „(d)ie Problematik einer Gattung, die Einblicke in das Leben eines Menschen zu geben verspricht und dennoch zum Teil auf dem Sich-Verstecken des Berichterstatters beruht"[50]. Während Ruth Klüger in diesem Sinne ihre Autobiographie *weiter leben* mit einem Gedicht mit dem Titel *Aussageverweigerung*, den sie beinahe auch für das Buch gewählt hätte – beschloss[51], war für Gerda Lerner das Schweigen über ihre politische Vergangenheit vielmehr der Anlass, „eine *politische Teilbiografie*" zu schreiben.

Meine akademische Karriere ist ein offenes Buch. Aber während der Jahre meiner akademischen Erfolge habe ich lange über meine politische Vergangenheit geschwiegen. Ein solches Schweigen, für das es viele gute Gründe geben mochte, verfälscht die Wahrheit. Nun möchte ich meine Lebensgeschichte dokumentarisch in Ordnung bringen.[52]

Dies schloss nicht nur die schonungslose Aufarbeitung der komplizierten Beziehung ihrer Eltern und ihres eigenen Verhältnisses zu ihnen ein, in dem die Folgen von Flucht und Emigration besonders schwer wogen. Vor allem aber beschrieb sie in *Feuerkraut* ihre politische Entwicklung im Lichte der historischen Geschehnisse unter dem austrofaschistischen und dem nationalsozialistischen Regime sowie später das Engagement in den USA während der McCarthy-Ära und der Jahre der Bürgerrechtsbewegung. Aus den Aktivitäten in der Roten Hilfe wurde 1946 eine Mitgliedschaft in der Kommunistischen Partei, die sie rückblickend kritisch beurteilte:

Das Wichtigste an meinem Beitritt zur Kommunistischen Partei war für mich die Überzeugung, einer starken internationalen Bewegung für Fortschritt und soziale Gerechtigkeit anzugehören. [...] Aber warum blieb es bei der unkritischen Verteidigung der Sowjetunion, warum gab es diese Blindheit gegenüber all dem Unzulänglichen und Schlechten in deren System, das nun, fünfzig Jahre später, so klar ans Tageslicht getreten ist? Ich wollte, dass die Sowjetunion ein erfolgreiches Experiment in sozialistischer Demokratie werde, und [...] zog es vor, nur das zu wahrzunehmen [sic], was ich glauben wollte. Aus heutiger Sicht ist leicht zu erkennen, dass dies ein schwerer Fehler war.[53]

Während der schriftstellerischen Tätigkeit hatte Gerda Lerner erlebt, wie fließend die Grenzen zwischen Erinnerung und Phantasievorstellung sein können.[54] Sie wusste, wie trügerisch sich die eigenen Erinnerungen erweisen konnten. Dies gilt insbesondere für die traumatischen Erfahrungen, die sie während der Jahre des Austrofaschismus und des Nationalsozialismus gemacht hatte. Obgleich sie noch in den Kriegsjahren begonnen hatte, eigene Erlebnisse in unterschiedlichen literarischen Genres nachzuerzählen, musste sie sich nun sehr viel direkter damit auseinandersetzen, weil sie nicht auf eine fiktionale Ebene ausweichen konnte.

In my autobiography, Fireweed, *the crucial event of my life, the Nazi takeover of Austria and its immediate consequences, are described in Chapter 5. After I had finished all but three chapters of the book, I was at an impasse, [...] I decided to reread the entire manuscript, from the start, something I had not done before. I was appalled to find that I had no copy of Chapter 5 on my computer. [...] I had written about this event once before, in a work of fiction, but that was fifty years ago, and this chapter, written in first person, was considerably different from my account in the novel. To my amazement, I had to finally conclude that I had never written Chapter 5. It was clearly a case of my memory suppressing the most traumatic event of my life, while substituting a false memory of having written the chapter. I used a lot background research and all the tricks of the historian to help me over the psychological block and write the missing chapter.*[55]

In dieses Kapitel 5, das sie letztlich nur mit größten Schwierigkeiten und unter Überwindung innerer und äußerer Hindernisse vollendete, übernahm sie (teilweise wörtlich) Passagen aus dem autobiographisch grundierten Roman *No Farewell*.[56] Ob dies der Schreibblockade geschuldet oder eine unabhängig davon getroffene Entscheidung war, lässt sich nicht feststellen. Was jedoch konstatiert werden kann, ist, dass sich Gerda Lerner für die Schilderung von bestimmten Schlüsselmomenten wie z.B. der Demonstrationen für die Volksabstimmung über die Unabhängigkeit Österreichs, der Durchsuchung der elterlichen Wohnung durch SA-Männer und ihrer Verhaftung und der ihrer Mutter auf den Text von *No Farewell* stützte und so eine Verbindung zwischen den beiden Werken herstellte. Ebenso wie den Roman *No Farewell* ließ sie das Kapitel 5 mit den Eindrücken aus dem Hotel Métropole, dem Wiener Gestapo-Hauptquartier, enden, in das die Protagonistin des Romans und deren Mutter bzw. Gerda Lerner und ihre Mutter nach der Verhaftung verbracht wurden. In einer der Mietwohnungen im untersten Stockwerke war das Radio an, in dem gerade Beethovens Neunte Symphonie übertragen wurde. Dies erschien ihr wie ein Wunderzeichen und sie wusste, dass es die Freude im Leben gab, dass es sie wieder geben würde und dass sie sich daran nun stets erinnern und festhalten musste.[57]

Die enge inhaltliche und textliche Beziehung zwischen den beiden Werken offenbart, dass Gerda Lerner mit *Feuerkraut* das zu Ende führte, was sie mit *Es gibt keinen Abschied* begonnen hatte. Das Schreiben der politischen Autobiographie war für die Historikerin Gerda Lerner in vielerlei Hinsicht eine Rückkehr zu den Wurzeln. Die beiden Werke verbinden auf unterschiedliche Weise die zwei Seiten von Gerda Lerners Persönlichkeit, die sich schon in ihrer Jugend bemerkbar gemacht hatten und die sie ungeachtet der Widersprüche und Spannungen zeit ihres Lebens zu vereinen vermochte: die schriftstellerische und die politische.

Bevor ich mit der Arbeit an dieser Autobiografie begonnen habe, dachte ich, dass meine politische Entwicklung recht ver-

ständlich ist und sich aus meiner persönlichen Geschichte, den Zeiten, aus denen ich kam, und den Ereignissen, die ich durchlebte, logisch entwickelte. [...] Meine Überzeugungen waren ernsthaft und entstammten meiner persönlichen Erfahrung als Antifaschistin, als Jüdin, als arbeitslose Immigrantin, als Frau. [...] Ich bereue meine politische Vergangenheit nicht und will sie nicht verleugnen. [...] in einem tieferen Sinn habe ich immer den Sprung von menschlicher Schwäche zu einer nicht existierenden sicheren Ordnung gemacht. [...] Und wenn wir so handeln, werden wir tatsächlich besser als wir sind, wir ändern uns und unsere Mitmenschen. Wir bauen eine Zukunft.[58]

Anmerkungen

1 Gerda Lerner: Feuerkraut. Eine politische Autobiografie. Wien: Czernin Verlag, 2014, S. 14.
2 Lerner: Feuerkraut, S. 238.
3 Brief von Gerda Jensen an Ili Kronstein am 9. August 1940, S. 1. In: Gerda Lerner Additional Papers, 1916–2013. Correspondence. Family [in German], 1939–1942; includes Bobby Jensen. MC 769, folder 15.1. Schlesinger Library on the History on Women in America, Radcliffe Institute, Harvard University, Cambridge, Mass., seq. 16, https://iiif.lib.harvard.edu/manifests/view/drs:52586742$16i (13. Juli 2020).
4 Erich Kleinschmidt: Exil als Schreiberfahrung. Bedingungen deutscher Exilliteratur 1933–1945. In: Exil 2 (1982), 2, S. 33 f., 35. Vgl. dazu auch Judith M. Melton: The Face of Exile. Autobiographical Journeys. Iowa City: University of Iowa Press, 1998, S. 75 f.
5 Vgl. Helmut Koopmann: Von der Unzerstörbarkeit des Ichs. Zur Literarisierung der Exilerfahrung. In: Exilforschung, Bd. 2 Erinnerung ans Exil – kritische Lektüre der Autobiographien nach 1933. München: Edition Text + Kritik, 1984, S. 9 f., 12.
6 Gerda Lerner: Ein Leben in Übersetzung. In: Gerda Lerner: Zukunft braucht Vergangenheit. Warum Geschichte uns angeht. Königstein: Ulrike Helmer Verlag, 2002, S. 64 f., 69 f.
7 Gerda Lerner: Kinder dieser Zeit, o. D. In: Gerda Lerner Additional Papers, 1916–2013. Writings, 1939–1942. MC 769, folder 45.6. Schlesinger Library on the History on Women in America, Radcliffe Institute, Harvard University, Cambridge, Mass.
8 Rainer Zimmer: Zur Autobiographik des Exils 1933–1945. Verarbeitung und Vermittlung geschichtlicher Erfahrung. In: Christian

Fritsch, Lutz Winckler (Hg.): Faschismuskritik und Deutschlandbild im Exilroman. Berlin: Argument Verlag, 1981, S. 214 f., 223.
9 Gerda Lerner: Concentration Camps, o. D. In: Gerda Lerner Additional Papers, 1916–2013. Writings, 1939–1942. MC 769, folder 45.6. Schlesinger Library on the History on Women in America, Radcliffe Institute, Harvard University, Cambridge, Mass.
10 In ihrer ersten Ehe mit Bernhard Jensen war Gerda Lerner sehr unglücklich und am Ende hatten sich die beiden zu weit voneinander entfernt, als dass die Beziehung eine Zukunft hätte haben können. Vgl. Lerner: Feuerkraut, S. 250. 1940 ließen die beiden sich scheiden. Gerda Lerner heiratete 1941 Carl Lerner, der damals als Regisseur und Theaterdirektor arbeitete und später ein erfolgreicher Filmcutter wurde. Aus dieser Ehe gingen zwei Kinder hervor.
11 Im September 1941 wurde die Geschichte unter dem Namen Gerda Jensen, wie sie damals noch hieß, in „The Clipper", der Literaturzeitschrift der League of American Writers, und von Januar bis Juni 1942 als Fortsetzungsgeschichte in der deutschen Übersetzung von Bernhard Jensen in der „Freien Österreichischen Jugend", der Monatsschrift des Free Austrian Youth Committee in New York, veröffentlicht. Vgl. Gerda Jensen: The Prisoners. In: The Clipper 2 (1941) 7 (September), S. 19–22. Gerda Lerner: Die Gefangene. In: Freie Österreichische Jugend. Monatsschrift des Free Austrian Committee, New York 2 (1942) 1 (Januar), S. 7, bis 2 (1942) 6 (Juni), S. 7.
12 Lerner: Feuerkraut, S. 153.
13 Vgl. Joyce Antler: Coming Out as Jewish Women. The Feminist Assault on the Academy and Religion: Gerda Lerner and Rabbi Sally Priesand: In: Joyce Antler: The Journey Home. Jewish Women and the American Century. New York: The Free Press, 1997, S. 285 f., 289.
14 „Day of Celebration" erzählt von einer gutbürgerlichen Familie, die Ohrenzeuge des Beschusses des nahen Karl-Marx-Hofes aus der sicheren Entfernung ihrer Wohnung wird. Ungeachtet dessen begeht man die Geburtstagsfeier des Vaters. Die Verwandten sind bereit, sich mit dem Regime Dollfuß zu arrangieren, wohingegen die Gedanken der Tochter bei den Aufständischen sind. Das damalige selbstbezogene Verhalten ihrer Familie hat Gerda Lerner so tief getroffen, dass sie die Episode nicht nur in ihren Roman „Es gibt keinen Abschied", sondern auch später in ihre Autobiographie „Feuerkraut" mit aufnahm, wobei sie Passagen teilweise wörtlich übernahm. Vgl. Gerda Lerner: Day of Celebration. In: Gerda Lerner Additional Papers, 1916–2013. Writings, 1939–1942. MC 769, folder 45.7. Schlesinger Library on the History on Women in America, Radcliffe Institute, Harvard University, Cambridge, Mass.
15 Ruth Klüger: Lanzmanns Shoah in New York. In: Ruth Klüger: Gelesene Wirklichkeit. Fakten und Fiktionen in der Literatur. Göttingen: Wallstein Verlag, 2006, S. 9 f., 24.

16 Jacqueline Amati-Mehler, Simona Argentieri, Jorge Canestri: Das Babel des Unbewussten. Muttersprache und Fremdsprachen in der Psychoanalyse. Gießen: Psychosozial-Verlag, 2010, S. 58.
17 Brief von Gerda Jensen an Ili Kronstein, 25. August 1939, S. 1. In: Gerda Lerner Additional papers, 1916–2013. Correspondence. [Family:] German [in German], 1938 –1942; includes some non-family members. MC 769, folder 15.4. Schlesinger Library on the History on Women in America, Radcliffe Institute, Harvard University, Cambridge, Mass., seq. 19, http://nrs.harvard.edu/urn-3:RAD.SCHL:23603768?n=19 (13. Juli 2020)
18 Dazu gehört u.a. die Kurzgeschichte „The Russian Campaign", die von den Erlebnissen von fünf Soldaten der deutschen Wehrmacht an der russischen Front handelt. Vgl. Gerda Jensen: The Russian Campaign. In: Story. The Magazine of the Short Story 23 (1943) 103 (September–Oktober), S. 59 f.
19 Brief von Robert Kronstein an Gerda Jensen, 12. Jänner 1940 [1941], S. 1. In: Gerda Lerner Additional Papers, 1916–2013. Correspondence. Family [in German], 1939–1942; includes Bobby Jensen. MC 769, folder 15.1. Schlesinger Library on the History on Women in America, Radcliffe Institute, Harvard University, Cambridge, Mass., seq. 38, https://iiif.lib.harvard.edu/manifests/view/drs:52586742$38i (13. Juli 2020).
20 Lerner: Feuerkraut, S. 316.
21 Interview mit Gerda Lerner in englischer Sprache. In: Warum Frauen Berge besteigen sollten. Eine Reise durch das Leben und das Werk von Dr. Gerda Lerner. Regie: Renata Keller. Absolut Medien, 2016.
22 Gerda Lerner: Es gibt keinen Abschied. Wien: Czernin Verlag, 2017, S. 314 ff.
23 Gerda Lerner: No Farewell. New York: Associated Authors, 1955, S. 243 f.
24 Lerner, ebd., S. 246.
25 Anna Mitgutsch: Das autobiographische Ich im literarischen Text. In: Walter Hinderer, Claudia Holly, Heinz Lunzer u.a. (Hg.): Altes Land, neues Land. Verfolgung, Exil, biographisches Schreiben. Zirkular Sondernummer 56. Wien: Dokumentationsstelle für neuere österreichische Literatur, 1999, S. 54 f., 57.
26 Lerner: Feuerkraut, S. 410.
27 Wulf Koepke: Die Selbstdarstellung des Exils und die Exilforschung. Ein Rückblick. In: Exilforschung, Bd. 23, Autobiografie und wissenschaftliche Biografik. München: Edition Text + Kritik, 2005, S. 13 f., 28.
28 Albert Maltz: „No Farewell" – A Novel About Rise of Fascism. In: National Guardian, 25. Juli 1955, S. 6.
29 Lerner: Ein Leben in Übersetzung, S. 74.

30 Schon früh begleitete Gerda Lerner das Gefühl, anders zu sein, und die Erkenntnis, nicht dazuzugehören, wurde durch die assimiliert jüdische Lebensweise der Familie verstärkt, da sich die Kronsteins nicht nur von Nichtjuden durch die andere Religion absetzten und als „nicht ‚normal'" angesehen wurden. Auch zu den orthodoxen, jiddisch sprechenden Juden hielten sie Distanz. Gerda Lerner war nach eigener Aussage an erster Stelle Österreicherin und erst an zweiter Jüdin und entsprach mit ihren hellbraunen Haaren, den blauen Augen und dem wachen Verstand so gar nicht den antisemitischen Stereotypen. Umso härter traf sie die Stigmatisierung durch andere und die auf der Rassenideologie der Nationalsozialisten basierende zunehmende Ausgrenzung der jüdischen Bevölkerung in den 1930er Jahren. Vgl. Gerda Lerner: Ein Netz von Zusammenhängen. In: Lerner: Zukunft braucht Vergangenheit, S. 25 f., 29 f. Gerda Lerner: Ein eigener Tod. Frankfurt/New York: Campus Verlag, 1993, S. 180. Auch Ruth Klüger konstatierte, dass sie von ihrer „Lebensgeschichte her […] irgendwie dazu verurteilt worden [sei], die Außenseiterin zu sein. Und dann noch natürlich als Einwanderin in Amerika." Vgl. Renata Schmidtkunz: Im Gespräch – Ruth Klüger. Wien: Mandelbaum Verlag, 2008, S. 48.
31 Gerda Lerner: The Grimké Sisters from South Carolina. Pioneers for Women's Rights and Abolition. Chapel Hill/London: The University of North Carolina Press, 2004, S. XVI.
32 Gerda Lerner zit. nach: Albert Lichtblau: Fighting Racism. Gerda & Carl Lerner's Film „Black Like Me"/Gegen den Rassismus. Gerda & Carl Lerner's Film „Black Like Me". In: Eleonore Lappin (Hg.): Jews and Film/Juden und Film. Vienna, Prague, Hollywood. Wien: Mandelbaum Verlag, 2004, S. 150 f., 154.
33 Gerda Lerner: The Historian and the Writer. In: Gerda Lerner: Living with History/Making Social Change. Stimulating Essays That Offer Rare Insight into the Life Work of One of Our Leading Historians. Chapel Hill: The University of North Carolina Press, 2009, S. 157 f., S. 157f. Auch andere Historikerinnen begannen, auf autobiographische Erfahrungen und/oder ihren eigenen Lebensweg in ihren Publikationen einzugehen. Vgl. Darlene Clark Hine: Preface. In: Darlene Clark Hine: Black Women in America. An Historical Encyclopedia. Brooklyn: Carlson Publishing, 1993, S. XIX f.
34 Rainer Maria Rilke: „Die Aufzeichnungen des Malte Laurids Brigge", zitiert nach: Lerner: Ein eigener Tod, S. 11.
35 Lerner: Ein eigener Tod, S. 119.
36 Lerner, ebd., S. 162.
37 Lerner, ebd., S. 127.
38 Lerner, ebd., S. 132.
39 Lerner: Feuerkraut, S. 11.

40 Ruth Klüger: Zum Wahrheitsbegriff in der Autobiographie. In: Magdalene Heuser (Hg.): Autobiographien von Frauen. Beiträge zu ihrer Geschichte. Tübingen: Max Niemeyer Verlag, 1996, S. 405 f., 405.
41 Klüger, ebd., S. 407.
42 Gerda Lerner: Autobiography, Biography, Memory, and the Truth. In: Lerner: Living with History/Making Social Change, S. 130 f.
43 Ruth Klüger: Fakten und Fiktionen. In: Klüger: Gelesene Wirklichkeit, S. 68 f., 86.
44 Lerner: Feuerkraut, S. 11.
45 Egon Schwarz: Keine Zeit für Eichendorff. Chronik unfreiwilliger Wanderjahre. Frankfurt am Main: Büchergilde Gutenberg, 1992, S. 10.
46 Erich Kleinschmidt: Schreiben und Leben. Zur Ästhetik des Autobiographischen in der deutschen Exilliteratur. In: Exilforschung. Bd. 2 Erinnerung ans Exil – kritische Lektüre der Autobiographien nach 1933. München: Edition Text + Kritik, 1984, S. 24–26.
47 Georg Stefan Troller: Selbstbeschreibung. Düsseldorf: Artemis & Winkler Verlag, 2009, S. 5.
48 Lerner: Feuerkraut, S. 14.
49 Klüger: Zum Wahrheitsbegriff in der Autobiographie, S. 410.
50 Richard Critchfield: Einige Überlegungen zur Problematik der Exilautobiographie. In: Exilforschung. Bd. 2 Erinnerung ans Exil – kritische Lektüre der Autobiographien nach 1933. München: Edition Text + Kritik, 1984, S. 41 f., 42.
51 Ruth Klüger: weiter leben. Eine Jugend. München: Deutscher Taschenbuch Verlag, 1994, S. 283.
52 Lerner: Feuerkraut, S. 13.
53 Lerner, ebd., S. 350.
54 Vgl. Lerner: Autobiography, Biography, Memory, and the Truth, S. 130.
55 Lerner, ebd., S. 149.
56 Das gilt auch für die Kapitel 3 und 4, in denen die Jahre des Austrofaschismus geschildert werden.
57 Vgl. Lerner: Feuerkraut, S. 139. Lerner: No Farewell, S. 248.
58 Lerner: Feuerkraut, S. 503 ff.

Helga Schreckenberger
Zeitzeugenschaft und Selbstdarstellung in Hertha Paulis *Der Riß der Zeit geht durch mein Herz* (1970)

Mit dem überraschend schnellen Sieg der deutschen Armee in Frankreich begann 1940 für die vielen deutschen und österreichischen EmigrantInnen, die in dem Land seit Hitlers Machtübernahme Zuflucht gefunden hatten, eine der gefährlichsten Phasen ihres Exils. Bei Kriegsausbruch als „feindliche Ausländer" in Lagern interniert, liefen viele Gefahr, den vorstoßenden deutschen Truppen in die Hände zu fallen. Nach dem Waffenstillstand drohte ihnen aufgrund des Abkommens zwischen der Regierung Pétain und den Siegern die Auslieferung „auf Verlangen" an die deutsche Besatzungsmacht.[1] Schlussendlich führten die verschärften Auswanderungsbedingungen und die Schließung der Grenzen dazu, dass viele Flüchtlinge im Land festsaßen. Die illegale Überschreitung der spanischen Grenze auf einem Schleichweg über die Pyrenäen war oft die letzte Möglichkeit, sich aus der Falle zu retten, zu der Frankreich für die EmigrantInnen geworden war.[2]

Es überrascht nicht, dass diese traumatischen Erlebnisse in zahlreichen Exilautobiografien verarbeitet wurden. Sie sind auch der Gegenstand von Hertha Paulis autobiografischem Text *Der Riß der Zeit geht durch mein Herz* (1970).[3] Das von der Autorin als „Erlebnisbuch"[4] bezeichnete Werk beginnt mit ihrer Flucht aus Wien nach Frankreich im März 1938 unmittelbar nach dem Anschluss und endet mit ihrer Ankunft in New York im September 1940. Damit bestätigt Hertha Paulis Text Christine Backhaus-Lautenschlägers Beobachtung, dass Exilautobiografien von Frauen hauptsächlich „das Ende der Normalität, [...] die Extremsituation von Flucht und Neuanfang"[5] ins Zentrum rücken. Mit ihrer Fokussierung auf markante Ereignisse unterscheiden sich diese Exilautobiografien von traditionellen Autobiografien, deren Ziel es ist, eine möglichst vollständige, rückblickende Geschichte der eigenen Persönlichkeit"[6] wiederzugeben.

Stattdessen tendieren die Verfasserinnen dazu, wie Richard Critchfield herausstellt, „die eigene Entwicklung als repräsentativ ins Zeitalter eingeordnet und weniger die Einzigartigkeit der Persönlichkeit als ihre allgemeine Bedeutung im geschichtlichen Kontext"[7] darzustellen. Dies lässt sich auch am Text von Hertha Pauli nachvollziehen und es ist die Zielsetzung dieser Arbeit, das Spannungsverhältnis zwischen dem Anliegen der Autorin, Zeitzeugenschaft zu leisten und dem autobiografischem Schreiben inhärenten Prozess der Selbstfindung und Selbstdarstellung herauszuarbeiten. Es sind die Exilerfahrung, die Vertreibung und die daraus resultierende Heimatlosigkeit, die im Mittelpunkt des Buches stehen, nicht das erinnernde Ich, das diese Erfahrungen nur als eines von vielen erlebt. Dementsprechend sind die persönlichen Erfahrungen in die Berichte von politischen Ereignissen eingebettet und von ihnen überschattet.

Zuvor kurz einige grundsätzliche Überlegungen zu dem Anspruch auf Wahrhaftigkeit, den sowohl das autobiografische Schreiben wie auch Zeitzeugenschaft erheben und der auch in der Analyse von Hertha Paulis Text berücksichtigt wird. Ist der „pacte de vérité" für Philippe Lejeune ein wesentliches Charakteristikum der Autobiografie,[8] so haben neue theoretische Auseinandersetzungen mit dem Genre die Vorstellung von autobiografischer Wahrheit weitgehend modifiziert. Nicht nur das unzuverlässige menschliche Gedächtnis kompliziert eine wahrheitsgetreue Wiedergabe von Erlebtem, sondern auch die Tatsache, dass Autobiografien literarische Werke und damit Konstrukte darstellen.

Eva Kormann gibt jedoch zu bedenken, dass ein Unterschied zwischen fiktionalen Texten und solchen besteht, die „mit den Lesenden die Vereinbarung schließen wollen, für referentiell, für eine glaubwürdige Beschreibung – äußerer oder innerer – Realität gehalten zu werden"[9]. Sie verweist auf die intra- und paratextuellen Signale, wie etwa Namensgleichheit von AutorIn und ErzählerIn oder auf die Nennung verifizierbarer Personen, Orte, Daten oder Ereignisse, die bei den Lesenden die berechtigte Erwartung auf Wahrhaftigkeit erwecken und ihr Leseverhalten steuern. Dieses Rezeptionsverhalten wirkt sich, wie Erich Kleinschmidt argumentiert, auch auf den Schreibvorgang aus.[10] Die AutorInnen sind sich bewusst, dass Wahrheit erwartet wird und dass Fiktives im autobiografischen Kontext nur dann akzeptiert wird, wenn es als „Kunstmittel der Darstellung"[11] ersichtlich gemacht ist. Es soll gezeigt werden, dass Hertha Paulis Text diesen Erwartungen Rechnung trägt und den Übergang von Faktischem zu Fiktivem klar motiviert.

Der Riß der Zeit geht durch mein Herz berichtet von Hertha Paulis Erlebnissen in den ersten zwei Jahren ihres Exils, die auch ihre letzten Jahre in Europa sind. Diese Erlebnisse umfassen ihre Flucht aus Wien, das Exilantendasein in Paris im Kreise anderer vertriebener Literaten, ihren Aufenthalt im Süden Frankreichs und ihre Liebesbeziehung zu dem Franzosen Gilbert, die Rückkehr nach Paris, den Kriegsausbruch, ihre Flucht in die unbesetzte Zone und schließlich ihren Fußweg über die Pyrenäen und ihre Ankunft in den Vereinigten Staaten.

Das Anliegen der Autorin, mit ihrem Werk Zeitzeugenschaft abzulegen, ist vom Anfang an erkennbar. So schildert das erste Kapitel „Anruf aus Berlin" die letzten Tage vor dem Anschluss und die Konsequenzen der neuen politischen Lage in Österreich, nicht nur für Hertha Pauli selbst, sondern für ihre Freunde und Bekannten wie Walter Mehring, Ödön von Horváth, Franz Theodor Csokor oder Karl Frucht. Das Miteinbeziehen von „Kollektivgeschichten" – die der Familie, von religiösen, kulturellen oder politischen Gemeinschaften – ist nach Michael von Engelhardt ein Kennzeichen weiblichen Schreibens: „Frauen erzählen ihre Lebensgeschichten als Teil von Wir-Geschichten."[12] In Hertha Paulis Text steht dieses „Wir" für die literarische Emigration, die aufgrund ihrer oppositionellen Haltung aus Deutschland und Österreich flüchten musste oder vertrieben wurde. Darauf verweist auch der Titel des Buches, ein Zitat des in Frankreich exilierten Heinrich Heine.

In dem der Autobiografie vorangestellten „Geleitwort" heißt es:

„Der Riß der Zeit geht mitten durch mein Herz" schrieb Heinrich Heine rund ein Jahrhundert bevor wir Europa verließen. Der Satz kam mit auf unserer Flucht durch Frankreich, denn Walter Mehring zitierte ihn immer wieder. „Wußte er schon, daß dies Ungewöhnliche zu einem ganz gewöhnlichen Schicksal unserer Schriftsteller werden würde?" fragte er dazu.[13]

Die Berufung auf Heine deutet an, dass sich Hertha Pauli mit ihrem Buch in die Tradition der politisch Vertriebenen und Verfolgten einschreiben will.

Der Gebrauch der Pluralpronomen „wir" und „unser" betont, dass es sich nicht um ein Einzelschicksal handelt, sondern dass, anders als im Falle Heine, Flucht und unfreiwilliges Exil das ganz gewöhnliche Schicksal von kritisch engagierten SchriftstellerInnen geworden ist, denen sich Hertha Pauli zugehörig fühlt. Sie präsentiert sich von Anfang an als Autorin, deren Arbeit, vor allem die Biografie von Bertha von Suttner, im nationalsozialistischen Lager Missfallen erregte: „Dieses Buch war in Deutschland ebenso schnell verboten worden wie das Buch der Friedensnobelpreisträgerin selbst, ,Die Waffen nieder'. Aber auch in Wien hatte die Suttner-Biographie einen kleinen Wirbel verursacht: als ich im Rundfunk daraus vorlas, warfen Nazi Stinkbomben in das Studio."[14] Ihre schriftstellerische Arbeit und Opposition zum Nationalsozialismus sind auch der Grund für ihre Flucht aus Wien, ihre jüdische Abstammung väterlicherseits wird nie zum Thema gemacht, obwohl sie den Nazi als „Halbjüdin" gilt.

Obwohl sich Hertha Pauli mit ihrer Selbstdarstellung als legitimes Mitglied der Gruppe oppositioneller SchriftstellerInnen ausweist, scheint sie ihrem eigenen Schicksal weniger Bedeutung zuzumessen als dem ihrer männlichen Kollegen. Es sind deren Geschichten und Befinden, die öfter als die ihren ins Zentrum des Erzählens gerückt werden. Das dritte Kapitel „Champs Elysées" zum Beispiel ist Hertha Paulis ehemaligem Geliebten Ödön von Horváth und seinem tragischen Tod gewidmet, im vierten Kapitel steht Joseph Roths Tod im Mittelpunkt.

Damit zeigt sich auch in Paulis Text die von Gabriele Mittag beobachtete Tendenz von Autorinnen, das „Ich" hinter ein kollektives „Wir" zu stellen, was dazu beiträgt, dass die Gattungsgrenzen zwischen Autobiografie und Biografie des öfteren verschwimmen.[15] Paulis Text verstärkt diesen Eindruck dadurch, dass die Titel einzelner Kapitel auf Werke der anderen Emigranten anspielen. Der Titel des zweiten Kapitels „Die kleinen Hotels" ist einem Gedicht von Walter Mehring entnommen[16] und der des vierten Kapitels „Rast angesichts der Zerstörung" ist auch der einer Reportage von Joseph Roth.[17] Die Selbstdarstellung ist bei Pauli eindeutig der Zeitzeugenschaft untergeordnet.

Die Porträts von Joseph Roth, Ödön von Horváth und anderen Emigranten sind in die Berichte von dem politischen Geschehen in Österreich und Deutschland, das schon 1938 seine Schatten auf Paris wirft, integriert. Damit wird die Wichtigkeit dieser Ereignisse für das Leben der Emigranten verdeutlicht. Auch die Wiedergabe der politischen Diskussionen am Stammtisch von Joseph Roth im Café Tournon oder bei dem amerikanischen Journalisten Eric Sevareid tragen dazu bei, eine Verbindung zwischen dem Zeitgeschehen und dem Schicksal der Emigranten herzustellen. Der Text liefert auch Einblicke in die Schwierigkeiten des Emigrantendaseins, vor allem die finanziellen Probleme, die sich aus dem Arbeitsverbot ergaben, kommen zur Sprache.

Die Berichte über den Emigrantenalltag betonen die große Bedeutung des Schreibens für die exilierten KünstlerInnen. Die schriftstellerische Arbeit ist nicht nur eine unentbehrliche Einkommensquelle,[18] sondern vermittelt ihnen in einer sehr unsicheren Zeit den Eindruck von Normalität. Paulis schriftstellerisches Talent führt auch zu ihrer Zusammenarbeit mit dem im Widerstand engagierten Spartakusmitglied Klaus Gröhl, im Buch kurz KG genannt, den sie an Joseph Roths Stammtisch kennenlernte.

Sie schrieb kurze antifaschistische Texte, die KG zusammen mit anderem Informationsmaterial über die Grenze nach Deutschland schmuggelte.

Die Ernsthaftigkeit der Lage wird immer wieder durch die Erzählungen über jene Emigranten veranschaulicht, die an den neuen Zuständen zugrunde gehen: über die Schriftsteller Egon Friedell und Ernst Toller, die sich das Leben nahmen, der eine noch in Wien, der andere in einem New Yorker Hotelzimmer, oder über Guido Zernatto, der kurz nach Kriegsende im amerikanischen Exil frühzeitig verstarb, „nach Ansicht der Ärzte an gebrochenem Herzen"[19].

Auch der Tod von Ödön von Horváth und Joseph Roth wird in der Konsequenz der politischen Situation verstanden. Getroffen von Tollers Tod, hört Roth zu schreiben auf und verfällt ganz dem Alkohol. Roths Tod im vierten Kapitel markiert in dem Buch eine Zäsur. Sein Stammtisch, der den Flüchtlingen und Exilanten trotz aller politischen Hiobsbotschaften und persönlichen Verlusten eine Art Heimat geboten hatte, kann ohne ihn nicht weiterbestehen, er „verstummt".

Die darauf folgenden zwei Kapitel mit den Titeln „Zwischenspiel" und „Dossier d'Amour" bilden das Mittelstück der Autobiografie. Im Unterschied zu den übrigen Kapiteln treten hier die Berichte über die politischen Entwicklungen weit hinter jene von Paulis persönlichen Erlebnissen zurück. Im Vordergrund steht ihre Liebesaffaire mit dem jungen Franzosen Gilbert Dubois in dem südfranzösischen Ort Clairac, in den sie sich nach Roths Tod zurückzieht.

Auch sprachlich heben sich diese Kapitel von den übrigen ab. Der knappe, faktenreiche Erzählstil weicht einer lyrischen, bilderreichen Sprache wie das folgende Beispiel illustriert:

Auf meinem Lieblingsplatz, mitten auf der Bogenbrücke, blieb ich stehen. Unter mir flüsterten die Wellen im Schilf und kräuselten sich um spitze herausragende Steine. Während die Schatten höherkrochen, tauchten Gespenster aus dem Wasser auf. Was einst gewesen, zerrissen sie tändelnd, was getrennt war, einten sie spielerisch. Im fließenden Wechsel aus Schatten und Licht, formten sich Bilder, Erinnerungen, und zerrannen wieder...[20]

Dieses Zitat illustriert zwei Aspekte, die die beiden mittleren Kapitel auszeichnen. Es ist neben der lyrischen Sprache die unmittelbare Wiedergabe von Empfindungen und Gedanken des erzählenden Ichs. Über diese erhalten die Leser in den übrigen Kapiteln wenig Aufschluss.

Andererseits distanziert sich die Autorin von der emotionellen Unmittelbarkeit dieser Kapitel, indem sie gerade deren Faktizität mit der folgenden Aussage in Frage stellt:

Und ich sagte Gilbert, daß ich einen Roman von Clairac schreiben wollte. Keinen Roman, riet er. „Du mußt alles so schreiben, wie's wirklich gewesen ist." Das konnte ich noch nicht, dazu war mir alles noch viel zu nah. [...] Als Titel schrieb ich darüber: Dossier d'Amour. Mein offizielles Dossier blieb wohl in Toulouse. Das andere trug ich dann auf der Flucht durch Frankreich im Rucksack mit. Schwarz auf weiß, etwas verblichen, liegt es vor mir. Dazwischen steht die Wirklichkeit. „Du mußt alles so schreiben, wie's wirklich gewesen ist", hatte Gilbert gesagt. Ob ich seit damals schon weit genug gegangen bin?[21]

Pauli bleibt die Antwort auf diese Frage schuldig und signalisiert so die Möglichkeit des Ineinandergreifens von Faktischem und Fiktivem. Dies wird dadurch verstärkt, dass Pauli am Anfang und am Ende des Mittelstücks die Zeitebene ihrer Autobiografie durchbricht und die zeitliche Distanz zwischen den Erinnerungen an Clairac und der Schreibgegenwart deutlich macht. Das Kapitel „Zwischenspiel" beginnt folgendermaßen:

Ich liebe Brücken. Sie führen über einen Fluß, ein Tal oder von einer Insel zur anderen, wie in New York. Aus den Häuserschluchten wölben sich Riesenbrücken von Manhattan über die Meeresbucht. Hängen Nebel und Dunst tief in der Stadt, kann man kaum ihr Ende erkennen. Regenbogen gleich verlieren sich Manhattans Metallwunder dann in den Wolken.

[...]Brücken verbinden Raum und Zeit. Ich liebe Brücken. Ich stand auf der Brücke von Clairac.[22]

Pauli benutzt das Bild der Brücke in ihrem Text des öfteren, um die Gegenwart mit der Vergangenheit zu verbinden. Schon im „Geleitwort" heißt es: „Dieses Erlebnisbuch soll eine Brücke bauen, die das Heute mit dem Gestern verbindet – für meine Freunde und mich. Eine Brücke über den Riß der Zeit hinweg, aus Gedanken, Erinnerungen, Bildern..."[23] Am Ende des Kapitels „Dossier d'Amour" kehrt Pauli in die Schreibgegenwart zurück und greift auch wieder das Bild der Brücke auf. Nach dreißig Jahren – also zur Entstehungszeit der Autobiografie – ist sie nach Clairac zurückgekehrt und steht wieder auf der Brücke. Durch diesen Rahmen erhält das Bild der Brücke eine weitere Bedeutung. Clairac wird durch sie zur Insel, die zwar mit dem Rest von Frankreich verbunden, aber doch davon getrennt ist. Pauli betont die Abgeschiedenheit des Ortes: „Außer der Post besaß Clairac mit der Umwelt keinerlei Verbindung. Die nächste Bahnstation, Tonneis, lag ein paar Kilometer entfernt."[24] Im Vergleich mit Paris erscheint ihr Clairac „wie ein Paradies" und sie selbst „aus der Sündflut gerettet"[25]. Damit stilisiert sie den Ort zur Idylle, weit entfernt von den politischen Wirren und Gefahren. Die literarische Verklärung des Ortes spiegelt sich sprachlich in dem betont lyrischen Stil dieser Kapitel.

Nach Paulis Darstellung eröffnet sich in Clairac tatsächlich die Möglichkeit der Rettung aus der durch das Zeitgeschehen ausgelösten „Sündflut". Die Liebesbeziehung zu Gilbert bedeutet nicht nur persönliches Glück, sondern bietet der Vertriebenen auch die Möglichkeit einer neuen Heimat und Eingliederung in eine neue Gemeinschaft. Dieser Glücksentwurf – Heirat mit Gilbert, ein gemeinsames Kind – entspricht ganz einem traditionellen Muster und wird bezeichnenderweise hauptsächlich von Gilbert artikuliert. Wie der Ort Clairac ist die Liebesbeziehung Teil einer Idylle, in die sich die Erzählerin für eine Zeit flüchtet. Die Idylle erweist sich jedoch als brüchig und kann der Realität nicht standhalten.

Die Dorfbewohner misstrauen der Emigrantin aus dem feindlichen Österreich, es kommt zu Verdächtigungen, Denunziationen, Hausdurchsuchungen und Verhaftungen. Gilberts Versuch, aus Pauli „eine Französin" zu machen, scheitert ebenfalls an ihrem prekären Emigrantenstatus: „Kein Franzose darf eine Person heiraten, die keine carte d'identité besitzt."[26] Dazu kommt der Druck, den andere Emigranten auf sie ausüben, sich ihrer Zugehörigkeit und Pflicht als Gegnerin des Naziregimes zu besinnen. „Du gehörst zu uns"[27], erklärt ihr der Freund Karl Frucht und drängt sie zur Abreise, um ihre Arbeit für den Widerstand wieder aufzunehmen. Privates Glück ist angesichts der politischen Situation weder möglich noch zulässig und Paulis Entscheidung fällt zugunsten der anderen Emigranten, ohne den emotionalen Preis, den ihr diese Entscheidung abverlangt, zu thematisieren oder zu reflektieren.

In den folgenden Kapiteln dominieren wieder die politischen Ereignisse die Erzählung: der drohende Kriegsausbruch, die von der französischen Regierung angeordnete Internierung der weiblichen Emigranten, der Einfall der deutschen Armee in Belgien, Luxemburg und Holland, die Besetzung von Dänemark und Norwegen und schließlich der Zusammenbruch der französischen Verteidigung und das Vordringen der deutschen Truppen. Viele der Schilderungen stützen sich auf die Berichte des amerikanischen Journalisten Eric Sevareids, der als Berichterstatter an die Fronten reist, und erheben damit zusätzlich den Anspruch auf Authentizität.

Die Kapitel, die Paulis persönliche Flucht durch das kriegszerrüttete Frankreich beschreiben, zeigen in eindringlichen Bildern die Zerstörung, die Todesopfer und die Angst und Verzweiflung der französischen Bevölkerung. Auch hier stellt Pauli den Zusammenhang zwischen dem politischen Geschehen und dem Schicksal der EmigrantInnen her. Die auswegslose Situation und die Angst, den Nazis in die Hände zu fallen, treiben viele zum Selbstmord. Der Verleger Paul Landauer tötet sich nach dem Fall Hollands,

Walter Hasenclever im Internierungslager von Les Milles, Ernst Weiss in Paris, nachdem es ihm nicht gelingt, die Stadt zu verlassen. Der Kommunist Willi Münzenberg wird auf der Flucht ermordet.

Die eindringliche und detaillierte Beschreibung der immer aussichtsloseren Lage der EmigrantInnen, deren Kreis aufgrund von Internierungen oder Todesfällen immer mehr Lücken aufweist, wird begleitet von Beispielen des Zusammenhalts und gegenseitiger, oft selbstloser Unterstützung. Sie machen die Situation erträglicher, auch wenn wenig Hoffnung auf ein Durchkommen besteht. Nachdem Walter Mehring, Hans Natonek, Ernst Weiss und Hertha Pauli gemeinsam einen zwar als aussichtslos betrachteten Hilferuf mit dem Titel „In Namen von uns allen" – gemeint waren alle, die in Frankreich festsaßen – an Thomas Mann in die Vereinigten Staaten telegrafierten, heißt es:

Die gemeinsame Anteilnahme band uns fester zusammen, der zerrissene Kreis schloß sich wieder. Ich war dankbar dafür, dabei sein zu dürfen in dieser Schicksalgemeinschaft. Es war ein Trost und eine innere Heimat. „Wo ihr auch seid, das gleiche Leid" heißt es in Mehrings Emigrantenchoral. Wir gehörten zusammen.[28]

Die Schicksalsgemeinschaft bietet dem Einzelnen Halt und daher heißt das erste Gebot, diese Gemeinschaft zu erhalten. Pauli schreibt ihrer Person dabei eine tragende Rolle zu. Als Ernst Weiss die anderen auffordert, nur für sie drei um Hilfe anzusuchen, lehnt sie dies ab: „‚Nein', sagte ich. ‚Alle oder keiner...'"[29] Sie weigert sich auch, die von Gilbert vermittelte Möglichkeit zur Flucht aus Paris zu ergreifen, da nur für sie Platz im Fluchtauto ist, sondern macht sich gemeinsam mit Mehring, KG und seinen Mitarbeitern auf den gefährlichen Weg in die unbesetzte Zone. Als ihr Wagen steckenbleibt, entscheidet sie sich gemeinsam mit Mehring, der auf der ersten Auslieferungsliste vermerkt war, zu Fuß weiterzuflüchten.

Sie ergreift auch des öfteren die Initiative, um anderen EmigrantInnen zu helfen. Als sie z.B. in der Warteschlange vor der portugiesischen Botschaft in Marseille auf Franz und Alma Werfel trifft und den schlechten Gesundheitszustand des Autors erkennt, entschließt sie sich zu handeln. Sie gibt sich am Telefon als Alma Mahler-Werfel aus und kann so den portugiesischen Konsul erreichen, der dem berühmten Schriftsteller gerne einen Termin gewährt.

Aber auch allgemein zeichnet Hertha Paulis Text ein Bild von Solidarität und gegenseitiger Unterstützung. Franz Werfel revanchiert sich für Paulis Hilfe, indem er seine Beziehungen zum tschechischen Konsulat nutzt und Pauli und Mehring tschechische Pässe besorgt. Die Schauspielerin Gertrud Kaunitz, die Pauli zufällig in dem Küstenort Saint-Jean-de-Luz trifft, bietet ihr spontan Geld an. Eine ehemalige Kollegin aus Wien verrät Hertha Pauli die Adresse von Varian Fry, dem Gesandten des Emergency Rescue Committee, der sie und viele andere Flüchtlinge auf dem Schleichweg über die Pyrenäen aus Frankreich schmuggelt. Seinem Gedenken widmet Pauli den mit „Ausklang" betitelten letzten Abschnitt ihres Buches, der mit einer Danksagung an den „Menschenfischer von Marseille", wie sie Varian Fry im zehnten Kapitel bezeichnet, endet.

Die seltenen Meinungsverschiedenheiten unter den Flüchtlingen, von denen der Text berichtet, scheinen eher harmlos und muten angesichts der allgemeinen Gefahr, in der sich alle befinden, eher grotesk an, z.B., wenn Walter Mehring und Leonard Frank darüber streiten, wen von ihnen beiden die Nazis mehr hassen. Jedoch macht der Text auch klar, dass die Flüchtlinge am Ende ihrer Nervenkraft waren und mit dem Andauern der gespannten Lage auch die Gefahr wuchs, dass sich das Miteinander in ein Gegeneinander verkehrte:

Wie Ratten auf einem sinkenden Schiff saßen wir in jenem August in der Bar Mistral, fühlten, daß wir untergehen mußten. Das Schiff verlassen konnten wir nicht. Ratten, die man in einem zu engen Raum zusammensperrt, beginnen einander aufzufressen. Das taten wir nicht. Aber wir mißtrauten uns.

Jeder schien irgendein Geheimnis mit sich herumzutragen, das er nicht verriet.[30]

Es ist deutlich, dass Pauli die lebensgefährliche, aufreibende Situation für das gegenseitige Misstrauen verantwortlich macht und nicht die Menschen selbst, die ihr hilflos ausgeliefert sind und die sich trotzdem ihre menschliche Würde zu bewahren wissen.

Hertha Paulis Text unterstreicht die Solidarität unter den EmigrantInnen mit zwei Beispielen. Sie zeichnet Walter Mehring und Karl Frucht, die beiden Männer, mit denen Pauli 1938 Wien verlassen hat, als unerschütterliche Wegbegleiter auf den gefährlichsten Etappen ihrer Flucht. Ihrer Beschreibung nach wächst Walter Mehring auf dem Fluchtmarsch durch das umkämpfte Frankreich über sich selbst hinaus: „Das Chaos der Flucht verwandelte Walter. Der ewige Zweifler wurde zum Optimisten. Die drohende Gefahr schien der Filigranfigur neben mir Riesenkräfte zu geben."[31] Im Gegensatz dazu beschreibt Pauli sich selbst als von der Situation überfordert und auf Mehrings Initiative angewiesen: „Ich fall' gleich um. Ich kann nicht mehr. Meine Füße bluten. Im Straßengraben bleibe ich liegen. Da kniet Walter neben mir. [...] Er versucht mich aufzurichten...., redet mir zu."[32]

Obwohl sie ihn auffordert zu gehen, lässt Mehring sie nicht im Stich, organisiert ein Bett und Essen und ermöglicht ihr so, die Flucht fortzusetzen. Auch auf der letzten Etappe ihrer Flucht, dem Fußmarsch über die Pyrenäen und der illegalen Überquerung der spanischen Grenze, welche Pauli nach Erhalt des Emergency Rescue Visum von Varian Fry mit hohem Fieber hinter sich bringt, steht nicht die Erzählerin, sondern der Freund Karl Frucht im Mittelpunkt. Statt Pauli, die sich kaum auf den Beinen halten kann, ihrem Schicksal zu überlassen, bringt er sie sicher nach Lissabon und besorgt ihr einen Schiffsplatz:

So lief er Tag für Tag auf das amerikanische Konsulat, um mir so rasch wie mögliche einen Schiffsplatz zu besorgen. [...] Ich bat ihn, mich lieber ausruhen zu lassen, aber das woll-

te er nicht. Am 2. September kam er tatsächlich mit meinem Schiffsplatz zurück. Ich sollte über das Meer, wie vorher über die Berge, ob gesund oder nicht.[33]

Es wird deutlich, dass Pauli hier die eigene Leistung und Rolle in ihrer Rettung zurückstellt und stattdessen das selbstlose Verhalten der Freunde und Leidensgenossen in den Mittelpunkt stellt.

Betrachtet man das Bild, das Hertha Pauli von sich selbst in ihrem Buch zeichnet, so fallen einige Widersprüche ins Auge. Zum einen entwirft sie das Bild einer politisch aktiven, schriftstellerisch erfolgreichen Frau, die sich mutig den Anforderungen des Exils in einem fremden Land stellt. Auch nach Kriegsausbruch zeigt sie sich den Anforderungen der Ausnahmesituation gewachsen und bewältigt die Schwierigkeiten und Gefahren ohne zu klagen.

Es werden jedoch auch Verhaltensformen geschildert, die als (stereo)typisch weibliche Verhaltensweisen eingestuft werden können. Es ist zum einen das Unterordnen der eigenen Interessen einer als solche anerkannten wichtigeren Instanz und zum zweiten das Zurücknehmen der eigenen Person, was sich in der mangelnden Innensicht ausdrückt. Hertha Pauli präsentiert sich als Teil eines Kollektivs, dem der deutschen bzw. österreichischen kritischen literarischen EmigrantInnen, dem sie ihre Solidarität schuldet, selbst wenn es auf Kosten ihres privaten Glücks geschieht.

Trotzdem sie sich als aktives und selbständig handelndes Subjekt begreift, folgt der Entdeckung der eigenen Stärke und Autonomie, wie auch Andreas Lixl-Purcell im Zusammenhang mit seiner Studie über autobiografische Texte deutsch-jüdischer Frauen feststellte, kein „automatic exit from traditional forms of self-representation nor an immunity toward regressive influences of social manipulation"[34]. Es wäre jedoch falsch, wovor auch Lixl-Purcell warnt, Hertha Paulis Buch (oder die weiblichen Exilautobiografien allgemein) als „historische Texte der totalen Unterwerfung"[35] zu interpretieren. Der Verzicht auf die Reflexion der eigenen Befindlichkeit ist in Hertha Paulis Buch darauf zurückzuführen, dass sie ihre Erfahrung als exemplarisch betrachtet und das Zeitgeschehen in den Vordergrund rückt. Es geht ihr nicht darum, die eigene Entwicklung nachzuvollziehen, sondern sie will mit ihrem Buch die traumatischen Ereignisse, denen sie wie so viele andere deutsche und österreichische EmigrantInnen zum Opfer fiel, in allen ihren Konsequenzen darstellen und ihren LeserInnen vermitteln.

Anmerkungen

1 Vgl. Patrik von zur Mühlen: Die Flucht über die Pyrenäen und der Exodus aus Europa. In: Ruth Werfel (Hg.): Gehetzt. Südfrankreich 1940. Deutsche Literaten im Exil. München: Fink, 2008, S. 148.
2 Vgl. Von zur Mühlen, ebd., S. 150-162.
3 Teile dieser Autobiografie stützen sich auf frühere Veröffentlichungen. Nach Hertha Paulis Ankunft in den USA erschien ein dreiteiliger Bericht über ihre Flucht in der Exilzeitschrift „Aufbau". Der erste Teil „Flucht" erschien in Aufbau 6 (1940) 41 (11. Oktober), „Tagebuch einer Flucht II. Kampf um ein Schiff" in Aufbau 6 (1940) 43 (25. Oktober) und „Tagebuch einer Flucht III. Rettung" in Aufbau 6 (1940) 44 (1. November). Eine Version ihrer Liebesgeschichte mit dem Franzosen Gilbert erschien im Jahre 1942 in 36 Teilen in der New Yorker „Neuen Volkszeitung".
4 „Erlebnisbuch" ist der Untertitel der Erstausgabe von 1970. Der Neuauflage von 1990 wurde der Untertitel „Erlebtes – Erzähltes" beigefügt.
5 Christine Backhaus-Lautenschläger: ...Und standen ihre Frau. Das Schicksal deutschsprachiger Emigrantinnen in den USA nach 1933. Pfaffenweiler: Centaurus, 1991 (Forum Frauengeschichte 8), S. 9.
6 Vgl. Philippe Lejeunes Definition von Autobiografie in: Philippe Lejeune: L'autobiographie en France. Paris: Armand Colin, 1971, S. 14.: „Définition: nous appelons ‚autobiographie' le récit rétrospective en prose que quelqu'un fait de sa propre existence, quand il met l'accent principal sur sa vie individuelle, en particulier sur l'histoire de sa personalité."
7 Richard Critchfield: Autobiographie als Geschichtsdeutung. In: Wulf Koepke, Michael Winkler (Hg.): Deutschsprachige Exilliteratur. Studien zu ihrer Bestimmund im Kontext der Epoche 1930–1960. Bonn: Bouvier, 1984, S. 228.
8 Vgl. Philippe Lejeune: Signes de vie. Le pacte autobiographique 2. Paris: Éditions du Seuil, 2005.

9 Eva Kormann: Gespiegelte Norm – gespeicherte Erfahrung. Autobiographik, Autonomie und Genus an der Schwelle zur Neuzeit. In: Renate Hof, Susanne Rohr (Hg): Inszenierte Erfahrung. Gender und Genre in Tagebuch, Autobiographie, Essay. Tübingen: Stauffenburg, 2008 (Stauffenburg Colloquium 64), S. 99.
10 Erich Kleinschmidt: Schreiben und Leben. Zur Ästhetik des Autobiographischen in der deutschen Exilliteratur. In: Thomas Koebner, Wulf Koepke, Joachim Radkau (Hg.): Erinnerungen aus dem Exil – kritische Lektüre der Autobiographie nach 1933 und andere Themen. München: text + kritik, 1984, S. 28.
11 Kleinschmidt, ebd.
12 Michael von Engelhardt: Geschlechtsspezifische Muster des mündlichen autobiographischen Erzählens im 20. Jahrhundert. In: Magdalene Heuser (Hg.): Autobiographien von Frauen. Beiträge zu ihrer Geschichte. Tübingen: Niemeyer, 1996 (Untersuchungen zur deutschen Literaturgeschichte 85), S. 382.
13 Hertha Pauli: Der Riß der Zeit geht durch mein Herz. Ein Erlebnisbuch. Wien, Hamburg: Zsolnay, 1970, S. 7.
14 Pauli, ebd., S. 10.
15 Vgl. Gabriele Mittag: Erinnern, Schreiben, Überliefern. Über autobiographisches Schreiben deutscher und deutsch-jüdischer Frauen. In: Claus-Dieter Krohn, Erwin Rotermund, Lutz Winckler, u.a. (Hg.): Frauen und Exil. Zwischen Anpassung und Selbstbehauptung. München: text + kritik, 1993 (Exilforschung 11), S. 55.
16 Pauli zitiert das Gedicht auch in dem Kapitel. Siehe Pauli: Der Riß der Zeit, S. 49.
17 Vgl. Joseph Roth: Rast angesichts der Zerstörung. In: Klaus Westermann (Hg.): Joseph Roth. Werke 3: Das journalistische Werk 1929-1939. Köln: Kiepenheuer & Witsch, 1991, S. 813.
18 Vgl. Pauli: Der Riß der Zeit, S. 93: „Unsere ‚Österreichische Korrespondenz' [die von Pauli und Furcht herausgegebene Reihe Werke nicht-faschistischer deutschsprachiger Literatur, H.S.] wurde mit jedem Fall eines neuen Landes mehr und mehr eingeschränkt, wenn wir auch bisher noch Glück gehabt hatten. Zu Beginn verkauften wir noch meine Suttner-Biographie nach Holland, später den Roman ‚Morgen wird alles besser' an Gallimard."
19 Pauli, ebd., S. 51.
20 Pauli, ebd., S. 99.
21 Pauli, ebd., S. 143f.
22 Pauli, ebd., S. 97.
23 Pauli, ebd., S. 7.
24 Pauli, ebd., S. 98.
25 Pauli, ebd.
26 Pauli, ebd., S. 146.

27 Pauli, ebd., S. 126.
28 Pauli, ebd., S. 169.
29 Pauli, ebd., S. 168.
30 Pauli, ebd., S. 234.
31 Pauli, ebd., S. 176.
32 Pauli, ebd., S. 176f.
33 Pauli, ebd., S. 257.
34 Andreas Lixl-Purcell: Introduction. In: Andreas Lixl-Purcell (Hg.): Women of Exile. German-Jewish Autobiographies since 1933. New York: Greenwood, 1988 (Contributions in women's studies 91), S. 7.
35 Lixl-Purcell, ebd., S. 12.

Sebastian Lübcke
„Weltgeschichte" und existenzielle „Eigenzeit".
Flucht vor totalitären Zeitregimes bei Stefan Zweig

Exil- und Lagererfahrungen sind zunächst einmal räumlich konstituiert. Jorge Semprún etwa hat seine Erfahrungen während der Deportation und Internierung im Konzentrationslager auf die Opposition Drinnen/Draußen gebracht.[1] In seinem Roman *Die große Reise* wird das Konzentrationslager aber auch als Chronotopos auffällig, in dem die Zeit auf eigene Weise vergeht. So habe man sonntags im Anschluss an den Mittagsappell „stundenlang Zeit" gehabt und das „Gefühl des Drinnenseins" sei besonders „im Frühling unerträglich" gewesen.[2] Auch die tagelange Deportation reflektiert Semprún in ihrer Zeitlichkeit, da die Nächte in den Waggons von einer Zeitordnung beherrscht gewesen seien, die „keine konkrete Bedeutung mehr" gehabt habe, selbst „wenn die SS-Männer uns nicht alle Uhren abgenommen hätten".[3] Imre Kertész hat die Zeitlichkeit von Auschwitz ebenfalls akzentuiert. Der Ich-Erzähler des *Roman eines Schicksallosen* beschreibt das Zeitregime des Konzentrationslagers wie folgt:

Pro Eisenbahnzug […] ungefähr dreitausend Personen […]. […] davon etwa tausend Männer […]. Rechnen wir für die Untersuchung ein, zwei Sekunden, eher eine als zwei. […] In der Mitte […] muß man […] mit einer Wartezeit von zehn bis zwanzig Minuten rechnen, bis man zu dem Punkt gelangt, wo sich entscheidet: gleich das Gas oder noch einmal davongekommen. In der Zwischenzeit aber bewegt sich die Reihe ständig fort, […] und ein jeder macht immer einen Schritt, einen kleineren oder einen größeren, je nach Betriebsgeschwindigkeit.[4]

Diese Ausführungen führen die totalitäre Zeitgestaltung der Nationalsozialisten exemplarisch vor Augen. Die Zeit ist durch und durch verwaltet und unterbindet die Möglichkeit, dass „jede dieser Minuten […] eigentlich auch etwas Neues [hätte] bringen können".[5] Angesichts des Totalitarismus der nationalsozialistischen Zeitordnung resümiert der Ich-Erzähler in Kertész' Roman daher, dass man ihm ein „gegebenes Schicksal" aufgezwungen habe, das „nicht mein Schicksal" sei.[6]

Diese Übergriffigkeit des totalitären Zeitregimes der Nationalsozialisten wird auch in Stefan Zweigs autobiographischem Spätwerk, insbesondere in seinen Tagebüchern, verarbeitet. Meiner These nach drehen sich Zweigs Überlegungen in seinem Exil in England, den USA und zuletzt in Brasilien wesentlich um die Konkurrenz zwischen „Weltgeschichte" und existenzieller „Eigenzeit". Um diese Opposition zu analysieren, schließe ich an die jüngere Forschung zum Phänomen der „ästhetischen Eigenzeitlichkeit" an, in der das Bewusstsein für die Pluralität von Zeitordnungen, das Darstellungsbedürfnis von Zeit und ihre Gestaltbarkeit geschärft wurde.[7] Dort ist insbesondere auf die „grundständige Eigenzeitlichkeit der Dinge und Lebewesen"[8] gegenüber homogenisierenden Zeitmodellen in Kunst, Kultur und Wissenschaftsgeschichte hingewiesen worden. Daran anschließend lässt sich an Zweigs Tagebüchern die existenzielle Konkurrenz von Weltgeschichte und persönlicher Lebenszeit in den Fokus rücken.

Die Tagebücher von Stefan Zweig in den Mittelpunkt zu stellen, bietet sich deshalb an, weil das Tagebuch eine wesentlich zeitbezogene Gattung ist. Zudem eröffnen Tagebücher einen Reflexionsraum bzw. eine Reflexionszeit, die sich von der unverfügbaren historischen Zeit distanzieren kann und Zeit zur Selbstsorge leiht, etwa zum Nachdenken über die Ausgeliefertheit an hegemoniale Zeitregimes und über Möglichkeiten der Rückgewinnung von Eigenzeit. Rüdiger Görner bemerkt dazu: „Im Tagebuch verschreibt sich das Ich der Zeit. Aber der tägliche Eintrag ins Tagebuch übt den Menschen auch im elementaren Umgang mit ihr."[9] Das Tagebuch ist also ein Medium, das besonders augenfällig dem Zweck dient, Formen des Umgangs mit der Zeit zu finden. Da Tagebücher auch Medien der Krisenbewältigung sind, liegt es nahe, gerade in Zweigs Einträgen aus der Exilzeit Aufschluss über die Zeitlichkeit des Exils und der Flucht zu gewinnen.

Unverfügbarkeit der Weltgeschichte

Totalitäre Regimes sind um eine homogene Zeitgestaltung bemüht, da diese die Normierung der Bevölkerung erleichtert. Bezeichnend dafür ist die Freizeitgestaltung im NS-Staat durch Organisationen wie „Hitler-Jugend", „Bund deutscher Mädchen" oder „Kraft durch Freude".[10] Sie tragen zur Synchronisierung individueller Zeitabläufe auf makro- und mikrostruktureller Ebene bei und führen auch in temporaler Hinsicht zu der für die Nazi-Herrschaft charakteristischen „Gleichschaltung".[11] Der Höhepunkt der Entindividualisierung von Zeit findet sich in den nationalsozialistischen Konzentrationslagern, in denen eine „rigide[...], jede Selbstgestaltungsmöglichkeit minimierende[...] Raum/Zeitökonomie"[12] verfolgt und vor allem die Lebenszeit der jüdischen Gefangenen bis zur Vernichtung enteignet wurde. Stefan Zweig ist der Inhaftierung durch die Nazis im Zuge seiner Flucht nach England und später über die USA nach Brasilien entgangen. Ungeachtet der räumlichen Distanz holen ihn die Zeitereignisse jedoch immer wieder ein. Seine späten Schriften zeugen daher von größter Aufmerksamkeit für die Auswirkungen totalitärer Zeitregimes auf die Gestaltung individueller Eigenzeiten. Zu Beginn seines nachgelassenen Montaigne-Essays hebt er an Montaignes „freie[m] und unbeirrbare[m] Denken" hervor, dass es Zweigs Generation, die „vom Schicksal in einen kataraktischen Aufruhr der Welt geworfen" worden sei, hilfreich sein könnte.[13] Denn diese sei infolge des Ersten Weltkriegs und später durch die Nazi-Diktatur mit einer „Zeit" konfrontiert, „die mit Krieg, Gewalt und tyrannischen Ideologien dem Einzelnen das Leben und innerhalb seines Lebens wieder die kostbarste Substanz, die individuelle Freiheit, bedroht".[14] Bemerkenswert ist, dass Zweig die Konkurrenz zwischen der individuellen Lebensgestaltung und der für „Zeiten der Herdentollheit" charakteristischen „Massenkatastrophe"[15] hier so darstellt, dass sie als Zeitkonkurrenz zwischen existenziellen Eigenzeiten und den hegemonialen „Zeiten der Herdentollheit" begreifbar wird.

Tatsächlich hat Zweig verschiedentlich dargelegt, welchen Einfluss historische Ereignisse auf den Verlauf der Geschichte im Allgemeinen und die individuelle Lebenszeitgestaltung im Besonderen haben. Seine Essays zu den *Sternstunden der Menschheit* etwa leitet er damit ein, dass über „Jahrzehnte und Jahrhunderte" wirkungsvolle „Weltstunde[n] […] diese Stunde unwiderruflich für hundert Geschlechter [macht] und […] das Leben eines Einzelnen, eines Volkes und sogar den Schicksalslauf der ganzen Menschheit" entscheidend vereinnahme.[16] Diese Erfahrung hat Zweig selbst im Ersten Weltkrieg und im Exil während der Nazi-Diktatur gemacht. Das damit verbundene Zeitbewusstsein zeigt sich z.B. an seinen Memoiren *Die Welt von Gestern*, wo er rückblickend eine sogenannte „Welt der Sicherheit" in der „Zeit vor dem Ersten Weltkriege" (re)konstruiert, in der man fortschrittgläubig in die Zukunft geblickt und „mit gutem Gefühl die Gegenwart" genossen habe.[17] „[H]eute" aber,[18] d.h. mitten im Zweiten Weltkrieg, werde deutlich, dass jene „Welt von Gestern", in der man geglaubt habe, alle „Kriege […], Hungersnöte […] und Revolten" mit zunehmender Aufklärung in einer früheren „Zeit" hinter sich gelassen zu haben,[19] ein „Traumschloß" gewesen sei.[20] Diese Einsicht hält Zweig jedoch nicht davon ab, selbst im Akt des Schreibens aus der Gegenwart des Krieges in die „Welt von Gestern" zu entfliehen.[21]

Wie übergriffig das nationalsozialistische Zeitregime und der Zweite Weltkrieg gewesen sind, zeigt sich in Zweigs Überlegungen vor allem dort, wo der „Schatten" des Krieges „durch all diese Zeit nicht mehr von mir gewichen [ist], dieser Schatten […] überhing jeden meiner Gedanken bei Tag und bei Nacht".[22] Die mit dem Exil gewonnene räumliche Distanz zu Europa kann offenbar nicht verhindern, dass die Zeit auch fernab vom Kriegsgeschehen von ihm eingeholt wird. Ähnlich bemerkt Zweig über Hitler, dass man schon „seit Jahren genötigt" sei, diesen Namen „jeden Tag, ja fast jede Sekunde in irgendeinem Zusammenhang mitzudenken oder auszusprechen".[23] Für Zweig ist damit gerade die Enteignung existenzieller Eigenzeit verbunden, da der Nationalsozialismus ja diktiert, womit man seine Zeit zubringen muss. Im *Diary of the second war* heißt es demgemäß: „I have lost too much time already with the stupidity of politics and war."[24]

Um dieses Spannungsverhältnis auf eine Formel zu bringen, lässt sich von der Konkurrenz zwischen „Weltgeschichte" und existenzieller Eigenzeit sprechen. Unter „Weltgeschichte" versteht Zweig historische und politische Ereignisse, die das persönliche Leben der Zeitgenossen hegemonial beherrschen. Er gebraucht den Begriff vor allem im Kontext des Ersten Weltkrieges, den er – wie viele andere Intellektuelle seiner Zeit – zunächst euphorisch begleitet und bestimmten Schlachten „weltgeschichtliche" Bedeutung zugesprochen hat: „Noch immer keine genauen Nachrichten. Aber ich glaube, die nächste Woche gehört der Weltgeschichte: es ist jetzt das dumpfe Erwarten in der Luft, die Schwüle der gewaltigen Entladung."[25] Der Begeisterung für die „Weltgeschichte" in der Ferne gesellt sich bald aber schon die „Weltgeschichte" aus der Nähe zur Seite, die für die Konkurrenz von Weltgeschichte und existenzieller Eigenzeit signifikant ist. So bekennt Zweig bei der Rückkehr der verwundeten Soldaten von der Front nach Wien: „Weltgeschichte ist grauenhaft von der Nähe."[26]

„Weltgeschichte" ist für Zweig also eine Art „übergeordnete [...], hegemoniale [...] Zeitordnung [...]"[27], eine „Zeit" unter der „fast alle" leiden, wie Zweig beobachtet.[28] Das hat Folgen freilich auch für Zweigs eigene Zeiterfahrung. Mehrfach klagt er, wie seine Arbeit unter den „welthistorischen" Ereignissen leidet: „Meine Arbeit, alles wieder dahin, weggeschwemmt von den Ereignissen, zerstäubt, verloren"[29]; „Leider wenig Arbeit. Die Zeit quält einen zu sehr."[30] Zweig reflektiert in seinen Tagebüchern eindrücklich, wie die „Weltgeschichte" in die persönliche Eigenzeit einbricht. Verantwortlich dafür ist seiner Ansicht nach auch das beschleunigte Presse- und Informationssystem:

Ein wenig Arbeit. Zu etwas Ganzem komme ich nicht. Zu viel in mir ist doch Hinaushorchen, Warten, Ungeduldigsein, obzwar die Vernunft sagt, man müsse sich jetzt bescheiden. Aber doch bringt einen der Schrei: Extraugabe! [sic] weg von sich selbst, hebt einen aus dem innern Gesammeltsein und wirft einen widerwillig in die Spannung. Es ist ihr nicht zu entkommen[...][31]

Zweig ist den Weltereignissen völlig ausgeliefert. Eilmeldungen und Extraausgaben reißen ihn aus der Konzentration und machen jede autonome Zeitökonomie zunichte. Dabei sind gerade die Extraausgaben ein charakteristisches Medium für die Konstituierung von „Weltgeschichte", da sie die Geschehnisse verschiedener Orte, z.B. die Kriegsfront und das Privatleben in Wien, synchronisieren. In *Die Welt von Gestern* bemerkt Zweig, dass es die durch *Zeit*ungen vermittelte Informationspolitik möglich mache, dass „[j]eder Leser der Zeitung in New York, in London, in Paris [...] bessere Kenntnis von dem [hatte], was wirklich vor sich ging, als wir, die wir doch scheinbar Zeugen waren."[32] Die in Zeitungen fundierte „Systemierung"[33] des Bewusstseins zu einer „weltgeschichtlichen" Zeitgenossenschaft steht allerdings seltsam quer zu dem modernetypischen Profil der „Pluralität von Zeitlichkeiten",[34] sofern das totalitäre Zeitregime der „Weltgeschichte" mit dem Zeitenpluralismus auch die persönliche Eigenzeit des Individuums tendenziell einebnet.

Welche Folgen das für die individuelle Eigenzeit hat, zeigt sich in Zweigs Tagebüchern gerade auch im Umfeld der Nazi-Diktatur. Schon am 21. Oktober 1931 ermahnt sich Zweig zu neuer „Wachsamkeit", um den „Schlagwettern" der faschistischen Zukunft rechtzeitig zu begegnen:

Plötzlich habe ich mich entschlossen, nach Jahren der Pause wieder ein Tagebuch zu führen. Die Gründe dafür das Vorempfinden, daß wir kritischen, kriegsähnlichen Zeiten entgegengehen, die documentarische Niederlegung ebenso fordern wie seinerzeit die großen Reisen oder die Zeit des Krieges. Ich meine und erwarte keine Conflagration mit Waffen, nur innere sociale Umstürze, bei uns vielleicht eine fascistisch-heimwehrliche Revolte. Jedenfalls, es tut gut, sich wieder einmal zu Wachsamkeit zu erziehen.[35]

Die Ahnung „kriegsähnlicher Zeiten" beim Aufstieg des Faschismus ruft Erinnerungen an die „Zeit des Krieges" von 1914 bis 1918 wach. Wie Zweig schon damals die Konkurrenz zwischen dem totalitären Zeitregime des Krieges und der eigenen Zeitverfügung in den Vordergrund gestellt hatte, so schreibt er auch 1940 im Exil:

Mit was für niedrigen erbärmlichen Dingen man seinen Kopf beschäftigt – von den vierundzwanzig Stunden gehört concentriert kaum mehr als eine der Arbeit[.] Nachdenken, wohin mit den Autografen, ob die Zeichnungen wegschicken, die Ordnung die man sich mühsam geschaffen, wieder zerstören[.] [...] Zwischendurch immer wieder der Gedanke: wann gab es je solche Zeiten und noch dazu für jemanden, auf dem der Fluch lastet – denn es ist keine Schuld – Jude zu sein. Daß man, nahe seinem sechzigsten Jahr, wie ein Verbrecher gejagt werden könnte, hätte man sich in der Jugend und im Hochgefühl unseres Jahrhunderts auch nicht träumen lassen.[36]

Auch hier spielt die Zeit eine zentrale Rolle. Zum einen beschlagnahmt die Nazi-Herrschaft Zweigs eigene Zeitgestaltung derart, dass er sich die meiste Zeit des Tages mit der logistischen Disponierung seiner Emigration befassen muss. Die Zeit, in der Zweig eigentlich arbeiten will, wird von den politischen Zeitumständen vereinnahmt. Zum anderen vergleicht Zweig die historische Gegenwart („solche Zeiten") mit seiner Jugendzeit und dem damaligen „Hochgefühl des Jahrhunderts", d.h. mit jener „Welt von Gestern" bzw. der „Epoche der Sicherheit"[37], in der es vollkommen ausgeschlossen schien, wie ein „Verbrecher" verfolgt zu werden, weil man Jude war. Die Enteignung existenzieller Eigenzeit durch die Nazi-Diktatur endet aber nicht in der Aufzwingung von Tätigkeiten wie dem Packen von Koffern oder der Beantragung von Visa. Sie wird auch dort manifest, wo den Exilanten ein mit Millionen anderen Emigranten geteiltes Schicksal aufgezwungen wird, das sie alle ihre Vergangenheit, ihre Gegenwart und Zukunft gleichermaßen kostet:

Jeder von uns, auch der Kleinste und Geringste, ist in seiner innersten Existenz aufgewühlt worden von den fast pausenlo-

sen vulkanischen Erschütterungen unserer europäischen Erde. [...] Sie haben mir dreimal Haus und Existenz umgeworfen, mich von jedem Einstigen und Vergangenen gelöst und mit ihrer dramatischen Vehemenz ins Leere geschleudert, in das mir schon wohlbekannte „Ich weiß nicht wohin".[38]

Die Betonung auf den Einfluss der Geschichte auf das Schicksal einer ganzen Generation ist für die bedeutungsakkumulierende Strategie von Exilliteratur typisch.[39] Überdies handelt es sich dabei um ein gattungsspezifisches Charakteristikum von Memoiren, in denen der Autor seine „eigene [...] Existenz zugunsten ihrer Beziehungen zur Umwelt"[40] zurücktreten lässt. In zeittheoretischer Hinsicht wird an dieser Passage aber auch deutlich, dass Zweig an der „Weltgeschichte" ein die existenziellen Eigenzeiten homogenisierendes Zeitregime kritisiert. Dieses greift in das „Kleinste und Geringste" ein und macht sich die Eigenzeiten der Exilanten insofern zu eigen, als die Weltgeschichte nicht nur ihre Gegenwart aus der Bahn wirft, sondern die Emigranten auch von ihrer „Vergangenheit" trennt und ihnen jede Perspektive für die Zukunft verwehrt. Zwar mag Zweig materiell auch im Exil noch gut situiert gewesen sein – immerhin gehörte er zu den meistübersetzen Autoren seiner Zeit und wandte seine Mittel zur Unterstützung anderer Exilanten auf[41] –, doch ist der Vorwurf einer inszenierten Zugehörigkeit zur Gruppe der vom Schicksal geschlagenen Emigranten zu stark.[42] Denn es kann kein Zweifel daran bestehen, dass das durch die weltgeschichtlichen Ereignisse der Nazi-Diktatur ausgelöste Trauma und die damit verbundene Enteignung der eigenen Lebenszeit auch Zweig nachhaltig betraf. In seinem *Notebook war 1940* heißt es daher: „Wir stehen vor den furchtbarsten Tagen unseres Lebens. Jetzt wieder beginnt Weltgeschichte sich dramatisch abzuformen."[43]

An dieser Formulierung ist weniger der Hegelianisch inspirierte Geschichtsontologismus interessant als die von der „Weltgeschichte" beschlagnahmte Eigenzeit. Die Weltgeschichte fordert nämlich ganz Profanes von Zweig, z.B. die

Beantragung eines Visums, was wiederum zeitraubend ist. In der Botschaft habe man etwa „nur Zeit verloren, Nerven verbraucht" und „nicht eine Minute etwas Vernünftiges denken können".[44] Offenkundig ist das Exil nicht nur eine räumliche Herausforderung, sondern auch und gerade eine zeitliche. Zweig musste dafür Kontakte schmieden bzw. – zeitpragmatisch übersetzt – „wieder Zeit versäumen mit Vorträgen und Geselligkeiten".[45]

Eigenzeit und Selbstsorge als Flucht

Um der „gräßliche[n] Zeit"[46] der politischen Zeitläufte zu entkommen, erwägt Zweig neben der schreibenden Flucht in die Vergangenheit zwei Optionen: den Freitod als letzten Ausweg zur Zurückgewinnung von Eigenzeit und die Rückeroberung der Zeit im Arbeiten, Lesen und Schreiben. Im Anschluss an Michel de Certeau lässt sich mit Blick auf die Ausgeliefertheit des Subjekts an die Geschichte festhalten, dass das hegemoniale Zeitregime Zweig in einem präformierten Netz von Gestaltungsmöglichkeiten situiert, in dem seine Freiheit zwar eingeschränkt ist, das ihn aber nicht ganz davon abhalten kann, sich der „strategisch" gegebenen „Elemente" kunstvoll zu bedienen, um sie zu Mitteln einer eigenen „originären Geschichte" zu machen.[47] Ein erster Schritt, der Weltgeschichte zu entfliehen, ist daher, dass Zweig im englischen „Halbexil" gerade Bath zum Wohnsitz wählt. In *Die Welt von Gestern* begründet er die Wahl damit, dass es sich bei dem Städtchen nahe London um einen Ort handele, wo „viele der Besten von Englands glorreicher Literatur, Fielding vor allem, geschrieben" haben und der „getreulicher und eindringlicher als jede sonstige Stadt Englands ein anderes, friedlicheres Jahrhundert, das achtzehnte, dem beruhigten Blicke vorspiegelt".[48]

Pointiert gesagt, hat Zweig Bath aus zeittheoretischen Gründen zum Wohnort gewählt, denn Bath ist ein Symbol für die „Welt von Gestern". Auch hier aber holt ihn das hegemoniale Zeitregime der Nazi-Diktatur ein, sofern Zweig den Kontrast zwischen dem exklusiven Raum- und Zeitexil einerseits und der äußeren und inneren „Unruhe der Welt und meiner Gedanken"[49] andererseits nicht lange ertragen konnte.

Da der Wohnort nicht ausreicht, um den Zeitläuften zu entfliehen, besinnt sich Zweig auf die intellektuelle und existenzielle Eigenzeit, um dem hegemonialen Zeitregime zu entgehen. Schon während des Ersten Weltkrieges heißt es in Zweigs Tagebüchern: „Ich muß jetzt wieder mich fühlen – über der Zeit. Sie fordert zu viel und gibt zu wenig."[50] Zweig ermahnt sich dazu, dem Druck der „Zeit" standzuhalten und sich aktiv von ihr zu distanzieren, um zu sich selbst zu finden. Dabei handelt es sich um eine für die Selbstsorge charakteristische Bewegung, die Michel Foucault folgendermaßen beschreibt: „Se soucier de soi-même implique [...] qu'on convertisse son regard, de l'extérieur, des autres, du monde, etc., vers ‚soi-même'. Le souci de soi implique une certaine manière de veiller à ce qu'on pense et à ce qui se passe dans la pensée."[51] Zweigs Tagebücher führen vor Augen, dass und wie die Selbstsorge gerade auch die Konkurrenz von „Weltgeschichte" und existenzieller Eigenzeit verhandelt. Denn auch hier geht es darum, sich so zu formen, dass man dem Möglichkeitshorizont von Unglücksfällen jederzeit standhalten kann.[52]

Obwohl die Forschung Zweigs Tagebücher bislang für unergiebig erachtet hat,[53] lassen sie sich als Medien der Selbstsorge und der Zeitökonomie lesen, in denen Zeitlichkeit nicht einfach erlitten, sondern reflektiert und verarbeitet wird. Obwohl das Reflexionspotenzial von Tagebüchern mitunter für defizitär gilt, da es „die Dinge lediglich aus dem erlebnisnahen Moment der Niederschrift [sieht] und [...] damit weithin ungeformte Gegenwart [bietet]"[54], hat Arno Dusini das zeitreflexive Potenzial von Tagebüchern zurecht hervorgehoben: „[...] das Tagebuch beantwortet die Frage danach, was der einzelne Mensch unter der Bedingung der täglichen Wahrnehmung seiner Zeit sein, denken und tun könne."[55] Dieses Leistungsprofil bestätigt sich an Zweigs Tagebüchern insofern, als er sich darin z.B. zum Lesen und Schreiben als Formen der Rückeroberung von Zeitrefugien aufruft. Bei der Arbeit handelt es sich für Zweig nämlich um eine Möglichkeit, dem hegemonialen Zeitregime zu entfliehen. Gerade im Umfeld des Ersten Weltkriegs, an dessen Zeitregime Zweig sich nicht zufällig beim Aufkommen des Faschismus Anfang der 1930er Jahre erinnert, betont Zweig mehrfach die mit der Arbeit vollzogene Flucht aus der weltgeschichtlich diktierten Zeit. Am 29. Dezember 1914 formuliert er: „Nur Endlosigkeit werde ich gewahr, einer drückenden peinigenden Öde. Sich selbst entfliehen jetzt und der Zeit. Ich will morgen mit Dostojewsky beginnen!"[56] In diesem Kontext bemerkt er auch, dass man mit „Büchern" die „Zeit betrügen [...]"[57] könne und dass „die Kunst [...] einen [sic] über diese jämmerliche Zeit" hinweghelfe.[58] Wenig zuvor heißt es: „Arbeit gut gefördert. Halte an gute Zeit. Es ist doch die einzige Flucht."[59] Lesen und Schreiben sind für Zweig ästhetisch eigenzeitliche Fluchträume, die ihm aus der „furchtbar[en] [...] Zeit" heraushelfen.[60] Diese kleinen Zeitfenster verschaffen ihm Distanz zum totalitären Zeitregime der Weltgeschichte und fördern die Sammlung in sich, um nicht länger in den Ereignissen der Weltgeschichte zerstreut zu sein.[61]

Die existenzielle Bedeutung der Lese- und Schreibzeit wird zu Beginn seines Schweizer Tagebuchs beispielhaft deutlich, wo Zweig das Entkommen aus der Weltgeschichte damit beschreibt, dass er sich „seit langer Zeit wieder in Versen lebend, gelesenen und geschriebenen", befinde.[62] Für Zweig handelt es sich dabei um eine Art Lebenskunst: „Man muß die Kunst lernen, dumpf zu leben[,] sich selbst und nicht der Zeit, die ja Lebensvernichtung ist, Hemmung und nicht Befreiung."[63]

Bei Foucault handelt es sich bei den „technologie[s] de soi"[64] ebenfalls um eine „art de vivre"[65], die zeitintensiv ist und in der Antike ein elitäres Privileg gewesen sei.[66] Im Unterschied dazu sorgt Zweig sich um sich und seine Eigenzeit gerade unter dem Druck vehementer Zeitenteignung. Denn die entfremdete, politisch beherrschte Zeit droht ihn immer und überall einzuholen, auch in Momenten der Zeitflucht in die Kunst,[67] wo die Zeitkonkurrenz von Weltgeschichte und Eigenzeit mitunter zerreißend ist: „Mitten im herrlichsten Spätwerk, dem Adagio von Opus 125, spür ich leis von Innen den Gedanken: Wie ist es möglich, daß in einer Welt, wo es so herrliches gibt, Menschen mit Granaten jetzt, in ebenderselben Stunde sich zerreißen."[68]

Keine „Welt von Morgen"

Während des Exils wird zunehmend deutlich, dass Zweig sich der Zeit, in der er lebt, schwerer entziehen kann als dem Raum. Obwohl Zweig den Nazi-Schergen durch die Emigration entkommen ist, wird sein Zeitempfinden unentwegt von ihnen eingeholt. Am 26. Mai 1940 schreibt er: „Jedenfalls, man täte gut, ein Fläschchen mit Morphium jederzeit bereit zu haben. Vielleicht wird man es brauchen Ich stehe, glaube ich, ziemlich allein mit meiner Anschauung, daß man keinen Tag versäumen soll und nicht ohne eine Gewißheit den Ausgang verzögern […]."[69]

Für Zweig steht fest, dass nur der, der „jederzeit" bereit ist, seine existenzielle Eigenzeit autonom zu beenden, der Gefahr entgeht, von den Nazis gefasst zu werden. In diesem Fall wäre noch die letzte Verfügungsgewalt über die Zeit verloren und genau diese „ungewisse" Zukunft prägt Zweigs Zeitgefühl. Um dieser Zukunft vorzubeugen, richtet Zweig sein Leben auf den Freitod aus, als letzte Möglichkeit, der totalitären Weltgeschichte Eigenzeit abzuringen. Damit ist die im Freitod auf die Spitze getriebene Zeitkonkurrenz zwischen den übergriffigen Geschichtsereignissen und der Eigenzeit – um mit Lionel B. Steiman zu sprechen – „the tragedy of the time" in mehrfacher Hinsicht.[70]

Was genau es mit dieser „Tragödie der Zeit" auf sich hat, zeigt sich in Zweigs Tagebüchern exemplarisch beim bevorstehenden Einmarsch der deutschen Truppen in Paris:

Das Schicksal von Paris ist besiegelt, ein paar Tage höchstens noch und dann ist eine der furchtbarsten Wendungen innerhalb der Geschichte geschehen. Ich muß mich jetzt fragen: wofür denkt man dann noch. Dieser Krieg gieng um ein Princip, auf dem unsere ganze Existenz ruht; wenn dieses Princip fällt, so damit unsere Existenz. Ich weiß dann nicht mehr wozu leben und wo leben. Es würde nurmehr eine ständige Flucht sein, ein sich über dem Wasser-Halten-Wollen, aber ich sehe kein Land, in dem sich in meinem Alter noch wohnhaft machen. […] Ich bin dessen endgiltig müde. Immer sich ducken, immer sich schuldig fühlen sollen, das ist ein Zustand, der für ein paar Wochen durchzuhalten, nicht aber als Existenzform durchzuhalten ist.[71]

Wie zu Zeiten des Ersten Weltkrieges sieht Zweig auch in der Eroberung von Paris ein weltgeschichtliches Ereignis, das den Verlauf der Geschichte und mit ihr das Leben von Zweig selbst verändern wird. Das „Prinzip", für das Zweig gelebt und gedacht hatte, ist der Glaube an die Unterlegenheit des Fanatismus im Kampf gegen die humanistische Tradition Europas. Die Doppelbiographien *Erasmus* und *Castellio gegen Calvin* geben davon eindrücklich Zeugnis. Sollte Europa aber unter der Herrschaft der Nationalsozialisten zusammenbrechen, so wäre die „Welt von Gestern" bzw. das „Land", auf dem Zweig wieder hätte heimisch werden können, endgültig verloren. Ohne Aussicht auf die Vergangenheit ist Zweig auch nicht mehr dazu imstande, in der Zukunft etwas anderes als eine unentwegte „Flucht" zu sehen, auf der man sich „über Wasser halten" müsse, ohne den sicheren Hafen jemals erreichen zu können. Die absolute Kontingenz des menschlichen Lebens, für die das Leben auf hoher See eine geläufige Metapher ist,[72] würde für Zweig zum Lebensmodus, der im scharfen Gegensatz zur kontingenzresistenten „Welt von Gestern" steht.

Kaum dass die „Welt von Gestern" endgültig zu verschwinden droht, quittiert Zweig daher in seinem Tagebuch: „Es ist vorbei. Europa erledigt, unsere Welt zerstört. *Jetzt* sind wir erst wirklich heimatlos."[73] Die zeittheoretische

Relevanz dieser Heimatlosigkeit zeigt sich in letzter Konsequenz darin, dass Zweig sich dafür entscheidet, auf die künftige Zeit zu verzichten: „[...] man ist verloren, unser Leben auf Jahrzehnte zerstört und ich habe kein[e] Jahrzehnte mehr vor mir, ich *will* sie nicht vor mir haben."[74] Der Freitod ist für Zweig die letzte Möglichkeit, frei über die eigene Zeit zu verfügen und sie der Vereinnahmung durch das totalitäre Zeitregime der Weltgeschichte zu entziehen. Die „Welt von Morgen" erscheint ihm aussichtslos, weil die „Welt von Gestern" so gründlich zerstört worden ist. Darüber konnte ihm auch Brasilien, das „Land der Zukunft", wie er vor seinem Tod verheißen hatte, nicht hinweghelfen.[75]

Anmerkungen

1 Jorge Semprún: Die große Reise. Frankfurt/Main: Suhrkamp, 2015, S. 20ff.
2 Semprún, ebd., S. 22.
3 Semprún, ebd., S. 98.
4 Imre Kertész: Roman eines Schicksallosen. Berlin: Rowohlt, 2002, S. 281f.
5 Kertész, ebd., S. 282.
6 Kertész, ebd., S. 283.
7 Z.B. Michael Gamper, Helmut Hühn: Was sind ästhetische Eigenzeiten? Hannover: Wehrhahn, 2014.
8 Michael Gamper, Helmut Hühn: Einleitung. In: Dies (Hg.): Zeit der Darstellung. Ästhetische Eigenzeiten in Kunst, Literatur und Wissenschaft. Hannover: Wehrhahn, 2013, S. 7.
9 Rüdiger Görner: Das Tagebuch. Eine Einführung. München, Zürich: Artemis, 1986, S. 9.
10 Z.B. Michael H. Kater: Hitler-Jugend. Darmstadt: Primus, 2005.
11 Jost Hermand: Kultur in finsteren Zeiten. Nazifaschismus, Innere Emigration, Exil. Köln, Weimar, Wien: Böhlau, 2010, S. 300-308.
12 Reinhold Aschenberg: Ent-Subjektivierung des Menschen. Lager und Shoah in philosophischer Reflexion. Würzburg: Königshausen und Neumann, 2003, S. 44.
13 Stefan Zweig: Montaigne. Frankfurt/Main: Fischer, 2005, S. 5.
14 Zweig, ebd.
15 Zweig, ebd.
16 Stefan Zweig: Sternstunden der Menschheit. Frankfurt/Main: Fischer, 1964, S. 7.

17 Stefan Zweig: Die Welt von Gestern. Erinnerungen eines Europäers. Frankfurt/Main: Fischer, 1970, S. 14f.
18 Zweig, ebd., S. 16.
19 Zweig, ebd., S. 15.
20 Zweig, ebd., S. 17.
21 Z.B. Wei Hu: Auf der Suche nach der verlorenen Welt. Die kulturelle und die poetische Konstruktion autobiographischer Texte im Exil. Am Beispiel von Stefan Zweig, Heinrich Mann und Alfred Döblin. Frankfurt/Main, Berlin, Bern, u.a.: Lang, 2006, S. 65-98. Vera Apfelthaler: Das Theater als europäische Anstalt. Theaterverständnis und kulturelles Kapital bei Stefan Zweig. In: Mark H. Gelber (Hg.): Stefan Zweig Reconsidered. New Perspectives on his Literary and Biographical Writings. Tübingen: Niemeyer, 2007, S. 194.
22 Zweig: Welt von Gestern, S. 312 f.
23 Zweig, ebd., S. 258.
24 Stefan Zweig: Tagebücher. Frankfurt/Main: Fischer, 1984, S. 426.
25 Zweig, ebd., S. 89; auch z.B. 226.
26 Zweig, ebd., S. 82.
27 Gamper, Hühn: Was sind ästhetische Eigenzeiten?, S. 25.
28 Zweig: Tagebücher, S. 218.
29 Zweig, ebd., S. 227.
30 Zweig, ebd., S. 223.
31 Zweig, ebd., S. 214.
32 Zweig: Welt von Gestern, S. 277.
33 Zweig: Tagebücher, S. 152.
34 Gamper, Hühn: Einleitung, S. 7.
35 Zweig: Tagebücher, S. 343.
36 Zweig, ebd., S. 464.
37 Zweig, ebd.
38 Zweig: Welt von Gestern, S. 9.
39 Mark H. Gelber: „Die Welt von Gestern" als Exilliteratur. In: Ders., Klaus Zelewitz (Hg.): Stefan Zweig. Exil und Suche nach dem Weltfrieden. Die Akten des Internationalen Stefan-Zweig-Kongresses, 18.–23. Februar 1992. Riverside: Ariadne, 1995, S. 148.
40 Renate Chédin: Das „Geheim-Tragische des Daseins". Stefan Zweigs „Die Welt von Gestern". Würzburg: Königshausen und Neumann, 1996, S. 1.
41 Volker Michels: Stefan Zweig, ein Humanist im Kreuzfeuer der Ideologien. In: Ders., Donald Prater (Hg.): Stefan Zweig. Leben und Werk im Bild. Frankfurt/Main: Insel, 1981, S. 345 f.
42 So jedoch Gelber: „Welt von Gestern" als Exilliteratur.
43 Zweig: Tagebücher, S. 453 f.
44 Zweig, ebd., S. 471.
45 Zweig, ebd., S. 462.

46 Zweig: Tagebücher, S. 464.
47 Michel de Certeau: Kunst des Handelns. Berlin: Merve, 1988, S. 85 f.
48 Zweig: Welt von Gestern, S. 309.
49 Zweig, ebd.
50 Zweig: Tagebücher, S. 219.
51 Michel Foucault: L'herméneutique du sujet. Cours au Collège de France. 1981–1982. Paris: EHESS, Gallimard, Seuil, 2001, S. 12.
52 Foucault, ebd., S. 91.
53 Harry Zohn: Der tragische Lebensabend eines großen Europäers: Zu Stefan Zweigs Briefen aus dem Exil. In: Gelber, Zelewitz: Stefan Zweig. Exil und Suche, S. 125.
54 Peter Boerner: Tagebuch. Stuttgart: Metzler, 1969, S. 13.
55 Arno Dusini: Tagebuch. Möglichkeiten einer Gattung. München: Fink, 2005, S. 76.
56 Zweig: Tagebücher, S. 128.
57 Zweig, ebd., S. 25.
58 Zweig, ebd., S. 241.
59 Zweig, ebd., S. 236.
60 Zweig, ebd., S. 227.
61 Zweig, ebd., S. 175, 178, 253.
62 Zweig, ebd., S. 312.
63 Zweig, ebd., S. 311.
64 Foucault: L'herméneutique du sujet, S. 48.
65 Foucault, ebd., S. 121.
66 Foucault, ebd., S. 109.
67 Zweig: Tagebücher, S. 232: „Gestern noch nachzutragen: Rosé Quartett – Beethoven. Ich lebe noch heute davon. Musik streift von mir den Ruß der politischen Dinge aber, den schwarzen Niederschlag der Ereignisse."
68 Zweig, ebd., S. 239.
69 Zweig, ebd., S. 458.
70 Lionel B. Steiman: Stefan Zweig: The Legacy of World War I and the Tasks of Exile. In: Gelber, Zelewitz (Hg.): Stefan Zweig. Exil und Suche, 1995, S. 83.
71 Zweig: Tagebücher, S. 469 f.
72 Hans Blumenberg: Schiffbruch mit Zuschauer. Paradigma einer Daseinsmetapher. Frankfurt/Main: Suhrkamp, ³1988.
73 Zweig: Tagebücher, S. 472.
74 Zweig, ebd., S. 471.
75 Stefan Zweig: Brasilien. Ein Land der Zukunft. Frankfurt/Main: Insel, 1981.

Jürgen Doll
„Ich würde nicht im Konzentrationslager sterben, weil ich gar nicht erst hingehen wollte."
Strategien des Überlebens in Jakov Linds autobiographischem Bericht über seine Kindheit und Jugend im Exil

Jakov Linds Thema war, wie er nach seiner LSD-Therapie 1958 erkannte, „der Krieg, *mein* Krieg, die Bedeutung, die er für mich persönlich hatte [Hervorh. J. D.]"[1], genauer ein Aspekt des/seines Krieges, die Judenvernichtung. „Schrieb ich über den Krieg", heißt es weiter, „mußte ich über die Juden und die Österreicher oder die Juden und die Deutschen schreiben."[2] Diese Auseinandersetzung fand ihren literarischen Niederschlag im Erzählungsband *Seele aus Holz* (1962) und den Romanen *Landschaft in Beton* (1963), der in Nazideutschland spielt, und *Eine bessere Welt* (1966), der im naziverseuchten Nachkriegs-Wien angesiedelt ist. Lind bezeichnete die drei Prosawerke als „eine Rechentafel mit der deutsch-jüdischen Bilanz", nur habe „das Ende der Geschichte den Leuten nicht so gut wie der Anfang gefallen"[3].

Er spielt damit auf die Rezeption der drei Bücher in Deutschland und Österreich an. Wenn *Seele aus Holz* noch weitgehend wohlwollend aufgenommen wurde, versagte die deutsche und österreichische Kritik im Fall der beiden Romane schmählich.[4] Sie wurden in Grund und Boden verrissen, wohl weil die groteske, sarkastische Darstellung des Nationalsozialismus zu tief verstörte oder nicht verstanden wurde. Statt auf den Inhalt einzugehen, warf man ihm schlechtes, fehlerhaftes, dürftiges Deutsch vor. In der österreichischen Kritik tauchte der Begriff Nationalsozialismus nicht ein einziges Mal auf, obwohl oder eher weil die sadistischen Täter in *Seele aus Holz* und die mörderischen Psychopathen in *Eine bessere Welt* durch ihren betont österreichischen Sprachduktus mit seinen „bissigen, boshaften, verschnörkelten, gemeinen, scheinheiligen Redensarten"[5] klar als österreichische Täter erkennbar waren. Anders als in den deutschsprachigen Ländern wurden Linds Prosaarbeiten in der englischsprachigen Welt geradezu enthusiastisch aufgenommen, ja er wurde als einer der bemerkenswertesten Autoren seiner Generation angesehen.[6]

Linds nächstes größeres Werk war der auf Anregung seines amerikanischen Verlegers verfasste erste Band seiner Autobiografie, *Counting my Steps*, der 1969 erschien. Es war auch das erste auf Englisch geschriebene Buch des seit 1954 in London ansässigen Autors. Die deutsche Übersetzung von Günther Danehl kam ein Jahr später unter dem Titel *Selbstporträt* heraus. Ich werde allerdings im Folgenden nach der Neuausgabe von 1997 im Picus Verlag zitieren, für die Lind als Mitübersetzer zeichnet. Es scheint paradox, dass Lind auf das Englische zurückgriff, um ausgerechnet das von ihm selbst in seiner Muttersprache Erlebte und Artikulierte zu erzählen. Er gab als Grund an, er habe Distanz gebraucht, um über seine Erlebnisse schreiben zu können, vielleicht aber trugen auch die vernichtende Kritik an seinem Deutsch in der deutschsprachigen Kritik und sein Erfolg in der englischsprachigen Welt, also die Hoffnung auf eine breitere Leserschaft und ein besseres Einkommen, zu seiner Entscheidung bei. In der Folge will ich mich auf den zweiten Teil dieses autobiographischen Bandes konzentrieren, der von Linds Überlebensstrategien im holländischen Exil handelt, während ich den ersten über seine Wiener Kindheit und den dritten über seinen fünfjährigen Aufenthalt in Palästina/Israel von 1945 bis 1950 nur gelegentlich heranziehen werde.

Exil in Holland

„Im Dezember 1938 ging ein Zug nach Hoek van Holland ab"[7] – auf diesen Satz beschränkt sich Linds Bericht von seiner Reise ins holländische Exil. Er erwähnt nicht, dass der elfjährige Heinz Landwirth[8] in einem Kindertransport, also mit anderen Wiener Kindern, darunter zwei seiner Schwestern, nach Holland gekommen ist. Von Anfang an präsentiert er seinen jugendlichen Protagonisten als Individualisten, als Einzelkämpfer, wenn auch die dem jugendlichen Helden in den Mund gelegten zynischen, ja sarkastischen Bemerkungen und Urteile im Allgemeinen wohl dem vierzigjährigen Autor zuzuschreiben sind. Es ist nicht immer leicht, zwischen den Aussagen des Autors und denen des Protagonisten zu unterscheiden, da Linds Perspektive beständig vom autobiographischen Erzähler zum autobiographischen Subjekt hin und her wechselt.

Nicht nur vergisst Lind seine zwei Schwestern zu erwähnen, mit denen er nach Holland gekommen ist, sondern er verdrängt auch völlig das ohne Zweifel sehr schmerzliche Trauma seiner Trennung von Mutter und Familie. In seinem Rückblick scheint allein das Kriegstrauma für seine Depressionen und Identitätsprobleme, seine „Schizophrenie", wie er sie gelegentlich nennt, verantwortlich zu sein.[9] Dies unterscheidet die Darstellung Linds von praktisch allen anderen Berichten von Autoren, die als Kinder hatten flüchten müssen. In allen dominiert der Verlust von Eltern und Heimat das Denken und Fühlen der Kinder, während der historische und politische Kontext praktisch keinen Einfluss darauf ausübt.[10] Es ist nicht anzunehmen, dass es dem Autor zwanzig Jahre nach den Ereignissen immer noch schwer fiel, von seinem damaligen Trennungsschmerz zu berichten. Die einzige Erklärung scheint zu sein, dass derartige Gefühlsäußerungen das insgesamt eher heldische Porträt des jungen Lind, von dem noch die Rede sein wird, hätten beeinträchtigen können. Anders verhält es sich mit der Trennung von der Muttersprache, die durchgehend problematisiert wird und ihn am Ende des Kriegs, wie er schreibt, ohne Sprache zurücklässt, was für den angehenden Schriftsteller besonders schmerzlich ist, und teilweise auch mit der Trennung von der Heimat. Das Heimweh des jungen Heinz Landwirth ist zuweilen, etwa in den Passagen mit Anton, dem Wiener in deutscher Uniform, spürbar: „Namen wie Stephansdom, Prater, Kahlenberg, Kärntnerstraße und Wachau konnten wir beide nur unter Seufzern aussprechen" (98).

Während seiner ersten Jahre in Holland wurde Lind vom Komitee für jüdische Flüchtlinge und bis zu dessen Auflösung im Oktober 1943 auch vom Amsterdamer Judenrat betreut, die seinen Aufenthalt organisierten und bezahlten; zusätzliche Hilfe erhielt er von Louis Polak, dem „Ziehvater" seiner Schwester Ditta. Die ersten neun Monate verbrachte er in Schulen, die vom Komitee geführt wurden, Anfang November 1939 wurde er von einer liberalen Familie in Bussum aufgenommen, besuchte eine Montessori-Schule, wo er wohl seine holländischen Sprachkenntnisse perfektionierte. Anfang 1941, mit 13 Jahren, kam er auf eine Jugendfarm in Gouda, wo er zusammen mit seinen zionistischen Kameraden auf die Aufbauarbeit in Palästina vorbereitet werden sollte. Er verließ die Farm frühzeitig und wurde vom Judenrat zu weiteren jüdischen Familien vermittelt. Außerdem erhielt er von diesem eine Ausnahmegenehmigung, die ihn vorerst vor der Deportation schützte. Während der letzten großen Razzia am 20. Juni 1943, als die Familie, die ihn beherbergte, abgeholt wurde, gelang es ihm, sich auf dem Dachboden zu verstecken und dann unterzutauchen. Er erzählt, dass noch Hunderte andere der Razzia entkommen seien, erwähnt allerdings nicht, dass alle seine 27 Kameraden von der Jugendfarm in Gouda bereits Ende April 1943 untergetaucht waren, eine Tatsache, die ihn wohl auch zur Flucht ermutigt hatte.[11]

Überleben in Deutschland

Da die Situation immer kritischer wurde, beschloss der sechzehnjährige Lind, wie andere, seine Identität zu wechseln. Im Stadtbüro der Pioniere wurde ihm ein von Louis Polak bezahlter Personalausweis auf den Namen Jan Gerrit Overbeek, geboren zu Aalten, Provinz Geldern, Beruf Transportarbeiter, ausgestellt. Seine außergewöhnliche Sprachbegabung erlaubte ihm, als Holländer, dem er sicherheitshalber eine Wiener Mutter hinzu erfand, allgemein akzeptiert zu werden. Als ehemaliger Gouda-Pionier erhielt er zuerst eine Stelle bei einem Bauern, dann in der Gärtnerei eines holländischen Widerstandskämpfers. Danach begann die erstaunlichste Etappe *seines* (individuellen) Kriegs gegen die Deutschen, wie er ihn noch 1997 nennt und ich ihn am Anfang dieses Beitrags zitiert habe. Ab August 1943 wurden immer mehr Holländer als Zwangsarbeiter rekrutiert, worauf Lind-Overbeek, um dem Zwangsarbeitereinsatz zu entkommen, am 2. November 1943 auf einem deutschen Lastkahn anheuerte, da er glaubte, in Deutschland noch am ehesten in Sicherheit zu sein: „Im Rachen des Ungeheuers würde ich weder seine Zähne noch seine Klauen fürchten müssen" (103)[12]. Die Seiten über sein Matrosenleben in Deutschland, mit dem Kapitän und den Kollegen, den Seemannskneipen und Liebschaften lesen sich teilweise wie eine, allerdings gefahrvolle Abenteuergeschichte. Zugleich wird sie immer mehr zur Geschichte des einsamen Kampfes eines jungen Juden gegen die Deutschen, der am Ende stolz vermerken kann, er habe seinen Krieg gegen Hitler und Goebbels gewonnen, indem er beide überlebte (157).

Als er Deutschland betrat, wusste er, dass der Krieg für seine Feinde verloren war. Alle Städte, in die er kam, wurden durch alliierte Flächenbombardierungen zerstört, wobei er sich einredete, sein bloßes Erscheinen ziehe die Bomber an. In Ludwigshafen entkam er im Juni 1944 im letzten Moment einer Bombe, die den Schlepper, auf dem er arbeitete, mitsamt der Besatzung vernichtete. Sarkastisch lässt ihn der Autor nach seiner Rettung bemerken: „Man bleibt oben. Mannheim und Ludwigshafen brennen. Man muß auch mal die positive Seite sehen" (112). Die Bombardierungen sind ihm Anlass, seinem Hass im Namen der Deportierten freien Lauf zu lassen:

Deutschland ist schön. Brennend oder nicht. Ich wußte gar nicht, daß ich Feuersbrünste so liebte. Jedes brennende Haus ist ein Haus weniger. Jeder tote Deutsche ein Feind weniger. [...] Jede Bombe ist eine gute Tat. Wer den Mörder tötet, trägt jedenfalls zur Befreiung der Gefangenen bei. Alle, die mit ihren dreißig Pfund Gepäck abgezogen sind, [...] würden mit

Vergnügen hören, daß Deutschland jetzt in die Luft gesprengt und niedergebrannt wird (105).

Doch wurde es auf dem Rhein zu gefährlich und nach längeren Aufenthalten in Krankenhäusern, um seine Syphilis auszuheilen, die er sich in einer Matrosenkneipe geholt hatte, fand er Mitte Dezember 1944 durch Zufall und Glück eine Anstellung bei einer Forschungsabteilung des Reichsluftfahrtministeriums und begab sich so noch tiefer in den Rachen des Ungeheuers. Er diente dem Leiter der Forschungsabteilung als Kurier in Berlin und Hamburg, wo er zuweilen in Luxushotels untergebracht war. Am Ende stellt sich heraus, dass sein Chef für die Alliierten gearbeitet hat. Nach der Befreiung im Mai 1945 stellt der Achtzehnjährige fest: „Ich hätte wirklich nicht mehr am Leben sein dürfen. Es war zwar nicht meine Schuld, daß ich noch lebte, aber ganz unschuldig war ich eben auch nicht daran. Dies war die Strafe dafür, daß ich klug gewesen war und Glück gehabt hatte" (155).

Linds Erzählung seines Überlebens offenbart sich als individuelle Erfolgsgeschichte, was nicht unproblematisch ist. „Die Frage, wer die Glückspilze waren", schreibt Ruth Klüger in *weiter leben*, „führt jedoch leicht von der Statistik fort in den Märchenwald der Erfolgsgeschichten."[13] In der Tat war Linds Kampf ein Kampf gegen die Statistik, die besagt, dass über 76 Prozent der in Holland lebenden Juden deportiert wurden.[14] Mehrfach nennt er als Triebkraft seiner Überlebensstrategie, wie es ja auch im Titel dieses Beitrags zum Ausdruck kommt, seinen Willen, kein Opfer wie die vielen anderen zu werden, die er seit der ersten großen Razzia im Juli 1942 in Richtung des Sammel- und Transitlagers Westerbork, „der nächsten Station auf dem Weg ins Nirwana" (68), hat verschwinden sehen und die er, wie wir in der Folge sehen werden, wegen ihrer vermeintlichen Willfährigkeit verachtete. In der Darstellung des Autors überlebte er, weil er dank seines außergewöhnlichen Sprachtalents ein Holländer geworden, zugleich aber auch ein stolzer, engagierter Zionist geblieben war. Dieser Darstellung nach scheint sein Bekenntnis zum Zionismus die einzige Konstante im Exilleben des jungen Lind gewesen zu sein, der Familie, Heimat, Sprache und Identität verloren hatte.

Zionismus

Bereits als Kind war er von seiner Mutter im Geist des Zionismus erzogen worden, und auch im zweiten Teil von *Selbstporträt* ist von ihr nur in Zusammenhang mit dem Zionismus die Rede. Sein Religionslehrer, erinnert er sich, lehrte den Achtjährigen Selbstachtung. Er kannte bald die Daten aller Zionistenkongresse auswendig, zwei Dutzend Pionierlieder, spielte mit acht Jahren in einem Chanukkaspiel und nahm mit neun an einem Ferienlager der zionistischen Jugendorganisation Barak im Burgenland teil. Die Helden seiner Kindheit waren Bar Kochba, Judas Makkabäus, Trumpeldor und Bialik. Auf seiner Reise nach Holland wiederholte er die Worte, die seine Mutter ihn gelehrt hatte: „Es würde […] gewisse Schwierigkeiten [geben], ‚doch wenn ich dein vergesse, Jerusalem, möge meine rechte Hand verdorren'" (51), was bei einem Elfjährigen überraschen mag und sich als politisch-weltanschauliches Bekenntnis wohl kaum in anderen Berichten über elfjährige Flüchtlinge findet. In Holland hält er die Verbindung mit dem Büro der Pioniere und den zionistischen Kameraden von Gouda aufrecht, wartet vergeblich auf ein englisches Visum für Palästina. Das zionistische Selbstbewusstsein erlaubt dem Dreizehnjährigen, nicht zu resignieren und das Äußerste zu wagen. „Keiner soll glauben, er kann uns nach Lust und Laune umbringen", denkt er. „Das Land der Juden ist unser Land. Ich bin ein Chaluz, ein Pionier, ein Trumpeldor. Ich will bis zum bitteren Ende kämpfen" (63). Er bekämpft die Nazis im Namen seiner Symbole: der Davidstern, den er ab Sommer 1941 tragen musste, ist sein Hakenkreuz, die Losung „Sei stark und mutig, Chaver" sein „Heil Hitler" (67, 63).

Diese kämpferische Idee des Zionismus brachte den Vierzehnjährigen dazu, die holländischen Juden zu hassen, weil sie, so empfand er es, sich willig auf den Weg in den Tod begaben.

Ich haßte die Juden, weil ich den Anblick des Todes nicht ertrug. Jeder einzelne war deutlich zum Sterben bestimmt. Mit solchen Menschen wollte ich nichts zu tun haben. Schadenfroh und mit einem gewissen Vergnügen sah ich zu, wie sie auf Lastwagen kletterten, Pakete hinter sich herzerrten, die schreienden Kinder und invaliden Eltern mitnahmen, die Kranken und die Sterbenden aus Krankenhausbetten auf Tragbahren legten, wie sie die Waisen mitnahmen, die ohnehin wenig vom Leben zu erwarten haben, und wie sie auch einige Reiche und Mächtige mit sich nahmen, um zu beweisen, daß dieses Judenvernichtung *genannte Programm nicht von kapitalistischem Klassenbewußtsein bestimmt war.* [69, Hervorh. J.L.]

Mit bitterer Ironie berichtet er, wie sich der Buchhalter Granaat, der ihn beherbergte, auf Schmied umschulen ließ – denn, so meinte dieser, „als Schmied können sie mich überall verwenden, sogar in Polen" – und wie er stolz mit einem selbst geschmiedeten siebenarmigen Leuchter nach Hause kam. „Ein Gewehr und Munition herzustellen, wäre unter den gegebenen Umständen vernünftiger gewesen" (73f.), kommentiert Lind. Am Tag ihrer Deportation „saß [die Familie Granaat] in Erwartung der Deutschen herum, als erwarte sie die Ankunft der Braut des Sohnes" (82). Bevor sie von der Polizei geholt wurden, erzählt Lind hämisch, schützten sie Stühle und Sessel mit Überzügen und wuschen das Geschirr in der Küche, dass es nur so glänzte. Später, nach seiner Verwandlung in Jan Overbeek ist er erleichtert, anstatt der Juden, so wie alle Holländer, die Deutschen hassen zu können.

Erst als alles vorbei war, wurde er Opfer einer gewaltigen Depression und einer durch den Sprach- und Heimatverlust sowie den Identitätswechsel verursachten tiefen Identitätskrise, die sein Leben lang anhalten sollte.

Dennoch entschloss er sich noch einmal, eine neue Identität anzunehmen, was allerdings weniger traumatische Folgen hatte. Um die englischen Immigrationsbehörden zu überlisten, präsentierte er sich ihnen, einmal mehr erfolgreich, als Jakov Chaklan, geboren in Haifa, Palästina. Als er am 25. Juli 1945 tatsächlich in Haifa einfuhr, habe sich seiner jenes sonderbare Glücksgefühl bemächtigt, das alle Juden empfänden, die zum ersten Mal nach Israel kommen. „Immerhin war ich alter Zionist, Palästina war für mich nicht irgend ein Land, sondern die Heimat" (167) verteidigt er sich gegen den Vorwurf, ehemaligen Häftlingen ihren Platz auf dem Einwandererschiff weggenommen zu haben. Dennoch war er von Palästina/Israel, wo er Vater und Schwestern wiedersah, und von seinen Bewohnern enttäuscht, fühlte sich als Außenseiter „in meinem eigenen Land, unter meinem eigenen Volk" (187), und reiste mit seiner schwangeren Frau Ida nach fünf Jahren nach Europa zurück, während sein Sohn Grisha in Israel blieb. Es führte zu weit, die möglichen Gründe für seine Abreise zu erörtern, doch scheinen sie wesentlich mit seiner Vorstellung vom Schriftsteller, der er werden wollte, zusammenzuhängen. Dieser konnte sich seiner Meinung nach wohl nur im europäischen Kulturklima entwickeln. So berichtet er von sich und seinem Schriftstellerkollegen Edgar Hilsenrath, mit dem zusammen er im damals noch kleinen Netanya auf einer Orangenplantage arbeitete, ihr Herzenswunsch sei gewesen, im Pariser Schriftstellerviertel Saint-Germain-des-Prés auf einer Caféterrasse zu sitzen (181).

Lind sah sich fortan als kosmopolitischen Autor, jedoch weiterhin mit starken zionistischen Sympathien: „Die Juden, ob ich sie nun mag oder nicht, sind mein Volk, ihre Freunde sind meine Freunde, ihre Feinde sind meine Feinde" (181f.). Doch sieht er in dieser Haltung keinen Gegensatz zu seinem proklamierten Kosmopolitismus, da er mit der Zeit erkannt habe, „dass Weltbürger und Jude identisch sind"[15]. Im Lichte des in *Selbstporträt* so insistent evozierten zionistischen Pioniergeistes war die Tatsache, dass Israel sich zu verteidigen wusste, kein Opfer mehr war, sondern die Nachfolge der zionistischen Helden seiner Kindheit angetreten hatte, von entscheidender Bedeutung. In *The Trip to Jerusalem*, dem Bericht über seine knapp einmonatige Reise nach Israel im Jahre 1970/71, sieht er im Juni 1967, also dem Sechstagekrieg, in dem sein Sohn Grisha gekämpft hatte, den Wendepunkt für das jüdische Selbstbewusstsein. Auch für den Juden in der Diaspora sei die Angst, die ja gerade auch sein Leben so sehr bestimmt habe, wie durch ein Wunder verschwunden und er könne sich Ruhe gönnen. Es geht dabei nicht nur um Solidarität mit Israel, sondern um eine tiefere Verbundenheit mit dem jüdischen Staat: „It's not a country one can ever return to, but a state of mind that gives you a feeling of peace and rest. Where the many return there is much noise, while the private return is a silent affair that takes place inside my head."[16]

Zu der Zeit, als er *Selbstporträt* schrieb, ärgerte sich Lind, wie er im dritten Band seiner Autobiographie mitteilt, über jüdische Nachbarn in Hampstead wie Elias Canetti, Michael Hamburger, Eric Hobsbawm und Hilde Spiel, die sich weigerten, sich mit dem Judentum und Israel zu befassen, oder über Erich Fried, dessen Antizionismus, den er in *Selbstporträt* als die salonfähigere Variante des Antisemitismus bezeichnet hat (167), ihre enge Freundschaft in Frage stellte.[17] Über seine eigene Einstellung zur selben Zeit schreibt er: „Gefühlsmäßig war ich wahrscheinlich in Israel daheim, besser gesagt, in der Idee eines antireligiösen Zionismus, der bis heute revolutionärsten aller jüdischen Ideen. Darüber hinaus liebte ich die damals noch unberührte Schönheit des Landes, das seine mystische Faszination für mich bis zum heutigen Tage nicht verloren hat."[18] Diese unverrückbare Überzeugung, wie es im englischen Original heißt[19], bestimmte auch seinen Rückblick auf Kindheit und Jugend im Exil. In welchem Maße dieser Glaube an die Ideen des Zionismus wirklich die Triebfeder der individuellen Überlebensstrategien des jugendlichen

Protagonisten gewesen ist, ist deshalb schwer zu entscheiden. Jedenfalls wurde er vom vierzigjährigen Autor mehr als zwanzig Jahre danach als mitentscheidend für sein Überleben dargestellt.

Anmerkungen

1 Jakov Lind: Im Gegenwind. Aus dem Englischen von Jacqueline Csuss u. Jakov Lind. Wien: Picus Verlag, 1997, S. 126.
2 Lind, ebd., S. 131. Aus Linds Polemik gegen die Sprachexperimente Handkes in der Zeitschrift Akzente XIV/4 (1966) und XIV/5 (1967) geht hervor, dass engagierte Literatur für ihn in Deutschland und Österreich nur Literatur sein kann, die sich mit dem Krieg und der Shoah und deren Folgen auseinandersetzt.
3 Jakov Lind: Über Deutsch gesprochen. In: Deutsche Bücher, Jg. 1975, S. 83-87, zit. in Ursula Seeber: Der unheimliche Dichter. Zur deutschsprachigen Rezeption von Jakov Lind. In: Helga Schreckenberger (Hg.): Ästhetiken des Exils. Amsterdam, New York: Rodopi, 2003 (Amsterdamer Beiträge zur neueren Germanistik, 54/2003), S. 333-351, S. 341.
4 Seeber: Der unheimliche Dichter, S. 338-351.
5 Lind: Über Deutsch gesprochen, S. 84.
6 Silke Hassler: The English-language Reception of Lind's Fictional and Dramatic Work: From Soul of Wood to Ergo. In: Andrea Hammel, Silke Hassler, Edward Timms (Hg.): Writing after Hitler. The Work of Jakov Lind. Cardiff: University of Wales Press, 2001, S. 137-157.
7 Jakov Lind: Selbstporträt. Aus dem Englischen von Günther Danehl und Jakov Lind. Wien: Picus Verlag, 1997, S. 51. In der Folge geben wir die Seitenzahl im Text in Klammern an.
8 Lind nennt seinen jugendlichen Protagonisten durchgehend Lind bzw. J. L., gibt ihm also einen Namen, der damals noch nicht existierte. Nur einmal, im Rückblick auf seine Wiener Kindheit erwähnt er den „gut deutschen Namen Landwirth", der ihn nicht vor antisemitischen Anfeindungen geschützt habe (S. 48).
9 Tamar Steinitz: Another tongue: language and identity in translingual writing. PhD. University of London, 2009, S. 36-41.
10 Steinitz, ebd., zitiert Beispiele aus den zwei folgenden Artikeln: Andrea Hammel: Representations of Family in Autobiographical Texts of Child Refugees. In: Shofar 23 (2004), S. 121-132, und Ute Benz: Traumatization through Separation: Loss of Family and Home as Childhood Catastrophes, ebd., S. 85-99.

11 Johannes Houwink Ten Cate: Jewish Refugees in the Netherlands and the Art of Survival. In: Hammel, Hassler, Timms (Hg.): Writing after Hitler, S. 29-40, hier S. 36. 18 der 27 Kameraden, die mehrheitlich versuchten, über Frankreich und die Pyrenäen zu fliehen, konnten überleben.

12 Der Autor unterstreicht den singulären Charakter dieser Entscheidung: „Als die alten Freunde durch das besetzte Belgien, durch Frankreich und über die Pyrenäen flüchteten, fuhr ich nach Deutschland – allein auf einem Flusskahn. Ich war gewöhnt, meinen Weg allein zu gehen" (176).

13 Ruth Klüger: weiter leben. Eine Jugend. Göttingen: Wallstein Verlag, 1992, S. 106.

14 Das waren viel mehr etwa als in Belgien (40%) oder in Frankreich (25%). Als Grund für das kooperative Verhalten vieler holländischer Juden wurde angegeben, dass sie glaubten, dass diejenigen, die versuchten zu fliehen, nach Mauthausen deportiert würden, was das Todesurteil bedeutete, während die Bereitwilligen in die angeblichen Arbeitslager verschickt würden (Houwink Ten Cate: Jewish Refugees in the Netherlands and the Art of Survival, S. 29, 35).

15 Jakov Lind: Nahaufnahme. Aus dem Englischen übersetzt von Günther Danehl und Jakov Lind. Frankfurt: Fischer Verlag, 1973, S. 15f.

16 Jakov Lind: A Trip to Jerusalem. London: Jonathan Cape, 1973, S. 58.

17 Jakov Lind: Im Gegenwind, S. 128-130, S. 79.

18 Lind, ebd., S. 12.

19 „Wahrscheinlich" und „antireligiösen" im ersten Satz fügte Lind erst in der deutschen Übersetzung hinzu. Insgesamt schwächte er die Aussage ab. Im englischen Original lautet der Abschnitt: „I had my emotional roots in my *unshaken Belief* – in the ideas of Zionism, the most revolutionary of Jewish ideas to date. Beyond this I loved the sheer beauty of my ancestral country, which never lost its mystical hue for me and never will." (Jakov Lind: Crossing. London: Methuen, 1991, S. 54. Hervorh. J.D.).

Iryna Mykhailova
"[…] it is incumbent on me to tell the facts as I know them"
On The Reminiscences of Paul Oskar Kristeller

Paul Oskar Kristeller (1905–1999) was a prominent German historian of philosophy and expert on Renaissance. He was born in Berlin and studied at the universities of Heidelberg, Freiburg, and Marburg. Among his teachers were the famous philosophers Martin Heidegger, Karl Jaspers, and Heinrich Rickert. In 1928, Kristeller obtained his doctorate in philosophy and prepared himself for an academic career in Germany, which undoubtedly would have been successful, if the Nazi rise to power in 1933 had not ruined all his plans. In 1934, Kristeller was forced to emigrate from Germany to Italy, where he taught German, Latin, and Greek in different academic institutions in Florence and Pisa. Unfortunately, this illusionary stability lasted only four years, and after Mussolini followed Hitler's anti-Semitic policy in 1938, Kristeller had to leave Europe forever. In 1939, he moved to the United States, where he taught a seminar on Plotinus at Yale University for one semester, after which he accepted a job offer from the Department of Philosophy at the Columbia University in New York, where he taught and was involved in various academic activities until he died in 1999. Kristeller's fundamental research on Renaissance humanism and philosophy has enriched and to a great extent shaped American historical and philosophical discourse in the field. His contribution to Renaissance studies includes numerous articles and books, such as, among others, *The Philosophy of Marsilio Ficino* (1943), *The Renaissance Philosophy of Man* (1950), *Eight Philosophers of the Italian Renaissance* (1964), and *Renaissance Thought and Its Sources* (1979).[1]

The collection of Kristeller's archival papers is located at the Columbia Rare Book and Manuscript Library and consists of 232 boxes containing recollections, photos, and correspondence, most of which is unpublished. Kristeller has left autobiographical documents, which include short autobiographical notes as well as extensive memoir. Most of Kristeller's recollections have been written in English in the United States long after World War II. One of the most impressive documents among his personal papers is a vast oral history memoir covering the period from Kristeller's childhood to the beginning of the 1980s. This memoir, which is entitled *The Reminiscences*, represents a 1100-page typescript based on twenty Kristeller's interviews conducted between March 1981 and February 1982 in New York within the Columbia Oral History Project. These interviews were transcribed in 1983 by William B. Liebmann, who was Kristeller's interviewer and a curator of the Governor Herbert H. Lehman Library at Columbia University from 1968 to 1982. *The Reminiscences* describe a long and fruitful, but at the same time fragile and complicated existence of a scholar, who experienced a double exile and who, as many of his German-Jewish contemporaries, had lost his homeland. Besides Kristeller's narration on his life path and scholarship, *The Reminiscences* contain detailed recollections on his remarkable contemporaries, most of whom were philosophers, historians, and classical scholars. Kristeller discusses their scholarly achievements as well as life in exile demonstrating incredible erudition and attentiveness to the facts. It is not surprising since Kristeller was a professional historian of philosophy who was aware of his responsibility both towards the past and future generations. From the very beginning of *The Reminiscences* he makes a critical remark on his ability to reflect events of the distant past as they are:

I have no diaries on which to base myself, and my recollections are uneven, so I would not be able to write a coherent autobiography, but I hope that my recollections are vivid enough to record at least some of the more important facts of my life.[2]

Throughout his life, Kristeller shared high standards of research, which have been inculcated in him in the years, when he was a pupil of Mommsen Gymnasium in Berlin. Teachers there were demanding and taught pupils to distinguish clearly between right and wrong:

I must say one of the points that I always make in talking about contemporary education is that people believe everything is opinion, whereas the kind we were brought upon was what was right and what was wrong [...] I found it very educational in my life that I was brought up with the idea that there was a difference between what was correct and what was incorrect, and that we should aim at being correct in most instances, as far as possible, whereas now they get out of it thinking everything is private opinion.[3]

Kristeller followed this principle in academic research and teaching activities as well as kept it throughout his memoir. Kristeller's personal dramatic experience of exile is reflected against the background of the political turmoil of almost the whole twentieth century. *The Reminiscences* represent a rich source of historical data on the intellectual climate of the epoch and the development of academic communities of the twentieth century in Europe and North America.

The Reminiscences are chronologically organized and may be roughly divided into three parts according to the countries Kristeller lived in; that also corresponds to the stages of his professional development. The first part deals with Kristeller's childhood, school, and university years in Germany (interviews 1–5). The second part describes his escape to Italy in 1934 and attempts to pursue an academic career there (interviews 5–9). Finally, the third and largest part is devoted to Kristeller's emigration from Europe to the United States in 1939 and his academic activities at Columbia University (interviews 9–20). This article focuses on Kristeller's recollections dealing with his experience of anti-Semitism, exile, and Nazi persecution and is mainly based on the evidence he provided in *The Reminiscences*.

Paul Oskar Kristeller was born in 1905 in a "well to do Jewish family,"[4] which was not religious, but "did not give up their religion in a formal way".[5] Kristeller, as well as his parents, were not baptized, kept religious holidays "very superficially if at all,"[6] and supported friendly relationships with the non-Jewish world. According to *The Reminiscences*, in the years of his Berlin childhood, Kristeller did not encounter anti-Semitism or, at least, had not "any serious fear about it".[7] However, in 1998, shortly before his death, when corresponding with the Leo Baeck Institute in New York, Kristeller remembered "a rather harmless example of anti-Semitism": "When I was a small child, less than six years old, I heard other children of my age sing the following song: Die Zwiebel isst man stellenweise/Der Knoblauch ist des Juden Speise."[8] Despite Jews were not subjected to restrictions in commercial life and politics in Imperial Germany, Kristeller defines their position in the society as ambiguous: "They were still kept on the margin of political and cultural life, but they were not oppressed, and individually they could achieve certain careers and do their work."[9] Kristeller brings an example of his grandfather Julius Magnus, who served in the City Council of Berlin as an elected deputy.[10] At school, Kristeller took Jewish religious instruction and learned some Hebrew, since Mommsen Gymnasium employed a Jewish rabbi to provide this option. He shares these episodes as evidence that "a degree of tolerance was present and was taken for granted".[11] Despite the "degree of tolerance," Jews in Imperial Germany could not choose a profession as freely as non-Jews. They could not be appointed to Government positions or become university professors. Only in 1919, when the Weimar Constitution was adopted, the discriminating policy against Jews was removed.

In 1923, Kristeller decided to study philosophy and became a student at the University of Heidelberg, where he spent five productive years. While a student, Kristeller travelled to Freiburg and Marburg, heard lectures of famous philosophers of his time and made friends with many young and promising German intellectuals who later were exiled from the country.[12] In 1926, he came to Marburg to hear the lectures of Martin Heidegger, whose fame was rapidly spreading across Europe. Kristeller was so impressed by the lectures of the nascent star of philosophy that he even planned to write his doctoral dissertation under Heidegger, but in that year their collaboration did not happen. In 1928, Kristeller defended his doctoral thesis on the concept of soul in ethics of Plotinus under the supervision of his teacher and friend Ernst Hoffmann in Heidelberg.[13] After Kristeller had obtained the doctorate, he took courses in classical philology in Berlin, where he studied Greek with Werner Jaeger and Latin given by Eduard Norden.

Shortly after the *Promotion*, Kristeller started to plan a new research project on the 15th century Renaissance Neo-Platonist Marsilio Ficino that was supposed to be his habilitation book. He asked Heidegger if he could supervise this project and received his approval. In the fall of 1931, Kristeller moved to Freiburg, where Heidegger taught at that time, and started to collect the materials for the book. Through recommendations of Heidegger, Hoffmann, and classical scholar Werner Jaeger, Kristeller received a fellowship from the *Notgemeinschaft der Deutschen Wissenschaft*, which covered his expenses in Freiburg and later allowed him to make his first trip to Italy. Heidegger was "extremely nice"[14] and Kristeller constantly stayed in touch with him. Along with two other of his pupils, Hans Georg Gadamer and Karl Löwith, Kristeller even played the piano in Heidegger's house. Taking into account such a warm attitude of Heidegger towards Kristeller, the fact of Heidegger's later public collaboration with the Nazis was extremely disappointing not only for the young Renaissance scholar but for all of Heidegger's Jewish students. In *The Reminiscences*, Kristeller commented Heidegger's behaviour quite moderately and did not judge him as sharply as former Heidegger's students Karl Löwith or Hans Jonas did. However, correspondence between Kristeller and Heidegger had been interrupted for decades and resumed only shortly before

Heidegger's death, when Kristeller was already an established scholar at Columbia University.[15] Perhaps, Kristeller forgave his teacher involvement with the Nazi ideology considering it a mistake of the distant past. Unfortunately, after the publication of the *Black Notebooks* in 2014, Heidegger turned out to be an anti-Semite not by mistake, but by conviction.

Since his university years and throughout his life, Kristeller considered scholarship more important than politics. He was introduced to the writings of Plato and Kant already in the Mommsen Gymnasium, where he was preoccupied with learning and early "cured of political ambitions".[16] He described himself as a person, who "never was a political person, and never was politically very active,"[17] but who "had opinions and preferences"[18] and sympathized with political parties, which supported the Weimar regime. In *The Reminiscences*, Kristeller reconstructs political events and shares his thoughts about them. One of his observations on politics in Weimar Germany seems quite interesting.

In the years of Imperial and Weimar Germany, university students joined so-called debate clubs, which, in Kristeller's words, looked more like military fraternities and formed "a core of rightist political sentiments at the universities".[19] The majority of members of these fraternities were law students from wealthy families, who later pursued careers as civil servants. They "wore colors to designate their group,"[20] shared nationalist political views, and some of them were anti-Semitic. Jews were certainly never invited to such gatherings. Students who did not become members of the fraternities and whose political orientation was uncertain or leaning to leftist ideology constituted the group of so-called *Freistudenten*. Kristeller did not belong to any of the mentioned groups, but once in Heidelberg he had "a very funny political experience".[21] In 1927, a charismatic Privatdozent in Sociology, Arnold Bergsträsser, who had a strong influence on students outside the class, organized a discussion club. This club aimed to bring together students from fraternities and free students to discuss current political problems. Kristeller was brought to one of the discussions and surprisingly found out that political views of the nationalists of the right were "less obnoxious"[22] than ideas of the *Freistudenten*. Later, according to Kristeller's observations, the latter, who had vague political orientation and were unsatisfied with their current financial condition "drifted into what was then called *Tatkreis*, and that was a rightist unaffiliated organization which very soon began to flirt with Nazism and prepared the way for Nazism".[23]

In 1930, when the Nazis obtained a large number of seats in the Reichstag, Kristeller began for the first time to feel that he "may have no future in Germany".[24] He quickly realized that one could "expect the worst" from Nazis, but his imagination "did not stretch far enough for what they eventually did".[25] Kristeller was convinced that in the spring elections of 1933, Nazis falsified the results. After the elections, he found out in the official reports that in his district "there was not a single vote […] that was not cast for the Nazis,"[26] but Kristeller knew that he had not voted for them.

Shortly after the elections, Kristeller travelled to Italy, where he spent some time in Rome and Florence. He still had a German fellowship: "the irony of it is that the stipend from the Research Foundation continued to be paid until the summer of 1933 in spite of the law".[27] In Italy, the young man devoted all his time to manuscript research and did not read newspapers. Kristeller learned what was going on at home from German jurist Hermann Kantorowitz, whom he met in Florence. Hitler had come to power, Jewish faculty members had been dismissed from German universities and it was the "razor-like end" of Kristeller's career. His habilitation lasted only three semesters (fall 1931 to spring 1933).

Due to these suddenly changing political circumstances, Kristeller interrupted his trip and went back to Berlin to visit his parents and to settle his affairs. He also went to

Freiburg and surprisingly discovered that Heidegger supported the national socialists in public and "had given a public speech that was offensive to anybody who was not a Nazi".[28] Despite this shocking fact, Heidegger's attitude to Kristeller remained "friendly and even cordial" and he "regretted the consequences that the events had for me".[29] Heidegger gave the young man two recommendation letters to help him find a position abroad. In Freiburg, Kristeller also went to say goodbye to Wolfgang Schadewaldt, Professor of Greek whom he knew very well, but this meeting was rather a disappointing experience. Unlike Heidegger, Schadewaldt "was cool, embarrassed and noncommittal".[30]

Kristeller came back to Berlin and lived in the house of his parents from April 1933 to February 1934. His habilitation book on Ficino was unfinished, his attempt to renew the scholarship from the German Foundation was unsuccessful while the financial situation of his family worsened. In February 1934, after many efforts and with the help of his German friends in Italy, Kristeller was invited to Rome. He arrived in the Eternal City with less than a thousand Marks in a pocket and officially unemployed, but Italy warmly accepted him. During this time Kristeller spent many hours in the Vatican library doing manuscript research. As he recalls, it was "only at that period – that I really became a manuscript scholar".[31] The Vatican Library became a kind of asylum for him and his exiled friends: "The Library had an atmosphere as a center of scholarship, and I must say that twice in my life – in 1934 and again in 1938 – I felt that it was a kind of spiritual home at a time when I had no other home."[32] He calls people, who had access to this library, "a spiritual community"[33] formed by a small circle of "serious and advanced scholars in a variety of fields,"[34] meeting with them "was a great moral support for me, during these critical years".[35]

In Italy, Kristeller met many brilliant German and Italian, Jewish and non-Jewish intellectuals, who played different roles in his fate. He devoted hundreds of pages of *The*

Reminiscences to these people, who remained humanists and helped each other to survive in the "Dark Times". One of the scholars, who protected Kristeller in Italy and promoted his career, was Giovanni Gentile, the former Minister of Education in Mussolini's Government. Kristeller calls the Italian philosopher "one of the most important factors"[36] in his life after German teachers. Kristeller was introduced to Gentile through his Jewish friend and expert on Arabic philosophy Richard Walzer. Gentile, who helped many young Italian scholars to find an academic job, received Kristeller "with great friendliness"[37] and was positively impressed by Kristeller's chapters from his future book on Ficino. Despite being a fascist, Gentile "was very tolerant and generous with young scholars even if they were antifascist, and he used his influence to protect many people who were not fascists or were even opposed to fascism".[38] Relations between Kristeller and the Italian *Senatore* were "cordial" during the whole time of Kristeller's stay in Italy and remained so until the United States entered the war. After the attack on Pearl Harbor, the mail stopped. In April 1944, Gentile was assassinated.

Despite the friendly attitude, support of his friends, and absence of anti-Semitism in Italy before 1938, Kristeller's position remained unstable. In fall 1934, he accepted a job offer in a private boarding school for German refugee children in Florence, and the next year he taught small classes of Greek and Latin. In this period, he finished collecting and editing Ficino's manuscripts and published two-volume *Supplementum Ficinianum* with the help of Leo Olschki, a bibliophile and owner of a publishing house, who resided in Florence. During the four years, Kristeller came back to Berlin several times observing how the political situation there became darker and darker.

In the summer of 1935, Kristeller visited Germany: "This was the last time I was in Berlin before the war, and the last time I still stayed in our apartment in Berlin, and I knew that I was not going to come back."[39] In the fall of the same year, Kristeller moved to Pisa since Gentile had found him a position as a teacher of German at the Scuola Normale Superiore. Kristeller was enthusiastic about this job and planned to continue his academic career in Italy: "Somehow during these three years mistakenly I had the feeling that I had a future, and that I had found a more or less stable situation and program."[40] He received validation of his German diploma from the same university and even applied for Italian citizenship, but his application got stuck and was not completed by the time he had to leave, which "in a sense was fortunate".[41] Meanwhile, the Government of the German Reich persecuted Kristeller in Italy by sending protests against his appointment as a teacher of German, but all the protests were silently ignored by the Italian Government. Meanwhile, Kristeller finished the manuscript of his book on Ficino, while publishing scholarly articles in Italian journals and travelling a lot for research purposes across Italy, especially in the years 1936 to 1937.

In 1938, during Hitler's official visit to Italy, Kristeller recalls, all German refugees, Jewish and non-Jewish, were obliged to show up at the local police station daily and were not allowed to leave the town of their residence. A few months after Hitler's visit, a big anti-Semitic campaign in the official Italian press was launched. The Fascist Government "was going to fall in line with Nazi Germany, which of course would mean the end of my career and stay in Italy".[42] After a few months of this newspaper campaign, racial laws were issued by the Italian Government. For Kristeller, it meant that he was dismissed from his teaching position and had to leave the country since he was not an Italian citizen. He calls it "the worst blow that I had experienced since what happened in Germany in March 1933".[43] Kristeller recalls that in this critical moment people, who surrounded him, starting from Gentile and ending with his janitor of the Scuola Normale, behaved decently.[44] He "had no personal disappointments, as in Germany a few years ago I had had some, but it would be unfair to say that all the Germans misbehaved. Some of them did, but other behaved marvelously".[45]

In October 1938, Kristeller lost his position in Pisa and moved to Rome. Non-Jewish Italians sympathized concerning his situation that was demonstrated by numerous episodes. Once he was summoned to the police office in Rome for an unknown reason. He was preparing himself for the worse, but the police officer told him: "The Duce has ordered us to pay you a sum, a sizeable amount of money. Here is the receipt, sign it, and I'll give you the money."[46] Kristeller had mixed feelings: "I found the situation humiliating, both the circumstances and the idea of accepting a personal favour from a man like Mussolini who had just behaved in such a bad and hostile way towards all people in my situation."[47] He wanted to refuse this money, but he was afraid to offend Gentile standing behind this plan. Kristeller signed the papers, took the money and silently left the police office. He went to Gentile, who was quite embarrassed about what had happened, and donated this money for the needs of the Scuola Normale Superiore with the phrase "I do not wish to sell myself in this way after what happened".[48]

In December 1938, Kristeller received an official invitation from Yale University. He was offered to come to Yale for the spring term of 1939 as a research fellow. He urgently went to the Consulate in Naples to receive a visa but got a refusal as the term "fellow" was uncertain and did not prove that he was going to teach in the United States. Kristeller was disappointed, but after a few weeks, when he had received an explanatory letter from Yale and passed the literacy test according to "good American bureaucracy,"[49] he finally got a visa in January 1939. At that time, he still had a German passport with the letter "J" stamped into it: "I must say the person at the German Consulate in Rome who did this was a rather decent person and actually apologized for having to do it."[50]

Giovanni Gentile, who did not oppose Mussolini's anti-Semitic laws, but who at the same time could not allow these laws to destroy the life and career of a promising young scholar of the Renaissance, was trying to help Kristeller to escape the country. On February 12 1939, Gentile personally brought him by car to the harbour in Naples, where the Italian steamboat *Vulcania*[51] departed to the United States. On February 23, the *Vulcania* arrived in New York. After all the difficulties Kristeller had to go through in Europe, his life was rescued. In 1940, he had met Edith Lewinnek, whom he knew from Berlin and who later would become his wife. In Germany, she studied medicine and even passed board examinations in 1938, but she had not received the doctorate. In the United States, she had to start a medical career from scratch, and, as Kristeller recollects, "she had a hard but in the end successful career".[52]

When Kristeller got the Columbia contract, he put a lot of effort to get his parents out of Germany. In 1939, they still lived in Berlin. He "mobilized the various refugee organizations and also Jewish organizations here who were prepared to help in these instances,"[53] but eventually his parents were deported to Theresienstadt in 1942. Later Kristeller stated that "they both died there peacefully, my father in 1942 and my mother in 1943. After the end of the war ladies who had known them there and who survived the war came here and brought me information and some messages".[54] The last time Kristeller saw his father, Heinrich Kristeller, was in summer of 1935 in Berlin, while his mother, Alice Magnus, visited him in Pisa two years later in 1937: "She enjoyed this situation tremendously, and I remember her saying when she left that she left with a feeling that I was settled for good, and that this relieved her. None of us foresaw that within one year things would deteriorate."[55] Kristeller's father stayed in Berlin, and when the situation worsened after 1938, Kristeller tried to get his parents out of Germany and bring them first to Italy and then to the United States, but due to certain circumstances, this plan did not work.

Two sisters of Kristeller's mother were victims of Nazism. Her third sister Eva Löwenthal "lost her husband and a son quite young. She and her daughter Ruth were victims of Nazism – they did not get out in time and they disappeared".[56] The same thing happened to the youngest sister of Kristeller's mother Bertha Metz. Kristeller's younger sister Marie-Anne, who was born in 1913, "had a rather tragic life"[57]: "She went to business school and worked for a while in my father's firm, and then she fell in love with another employee who happened to be an active Nazi."[58] This man, whose last name was Harke, was sent to the firm by the Nazi party as a supervisor. In 1934 or 1935, they escaped together, got married and lived in Spain and later in France, but at the end of the war, Harke was arrested and shot by the Nazis. Later Kristeller's sister immigrated to the United States with two children.

The Reminiscences, as any memoir, first of all, reflect the subjective, very personal vision of events and people of the past told by a certain person with an individual existential experience. However, Kristeller in his recollections and evaluations tended neither to idealize nor to demonize the past. His main goal as a historian was to provide evidence of controversial and complicated times as well as to express his appreciation and preserve the memory of those people who behaved with dignity regardless of their political orientations:

There were many people who behaved nicely in the beginning and became less nice as time went on, but there were many who must have been nice to the very end [...] All this is easily forgotten [...] But I have not forgotten it, and I find that it is incumbent on me to tell the facts as I know them.[59]

The editing and publishing of *The Reminiscences* require a lot of effort and time, but in the event of the successful completion of this project, it may become a rich source of historical data, which may be profitably used in research and for educational purposes. It reveals not only a moving picture of the forced intellectual migration in the interwar period but also shares the history of emergence and development of Renaissance studies in the 20th century.

Anmerkungen

1 On Kristeller's contribution to the Renaissance Studies, see John Monfasani, ed.: Kristeller Reconsidered: Essays on His Life and Scholarship. New York: Italica Press, 2006. For the complete list of Kristeller's published works, see Thomas Gilbhard: Bibliographia Kristelleriana: A Bibliography of the Publications of Paul Oskar Kristeller 1929-1999. Roma: Edizioni di Storia e Letteratura, 2006.
2 Paul Oskar Kristeller: "The Reminiscences of Paul Oskar Kristeller," Typescript, Oral History Collection of Columbia University, 1983, 2.
3 Ibid., 38-39.
4 Ibid., 12.
5 Ibid.
6 Ibid., 13.
7 Ibid.
8 Paul Oskar Kristeller: Letter to Leo Baeck Institute New York from March 30, 1998, (https://ia800201.us.archive.org/11/items/pauloskarkristellerf001/pauloskarkristellerf001.pdf) [accessed June 18 2020]
9 The Reminiscences of Paul Oskar Kristeller, 15.
10 Ibid., 13.
11 Ibid., 37.
12 On Kristeller's philosophical background, among others, see John Monfasani: Paul Oskar Kristeller and Philosophy. In: Bulletin De Philosophie Médiévale 57 (2015), 383–413; Paul Richard Blum: The Young Paul Oskar Kristeller as a Philosopher. In: Kristeller Reconsidered, 19-38; James Hankins: Kristeller and Ancient Philosophy, ibid., 131-138.
13 Paul Oskar Kristeller: Der Begriff der Seele in der Ethik des Plotin. Tübingen: Mohr (Siebeck), 1929. (Heidelberger Abhandlungen zur Philosophie und ihrer Geschichte, 19). viii + 110 p.
14 Ibid., 165.
15 Correspondence between Kristeller and Martin Heidegger is located at the Paul Oskar Kristeller Papers at the Columbia Rare Book and Manuscript Library, Box 24.
16 Ibid., 182.
17 Ibid., 180.
18 Ibid.
19 Ibid., 184.
20 Ibid., 183.
21 Ibid., 182.
22 Ibid., 185.
23 Ibid., 186.
24 Ibid., 188.

25 Ibid., 189.
26 Ibid., 195.
27 Ibid., 165. The *Law for the Restoration of the Professional Civil Service was adopted on April 7, 1933.*
28 Ibid., 198.
29 Ibid.
30 Ibid.
31 Ibid., 215.
32 Ibid., 233.
33 Ibid., 341.
34 Ibid.
35 Ibid.
36 Ibid., 216.
37 Ibid., 218.
38 Ibid., 223.
39 Ibid., 272.
40 Ibid., 276.
41 Ibid., 274.
42 Ibid., 329.
43 Ibid., 330.
44 Ibid., 333.
45 Ibid.
46 Ibid., 350.
47 Ibid.
48 Ibid., 351.
49 Ibid., 358.
50 Ibid.
51 In "The Reminiscences", Kristeller mistakenly calls the steamboat he traveled on "Saturnia". See John Monfasani: From the Liner Vulcania to the Martin Memorial Lectures: Paul Oskar Kristeller's First Fifteen Years in America. In: Mediterranea. International Journal of the Transfer of Knowledge. Vol. 5 (2020), 373-392.
52 The Reminiscences of Paul Oskar Kristeller, 389.
53 Ibid., 391.
54 Ibid., 393.
55 Ibid., 75.
56 Ibid., 11.
57 Ibid., 22.
58 Ibid.
59 Ibid., 200.

Die Autorinnen und Autoren

Evelyn Adunka, Mag. Dr. phil., geboren 1965 in Villach. Studium der Philosophie, Geschichte und Judaistik in Wien. Forschungen über die Geschichte der Wiener jüdischen Gemeinde nach 1945 und in der Zwischenkriegszeit, über die erste Generation der ÖsterreicherInnen in Israel und über den Bücherraub. Redaktionsmitglied der Zeitschrift *Zwischenwelt* und Vorstandsmitglied der österreichischen Gesellschaft für Exilforschung. Erhielt 2019 den Preis der Stadt Wien für Publizistik. Veröffentlichte u.a. zuletzt: Hg. Sophie Roth. Für mein Schurlikind. Tagebuch 1940-1944 (2012); Jüdisches Leben in der Wiener Vorstadt: Ottakring und Hernals, mit Gabriele Anderl (2013, Neuauflage 2020); Max Eisler. Wiener Kunsthistoriker und Publizist (2018); Zionistenkongresse in Wien (2018); Arthur Freud: Rückblicke. Erinnerungen eines Zionisten. Hg. mit Andrea M. Lauritsch (2019).

Anne Betten, geboren 1943 in Essen, studierte in Erlangen, Kiel und an der FU Berlin Klassische Philologie und Germanistik. Seit 1969 Lehrtätigkeit im Fach Germanistische Linguistik an den Universitäten Regensburg, Eichstätt (Professor für Historische deutsche Sprachwissenschaft 1985–1995), Salzburg (O. Univ. Prof. seit 1995, Emeritierung 2011). Forschungsschwerpunkte u.a.: Gesprochene Sprache, Gesprächsanalyse, Sprache in der Literatur, Sprache in der Emigration (seit 1989 Projekte über die 1. und 2. Generation deutschsprachiger Emigranten in Israel). Publikationen zum Thema Emigration deutschsprachiger Juden: Sprachbewahrung nach der Emigration – Das Deutsch der 20er Jahre in Israel. Teil I: Transkripte und Tondokumente (1995) u. Teil II: Analysen und Dokumente (2000), hg. mit Miryiam Du-nour; Hg. mit Miryiam Du-nour: Wir sind die Letzten. Fragt uns aus. Gespräche mit den Emigranten der dreißiger Jahre in Israel. (Neuauflage 2004. 1.-3. Auflage 1995-98).

Klaus Bruckinger, geboren 1967. Studium der Germanistik, Musikwissenschaft und Slavistik in Tübingen, Köln und Berlin. Promotionsstipendium des Cusanuswerks, Promotion FU Berlin 2009. In Tübingen Mitarbeiter von Paul Hoffmann und Richard Brinkmann. Seit 2002 im wissenschaftlichen Beirat der Hölderlin-Gesellschaft. Lehrer am sozialwissenschaftlichen Gymnasien in Tübingen und am Gymnasium für Gestaltungs- und Medientechnik in Reutlingen. Ausgewählte Publikationen: Karl Wolfskehl. Tübinger Symposion zum 50. Todestag. Hg. von Paul Hoffmann in Zusammenarbeit mit Klaus Bruckinger (1999); Gisèle Celan-Lestrange (1927–1991). Katalog der Werke / Catalogue de l'œuvre. Hg. von Ute Bruckinger und Klaus Bruckinger in Verbindung mit Eric Celan und Bertrand Badiou (2009); „Sternbild-Gespräche". Paul Celans Resonanz auf Osip Mandel'štam (2017).

Teresa Cañadas García, Studium an der Universität Complutense de Madrid mit dem Abschluss Germanistik; Studium an der Universidad Nacional de Educación a Distancia mit dem Abschluss Spanische Philologie. Promotion (2013) auf dem Gebiet der deutschen Exilliteratur an der Universität Complutense de Madrid (Thema der Dissertation: *Die Spuren der deutschsprachigen Kultur in Mexiko in Folge des antifaschistischen Exils 1939–1945*). Studien- und Forschungsaufenthalte an den Universitäten Humboldt zu Berlin und Wien und am Colegio de México in Mexiko Stadt. Zur Zeit Dozentin am Deutschen Seminar, Universidad Complutense de Madrid. Ausgewählte Publikationen: La huella de la cultura en lengua alemana en México a partir del exilio de 1939–1945 (2016); „Spanien an seinem entscheidenden Wendepunkt": Spanien im historischen Roman von Leo Katz *Die Welt des Columbus*. In: Spanienbilder aus dem deutschsprachigen Exil bei Feuchtwanger und seinen Zeitgenossen (2018).

Ralf Georg Czapla, geboren 1964 in Erkelenz, seit Februar 2012 außerplanmäßiger Professor für Neuere deutsche und vergleichende Literaturgeschichte an der Ruprecht-Karls-Universität Heidelberg, wo er sich 2008 habilitiert hatte. Zu seinen Forschungsschwerpunkten gehört u.a. die Literatur im Horizont metaliterarischer Sinn- und Deutungssysteme (Religion, Politik, Mythen, Ideologien, Technik etc.). Von August 2011 bis Juli 2013 leitete er ein Corporate Heritage Project für die Erarbeitung einer wissenschaftlichen Biographie über Friedrich Baur, den Gründer des Baur Versands, und dessen Schwester, die Ausdruckstänzerin Claire Bauroff. Ausgewählte Publikationen zum Thema Biografie und Autobiografie: Claire Bauroff: „Wandlung aber ist das Leben". Gedichte. Hg. und mit einem Nachwort versehen von Ralf Georg Czapla (2011); Die ungleichen Geschwister. Der Unternehmer Friedrich Baur und die Tänzerin Claire Bauroff. Biografie (2015).

Jürgen Doll, emer. Professor für deutsche Literatur und Kultur an der Université Paris Est Créteil (UPEC). Publikationen u.a.: Theater im Roten Wien. Vom sozialdemokratischen Agitprop zum dialektischen Theater Jura Soyfers (1997); Hg. Judentum und österreichische Literatur vom Vormärz bis heute (2000); Hg. Jean Améry. De l'expérience des camps à l'écriture engagée (2006); Hg. Exil antinazi et témoignages concentrationnaires (2008). Aufsätze zum Austromarxismus, zum politischen Theater, zur Exilliteratur, zu Literatur und Holocaust, zur österreichischen und deutschen Literatur des 19. und 20. Jahrhunderts.

Marlen Eckl, Historikerin und Literaturwissenschaftlerin, Magisterstudium der Komparatistik, Judaistik und Jura an der Johannes Gutenberg-Universität in Mainz, Ulpan und Hochschulferienkurs für Jüdische Studien und Israelwissenschaften an der Ben Gurion University of the Negev in Beer Sheva/Israel sowie Doktoratsstudium der Geschichte an der Universität Wien. Hauptforschungsgebiete sind das deutschsprachige Exil in Brasilien, die Geschichte Brasiliens von 1933–1945 und die brasilianisch-jüdische Literatur des 20. Jahrhunderts. Ausgewählte Publikationen: Hg. „…auf brasilianischem Boden fand ich eine neue Heimat." Autobiographische Texte von Flüchtlingen des Nationalsozialismus (2005); „Das Paradies ist überall verloren." Das Brasilienbild von Flüchtlingen des Nationalsozialismus (2010) sowie das Vorwort zur Neuauflage von Gerda Lerners „Es gibt keinen Abschied" (2017).

Karl Fallend, Univ.-Doz. Dr., Studium der Psychologie an der Universität Salzburg, lebt als freiberuflicher Wissenschaftler in Wien. 2007-2018 Forschung und Lehre als analytischer Sozialpsychologe am August-Aichhorn-Institut der FH-Joanneum in Graz. 2019/20 Senior Fellow am IFK – Internationales Forschungszentrum für Kulturwissenschaften in Wien. Zahlreiche Publikationen zur Geschichte der Psychoanalyse, Psychologie und Menschenrechte und Aufarbeitung des Nationalsozialismus. 1984 bis 2019 Mitherausgeber von *WERKBLATT*. Zeitschrift für Psychoanalyse und Gesellschaftskritik. Zuletzt erschienen: Unbewusste Zeitgeschichte. Psychoanalyse-Nationalsozialismus-Folgen (2016); Mimi & Els. Stationen einer Freundschaft (2019); Hg. mit Gabriella Hauch: „Aus der Sintflut einige Tauben". Zu Leben und Werk von Elisabeth Schilder (2020).

Annelyse Forst Dr. M.Sc., M.A. Studium der Informatik, Humanbiologie, Psychologie und Pädagogik (Universitäten von Paris, Manchester, Salamanca und Kiel, Abschluss Promotion), später Wissensmanagement (Donau-Universität Krems) und seit 2010 Geschichte an der Universität Salzburg. Wissenschaftliche Mitarbeiterin an Universitäten in Deutschland und China und später für zwei internationale Software-Unternehmen Systemanalytikerin und Senior Beraterin in Europa und Ostasien, heute Hochschuldozentin an einer Fachhochschule. Ausgewählte Vorträge und Publikationen: *The Catholic Church and the Hidden Children during the Shoah* (Tagung: Children and War 2013), veröffentlicht in der Zeitschrift Chilufim; *Statistical Analysis of Holocaust Testimonies Using the Example of Hidden Children in France – Methodological Issues* (Tagung: The Future of Holocaust Testimonies IV, 2016) in Akko.

Mark H. Gelber (Ph.D. Yale University), emer. Professor für Komparatistik und Deutsch-Jüdische Studien sowie von 2008 bis 2019 Leiter des Zentrums für Österreichische und Deutsche Studien an der Ben-Gurion University in Israel. Er war Gastforscher und Gastprofessor in Österreich, Deutschland, Belgien, Slowenien, Neuseeland, USA und China. Seit 2001 Mitglied der Deutschen Akademie für Sprache und Dichtung (Darmstadt), 2018 erhielt er das Österreichische Ehrenkreuz für Wissenschaft und Kunst, 1. Klasse. Weltweit profiliert als Fachmann für österreichisch- und deutsch-jüdische Literaturgeschichte. Zuletzt erschienen: Jewish Aspects in Avantgarde. Hg. mit Sami Sjoberg (2017); Stefan Zweig – Jüdische Relationen. Studien zu Werk und Biographie. Hg. mit Elisabeth Erdem und Klemens Renoldner (2017); Kafka after Kafka. Dialogical Engagement with his Works from Postmodernism to the Holocaust. Hg. mit Iris Bruce (2019).

Melissa Hacker is a filmmaker who made her directing debut with the documentary film *My Knees Were Jumping; Remembering The Kindertransports*, which was short-listed for Academy Award nomination, and screened in more than 50 film festivals (including the Documentary Competition of the Sundance Film Festival), museums, on television, and in universities worldwide. In 2010, the three channel video *Letters Home* screened at the New York, Washington DC, and Toronto Jewish Film Festivals. Melissa is currently directing *Ex Libris*, an animated documentary on her grandfather's life and bookplate collection. Honors received include a Fulbright/Museum Quartier 21 Artist-in-Residence award in Vienna, and residencies at Yaddo, VCCA, Playa, Willapa Bay AIR, Escape to Create, Saltonstall, and Digital Arts Studios in Belfast, Northern Ireland. Melissa is also a wandering professor, and a freelance editor who has edited two Academy Award nominated documentaries; *Sister Rose's Passion* and *The Collector of Bedford Street*.

Konstantin Kaiser, geboren 1947 in Innsbruck, Studium der Philosophie in Wien, lebt als Schriftsteller, Literaturwissenschaftler und Exilforscher in Wien. Sekretär der Theodor Kramer Gesellschaft und Mitherausgeber der Zeitschrift *Zwischenwelt*. Mitbegründer des „Arbeitskreises antifaschistische Literatur" und 1984 Mitbegründer der Theodor Kramer Gesellschaft. Seitdem Arbeit an der Edition von Exilliteratur sowie autobiographischer Texte, u.a. von Willy Verkauf-Verlon, Ray Eichenbaum, Bil Spira, Isaak Malach, Gerda Hoffer, Judith Hübner, Berthold Viertel, Tamar Radzyner. Ausgewählte Publikationen: Lexikon der österreichischen Exilliteratur. Hg. mit Siglinde Bolbecher (2000); Das unsichtbare Kind. Essays und Kritiken (2001); In welcher Sprache träumen Sie? Österreichische Exillyrik. Hg. mit Miguel Herz-Kestranek und Daniela Strigl (2007); Ohnmacht und Empörung (2008); Rote Tränen. Die Zerstörung der Arbeiterkultur durch Faschismus und Nationalsozialismus. Hg. mit Jan Kreisky und Sabine Lichtenberger (2017).

Sarah Knoll, Historikerin und DOC-Stipendiatin der ÖAW am Institut für Zeitgeschichte der Universität Wien. Sie verfasst ihre Dissertation zu Österreichs Umgang mit Flüchtlingen aus kommunistischen Regimen 1956–1989/90 unter besonderer Berücksichtigung der Tätigkeit von NGOs und UNHCR. Sie war Junior Visiting Fellow am Graduate Institute of International and Development Studies, Geneva, und Projektmitarbeiterin am Institut für Neuzeit- und Zeitgeschichtsforschung der ÖAW in einem Forschungsprojekt zur Biografie des kommunistischen

Widerstandskämpfers Franz Marek. Zuletzt erschienen: Franz Marek. Beruf und Berufung Kommunist. Lebenserinnerungen und Schlüsseltexte. Hg. mit Maximilian Graf (2017); Franz Marek. Ein europäischer Marxist. Die Biografie. Hg. mit Maximilian Graf, Ina Markova und Karlo Ruzicic-Kessler (2019).

Françoise Kreissler, emer. Professorin für chinesische Zeitgeschichte am Institut des Langues et Civilisations orientales (INALCO, Paris). Forschungsschwerpunkte: Chinesische Historiographie zum Zweiten Weltkrieg, Geschichte Shanghais im 20. und 21. Jahrhundert, Exil in Shanghai (1933–1949). Ausgewählte Publikationen zu Exilfragen: Remigration aus China. Die soziopolitischen Kontexte im Shanghai der Nachkriegszeit (1945–1946). In: Bilderbuch-Heimkehr? Remigration im Kontext (2017); Exilforschung zu Österreich in der VR China. Versuch einer Rekontextualisierung. In: Exilforschung: Österreich. Leistungen, Defizite & Perspektiven (2018).

Sebastian Lübcke, Studium der Germanistischen Literaturwissenschaft und Philosophie an der Justus-Liebig-Universität Gießen und der Universität Fribourg/Schweiz, Promotion 2018 zum Thema *Nachleben des ‚ewigen Lebens'. Erfüllte Zeit und vollendetes Leben in Lyrik und Poetik vom 18. bis ins 20. Jahrhundert und ihre kulturellen Konstellationen.* Seit 2018 Lehrbeauftragter am Institut für Germanistik der Justus-Liebig-Universität Gießen. Zuletzt erschienen: Romantik und Surrealismus. Eine Wahlverwandtschaft? Hg. mit Johann Thun (2018); Erfüllungspoetiken. Nachleben des ewigen Lebens bei Klopstock, Hölderlin, Rückert, George und den Surrealisten (2019).

Kristina Mateescu studierte Germanistik, Geschichte und Theologie an den Universitäten Stuttgart und Tübingen. Seit 2014 promoviert sie in deutscher Literaturwissenschaft zunächst in Stuttgart, seit 2017 am Germanistischen Seminar der Universität Heidelberg mit einer Arbeit zur Kulturzeitschrift *Hochland* in der Zeit des Nationalsozialismus. Seit September 2015 wissenschaftliche Mitarbeiterin im DFG-Projekt *Internationale akademische Beziehungen Deutschlands von 1933 bis 1945*. Daneben ist sie an der Arbeitsstelle für literarische Museen und Gedenkstätten im DLA Marbach tätig, wo sie den von der Landeszentrale für politische Bildung unterstützten Sammelband zur Politischen Topographie des Literarischen hauptredaktionell betreut. Zuletzt erschienen: „Zwischenvölkische Aussprache". Internationale Wissenschaftsbeziehungen in wissenschaftlichen Zeitschriften 1933–1945. Hg. mit Andrea Albrecht, Lutz Danneberg und Ralf Klausnitzer (2020).

Sonja Alfons Moseley: I was born in September 1939 in Oslo, Norway, where my parents lived as exiles from Austria. In April 1940 we escaped to Sweden. My brother was born in Stockholm. In 1946 the four of us returned to Austria. I attended ‚gymnasium' until our move to Sweden in 1956. I received a graduate degree from the University of Uppsala in 1966, specializing in linguistics, German and Russian languages, as well as pedagogy. In 1966 I married and moved to the United States. I continued my education at Washington State University in Pullman, Washington. I am fluent in German, English, and Swedish and have a reading knowledge in French. I worked as a Career/Academic Counselor and Instructor in English at the university until my retirement in May 2003. I am currently retired and live with my husband David in Eugene, Oregon. My research interests are in the economic, social, political, and cultural history of the early 20th century. Curiosity in this time period was triggered by my father's activism in the resistance and the labor movement.

Joseph Moser ist Associate Professor of German an der West Chester University (USA) und promovierte an der University of Pennsylvania zu *Thomas Bernhard im Dialog* *mit der österreichischen Öffentlichkeit: Zwischen Presse, Theater und Justiz.* Zahlreiche Publikationen zur österreichischen Literatur und zum österreichischen Film, u.a. Thomas Bernhard, Lilian Faschinger, Robert Schindel, Franz Kafka, Andreas Pittler, der Literatur aus Czernowitz und dem österreichischen Gegenwartsroman sowie Franz Antels Bockerer Filmserie. Seit 2006 ist er als Redakteur für die Rezensionen in der Zeitschrift *Modern Austrian Literature/ Journal of Austrian Literature* tätig.

Karl Müller, Univ. Prof. i. R. für Neuere Deutsche Literatur an der Universität Salzburg, Vorsitzender der Theodor Kramer Gesellschaft (seit 1996), Großes Verdienstzeichen des Landes Salzburg (2010). Leiter des Online-Projektes Österreichische SchriftstellerInnen des Exils seit 1933. Arbeiten u.a. zur Literarischen Antimoderne Österreichs seit den 1930er Jahren, zum Rot-weiß-roten Kulturkampf gegen die Moderne, Karl H. Waggerl, Literatur der Inneren Emigration, Jiddische Kultur und Literatur aus Österreich, Diaspora – Exil, Krieg und Literatur, Ödön von Horváth, Stefan Zweig, Hans Lebert, Richard Billinger, Mira Lobe, Hermann Nitsch, Elisabeth Reichart, Fred Wander, Hans Schwerte, Jean Améry.

Iryna Mykhailova has completed her PhD in History of Philosophy from the Taras Shevchenko National University of Kyiv in 2012. From 2012 to 2017, she taught philosophical disciplines at the Kyiv National Linguistic University in Ukraine. Dr. Mykhailova is a recipient of the Fulbright Award (Department of History of the SUNY Albany, 2014-2015) and Moritz Stern Fellowship in Modern Jewish Studies (Lichtenberg-Kolleg of the Georg-August-Universität Göttingen, 2017-2019). Her research interests include Renaissance intellectual history and its historiography, twentieth-century intellectual history, and exile studies. Her recent research projects dealt with the scholarly contributions and intellectual biographies of the German exile scholars of Renaissance in the United States (among others, Paul Oskar Kristeller, Hans Baron, Felix Gilbert, and Elisabeth Feist Hirsch).

Irene Nawrocka, Mag. Dr. phil., studierte Vergleichende Literaturwissenschaft, Skandinavistik und Germanistik. Seit 2009 wissenschaftliche Mitarbeiterin der Österreichischen Akademie der Wissenschaften und Fachredakteurin beim Österreichischen Biographischen Lexikon, Austrian Centre for Digital Humanities. Veröffentlichungen u.a. zur Exilliteratur, zum Exilverlagswesen und zum österreichischen Exil in Schweden. Mitglied im wissenschaftlichen Beirat der Österreichischen Gesellschaft für Exilforschung. Publikationen: Verlagssitz: Wien, Stockholm, New York, Amsterdam. Der Bermann-Fischer Verlag im Exil (1933–1950). Ein Abschnitt aus der Geschichte des S. Fischer Verlages. In: Archiv für Geschichte des Buchwesens 53 (2000); Carl Zuckmayer und Gottfried Bermann Fischer: Briefwechsel 1935–1977. Hg. (2004, Taschenbuchausgabe 2007); Im Exil in Schweden. Österreichische Erfahrungen und Perspektiven in den 1930er und 1940er Jahren. Hg. unter Mitarbeit von Simon Usaty (2013).

Katharina Prager, Historikerin und Kulturwissenschaftlerin, arbeitete viele Jahre als wissenschaftliche Mitarbeiterin u.a. am Institut für Zeitgeschichte (Universität Wien), am Ludwig Boltzmann Institut für Geschichte und Theorie der Biographie und am Ludwig Boltzmann Institute Digital History, wo sie zuletzt das FWF-Projekt *Intertextuality in the Legal Papers of Karl Kraus – A Scholarly Digital Edition* leitete. Seit 2020 ist sie an der Wienbibliothek im Rathaus für (digitale) Forschung zuständig. Sie publizierte zahlreiche Artikel und Bücher zum Thema Life-Writing (mit Fokus auf Gender und Digitalisierung), zu Wien 1900 (Schwerpunkte bei Karl Kraus und Berthold Viertel), zu Exil und Migration, zur Frauen- und Geschlechtergeschichte sowie zu Archiv- und Wissensgeschichte. Zuletzt erschienen: Berthold Viertel. Eine Biographie der Wiener Moderne (2018); Doing Gender in Exile. Geschlechterverhältnisse, Konstruktionen und Netzwerke in Bewegung. Hg. mit Irene Messinger (2019).

Helga Schreckenberger, Professor of German und Institutsvorstand an der Universität von Vermont; Forschungsgebiete sind Exilforschung und österreichische Gegenwartsliteratur. Arbeiten u.a. zu Ruth Beckermann, Irmgard Keun, Felix Mitterer, Elisabeth Reichart, Vladimir Vertlib, Arnold Zweig. Ausgewählte Veröffentlichungen zu Exilforschung: Networks of Refugees from Nazi Germany: Continuities, Reorientations, and Collaborations in Exile (2016); Exil und Shoah. Jahrbuch für Exilforschung. Hg. mit Bettina Bannasch und Alan Steinweis (2016); Prevent World War III: Emil Ludwigs publizistische Aktivitäten im amerikanischen Exil. In: Emil Ludwig, ed. by Thomas F. Schneider (2016); Beitrag zu Karl Farkas im Online Lexikon verfolgter Musiker und Musikerinnen der NS-Zeit.

Sanna Schulte, geboren 1985 in Münster. Studium der Fächer Neuere Deutsche Literaturgeschichte, Deutsche Philologie und Politische Wissenschaft an der RWTH Aachen University. 2010–2014 Promotionsstudium an der Philosophischen Fakultät der RWTH University mit einer Dissertation über *Trauma und Erinnerung als literarisches Konzept in Herta Müllers 'Reisende auf einem Bein' und 'Atemschaukel'* (2015). Von 2017 bis 2018 Franz Werfel-Stipendiatin, wissenschaftliche Mitarbeiterin des Literaturarchivs der Österreichischen Nationalbibliothek und Lehrende des Instituts für Germanistik der Universität Wien. Ausgewählte Publikationen: Erschriebene Erinnerung. Die Mehrdimensionalität des inszenierten Erinnerns in literarischen Texten. Hg. (2015); Mitherausgeberin: Provokation und Subversion. Zur Verhandlung von Körper und Sexualität in der Literatur (2019); Wie (nicht) lesen? Lesezenen von der Moderne bis in die Gegenwart (2020).

Soonim Shin, Magistra Artium, ist Psychologische Beraterin in Wien. Geboren in Daegu, Südkorea. Studium der Germanistik in Daegu, Studium der Sozialen Arbeit in Mainz. Magisterstudium in Pädagogik, Soziologie und Philosophie an der Johannes Gutenberg-Universität Mainz. Vortrag *Wiens letzte Orte und ihre Verdrängung aus dem kollektiven Gedächtnis* 2018 an der Polnischen Akademie der Wissenschaften in Wien und an der Universität Lodz. Vortrag *Jan Böhmermanns Effi Briest: Endlich die volle Wahrheit über Effi und Geert?* beim Kongress *Fontanes Medien* zu Theodor Fontanes 200. Geburtstag in Potsdam. Filmdokumentation *Rudolf Goldscheid (1870–1931): DER Gründer der Deutschen Gesellschaft für Soziologie*, gezeigt 2019 an der Friedrich-Schiller-Universität Jena. Interview mit Jerome Segal *Erhaltene ehemalige Synagogen in Wien*, gezeigt 2020 im Belvedere 21, Wien.

Alana Sobelman, PhD, Department of Foreign Literatures Ben-Gurion University of the Negev, Be'er Sheva, Israel. Current Positions: Lecturer, „Reading with Freud", Department of Foreign Literatures, Ben-Gurion University of the Negev; Lecturer, „Introduction to Sigmund Freud", Department of English, Shalem College, Jerusalem. Recent Publications: Binding Words: Sarah Kofman, Maurice Blanchot, Franz Kafka, and the Holocaust. In: Kafka after Kafka (2018); Arnold Schoenberg's Jewish Veil: The Workings of Anti-Semitic Rhetoric in Die glückliche Hand (1913). In: Jewish Aspects in Avant-Garde: Between Rebellion and Revelation (2016).

Regina Weber, Dr. phil., Studium der Germanistik, Romanistik und Kunstgeschichte an den Universitäten Bonn und Tübingen. Promotion mit einer Dissertation über Gottfried Benn. Von 1989 bis 1993 Mitarbeiterin im Rahmen des DFG-Schwerpunktprogramms zur Wissenschaftsemigration aus dem „Dritten Reich". Publikationen zur Emigration der Germanisten in die USA. Seitdem zahlreiche Aufsätze zu emigrierten Wissenschaftlern, u.a. zu Richard Alewyn, Werner Vordriede, Bernhard Blume, Heinz Politzer. Seit 2008 Arbeit am Marbacher Nachlass des Philosophiehistorikers Raymond Klibansky, Mitarbeiterin im internationalen Forschungsprojekt *The Warburg Library Network-Klibansky-Project* (Montreal, London, Marbach). Mehrere Publikationen zu Klibansky, darunter die Monographie: Lotte Labowsky. Schülerin Aby Warburgs, Kollegin Raymond Klibanskys. Eine Wissenschaftlerin zwischen Fremd- und Selbstbestimmung im englischen Exil (2012).

Marianne Windsperger, Forschungsassistentin am Vienna Wiesenthal Institute for Holocaust-Studies (VWI), Vorstandsmitglied der Theodor Kramer Gesellschaft und Mitarbeiterin im Projekt *Deutschsprachig-jüdische Literatur. Forschungszugänge in Paradigmen* (CJS Centrum für Jüdische Studien, Uni Graz). Studium der Vergleichenden Literaturwissenschaft und Romanistik. 2014–2017 Assistentin am Institut für Germanistik der Universität Wien. Absolventin des Uriel Weinreich Program for Eastern European Jewish History and Culture am YIVO Institute in New York. Forschungsinteressen: literarische Repräsentationen des Holocaust, jiddische Literatur, Erinnerungstheorien.

Personenregister

Abrami, Leo Michel 112
Adler, Alfred 187
Adler, Max 275
Adorno, Theodor W. 167
Alberti, Leon Battista 34
Alfons, Anton 330-346
Alfons, Harald 346
Alfons, Maria 345
Alfons, Paula 338, 339, 341, 343
Alfons, Sonja 330, 339
Alighieri, Dante 223
Allen, Woody 137
Allesch, Ea von 286
Améry, Jean 15, 16, 40, 74
Anger, Per 271
Antelme, Robert 165, 170
Appelfeld, Aharon 117
Arce, Luz 74
Arendt, Hannah 286
Arlosoroff, Chaim 60
Astor, Nancy 63
August-Franck, Francine 109
Azrieli, Naomi 119
Backhaus-Lautenschläger, Christine 384
Baeck, Leo 431
Bagheri-Goldschmied, Nahid 43
Bahr, Raimund 215
Balázs, Béla 290
Barkai, Avraham 58, 59
Bar Kochba, Simon 422
Bassnett, Susan 30
Baur, Amélie 278
Baur, Friedrich 278
Bauroff, Claire 275-293
Becker, Abraham 58
Beckett, Samuel 69, 76
Beethoven, Ludwig van 378
Benigni, Roberto 203
Benjamin, Walter 30, 34
Benn, Gottfried 260
Bennefeld-Kersten, Katharina 74

Ben-Natan, Artur 164
Bergman, Ingmar 348
Bergsträsser, Arnold 433
Berlin, Isaiah 64
Bernát, Pál 62
Bernheim, Maria 278
Bezdičková, Erika 43
Bialik, Hayyim Nahman 422
Bichler, Eva 254
Biener Familie 155
Birenbaum, Halina 116
Birnholz, Freda 145
Birnholz, Marco 146, 147, 149
Birnholz, Max 135
Birnholz, Sigmund 135
Blanchot, Maurice 165, 166, 170, 171
Blei, Franz 275, 280
Blume, Bernhard 224
Blumenfeld, Kurt 63
Bock, Ute 100
Böhringer, Robert 254
Bonaparte, Napoleon 229
Botz, Gerhard 123
Brauer, Stefanie siehe Oswalt, Stefanie 158, 162
Brecht, Bertolt 51
Breitenfeldt, Leonard von siehe Schein, Harry 354-356
Breitenfeldt Marcell von 354
Breitenfeldt Maria von 354
Broch, Franziska 277
Broch, Hermann 275-293
Brod, Max 218, 226
Broder, Henryk 125, 126
Brom, Juan (Hans) 190-204
Brothers Shore, Viola 365
Bruck, Edith 43
Buber, Martin 219
Cailliau, Michel 310
Camba, Julio 223
Camus, Albert 65

Canetti, Elias 425
Carlsson, Ingvar 348
Caruso, Igor A. 205
Cassirer, Paul 280
Certeau, Michel de 408
Chaklan, Jakov siehe Lind, Jakov 424
Chamberlain, Richard 271
Churchill, Winston 64
Coudenhove-Kalergi, Barbara 295
Critchfield, Richard 385
Csokor, Franz Theodor 386
Cyrulnik, Boris 113, 115, 122
Damrosch, David 20-22, 25, 28, 29, 31, 32
Danehl, Günther 417
Delcampe, Hedwige 115
Depkat, Volker 48
Diament, Henri 117
Dilger, Janet 252
Dilthey, Wilhelm 118
Dollfuß, Engelbert 294, 300, 301, 337
Dordor, Denise 311, 312, 316, 321, 322, 324
Dostojewskij, Fjodor M. 65, 71, 80, 410
Doubior, Michèle 114
Draxler, Paula 318
Dubois, Gilbert 389
Duconé, Guy 313
Duschka, Reinhold 92
Dusini, Arno 409
Eckermann, Johann Peter 14
Egges van Giffen, Albert 253
Eichmann, Adolf 146, 147
Eichner, Hans 262
Elbogen, Greta 43
Eliot, T.S. 23
Elster, Aaron 112
Emanuely, Alexander 9
Engelhardt, Michael von 386
Erlinger, Serge 118
Eribon, Didier 187

Estis, Erika 140, 141
Feigenbaum, Moses Josef 107
Feingold, Marko 94
Feuchtwanger, Lion 236, 444
Feuerlicht, Ephraim 300
Ficino, Marsilio 428, 432, 435, 436, 437
Fielding, Henry 40
Fiore, Joachim de 34
Fischer, Ernst 298,
Flaubert, Gustave 23
Fleischmann, Trude 280
Fliedl, Konstanze 100
Foucault, Michel 409, 410
Frank, Leonard 394
Frankfurter, Felix 63, 64
Frankfurter, Salomon 63
Franklin, Benjamin 34, 35
Freud, Sigmund 166-169, 207-230
Fried, Erich 425
Friedell, Egon 389
Friedländer, Saul 113
Friedman, Philip 107
Frischauf, Hermann 216
Frischauf, Lisbeth 205, 209, 213
Frischauf, Walter 210
Frischauf-Pappenheim, Marie 206
Frishauf, Peter 209
Frishauf, Stephen 208
Frucht, Karl 386, 392, 395
Frühstück, Karl siehe Alfons, Anton 344
Fry, Varian 394, 395
Gadamer, Hans Georg 432
Gaiswinkler, Albrecht 39
Ganor, Niza 82
Geber, Eva 99
Gelbard, Rudolf 94
Gelber, Mark 103
Gentile, Giovanni 436, 437, 438, 439
George, Stefan 254
Gerok-Reiter, Annette 261
Goebbels, Joseph 278, 420

Goethe, Johann Wolfgang von 14, 20, 222, 229
Gollancz, Victor 60
Goldberg, Gerda 60
Goldmann, Nahum 60
Goldmark, Carl 58
Goldmark, Rubin 58
Goldschmidt, Edith 20
Goldschmidt, Georges-Arthur 84, 125
Gomperz, Theodor 58
Gorki, Maxim 35
Görner, Rüdiger 401
Gottlieb, Elisabeth siehe Schein, Elisabeth 355, 356
Gottlieb, Theodore 356
Graber, Michael 295
Graf, Martin 295
Greve, Ludwig 84
Grillparzer, Franz 227, 228, 253
Grimké, Angelina 370
Grimké, Sarah 370
Grinbaud, Simon 112
Gröhl, Klaus 388
Grossmann, Oskar 310
Gurfinkiel, Michel 122
Hacker, Alan 136
Hagmüller, Leopold 317, 318
Hamburger, Michael 260, 425
Handke, Peter 426
Handlbauer, Bernhard 205, 207, 209
Hargrove, Thomas 74
Hartman, Geoffrey 30, 32, 110, 118
Hartman, Andy 109
Hartmann, Matthias 94
Hasenclever, Walter 393
Hassemer, Winfried 69
Hausdorff, Charlotte 210
Hausdorff, Felix 210
Heidegger, Martin 428, 432, 433, 435
Heilig, Bruno 40, 45
Heilman, Lucia 92, 94

Heine, Heinrich 37, 386, 387
Heller, Fanya Gottesfeld 20, 23, 28, 29, 30, 31
Herder, Gottfried 118
Hermon, Zvi 62
Hersonski, Yael 144
Hertzler, Lauren 292
Hesse, Hermann 349
Hilberg, Raul 117, 266
Hilsenrath, Edgar 424
Hitler, Adolf 48, 49, 85, 147, 156, 157, 158, 220, 245, 253, 255, 258, 278, 279, 366, 384, 402, 403, 420, 422, 428, 434, 437
Hobsbawm, Eric 295, 300, 425
Hoffman, Hans 137
Hoffmann, Ernst 432
Hoffmann, Paul 252-263
Hoffmann, Paul sen. 255
Hölderlin, Friedrich 252, 260, 261
Hollander, Nancy Caro 212
Holstein, Denise 112
Hoover, John Edgar 356
Hopkins, Gerard Manley 259
Horn, Otto 39
Horner, Jane 219
Horváth, Ödön von 386, 387, 388, 389
Horowitz Roth, Chaya 122
Horthy, Miklós 272
Huppert, Hugo 39
Innitzer, Theodor 157
Isakower, Otto 216
Jacubowiez, Isidore 117
Jaeger, Werner 432
Jaspers, Karl 428
Jelinek, Elfriede 14
Jellinek, Hedwig 240
Jellinek, Oskar 236-251
Jellinek, Paul 309, 319
Jens, Walter 256
Jensen, Bernhard (Bobby) 379

Jensen, Gerda siehe Lerner, Gerda 379, 380
Jessen, Caroline 261
Joffo, Joseph 117, 131
Jonas, Hans 432
Joyce, James 23
Kaiser, Ferdinand 36
Kaiser, Konstantin 9, 18
Kafka, Franz 23, 65, 218, 226, 227, 228
Kalidasa 20
Kallós, Paul 353
Kant, Immanuel 286, 433
Kantor, Alfred 85, 86
Kantorowitz, Hermann 434
Karl der Große 229
Karski, Jan 63
Katz, Jacob 58
Katz, Kalmar Israel 65
Katz, Shemuel Alexander 65
Kaunitz, Gertrud 394
Kaznelson, Siegmund 59
Keats, John 259, 260
Kertész, Imre 400, 401
Kessler, Paul 309
Khan, Elisabeth 252
Khan, Hakeem 252
King, Martin Luther Jr. 286
Kirsch, Sarah 260
Kleinschmidt, Erich 386
Klemperer, Hadwig 122
Klemperer, Victor 69, 70, 72, 73, 121, 122
Klemperer, Wilhelm 65
Klüger, Ruth 20-33, 43, 65, 69, 70, 84, 90-106, 111, 122, 165-173, 174-189, 364, 374, 375, 376, 421
Kneifel, Gottfried 95
Knobloch, Charlotte 66
Koch, Otto 264
Koestler, Arthur 57
Kofman, Bereck 165, 171
Kofman, Sarah 165-173

Kollek, Teddy 61
Kollwitz, Käthe 206
Kormann, Eva 285
Körte, Mona 90, 91
Kotzebue, August von 75, 80
Kracauer, Siegfried 51
Kramer, Theodor 9, 13, 14, 15, 96, 98, 99, 100, 255, 260
Kreisky, Bruno 36
Kreissler, Felix 309-329
Krejčí, Karel 249
Krell, Wilhelm 459
Krief, Evelyne 109
Kris, Ernst 228
Kristeller, Paul Oskar 428-442
Kristeller, Heinrich 439
Kronstein, Ili 379, 381, 382
Labin, Klara 210
Lachs, Minna 61, 67
Landauer, Paul 392
Landwirth, Ditta 419
Landwirth, Heinz siehe Lind, Jakov 417, 418
Lang, Berel 167
Langbank, Ida siehe Schein, Ida 356
Langbank, Ludwig 356
Langer, Ana 213
Langer, Max 208, 211, 213
Langer, Marie 205-217
Langer, Martín 207
Langer, Nicolás 214, 215
Langer, Phil 126, 127
Langer, Tómas 213, 214, 125
Langer, Verónica 207, 213
Langfelder, Vilmos 217
Lanzmann, Claude 266
Lappin, Eleonore 273
Lassere, Elisabeth 119
Leander, Zarah 348
Lebrun, Henri siehe Kreissler, Felix 309-329
Lefevre, André 30
Lehman, Herbert H. 429

Leibniz, Gottfried Wilhelm 34, 275, 282
Lejeune, Philippe 30, 109, 385
Lenz, Thea-Maria 64
Lerner, Carl 380, 382
Lerner, Gerda 361-382
Leverton, Bertha 139
Levi, Primo 73, 74, 90, 167, 172
Levin, Meyer 81
Lewinnek, Edith 439
Lezzi, Eva 163
Lichtblau, Albert 252, 273
Liebmann, William B. 429
Lind, Grisha 424, 425
Lind, Ida 424
Lind, Jakov 416-427
Lixl-Purcell, Andreas 396
London, Arthur 303
Löw, Ida 81, 82
Löwenthal, Eva 439
Löwith, Karl 432
Ludwig I. von Bayern 19
Luft, Gerda 60
Luft, Zvi 60
Lühe, Irmela von der 78
Magnus, Alice 439
Magnus, Julius 431
Magris, Claudio 227
Mahler-Werfel, Alma 394
Mahrholz, Werner 120
Maimon, Salomon 83
Makkabäus, Judas 422
Malach, Isaak 43
Malebranche, Nicolas 283
Malo, Markus 83, 84
Maltz, Albert 369
Mann, Thomas 23, 218, 228, 229, 231, 236, 349, 393
Manowil, Herbert 211
Manowil, Marie siehe Langer, Marie 211
Marek, Franz 36, 294-308
Markowitsch, Hans 114, 115
Martin, Anne 289

Martin, Harry siehe Schein Harry 353
Marx, Karl 50
Matejka, Viktor 14
Mauriac, François 25
Mehring, Walter 386, 387, 388, 393, 394, 395
Mendelssohn, Else 282
Mengele, Josef 115
Mensink, Dagmar 78
Metz, Bertha 440
Miething, Christoph 82, 83
Mikes, George 61
Milo, Smadar 26
Mitscherlich, Alexander 230
Mittag, Gabriele 388
Molnar, Mici (geb. Zwack) 269, 270
Morin, Edgar 310, 322
Morley, Ruth 139
Moseley, Sarah 331
Moser, Hans 278
Moser, Herma 265, 269, 273
Moser, Jonny 264-274
Moser, Josef 273
Moser, Katharina 273
Most, Johann 35
Mueller, Alexander 373, 374
Mueller, Klari 373
Münzenberg, Willi 393
Musil, Robert 275
Müssener, Helmut 351
Mussolini, Benito 428, 436, 438
Nahoum, Edgar 322
Natonek, Hans 393
Nestroy, Johann 99
Neuland, Fritz 66
Neuland, Margarete 66
Neuwirth, Vilma 94
Nexø, Martin Andersen 333
Niborski, Itzhok 112
Niebergall, Otto 303
Niederman, Paul 112
Nietzsche, Friedrich 176

Norden, Eduard 432
Nowojski, Walter 122
Oesterle, Kurt 261
Olschki, Leo 436
Ostfeld, Hermann 62
Oswalt, Stefanie 153
Overbeek, Jan Gerrit siehe Lind, Jakov 419, 420, 423
Palacio, Jaime del 207
Palme, Olaf 349, 350
Papen, Franz von 37
Pappenheim, Else 205-217
Pappenheim, Lisbeth 205, 209, 213
Pappenheim, Marie 206
Pappenheim, Martín 207, 213, 214
Pappenheim, Peter 209, 213
Pascal, Roy 30
Pauli, Hertha 37, 384-399
Pazi, Margarita 28
Pech, Walter 153
Pétain, Henri Philippe 384
Petzold, Alfons 35
Philipps, Harlan B. 63
Piccolomini, Enea Silvio 34
Plath, Sylvia 148
Plato 433
Plieseis, Sepp 39
Pliskin, Rachèle 117
Plotinus 428, 432
Polak, Louis 419
Polgar, Alfred 275
Politzer, Heinz 218-235
Popp, Adelheid 35
Prager, Theodor 298
Prammer, Barbara 95, 103
Proust, Marcel 47, 48
Rabinovici, Doron 94
Rabinovici, Suzanne-Lucienne 94
Rabinowicz, Oskar K. 64
Radvanyi, Pierre (Peter) 190, 191, 192, 193, 196
Raimund, Ferdinand 231
Rásó, Margit von (geb. Zwack) 270

Rath, Ari 94, 151-164
Reed, Walter 115
Reemtsma, Jan Philipp 38, 69-89
Reich, Maximilian 40
Reich-Ranicki, Marcel 187
Reich, Wilhelm 206
Reichmayr, Johannes 205
Reinhardt, Max 286
Reiss, Hans 262
Remak, Henry H. H.
Renner, Karl 36, 44
Resnais, Alain 135
Rickert, Heinrich 428
Roemer, Óscar (Burli, Fritz, Federico) 190, 192, 194, 195
Roessler, Peter 10, 18
Roosevelt, Franklin D. 63
Roth, Joseph 388, 389
Rothermann, Franziska von 276
Rückert, Sabine 77
Rühmann, Heinz 278
Sahl, Hans 256
Samuel, Maurice 64
Sauleman, David 108, 117, 118
Sauleman, Fanny 108
Schächter, Friedrich 352
Schadewaldt, Wolfgang 435
Schein, Chaim Moses siehe Schein, Marcel 356
Schein, Elisabeth 355
Schein, Harry 347-360
Schein, Ida 356
Schein, Marcel 350
Schindel, Robert 260
Schmull, Heino 261
Schoeps, Hans Joachim 59
Schoeps, Julius H. 59
Schrecker, Anton (Anthony) 289
Schrecker, Carl 290
Schrecker, Clara 290
Schrecker, Elsa 289
Schrecker, Franz 290
Schrecker, Leonie 289
Schrecker, Martha 289

Schrecker, Paul 275-293
Schrecker, Robert 290
Schrecker, Theodor 277
Schrecker, Theodore 289
Schröter, Ilse 232
Schubert, Katja 121
Schulze, Hagen 108
Schuschnigg, Kurt 294, 300, 304, 366
Schwarz, Egon 218-235, 262, 375
Schwarzwald, Eugenie 207
Schwebel, Bruno 190-202
Schwebel, Helmut 194, 199
Segal, Lore 138
Seghers, Anna 190
Semprún, Jorge 400
Sevareid, Eric 388, 392
Shakespeare, William 23, 71, 259
Sippel, Katrin 18
Sjöberg, Alf 348
Sloterdijk, Peter 109
Sobotka, Leonie siehe Schrecker, Leonie 277
Söderling, Elna 347, 357
Söllner, Werner 261
Sonnenfeld, Kugerl 194
Sophokles 230, 231, 232
Speer, Albert 37
Sperber, Manès 60, 174-189
Spiel, Hilde 425
Spira, Leopold 189
Steiman, Lionel B. 411
Stein, Gertrud 50
Sterba, Richard 216
Stern, Guy 262
Stojka, Ceija 105
Stoney, George 137
Suttner, Bertha von 387
Szalási, Ferenc 274
Szczypiorski, Andrzej 81
Szücs, Ladislaus 69, 70
Tarcali, Olga 116, 130
Thape, Ernst 319

Thieberger, Richard 248, 249, 250, 261
Thiemann, Friedrich Georg 262
Thukydides 108
Thulin, Ingrid 348
Toller, Ernst 389
Tolstoi, Leo 18, 65
Toynbee, Arnold 64
Trahan, Elisabeth W. 65
Troller, Georg Stefan 375
Trump, Donald 101
Trumpeldor, Joseph 422
Uhlman, Fred 65
Urbach, Reinhard 228
Van der Bellen, Alexander 9, 18
Vasari, Giorgio 34
Verkauf-Verlon, Willy 37, 40
Vico, Giambattista 34
Viertel, Berthold 39, 47-56
Visconti, Luchino 348
Wagner, Richard 229
Wallenberg, Raoul 264-274
Walser, Martin 187
Walter, Ilse 59
Walzer, Richard 436
Wander, Fred 15, 17, 40
Wander, Susanne 19
Waserscztajn, Charles 109
Wasserman Schwarz, Lea 110
Weigel, Sigrid 90
Weiskopf, Franz Carl 45
Weiss, Ernst 393
Weizmann, Chaim 64
Welzer, Harald 114, 115
Werfel, Franz 394
Wertheimer, Max 286
Wierling, Dorothea 116
Wiesel, Elie 20-33, 90, 110, 178
Wieviorka, Annette 112
Wilde, Oscar 80
Winton, Sir Nicholas 143
Winton, Grete 142
Witzleben, Henry von 231
Wolfskehl, Karl 254, 256, 259

Woolf, Virginia 50
Yeats, William Butler 259
Young, James E. 112, 121, 122, 127
Zadje, Nathalie 110
Zaidman, Annette 109
Zernatto, Guido 389
Zetterling, Mai 358
Zichy, Istvan 276
Zins, Jaffa 34, 43
Zola, Émile 86
Zubatsky, David 82
Zweig, Arnold 215
Zweig, Stefan 14, 400-415